힙합, 문학, 종교의

영혼을 찾아서

힙합, 문학, 종교의
영혼을 찾아서

알레한드로 나바 지음 | 김한영 옮김

이유출판

일러두기

이 책의 2부 1장과 2장에 언급된 아래 저자들의 책은 약어를 사용해 표기한다.

페데리코 가르시아 로르카FEDERICO GARCÍA LORCA
CP: Collected Poemes, ed. Christopher Maurer (New York: Farrar, Straus, and Giroux, 2002).
DS: Deep Song and Other Verse, ed. and trans. Christopher Maurer (New York: New Directions, 1975).
G: Ian Gibson, Federico García Lorca: A Life (New York: Pantheon Books, 1989).
IL: Impressions and Landscape, ed. and trans. Lawrence Klibbe (Lanhan, MD; University Press of America, 1987).
SL: Selected Letters (New York: New Directions, 1983).
SV: Selected Verse, ed. Christopher Maurer (New York: Farrar, Straus, and Giroux, 1995).

랠프 엘리슨RALPH ELLISON
CE: The Collected Essays of Ralph Ellison, ed. John Callahan (New York: Modern Library, 1995).
GTT: Going to the Territory (New York: Vintage Books, 1986).
IM: Invisible Man (New York: Vintage Books, 1995).
JT: Juneteenth, ed. John Callahan (New York: Vintage Books, 1999).
SA: Shadow and Act (New York: Vintage Books, 1995).

일몰처럼 몰려오는 문자들,
책과 언어의 안개에 쫓겨 사라지는
내 영혼의 그림자

-페데리코 가르시아 로르카

목차

서문

밤의 목소리가 되어라⋯

어스레한 말, 어스레한 이미지를 사용하라.

그대의 언어를 어둡게 하라.

- 월리스 스티븐스Wallace Stevens[1]

구세대는 이 세계를 흠씬 망가뜨려 우리에게 물려준다.

이 세계를 너덜너덜하고, 여기저기 새고, 시뻘겋게 달궈지고,

금세 폭발할 것 같은 상태로 만들어 우리에게 주고는,

우리가 받아들이지 못하자 화들짝 놀란다.

이전에 그들이 그랬듯이 유쾌하고 품위 있는 열정으로 수용하지 않는다고.

- F. 스콧 피츠제럴드[2]

이 책 첫머리에서 나는 이른바 '영혼'이라는 현상이 너무나 불투명하고 흐 릿하며, 구름에 가려진 듯 희미하다는 점을 인정한다는 것을 밝히고자 한 다. 수 세기 동안 이성의 힘으로 열심히 연구하고 탐색했건만 영혼은 여전 히 삶의 기이한 특성, 즉 지식을 아무리 넓게 펼쳐도 그 안에 들어오지 않는

---

1   Wallace Stevens, "Two Figures in Dense Violet Night", in Wallace Stevens; The Collected Poems, ed. Chris Beyers and John N. Serio (New York: Vintage Books, 1990), 86.

2   Alfred Kazin, Native Grounds (New York: Mariner Books, 1995), 316에서 인용.

어떤 것으로 남아 있다. 영혼은 이성에 포섭되기보다는 경이를 불러일으키는 원천이며, 과학적 지식에 의존하기보다는 질문의 요령에 몰두해야 하는 범주에 든다. 영혼을 연구하다 보면 확실한 답이 없는 것을 탐구해야 하고, 그래서 끝없이 발목을 잡히게 되지만 그럼에도 멈출 수 없는 길을 가야만 한다. 미술, 음악, 문학, 종교를 다룬 위대한 고전들은 수시로 영혼을 언급하지만, 지엽적인 것들 외에는 말로 묘사하기가 불가능해서 우리의 확신은 결국 곳곳에 도사린 깊고 표현할 수 없는 것들에 걸려 쉽게 흔들리고 약해진다. 바로 이 때문에 수많은 예술 작품이 모든 것을 묘사하지 않아도 핵심을 환기할 수 있다는 믿음에 의존하는 것이다. 음악과 종교는 이 점에서 서로 가까운 친구 같다. 둘 다 인간은 암시적이고 우회적인 말과 소리를 통해 숭고함에 도달할 수 있다고 믿기 때문이다. 이는 언어의 풍부한 가능성과 함께 그 한계를 동시에 가리킨다. 이 난제를 염두에 두고서-친숙하지만 냉혹하리만치 낯선 어떤 것, 가깝지만 지평선처럼 먼 어떤 것을 다루고 있음을 기억하면서-나는 영혼의 종잡을 수 없는 정체성을 진지하게 탐구하고, 이름 붙일 수 없는 것에 이름을 붙이고자 하는 인간의 언어적 시도를 한 뼘 더 늘리고자 한다.

　　이 책에서 다룰 다른 주제들은 영혼의 난제라기보다는 영혼의 곤경이나 위기에 가깝다. 우리는 영적인 가치(아름다움, 사랑, 동정, 명상, 경의)가 종종 시장의 가치(돈, 권력, 쾌락)로 대체되거나, 일부 과학계에서는 뇌에 대한 유물론적인 설명으로 대체되는 시대에 살고 있다. 현대 문화가 신비와 영적 의미를 적대시할 때, 삶의 가장 소중한 자원들은 줄어들거나 가치를 잃게 된다. 영혼의 숨통을 조이는 것이 매혹적인 상품이든 초월성을 인정하지 않는 호전적인 경험주의든 간에, 서양 문화는 점점 더 우주나 개인의 깊이를 용인하지 못하고 있다. 미지의 어두운 공간에 신이 여전히 잠복해 있을지 모른다는 두려움 때문이다. '심령 분석psyche-analytic'으로 이 문제에 접근한 조너선 리어Jonathan Lear는 다음과 같이 표현한다. "우리는 인간을 깊이 있는 존재로, 다시 말해서 이해의 표층 아래에 의미의 층들을 지어내는 복잡한 심리적 유기체로 볼 것인가, 아니면 속이 다 비치는 투명한 존재로 볼 것인가?"[3]

리어는 전자에 공감하고, 나 역시 그렇다. 인간의 영혼은 크고 깊은 강으로, 그 속에 다양한 의미가 흐르며 곳곳에 역류와 소용돌이를 이룬다. 그래서 우리는 인간 존재의 깊은 바닥을 들여다볼 수가 없다.

내가 보기에 이 문제를 둘러싼 싸움은 철학, 심리학, 신학의 영역에 머물지 않고, 더 큰 위험을 내포한 문화적, 정치적 영향력과 관련이 있다. 가령 근대사의 맥락에서 볼 때, 제국주의자들은 비유럽 민족들에겐 깊이나 복잡성이 없다는 편견을 휘두르며 원주민을 총칼로 정복하고 착취했다. 원주민들은 카메라나 은판 사진기에 그들의 몸과 영혼을 노출하기 싫어했다. 아마도 서양의 파괴적인 시선 아래서 미국 원주민의 삶과 문화가 낱낱이 드러나 침해당하고, 그러다 결국 소중한 것을 남김없이 약탈당할지 모른다는 불안이 그 원인이었을 것이다. 아마도 백인의 카메라 앞에서 포즈 취하길 싫어한 것은 다른 사람들이 그들을 멋대로 이해하는 것, 그들에게 웃음거리가 되는 것이 싫어서였을 것이다. 필시 그들은 그렇게라도 해서 존엄한 몸과 영혼을 지키고, 내적 자아를 드러내지 않음으로써 서양식 표현, 지식, 권력이 관통하지 못하게 했을 것이다. 그것은 책략과 핑계를 구사하여 영혼이 거주하는 내면의 성소를 지키고자 한 제임스 브라운James Brown(미국 흑인 음악의 대부-옮긴이)의 방식과 유사하다. 제임스 맥브라이드James McBride(미국의 작가, 음악가-옮긴이)는 이렇게 말했다. "그는 여러 해에 걸쳐 커튼을 치고, 문을 닫고, 덧문을 내렸다 올리고, 자물쇠를 잠갔다 풀었다 하고, 방안에 거울을 달고, 가짜 문과 통로를 설치해서, 그의 내적 영혼에 대해 궁금해하며 찾아오는 사람들을 함정에 빠뜨리는 연습을 했다."[4]

---

3   Jonathan Lear, Open-Minded: Working Out the Logic of Soul (Cambridge, MA: Harvard University Press, 1998), 27.

4   James McBride, Kill 'Em and Leave: Searching for James Brown and the American Soul (New York: Spiegel and Grau, 2016), 25.

원주민 역사에서나 제임스 브라운의 삶에서나 우리는 서양 문화에 직면해서는 감추고 드러내지 않는 것이 가치 있는 행동이라는 교훈을 새길 수 있다. 서양 문화가 정신세계를 함부로 무시하고 영혼을 인간의 조건에서 제외할 땐 더욱더 그러하다.

이 연구서에서 추적할 이 시대의 많은 예술가들은 현대 세계가 주는 기회와 가능성을 알고 있으면서도 위와 같은 이유로 마음속 깊이 불만을 느끼고 있다. 이 예술가들은 갈등하는 현대인이다. 그들이 보기에 현대의 업적은 몇 가지 면에서 인상적이지만 인간의 정신을 지키고 계발하는 문제에 있어서는 너무나 빈약하고 피상적이다. 로린 힐Lauryn Hill(미국의 여성 음악가-옮긴이)은 우리 사회에 잘못된 교육이 만연해서 삶의 고결한 열망의 싹이 돋아나기도 전에 꺾여버린다고 지적했다. 그렇게 되면 자기만족에는 열광하지만 영혼에는 시큰둥하게 반응하는 "열망을 잃은" 세대가 출현하게 된다고 걱정하며 로린은 이렇게 외친다. "나는 이제 가장 부유한 사람들에게서 가장 빈털터리가 된 사람들에게로 초점을 돌리고자 한다. 바로 그 최면 상태를 역전시키기 위해 이 책을 썼다."[5]

내가 로린 힐의 말을 인용하는 이유는 욕망과 허욕의 경제에 붙들린 현시대의 최면을 깨고, 부자에게서 빈털터리에게로 초점을 돌리고자 하는 그녀의 노력에 강한 공감을 표하기 위해서다.[6]

이 책에서 다루는 다양한 장르의 종교, 문학, 음악은 다채로운 의견을 들려주면서도, 이윤과 소유를 강조하는 소비문화를 잊고 예술과 지혜와 연민을 더 소중히 한다는 면에서 분명 조화롭게 한 목소리를 이룬다.

---

5 Lauryn Hill, "Final Hour", on The Miseducation of Lauryn Hill, Ruffhouse/Columbia, 1998.
6 비슷한 주제에 관해서는 다음을 보라. Mark Edmundson, Self and Soul: A Defense of Ideals (Cambridge, MA: Harvard University Press, 2015).

이 책의 구성

이 책에서 펼칠 이야기는 서양의 영혼 개념을 형성한 두 가지 주요한 흐름에 대한 것으로, 1부에서는 종교와 성경에서 말하는 영혼을, 2부에서는 영혼에 대한 문화·음악·문학적 해석을 다룬다. 여기에서 그 경계는 희미하고 불완전하지만, 한 범주의 내용이 여러 차원에서 다른 범주로 연결되기에 우리는 다른 두 각도에서 영혼을 고찰하게 된다. 먼저 성경과 신학의 개념으로서 영혼을 고찰하고, 이어 음악, 민속, 시, 문학적 양식으로서 영혼을 고찰한다. 두 번째 이야기에서부터 나는 아프리카계 미국인과 스페인계/라틴계 미국인의 전통에 초점을 맞추었는데, 그 이유는 간단하다. 이들 두 전통은 내 전문 분야와 맞닿아 있고, 내가 문화적으로 습득해온 영혼의 양상들을 건드려주기 때문이다. 그것은 바로 나의 삶에서 가장 친근하고 소중한 소울 음악이다.[7]

흑인과 히스패닉의 전통에 집중하는 것이 그들이 다른 집단들보다 선천적으로 '더 큰' 영혼을 갖고 있다는 가정 때문은 아니다. 학계에서는 이런 가정을 일반적으로 본질주의essentialism라 부르는데, 역사적·문화적 요인을 유전적·민족적·생물학적 요인으로 착각한다는 뜻이다.[8] 북아메리카에서 본질주의의 뿌리는 의외로 깊어서 최소한 19세기로 거슬러 간다. 당시에 일

---

7   이 책 전체에서 내가 말하는 '라틴'은 스페인계, 라틴계, 라티노의 전통을 포괄적으로 가리킨다.
8   이 주제를 훌륭하게 다룬 글로는 다음을 보라. Stuart Hall, "What Is This 'Black' in Black Popular Culture", in Black Popular Culture, ed. Gina Dent (New York: The New Press, 1998), 29.

부 작가들은 유럽 낭만주의의 영향을 받아, 비유럽 문화를 빙하처럼 차가운 미국 청교도 문화를 대체할 이국적이고 열정적인 문화이자 다른 한편으로는 급속히 성장하는 과학적 신조, 즉 북아메리카의 산업 자본주의와 물질주의를 대신할 수 있는 문화로 보기 시작했다.[9] 이 그림에서 흑인과 히스패닉의 삶은 밝은 원색의 물감들로-강렬한 감정은 붉은색, 괴로움은 짙푸른 색, 희망과 믿음은 무지개색으로-그려져 더없이 활기찬 영성을 보여주었다. 이들 문화는 흑백의 세계와 정반대로 화려하고 눈부신 그림이었고, 새로운 경향의 인상주의 작품처럼 온갖 색이 흩뿌려져 있었다. 몇 가지 측면에서 이 태도, 즉 흑인과 히스패닉계가 심미적·영적으로 뛰어나다는 태도는 인류가 마침내 백인 우월주의와 인종차별 같은 비열한 개념들을 넘어섰음을 대변하지만, 다른 면에서는 편견을 떠받치는 몇몇 가정, 특히 이들이 종교와 예술 분야에서는 감탄할 만하지만 지적으로나 도덕적으로는 결함이 있다는 가정을 그대로 남겨두었다.

나는 이와 다르게 생각한다. 따라서 이 책이 아프리카계 미국인과 히스패닉계 미국인의 영혼 개념에 공감한다 해도 그 공감은 특정한 인종 집단의 선천적 또는 존재론적 특징에 영혼을 귀속시키는 주장들, 예컨대 낭만적 인종주의romantic racialism 등과는 완전히 다르다.[10] 사실 내 관심사는 이들 문화에서 통용되는 영혼의 문법이며, 그 개념이 이들 전통의 믿음, 가치, 미학과 어떻게 관련되어 있는지, 그 특수한 구문을 분석하는 것이다. 이때 이 개념은 역사적·사회적으로 습득되었으며, 종교, 특히 성경의 전통이 그 발생과 성장을 촉진하여 무르익게 했다고 나는 가정한다. 이렇게 하나의 문법 또는 담론으로 이해할 때 20세기에 성장한 영혼 개념은 흑인과 라틴계 사회의 특수한 언어이자 암호이며, 궁지에 몰린 그들 전통의 가치와 존엄을

---

9   다음을 보라. Tracy Fessenden, Culture and Redemption: Religion, the Secular and American Literature (Princeton, NJ: Princeton University Press, 2013), 113-14, 122-23, 131-34.

10   낭만적 인종주의를 다룬 훌륭한 책이 있다. Curtis Evans, The Burden of Black Religion (Oxford: Oxford University Press, 2008).

되찾기 위한 수단이 된다. 영혼 개념은 부정과 예언의 언어, 즉 정의와 평등을 위한 투쟁과 손을 잡은 대항문화의 수사법으로 유대교, 기독교, 이슬람교의 전통에 큰 빚을 지고 있다.[11]

이들 전통에 기독교가 근본적인 영향을 미쳤으므로, 먼저 1부에서는 문학적인 접근법으로 성경의 영혼 개념을 살펴보려 한다. 역사 비평으로 접근하는 대신에 문학적이고 영적인 설명 방식에 의존하는 이유는 간단하다. 이런 접근법이 성경 구절의 현대적 의미를 밝히는 데 더 효과적이기 때문이다. 역사 비평은 '실존적 거리'를 가정하고, 대개 본문의 현재적 의미보다는 원래 목적에 더 관심을 기울인다. 반면에 나는 종교 문헌에서든 세속 문헌에서든 영혼에 접근하기 위한 가장 좋은 방법은 실존적 몰입이라고 믿는다. 역사 비평은 본문의 골격을 조사할 땐 쓸모 있지만, 본문의 살과 피, 그 고동치는 심장과 영혼을 음미하기에는 부적절하다. "우리가 저작의 출처를 인간의 상상력으로 보든 어떤 빛나는 초월적 존재로 보든 간에, 저작자라 불릴 자격이 있는 어떤 것에"[12] 접근할 때는 자신의 마음을 열고 다가가는 것이 유익하다. 본문에 그런 권위를 부여할 때 그 이야기는 우리에게 영향을 주고, 관심을 환기하여 우리를 변화시킬 수 있으며, 프란츠 카프카Franz Kafka의 말대로 "얼음도끼ice-axes가 되어 얼어붙은 내면의 바다를 깨뜨릴"[13] 수 있다.

왜 이 같은 주제-성경에서부터 현대문학과 힙합에 이르는 주제-를 선택했는지 묻는다면 나는 이렇게 말하고 싶다. 이 책에 나오는 주요 인물들은 '영혼'의 문제에 특별히, 때론 열정적으로 관심을 쏟아왔으며, 그에 비례하여 영혼 개념의 법칙과 어법을 유창하게 구사할 줄 안다고. 페데리코 가

---

11   Robin D. G. Kelley는 '영혼'을 다음과 같이 묘사한다. "영혼은 하나의 담론으로, 이 담론을 통해 아프리카계 미국인들은 그들이 상상하는 공동체의 상징과 관습은 그들 것이라고 주장했다." "Lookin' for the 'Real' Nigga: Social Scientists Construct the Ghetto", in That's the Joint: The Hip Hop Studies Reader, ed. Murray Foreman and Mark Anthony Neal (London: Routledge, 2011), 140.

12   Robert Alter, The World of Biblical Literature (New York: Basic Books, 1992), 204.

13   George Steiner: A Reader (Oxford: Oxford University Press, 1987), 36에서 인용.

르시아 로르카Federico García Lorca, 랠프 엘리슨Ralph Ellison 그리고 힙합은 이 시대의 곤경과 이슈가 만들어낸 (특히 문화민족주의[문화제국주의에 반발하여 자국의 문화 가치를 보호하고 그러한 문화 활동을 장려하는 사상-옮긴이]의 영향을 받은) 산물로서 모두 성경으로부터 근본적인 영향을 받았다는 특징이 있다. '영혼'을 묘사하는 그들의 구절이 마치 힙합 스피커에서 울리는 베이스의 진동처럼 우리를 뒤흔들고 떨리게 할 때, 우리는 성경이라는 진원지에서 비롯된 수많은 여진을 감지하게 된다. 이 신비한 떨림과 갈망이 1부의 주제다.

이 개념의 오래된 뿌리를 발굴하고 탐험한 뒤 2부에서는 세속적 견해에 관심을 돌려, '영혼'이 어떻게 현대적인 뉘앙스를 갖게 되었고 문화적·예술적 성취(특히 음악에서)와 같은 말이 되었는지를 고찰할 것이다. 특히 로르카와 엘리슨이 영혼을 묘사한 초상에서 종교, 음악, 민속, 자국어가 차지하는 위치를 고찰하고자 한다(2부 1-2장의 주제다). 로르카에게 집시 발라드, 딥송deep song(혹은 칸테 혼도cante jondo. 플라멩코의 하위 장르. 스페인 안달루시아 지역의 민속 음악-옮긴이), 플라멩코는 영혼의 가장 순수한 재료로, 우리는 스페인의 박탈당하고 함부로 사냥당한 민족들-특히 집시, 무어인, 유대인-이 펼친 뜨거운 투쟁의 역사가 로르카의 시에서 소리 풍경soundscape이 되어 감동적인 멜로디와 리듬, 절규와 탄식, 환호와 희열이 교향곡처럼 메아리치는 것을 들을 수 있다. 일전에 로르카의 한 친구는 이렇게 말했다. "그는 마치 악기를 연주하듯 말과 이미지를 다루고, 그래서 시에 활력을 불어넣을 때는 기타나 피아노의 현을 두드리고 있는 듯한 인상을 풍긴다."[14] 엘리슨 역시 음악에 능통한 작가로, 미국 흑인 문화에서 로르카와 같은 존재라고 말할 수 있다. 그의 소설에서는 그의 마음에 메아리치는 블루스와 재즈가 벽과 계곡을 차고 튀어 오른다. 그 음악은 영혼을 삶에 대한 희비극적 태도라고 보는 엘리슨의 해석에 뿌리를 두고 있다.

---

14   다음을 보라. Leslie Stainton, Lorca: A Dream of Life (New York: Farra, Strus and Giroux, 1999), 48, 64.

마지막으로 현재로 돌아와서, 힙합 세대가 21세기의 정신적 지평에 미친 창조적인 영향을 논하지 않고서는 누구도 우리 시대의 영혼을 주제로 글을 쓰기가 어려울 것이다. 엘리슨과 로르카가 당대의 민속 음악에서 영감을 얻었듯이, 수많은 예술가가 거리의 발라드와 세속적 웅변술인 힙합에서 영감을 발견했다. 문학이나 음악, 문화 연구에서 힙합 음악은 지금 세대의 소리가 되어 전 세계 수많은 예술가와 일반 청자의 정신에 도시의 여러 문제와 갈등, 혁신에 관한 지울 수 없는 기록을 남겨왔다. 영혼이 음악과 근본적으로 유사하다는 점을 고려할 때, 힙합은 현대 세계의 영혼에 관한 몇 가지 주제와 통찰을 제공한다(2부 3-4장의 주제다). 그 영혼을 무시할 때 우리는 위험에 직면할 것이다.

소울과 힙합

여러 면에서 이 책의 기본 관심사는 내가 종교와 힙합에 처음 매혹된 순간으로 거슬러 올라간다. 나는 래퍼들의 불경스러운 입을 통해서 언어의 마법을 처음 경험했다. 어린 시절에는 스페인 음악부터 소울과 펑크에 이르기까지 아주 다양한 장르에 이끌렸지만, 어떤 음악보다도 힙합의 비트와 리듬이 나를 자석처럼 자연스럽게 끌어당겼다. 그 언어는 대개 노골적이고 신랄하고 격렬했지만, 내 귀에는 즐겁고 부드럽고 달콤하게도 다가왔다. 힙합의 시는 중독성이 있어서 어느 순간부터 나는 가사의 맛과 선율을 갈망하게 되었다. 어쩌면 그 시의 스웨거swagger-잘 알아들을 순 없지만, 빠져들게 만드는 어투-때문일지도 모르고, 낮은 비트와 게토ghetto의 소음으로부터 유창한 패턴을 만들어내는 래퍼의 능력 때문일지도 모르지만, 어쨌든 나는 이른 나이에 개종자가 되었다.

힙합의 시적 표현법과 독특한 활기에 이렇게 열광하면서도 한편으로는 종교적인 문제에 호기심을 느꼈던 나는 결국 시카고에 있는 대학원에 진학했다. 그곳에서 경험한 교육은 내 정신을 가장 높은 곳으로 들어 올렸다. 이 시기에 접한 사상과 책들은 경이감을 키우고 부풀려서 나를 새로운 경지로 이끌었다. 하지만 그와 동시에 시카고 사우스사이드의 현실은 배움을 무너뜨리고 내 정신을 지상으로 끌어내렸다. 시카고 대학 하이드파크 캠퍼스에서 엎어지면 코 닿을 데에 가난과 폭력이 횡행하고 있었기 때문이다. 놀랍고 두려웠다. 정신은 책과 도서관에 파묻혀 있었지만 눈과 귀는 사우스사이드에서 펼쳐지는 다양한 난투극으로 향했고, 결국 게토의 현실에 대하여 공부하게 되었다. 책에 몰두하고 싶을 때마다(돈키호테가 입증했듯이 뇌를 혼탁하게 만드는 공상의 유혹) 힙합의 쿵쿵거리는 베이스 음과 불편한 현실을 그대로 보여주는 사실성이 냉혹한 진실을 일깨웠으며, 산초 판자San-cho Panza(돈키호테의 하인-옮긴이)의 돌직구나 호레이쇼를 향한 햄릿의 금언처럼 하늘과 땅에는 지식인이 꿈꾸는 것보다 더 많은 것이 있음을 깨달을 수 있었다. 사실상 그 음악에 이끌려 배움의 범위와 한계를 깊이 살피고 이 세계의 고난과 시련에 주목하기 시작했다.

  운 좋게도 내가 대학원을 다니던 1990년대는 랩이 폭발적으로 성장하고 예술적 창조성을 활짝 꽃피우던 시기였다. 투팍Tupac이 혜성같이 등장해서 다양한 가면-악인과 성인, 뜨쟁이와 설교자, 길거리 행상과 예언자-을 쓰고 힙합 무대를 휘저었고, 다른 많은 사람이 그를 따라 했다. 종교학을 공부하는 학생으로서 내가 특히 흥미롭게 느꼈던 것은 성속의 범주를 제멋대로 넘나드는 래퍼들이었는데, 뛰어난 인물들이 정말 많았다. 나스Nas, 로린 힐Lauryn Hill, 퍼블릭 에너미Public Enemy, 커먼Common, 모스 데프Mos Def, 케이알에스 원KRS-One, 본 석스 앤 하모니Bone Thugs-n-Harmony, 우탱 클랜Wu Tang Clan 등등. 서로 중요한 차이가 있었음에도 그들의 음악은 대개 조야하고 거칠면서도 초월을 바라는 뚜렷한 소망과 꿈을 표현하고 있었다. 그들의 영혼 한쪽은 도시 생활의 잔인한 현실에 뿌리를 두고 있었고, 다른 한쪽은 현실 위로 높이 날아오르고 있었다. 결과적으로 그들은 빈자를 돕고 세속의 유혹을 거부하는 변두리 교회처럼, 고통을 감내하는 정도까지는 아닐지라도 분명 더 성숙한 영성을 드러냈다. 마이클 다이슨Michael Dyson(조지타운 대학교 사회학과 교수이자 진보 학자, 작가, 설교자, 라디오

진행자-옮긴이)은 이를 가리켜 "서그의 신학"이라 불렀다[15](미국에서 서그 thug는 뒷골목의 갱스터를 가리키는 말로, 힙합에 자주 등장한다-옮긴이). 이 부류의 예술가들은 설교단이나 상아탑에서 신을 보기보다 영혼의 깊은 곳에서, 낮은 목소리로 신에 대해 지껄였다. 그들은 얍복 강Jabbok stream에서 천사와 씨름하는 야곱처럼 그렇게 낮은 곳에서 어깨를 짓누르는 고통, 절망의 늪, 신의 어두운 면과 싸우면서 고귀한 숭고함을 노래했다.

사실 가볍고 시시껄렁한 랩들은 항상 존재해왔지만, 최고의 랩은 미국 빈민가의 교과서라 할 수 있는 것들로, 활기찬 비트, 낮은 탄식, 그리고 권투선수 알리가 그랬듯 나비처럼 날아올라 벌처럼 귓전을 쏘는 가사로 이루어져 있다. 나는 시간이 지날수록 점점 더 그 속에 뛰어들어 학과 공부를 확장 시켜줄 만한 것이 있는지 알아보고 싶었다. 어린 시절에 나를 사로잡았던 것이 랩의 음향과 흥겨움이었다면, 이제는 그 음악의 사회적 의식과 영성에 더 많이 끌렸다. 미국의 양심이 수많은 도시에 만연해 있는 가난과 고통을 무시하고도 태연자약하게 굴 때, 랩은 특별하고도 흥미로운 방식으로 그 양심을 맹렬히 공격했다. 나는 미국의 병든 정신을 분석하고 어두운 미궁과도 같은 미국의 무의식에 용감히 뛰어들어 과거와 현재의 트라우마를 대면케 하는 그 효력에 감탄하면서 점점 더 깊이 랩을 이해하게 되었다. 신앙을 가진 미국의 일반 시민들은 랩의 반항적 이단성을 걱정스럽게 바라보았지만 나는 그걸 가치 있게 여겼다. 랩은 아메리칸드림을 예찬하며 절대적 도그마로 추켜세우는 대신, 미국의 악몽들-불타버린 빌딩, 폭력에 얼룩진 도시, 감방이나 보육원 같아 보이는 서민 주택, 익기도 전에 땅에 떨어져 버린 과일처럼 부질없이 일찍 생을 마감하는 젊은 유색인 청소년들-을 큰 목소리로 가감 없이 묘사하고 있었다. 다른 건 몰라도, 앞선 장에서 묘사한 바와 같이, 힙합이 큰소리나 외침, 비명 같은 계시적인 어조를 자주 채택하는 이유는 이 나라 구석구석에서 삶이 무너지고 도시가 쇠락하고 있다는 느낌

---

15   Michale Eric Dyson, Holler If You Hear Me: Searching for Tupac Shakur (New York: Civitas Books, 2006).

을 표현하기 위해서다.

하지만 그 음악이 지닌 거칠고 사나운 결로 인해 나는 점점 다른 면에 주목하게 되었다. 그 음악이 신에게 탄원하고 호소한다는 점이었다. 태도는 아주 저속하고 비종교적이며, 흥청망청 쾌락을 좇고 함부로 신을 모독하는 등 방탕함의 극을 달리지만, 한편으로는 랩 속에 얼마나 자주 종교적인 언어가 등장하고 깊이 자리하고 있는지에 놀라곤 했다. 그 거칠고 탁한 방탕함 속에서 영적인 샘들이 분출해 흐르고, 흑인의 역사에서 발원한 지하의 강들과 맞닿은 뒤, 고함과 외침, 떠벌임이 가득한 분노의 흐름 속에서 블루스 같은 애처로운 물줄기가 되어 굽이굽이 흐른다. 이 경우에 힙합은 요단강처럼 굽이치고 사해처럼 붉은 신성한 물에 완전히 잠겨 세례를 받은 듯한 음조를 띤다. 대부분의 미국 흑인 음악처럼 이제 힙합은 위대한 예술의 음울한 깊이, 지독한 불행의 무게를 견디고 살아남은 인간의 정신력을 생생히 입증한다.

내가 보기에 힙합의 영적인 순간들은 혼란과 고통에 직면하여 신에게 질문하는 순간들이다. 그들은 십자가 신학theologia crucis(고난과 죽음 앞에서 오직 십자가에만 의지하는 루터의 신학-옮긴이)이나 메멘토 모리memento mori("죽음을 기억하라" 또는 그 교훈을 나타내는 상징-옮긴이) 같은 상징을 통해서 영혼과 육체가 저승의 불꽃에 노출되어 있음을 상기시킨다. 린-마누엘 미란다Lin-Manuel Miranda(미국의 작곡가, 배우, 작가-옮긴이)가 시적으로 말했듯이, 죽음이 "멜로디 없는 비트"라면 힙합은 그 해골처럼 헐벗은 비트, 즉 죽음의 소리를 탁 소리와 쿵 소리, 시끄럽고 열광적인 음조로 충실하게 연주하는 장르다.[16]

이 모든 말이 너무 무겁게 들리는가? 물론 나는 가사의 내용과 무관하게 순전히 재미가 있어서 랩 음악에 이끌렸다. 많은 모더니스트가 주장하듯이 가끔 우리는 시에서 의미를 걷어낸 말의 순수한 음향, 의기양양하게 활보하는 음절, 춤추는 자음, 강세가 붙은 음절, 흐느끼는 듯한 소리에서 즐거

---

16   Lin-Manuel Miranda, "My Shot", on Hamilton Musical, Atlantic, 2015.

움을 느낀다.[17] 그래서인지 아무리 하찮은 랩이라 해도 크고 뚱뚱한 애플힙처럼 베이스 음을 실룩거리며 울려대고, 노래와 이야기와 투덜대기를 섞어가며 날것의 느낌으로 리드미컬하게 흘러나오기만 하면 내 귀를 사로잡았다. 랩을 특별히 좋아하는 사람만이 그 즐거운 느낌을 확실히 말할 수 있다. 베이스 음이 영혼의 미세한 층들을 떨리게 하고 흥분시켜, 듣는 사람도 그 음악과 똑같은 성분, 어떤 보이지 않는 리듬과 분위기로 이루어졌다고 느낀다는 것을. 그런 것들은 그 자신의 언어를 갖고 있어서 말에 기대지 않고서도 뜻을 전할 수 있다. 마치 박자와 운율이 어떤 희한하고 신비한 언어로 말을 하고, 그 언어로 영혼을 뒤흔드는 동안에 영혼의 눈금이 미세하게 조정되는 듯하다.

그럼에도 랩이 말과 이야기에 크게 의존하는 한, 우리는 랩이 말하는 것과 말하지 않는 것 모두에 근거하여 랩을 판단해야 한다. 그리고 이 책에서처럼 그 판단이 우리의 주제일 때, 나의 성향은 가장 예술적인 랩으로 치우친다. 그러한 랩의 가사는 창의적이고 의미 있으며, 노래의 가치는 그 영혼이 얼마나 묵직하고 그 윤리가 얼마나 큰가에 따라 결정되는데, '클럽을 들썩이게 하는 것'보다 훨씬 더 큰 효력을 발휘해야 한다. 만약 여러분이 초월성에 자석같이 이끌리는 사람이라면, 미국 도시의 삶에 관한 영적이고 사회적인 교훈에다 마약성 비트를 결합한 힙합에 내가 특별히 끌렸다는 말을 듣는다 해도 그리 놀라지 않을 것이다. 나는 아직도 장난스러운 파티에 참석하는 걸 좋아하지만, 이 책에서 서술한 랩은 시적이고 도발적이며 사려 깊게 배합된 엄격한 다이어트 식품 같은 음악, 갱 스타Gang Starr가 명료하게 묘사했듯이 "진실의 순간" 또는 제이 지Jay-Z의 언어로는 "명확한 순간 moments of clarity"이 가득 들어찬 음악이다.[18]

---

17   Ulysses의 '사이렌Sirens' 챕터는 실제로 푸가의 8부 구조를 모델로 했다. 도입부는 당황스럽다. 의미와 관계없는 말소리로 시작하기 때문이다.

18   Gang Starr, "Moment of Truth", on Moment of Truth, Noo Trybe, Virgin, 1998: and Jay Z, "Moment of Clarity", on The Black Album, Roc-A-Fella, Def Jam, 2003.

내 경험상 랩 음악은 그 모든 것이었다. 시카고에 살았던 젊은 시절에 랩 음악은 나의 나침반으로, 이 세계 곳곳을 탐사하는 데 유용한 역할을 했을 뿐 아니라, 투산에서 온 멕시코계 아이가 낯설기만 했던 자신의 영혼을 알아가는 데에도 큰 도움이 되었다. 한창 성장하던 그 경이로운 시절을 되돌아보건대, 시카고 대학 안팎에서 경험한 일들이 지금 서술하는 연구의 기초가 되었다고 생각한다. 종교와 문학의 위대한 고전들 속에서 영혼의 음침한 오지를 탐험하고 이 연구의 골격이 된 많은 진실을 알게 되었다. 하지만 시카고에서 보낸 그 시절에 나는 또한 미국 사회의 본질에 대해 확실히 깨달았다. 세상에는 강의실에서 배울 수 있는 것보다 더 생생하고 활기찬 진리와 교훈이 있고, 누군가에겐 포경선이 하버드와 예일이 될 수도 있으며(허먼 멜빌Herman Melville), 뉴욕의 슬럼가와 서민 주거지역이 가장 훌륭한 지도교사일 수 있고(스티븐 크레인Stephen Crane), "지식의 울타리 너머에 삶의 정의가 있다"[19](나스Nas)는 걸 말이다.

아프로-라틴의 영혼

되풀이 같지만, 이 연구의 주인공은 영혼이라는 걸 분명히 밝히고자 한다(이 책에서 나는 영적인 개념을 가리킬 땐 '영혼the soul'이라고 말하고, 문화적·미학적 이해와 관련해서는 '소울soul'이라고 말할 것이다. 단, 후자가 전자와 다르긴 해도 분리된 건 아님을 기억하기 바란다). 힙합 이야기가 두드러지겠지만 나의 초점은 기본적으로 우리 시대 영혼의 운명에 맞춰져 있다. 현대의 삶에서 영혼이 쇠락하거나 사라졌다는 증거는 허다하므로, 이 연구는 특히 아프리카계 미국 문화와 라틴계 문화에서 영혼이 활기차게 약동하고 있다는 증거를 찾아 지하 세계를 깊이 파헤칠 것이다. 이 노력의 영적인 가치 외에도, 아프로-라틴계에 관한 연구는 우리 시대에 매우 중요하다. 실제로 얼마 전부터 라틴계 이민자들이 미국에 파도처럼 밀려 들어오

---

19 Nas, "N. Y. State of Mind", on Illmatic, Columbia Records, 1994.

고, 그들 중 많은 사람이 흑인들과 어깨를 부딪칠 수밖에 없는 빈민 구역에 정착한다는 점에서 더욱 그렇다. 미국에서 흑인과 라틴계 주민의 관계는 더 늦기 전에 시급하게 연구해야 할 주제로, 나는 이 책이 그 관계의 영적·문학적·음악적 차원에 초점을 맞춰 갈수록 커지는 흑인과 갈색 인종의 합창에 합류할 수 있기를 희망한다.

　이 연구는 영혼에 관한 연구에 색채와 문화를 더하고 싶은 소박한 바람에서 시작되었다. 이런 종류의 연구가 철학적 추상이나 신학적 추상의 차원에 머무른다면, 영혼의 구체적인 본성은 사라지고 인종, 문화, 언어에 존재하는 인간 영혼의 풍부한 다양성은 간과될 게 분명하다. 그렇게 되면 대개 창백하고 활기 없는 모습만 남게 되는데, 그런 영혼의 이미지는 생생한 색채를 가진 영혼, 즉 살아 숨 쉬고 고통받고 꿈꾸는 영혼의 개념과는 판이하다. 1부에서 2부로 넘어가면 더 풍부한 묘사를 통해 영혼에 인간 문화의 풍미와 짜릿한 맛이 가미된 것을 보게 될 것이다. 나는 성과 속의 두 차원을 하나로 합칠 때 각각의 관점에 가치가 있다고 본다. 다시 말해서 한편으로는 종교적 전통에 속한 영혼의 숭고하고 초월적인 특성들을 강조하고, 다른 한편으로는 문화, 예술, 음악에 퍼져 있는 소울의 반짝거리는 프레스코화를 드러낼 것이다. 여기서 우리는 랩에 관한 고대의 견해와도 만나게 된다. 그리스인들에게 '광상시로 그려내다'라는 뜻의 랩소다이즈rhapsodize는 '노래들을 하나로 꿰다'라는 뜻이기도 하다. 그리하여 나는 다양한 노래, 비트, 인간 경험을 하나로 꿰는 새로우면서도 오래된 시도를 충실히 행하고자 한다. 이 모든 노력은 어둡고 희미한 영혼 개념을 환히 밝히기 위해서다.

　소울의 다양한 구성요소를 탐구하면서 나는 오티스 레딩Otis Redding의 걸작 앨범인 『컴플리트 앤 언빌리버블: 오티스 레딩 소울 사전Complete and Unbelievable: The Otis Redding Dictionary of Soul』(1966)이야말로 당대의 정신을 대표하는 상징이자 다가올 힙합의 미래를 비춰주는 암시라고 생각하게 되었다. 레딩의 소울이 조명탄처럼 터져 하늘을 밝히자 미국 문화에 새로운 템포가 도입되었다. 소울의 의미에 새로운 긴장감, 감정적 에너지, 패션 감각과 재능이 더해진 것이다. 소울은 옷을 갈아입고 밤의 색조를 띠면서 더 어둡고 더 부드럽게 변하기 시작했다. 내가 말하고 싶은 것은, 힙합 세대에도 그와 비슷한 창의성이 분명히 나타나고 있었다는 것이다. 래퍼들은 이 오래된 소울 사전에 새로운 단어와 구문론, 새로운 싱커페이션 Syncopations(같은 높이의 센박과 여린박이 이어져 셈여림의 위치가 뒤바뀌는 현상, '당김음'이라고도 한다-옮긴이), 새로운 스타일을 추가했다. 전통적인 어휘(소울의 방언뿐 아니라 비트까지)를 샅샅이 훑고 흡수한 뒤 래퍼들은 소울의 사전에 그들만의 흔적을 남겨, 20세기 말 그들이 살던 게토의 조건을 분해하고 해석할 수 있게 했다. 그들을 충분히 이해할 수 있도록 성경, 신학, 문학의 기념비들부터 먼저 살펴본 다음, 삼손처럼 그 기념비들을 흔들어 새로운 예술의 전당을 세운 래퍼들에게 초점을 맞출 것이다. 이 인물들이 소울을 습득한 과정은 완벽한 비트, 리듬, 스타일을 찾는 일과 밀접히 관련되어 있다. 라킴Rakim은 이렇게 묘사했다. "나는 먼저 생각을 하고 난 뒤 / 잉크처럼 종이 속으로 스며들어 / 시를 쓸 때 나는 행간에 갇혀버리지 / 시를 끝냈을 때 그 덫에서 탈출하여… 난 소울을 얻네."[20] 힙합은 오래된 인습의 덫과 울타리 또는 게토의 삶이라는 더 불안정한 덫에서 탈출하려는 노력에 찬사를 보내는 예술로서, 넉살 좋은 평정심과 열정적이고 파격적인 우미함을 결합하여 화려한 불꽃을 터뜨리는 음악 형식을 만들어내고, 그렇게 해서 소울의 강력한 힘을 입증해왔다. 그리고 그 과정에서 "너덜너덜하고, 여기저기 새고, 시뻘겋게 달궈지고, 금세 폭발할" 것처럼 돼버린 시대로부터 아름답고 눈부시게 빛나는 어떤 것을 낳았다.

---

20 Eric B. and Rakim, "I Know You Got Soul", on Paid in Full, 4th and B'way, 1987.

1부

영혼의 신성한 역사

1장
영혼을 찾아서

크기를 잴 수 없는 커다란 가마솥에 우리의 마음을 사로잡는 혼란을,
뒤죽박죽이 된 충동을, 우리의 영원한 기적을 끓이도록 하자.
영혼이 매 순간 경이를 토해낼 테니.

-버지니아 울프Virginia Woolf[1]

온갖 떠도는 상념들을 생각이 멈추는 곳에 고정시켜라.
누가 영혼과 어둠을 구별할 수 있으랴?

-W. B. 예이츠W. B. Yeats[2]

사랑하는 노라, 내가 당신에게 보낸 편지를 모두 몇 번이고 읽어보시오.
일부는 추하고 외설스럽고 짐승 같으며,
일부는 순수하고 신성하고 영적이오. 그 모두가 나 자신이오.

-제임스 조이스James Joyce[3]

---

1   Virginia Woolf, The Common Reader (New York: Harcourt Books, 1925), 63.
2   William Butler Yeats, "A Dialogue of Self and Soul", in The Yeats Reader, ed. Richard Finneran (New York: Scribner Poetry, 1997), 110.
3   Kevin Birmingham, The Most Dangerous Book: The Battle for James Joyce's Ulysses (New York: Penguin Books, 2015), 17에서 인용

영혼을 잃은 근대

우리 시대의 수많은 고대 신앙이 그렇듯 기독교의 신 개념과 영혼 개념도 점점 의혹의 대상이 되어가고 있다. 그것도 관심이 있을 때나 그렇다. 20세기에 세속화가 그 어느 때보다 격렬히 진행된 지역, 특히 '신新 무신론' 범주에 속한 유럽과 미국의 작가들을 통해 신과 영혼 이 두 가지 개념에 종언을 고했다는 소식을 접할 수 있었다. 마치 그것이 시대착오적이며 경이와 마법이 천지에 가득하던 시대가 과거의 유물이 되어버렸다는 듯.[4] 그 부고 앞에 근대 세계의 이야기는 진화의 관점에서 서술되어, 세속화 과정은 어둠과 짙은 안개를 흩뜨리는 아침의 태양으로, 계몽 시대는 지나간 암흑의 정복자로 환영받는다. 그 이야기는 그들 자신이 문화적으로 우월하다는 전제하에 지구 곳곳을 마음대로 재단하는 유럽 중심주의의 산물이다. 다시 말해, 서양의 규범을 내세워 세계 문화의 발전을 평가하고 수치화하며, 이 규범에서 벗어난 문화는 천하고 조잡하다는 평가를 내린다. 그 이야기에서 종교는 미신적이고 원시적이고 야만적인 역할을 하고, 과학은 이를 문명화하고 식민화하는 역할을 한다. 과학의 원리가 진실을 독점함에 따라 종교적 세계관은 진실에 대한 모든 권리를 부정당하고 박탈당한다. 이제 진실은 고대의 신비와 원시적인 믿음들을 제거한 지식 개념, 근대적 합리성의 권한에 속한다. 이 패러다임에서 '영혼' 같은 개념에는 관용이 주어지지 않는다. 영혼은 낡은 시대의 개념이며, 그 시대는 끝났다는 것이다.

지적·문화적 진화의 관점을 취한 서술이 하나의 강력한 모델로 자리 잡자, 반대편에서는 다양한 예술가와 지식인들이 그 가치와 신뢰성에 의문을 품고 반발했다. 그 불신의 구름이 전에 없이 두터워진 시기, 영혼 개념과 관련된 원칙을 둘러싸고 낭만주의와 모더니즘에서부터 아프리카계 미국인과 라틴계 미국인의 사고방식에 이르기까지 수많은 옹호자가 출현했다. 그 발

---

4   나는 여기서 레드 제플린Led Zepplin의 'Ramble On'에 나오는 가사를 고쳐 사용하고 있다. Led Zeppelin II, Atlantic Records, 1969. '신 무신론자'와 관련해서는 Christopher Hitchens, Richard Dawkins, Daniel Dennett, Sam Harris의 책들을 떠올렸다.

생 과정에서 그들은 독특한 방식으로 영혼 개념에 새 생명을 불어넣었으며, 시와 신화, 멜로디와 문화적 양식이라는 마법의 명약을 주입하여 영혼 개념을 더 강하고 풍부하게 만들었다. 그와 동시에 다양한 이들이 영혼 개념을 옹호하면서, 이성의 시대에 신과 영혼을 밀어내고 지배자가 된 새로운 도그마를 향해 의혹과 회의를 드러내기 시작했다. 그들에 따르면, 근대의 세속주의는 이성과 문화를 협소하게 바라보는 일면적인 시각에 지나지 않으며, 진실한 것, 좋은 것, 아름다운 것을 자신만의 편협한 기준으로 판단하고 이를 당연하게 여기는 유럽 중심주의의 오만이라고 비난했다. 지금도 한 사람의 생명을 빼앗거나 일으키는 힘이 영혼에 있다고 믿는 사람들에게, 새로운 계몽주의적 신념-자유 기업과 소비자 주의, 물질주의와 관료화, 과학과 합리성, 그리고 무엇보다 그 멋진 신세계에서 다른 누구보다 유럽인이 우월하다는 확신-은 오래된 가치를 대체하기에는 너무나 빈약했고, 그에 따라 현대의 많은 예술가는 그 대안에 헌신하기를 주저했다.

근대성을 향한 불만의 크기는 영혼을 걱정하는 마음, 한때는 반짝이는 별이었던 영혼이 이제 블랙홀 속으로 사라져버렸다는 두려움을 통해 가늠해볼 수도 있다. 한 예로 영혼-혹은 그가 말했던 표현을 빌리자면 "영혼의 힘soul force"-의 옹호인인 마틴 루터 킹 주니어Martin Luther King Jr. 박사는 근대 세계에 대한 근본적인 불만과 환멸을 드러냈고, 서양 세계의 근간에 잠복해 있는 수많은 결함과 균열을 폭로하는 탐조등 역할을 자처했다. 그가 사용한 영혼의 문법은 근대성의 그런 결함들을 들춰내고, 또한 근대성의 힘이 수많은 유색인에게 얼마나 파괴적으로 작동하는지를 폭로했다.[5] 사실 자유, 합리성, 평등을 외치는 계몽주의 원리들은 식민 지배를 받는 비유럽 사회에는 객관적 사실의 광대놀음에 지나지 않았으며, 그래서 많은 이들이 새로운 형태의 해방을 찾기 위해 다른 곳을 탐색했다. 신의 죽음, 또는

---

5   다음을 보라. Martin Luther King Jr., "A Christmas Sermon for Peace", in A Testament of Hope: The Essential Writings and Speeches of Martin Luther King, Jr., ed. James M. Washington (New York: HarperOne, 2003).

영혼의 죽음이 공표된 후에도 종교적인 전통은 아프리카계 미국인과 히스패닉 공동체에 여전히 매력적이고 의미 있는 선택지로 남아, 그들에게 서양의 '진보'에 정신적·문화적으로 저항할 수 있는 자원이 되어주었다. 기독교라는 더 큰 전체의 귀중한 일부로서 영혼의 개념과 관용어는 저항의 수사인 동시에, 정의를 위한 강력하고 예언적인 무기가 되었다. 따라서 이 책을 읽는 독자들은 '영혼'의 운명을 추적하는 과정에서 흑인 전통과 스페인계 전통의 영혼 개념이 어떻게 변화했는지-특히 어떻게 해서 반근대적이고 탈식민주의적인 움직임이 나타났는지-를 검토할 수 있으며, 아울러 점점 더 빈약해지고 냉대받는 우리 시대 영혼의 현주소를 평가해볼 수 있다.[6]

이 챕터에서 나는 '영혼'(영혼의 종교적·세속적 현시들)을 정의하고자 한다. 하지만 먼저 1920년대에 버지니아 울프가 읽은 러시아 문학을 얘기하고 싶다. 그녀 역시 러시아 문학을 읽을 때 내 연구 지침과 똑같은 전제를 품고 있었기 때문이다. 말하자면, 영혼의 문법이 서양 세계에서는 점차 폐기되어 가는 반면(그녀는 영국의 상황을 예로 든다), 다른 곳, 특히 근대 세계의 경계와 주변부에서는 여전히 번성하고 있다는 것이다. 그런 맥락에서 울프는 영혼이 여전히 삶과 함께 맥동하는 다른 세계로 들어가 자아의 다른 영역들을 탐구하고자 러시아 문학의 영성, 그 격렬한 영혼에 눈을 돌린다. 근대성은 영혼을 사회라는 드라마 속 인물이 아니라 박물관의 유물처럼 취급했다. 반면에 울프는 영혼이 여전히 생생하고 왕성하게 살아있는 나라, 영혼의 불꽃이 여전히 넘실대며 춤추고, 나아가 더욱더 격렬하게 타오르는 곳으로 우리를 데려간다. 어쩌면 그런 욕망은 일종의 이국적인 취향인지도 모르겠다(마치 무미건조한 음식에 길들여진 혀를 자극하는 초콜릿처럼). 하지만 관대한 눈으로 보자면, 한편으로는 그녀가 근대 유럽 문화에 얼

---

6   이런 맥락에서 내 책은 Andrew Delbanco의 연구서 The Death of Satan과 유사하다. 그는 보이지도 않고 의미도 잃어버린 악마를 통해 근대성의 접근법을 추적하는데, 나는 영혼 개념을 주제로 비슷한 길을 따르고 있다. Andrew Delbanco, The Death of Satan: How Americans Have Lost the Sense of Evil (New York: Farrar, Straus, and Giroux, 1995)을 보라.

마나 실망했는지를 알 수 있고, 다른 한편으로는 그녀에겐 영혼의 모든 영역을 탐사하고자 하는 의지, 그녀가 속한 문화에서는 차갑게 외면당했으나, 러시아 문학을 통해 고양된 그 자신의 존재까지도 샅샅이 탐사하고자 하는 진실한 의지가 있었음을 알 수 있다.

울프는 영국에서 영혼은 이제 낯선 단어가 되었으며, 보다 안정적이고 합리적인 개념, 즉 고립되고 냉담한, 밋밋하고 무감한, 우리가 자아라 부르는 개념으로 대체되었다고 주장한다.[7] 깊은 동굴과 빈틈을 품은 영혼이 자아 또는 두뇌에 자리를 내주자, 우리는 선조들에게는 있었던 신비한 밀도가 결여된 존재가 되고 말았다. 우리가 만일 가장 높은 고도에서 불타며 여전히 주변을 검게 태우는 영혼을 찾고자 한다면, 다른 곳을 볼 것 없이 표도르 도스토예프스키Fyodor Dostoyevsky, 레프 톨스토이Lev Tolstoy, 안톤 체호프Anton Chekhov라는 한낮의 눈부신 태양을 보라고 울프는 권한다.

> 사실, 러시아 소설의 주인공은 영혼이다… 우리는 영혼, 다시 말해 고통과 불행에 시달리는 영혼이다. 하는 일이라곤 그저 말하고, 폭로하고, 고백하고, 그것이 무엇이든 살과 신경을 찢어발기는 행동을 통해, 우리가 지은 죄를 모래 위를 기어다니는 게처럼 알아보기 힘든 글씨로 남길 뿐인 영혼. 하지만 귀를 기울이면 혼란은 서서히 잦아든다. 눈앞에 밧줄이 던져지고 우리는 독백의 의미를 파악한다. 우리는 가까스로 스스로를 붙잡은 채 물을 헤치고 나아간다. 열에 들떠, 난폭하게, 달리고 달려, 이제 물에 잠긴 채로, 그 어느 때보다 분명한 깨달음의 순간에 들어선다. 우리는 삶의 압력이 최고조에 이를 때에만 그런 계시를 받아들인다.[8]

울프가 러시아 문학에 대해 쓴 글을 읽을 때면, 그녀가 손에 쥔 펜이 글의 주

---

7   Woolf, Common Reader, 178.
8   Ibid., 178–79.

제와 똑같이 뜨겁고 진한 잉크에 젖어 있다는 느낌을 받는다. 그 펜은 러시아 문학 속 인물들의 아름답고 비열한, 고결하고 부도덕한 성격, 그 세찬 소용돌이와 가늠할 수 없는 깊이를 흠뻑 묻힌 채 글 안에서 질주하고 날아오르기 때문이다. 그녀가 이해한 러시아인의 영혼은 믿기 힘든 양극단의 소용돌이다. 거기엔 상스러운 죄와 예기치 못한 기품, 신비주의의 가능성과 그에 못지않은 도착倒錯의 가능성, 깨달음과 그에 못지않은 자기기만, 그리고 고귀함과 천함이 공존한다. 그리고 언제나 거기엔, 그냥 지나칠 수 없는 강렬한 윤리와 이 타락한 인간 세계에서 고통받는 이들의 곤경을 돌아보게 하는 힘찬 맥박이 존재한다. 울프가 붙잡고 있는 것은 영혼을 재료로 삼은 러시아 작가의 드라마다. 마치 그것이 물에 빠져 숨이 가쁜 그녀를 끌어 당겨주는 밧줄인 양, 그녀가 사는 근대 부르주아 세계에 산소를 공급해주기라도 하는 양, 울프는 카라마조프라는 술로 간을 적시며 러시아의 영혼을 깊이 들이마신다. 이 문학은 놀랍고 경이로운 것들, 비극과 희극에 취해있으면서도, 이 세계에서 고통받는 이들을 연민할 때면 더없이 멀쩡한 정신이기 때문이다. "그 단순함, 애써 극복하지 않으려는 태도, 이 세계는 불행으로 가득하며 우리의 가장 큰 소명은 고통받는 이들을 머리가 아니라(머리로 이해하기는 쉬운 일이므로) 심장으로 이해하는 것이라는 가정, 이것이 모든 러시아 문학을 감싸는 구름이다. 그 때문에 우리는 메마른 광휘와 불탄 도로에서 벗어나 그 구름이 드리우는 그림자 아래에서 넓어지고 깊어지고 싶은 유혹을 느낀다."[9]

    울프는 러시아 문학의 심오한 그림자에 대해, 인간의 고통이라는 문제를 두고 심장에 직접 말을 거는 러시아 작가의 타고난 능력에 대해 숙고해보라고 서구의 독자를 부추긴다. 적어도 러시아 문학은 독자의 순수한 양심을 자극하고, 흔들고, 쓰다듬으면서 우리에게 타인과 연대할 것을 제안하고, 단순한 지성의 승리보다 더 심오한 지각과 이해를 갖출 것을 요구한다. 이 지점에서 그녀의 감정은 존 키츠John Keats의 유명한 시구에 담긴 감정

---

9   Ibid., 174–75.

과 가까워진다. "그대는 고통과 문제로 가득한 이 세계가, 우리의 지성을 일깨워 영혼으로 만드는 데 얼마나 필수적인지 알지 못하는가?"[10] 키츠에게든 울프에게든, 영혼 없는 지성은 허파 없이 노래하는 목소리, 정념이나 고통, 깊이가 없는 목소리다.

이 연구는 러시아의 영혼에 대한 울프의 분석을 염두에 두고 그와 유사한 길을 따르지만, 이 책에서 그 길을 인도하는 정신은 아프리카계 미국인과 라틴계 미국인의 전통이다. 내 연구는 울프와 키츠의 생각과 같은 전제에 의존한다. 바로, 영혼이 근대에도 존속할 수 있었던 까닭은 상당히 돈키호테적인 면이 있기 때문이며, 영혼을 찾는 이 어리석은 열정에는 놀랍도록 계시적인 것이 있어, 인간 영혼의 문제에 관하여 근대의 지성에게 가르칠 것이 있다는 전제다.

서문에서 말했듯이, 나는 크게 두 가지 방식을 통해 영혼이란 테마를 살펴보고자 한다. 첫 번째는 성경의 전통과 신학 전통을 염두에 두고서 영혼을 살펴보는 것이고, 두 번째는 '소울'이란 말을 열정적인 스타일, 문화, 문학 그리고 무엇보다도 음악의 강력한 흐름들과 동의어로 쓰고 있는 세속의 관점에서 영혼을 살펴보는 것이다.

영혼의 명명에 관하여: 성과 속의 교차로에서

20세기 중반에 오든W. H. Auden은 세속성에 대해 숙고하면서 그 개념의 기원을 날카롭게 분석했다. 오든에 따르면 그 기원은 "신의 말씀이 살로 빚어져서 우리 사이에 거한다는 믿음에 있고, 그에 따라 자연의 질서인 물질은 공허한 외양이나 악의 근원이 아니라 실재하는 것으로서, 구원될 수 있으며 또한 역사적 시간은 실제적이고 중요하다는 믿음"[11]에 있다고 한다.

---

10   John Keats, "Letter to the George Keatses", in John Keats: The Complete Poems, ed. John Barnard (New York: Penguin Books, 1973), 550.

11   Richard Kearney, Anatheism: Returning to God after God (New York: Columbia University Press, 2010), 135에서 인용.

이렇게 볼 때 세속성의 개념은 이미 기독교적 사고에 씨앗처럼 심어져 있었으며, 그 씨앗은 기독교 역사 속에서 무르익어 근대에 완전히 개화한 것이 된다. 이렇게 기독교에서 성과 속이 뒤엉켜 교차하고, 신이 도래할 무대가 자연 세계와 역사적 시간이 됨에 따라, 숭고한 신의 말씀과 창조된 물질은 서로 충돌하기보다 공생하는 관계가 되어야 한다고 오든은 주장한다. 시간과 공간에 대한 영지주의적Gnostic 거부와는 대조적으로 기독교에서 세속적 시간은 신이 시공에 진입하는 자궁이다. 성과 속은 그리스도의 유일성 안에서 화해한다.[12] 따라서 세속성을 절대적으로 거부하는 것은 신학상의 착오이자 이단이다. 그렇게 하면 인간 드라마 곳곳에 존재하는 신의 무한한 가능성과 놀라운 출현을 배척하게 된다.

이 책은 신학적 직관을 좇아서, 성스러운 가면을 쓰고 나타나는 현시epiphany와 세속의 가면을 쓰고 나타나는 현시, 양쪽을 다 탐색할 것이다. 하지만 두 용어를 하나로 통합하거나 아예 무너뜨려야 한다는 뜻은 아니다. 인간 경험에 존재하는 두 영역의 서로 다른 공헌을 잊지 않기 위해서라도 우리는 양자를 계속 구분할 필요가 있다. 리처드 키어니Richard Kearney는 이렇게 설명한다. "세속화만이 성스러움이 삶에서 거부당하는 일을 막을 수 있고, 신성화만이 세속성이 진부해지는 일을 막을 수 있다… 속俗은 인간적 질서의 유한한 시간과 관련이 있고, 성聖은 우리 가운데 찾아와 거하기로 약속된 무한함, 타자성, 초월성을 가리킨다."[13] 두 가지 차원의 섬세한 균형을 통해 한편으로는 신정 정치, 종교전쟁, 종교적 제국주의의 함정을 피할 수 있고, 다른 한편으로는 허무주의의 위협을 피할 수 있다. 지나치게 공격적인 성스러움은 근대성에 가장 폭력적으로 반응하는 근본주의에서 볼 수 있듯이 세속성을 압도하고 저주하며, 온갖 경험을 통해 나타날 수 있는 계시의 가능성을 차단하여 결국 성스러움의 영토를 고립시키게 된다.

---

12   ibid., 133에서 인용.

13   Ibid., 141.

반면에 세속성이 유일하고 지배적인 동기가 되면, 인간 세계와 자연 세계의 신비를 배척하고 그 자리에 평탄하고, 예측가능하고, 영혼 없는 기계론적·물질적 관념을 들이게 된다.

여기서 가장 큰 교훈은 그와 같은 분리('성과 속' 외에도 '영혼과 신체'와 '초자연과 자연'이 추가될 수 있다)는 근대 서유럽에서 우연히 역사적으로 생겨난 것에 지나지 않으므로, 유대교나 기독교에서 '영혼'이 뜻하는 내용이나 아프리카계 미국인 혹은 라틴계 미국인 전통에서 '영혼'의 의미가 그렇게 미리 결정돼서는 안 된다는 것이다.[14] 이는 이 책에서 잊어서는 안 될 요점이다. 근대 이전의 기독교에서와 마찬가지로 아프리카계 미국인과 라틴계 미국인 전통에서도 영혼 개념은 양자를 갈라놓는 장벽을 허물고 그 경계를 가볍게 넘나들기 때문이다. 따라서 나는 아프로-라틴 전통이 성과 속을 흥미롭게 병치하고 뒤섞는다는 점을 항상 기억할 것이며, 독자들이 영혼의 두 개념에 내포된 더 큰 구원의 가능성을 발견할 수 있기를 희망한다. 이런 이유로 이 책에서 교차로와 경계의 메타포는 각별하다. 그 메타포를 통해 이원적 대립항인 성과 속의 불안정한 경계와 드넓은 평원 어딘가에 중간 영역이 만들어지며, 그곳에서는 서로 충돌하고 엇갈리는 바람이 영혼 개념에 숨을 불어 넣어주기 때문이다.[15]

이런 맥락에서 교차로의 신, 트릭스터trickster(장난이나 사술 등으로 사회 질서를 어지럽히는 원시 민족의 신화적·영웅적 인물-옮긴이)나 북 연주와 리듬의 수호신인 요루바Yoruba족의 엘레구아Elegua는 많은 점을 시사한다. 엘레구아는 교차로의 신으로서 성과 속의 길이 갈라지는 지점에 앉아 있

---

14   많은 동시대 비평가들이 주장하듯 내가 여기서 사용하는 '성'과 '속'이라는 용어는 비교적 최근에 시작된 계보에 속해 있다. 예를 들어, Talal Asad는 '성'이라는 용어가 최초에는 우주적 본질이란 의미로 만들어졌다가 최근 들어서야 근대 인류학과 함께(특히 Émile Durkheim) 발달했으며, 이는 또 다른 우주적 범주에 속한 '종교'와 '자연' 같은 용어의 경우와도 유사해서 이 개념들 모두 유럽인과 비유럽 세계가 조우한 직후에 발달한 것이라고 주장한다. Asad, Formations of the Secular: Christianity, Islam, Modernity (Stanford, CA: Stanford University Press, 2003), 33-35.

15   George Lipsitz의 연구도 또 다른 한 가지 사례다. 여기서 교차로의 메타포는 누군가 자신의 이익을 위해 엄격한 경계를 주장하고 나설 위험이 상존하는 불확정적인 구역을 묘사하는 데 활용된다. Lipsitz, Dangerous Crossroads: Popular Music, Postmodernism, and the Poetics of Place (London: Verso Books, 1994), 7-8.

다. 독실하고 오만한 사람이라면 얼씬도 하지 않을 이곳에서 언젠가 로버트 존슨Robert Johnson(1930년대 미국에서 활동한 블루스 뮤지션-옮긴이)은 영혼을 바치고 자신의 기타를 울부짖게 하는 법을 배웠다. 기독교인들은 그 리듬과 운율을 "악마의 음악"이라 불렀다. 젠체하는 그들의 귀에 그의 음악은 너무 매혹적이고, 흥겹고, 황홀하게 들렸으리라. 아프로-라틴 음악도 그런 비방에 시달렸다. 디아블로diablo(스페인어로 '악마'-옮긴이)라는 단어는 사실 맘보와 같은 말이다('맘보'는 콩고의 종교에서 유래한 말로, 빙의 의식을 마무리하는 노래를 가리킨다). 맘보는 세속화되면서 음악이나 무용 공연의 결말부를 의미하게 됐는데, 이때 음악가는 '템포의 무정부 상태', 즉 "아 라 디아블라a la diabla"('아무렇게나', '함부로', '악마처럼'을 뜻하는 스페인어, 직역하면 '악마 쪽으로'-옮긴이)[16]에 빠져 자유롭게, 즉흥적으로 공연할 재량을 얻는다. 이 순간 공연자는 그 또한 갑자기 열광적인 혼에 빙의된 것처럼 제멋대로, 아무 제한 없이, 방탕하게, 플로우와 템포를 가지고 논다. 구스타보 페레즈 피르마트Gustavo Perez-Firmat는 이렇게 말한다. "그 이름은 과잉, 무도함, 예절 없음을 의미한다. 맘보의 입은 소란스러운 입이며, 자유로운 혀를 품은 자, 규칙과 예의범절에 얽매이지 않는 자의 입이다. 무례하고 부적절하지 않다면 맘보는 아무것도 아니다. 맘보의 음악적 부적절함은 때론 임프로페리오improperio, 즉 저속하고 모욕적인 폭발에 가까워진다."[17]

　　이 거칠고 저속한 감정의 맥락에서 나는 세속 음악이 얼마나 창조적일 수 있는지를 살펴볼 것이다. 보는 각도에 따라서는 이 책이 영혼을 숙고하는 방식은 가스펠 음악의 정화된 영혼에서부터 블루스, R&B, 소울, 랩 등 악마의 음악으로 이어지는 경로, 즉 영혼의 성스러운 표현에서 세속적인 표현에 이르는 경로를 따른다고도 할 수 있겠다. '소울 음악'(이 용어는 '영혼의 형제soul brother'나 '소울 푸드' 같은 용어와 함께 1950년대 후반 처음 등장

16　Gustavo Perez Firmat, *Life on the Hyphen: The Cuban-American Way* (Austin: University of Texas Press, 1994), 83.

17　Ibid., 81.

했다)이란 특수한 장르가 두 영역을 잇는 가교의 한 사례다. 이 장르의 뿌리는 가스펠 음악에 있지만, 거기에 물과 비료가 된 것은 블루스와 R&B에서 흘러나오는 뻔뻔하고 관능적인 전류였다.[18] 샘 쿡Sam Cooke, 레이 찰스Ray Charles, 커티스 메이필드Curtis Mayfield, 재키 윌슨Jackie Wilson, 오티스 레딩은 가스펠과 R&B의 양식, 화성, 가사의 구분을 흐리며 영혼의 설교를 이전에 들어본 그 무엇과도 다르게 만들었다. 블루스 음악가 빅 빌 브룬지Big Bill Broonzy의 말에 따르자면, 이 예술가들은 "울부짖는 성자"였다.[19]

　나는 성과 속의 교차로를 옹호하지만, 그렇다고 해서 근대성을 피해 가거나 외면해야 한다고 주장하는 것은 분명 아니다. 나는 영혼에 관한 유대교와 기독교의 전통적인 믿음을 보존하고자 하는 것과 마찬가지로, 근대의 세속주의도 이 주제에 창조적 자유와 예술적 창의력을 한껏 불어넣었다고 주장한다. 특히 주크 조인트juke joints(음악, 춤, 술, 도박 등을 즐기는 장소로 주로 미국 남부 지역에서 흑인들이 운영했다-옮긴이)나 흑인 클럽 등, 교회 바깥에 있는 소란스럽고 무질서하고 외설적인 음지에서는 문화적이고 음악적인 야단법석이 관대하게 받아들여졌다. 블루스, R&B, 펑크, 힙합은 모두 종교의 영향을 받고 또 그런 주제를 담는 장르지만, 이들은 교회가 신의 은총을 독점한다는 주장에 이의를 제기하면서 마이스터 에크하르트Meister Eckhart(중세 독일의 신비주의 사상가-옮긴이)를 따라 누구도 신에게 덮개를 씌워 교회에 묶어둘 수 없다고 생각한다.[20] 랠프 엘리슨과 페데리코 가르시아 로르카가 문학과 문화에서 발휘한 창조성도 마찬가지다. 두 사람은 그들 자신의 영혼 개념을 성과 속의 방탕한 혼합으로 치장한다. 그들도 분명 존 키츠처럼 시인에게는 빛만큼 어둠을, 고상함만큼 비열함을 탐

18　Mark Ribowsky, Dreams to Remember: Otis Redding, Stax Records and the Transformation of Southern Soul (New York: Liveright, 2015), 43을 보라.

19　Peter Guralnick, Sweet Soul Music: Rhythm and Blues and the Southern Dream of Freedom (New York: Little, Brown, 1986), 25–27을 보라.

20　Meister Eckhart: The Essential Sermons, Commentaries, Treatises and Defense, trans. Edmund Colledge and Bernard McGinn (New York: Paulist Press, 1981), 60을 보라.

구할 자유가 있다는 생각에 직관적으로 동의했으리라. "고결한 철학자에게 충격을 주는 것이, 카멜리온(원문에 Camelion으로 표기됨) 같은 시인에겐 기쁨을 준다. 세상의 밝은 면을 좋아하는 성향이 해롭지 않은 것처럼 어두운 면을 좋아하는 성향도 결코 해롭지 않다… 시인은 빛과 어둠을 즐기고, 강렬하게 살며, 부정하면서도 공정하고, 고결하면서도 비열하며, 부유하거나 빈곤하고, 천하거나 고귀하다."[21]

  따라서 나는 영혼의 문제를 다루는 동안 내 방식이 고귀한 철학자나 신학자들에게는 충격을 안길지라도 공정함과 부정함, 고결함과 저열함, 빛과 그림자를 대담하게 탐사하는 시인과 신비주의자의 직관을 따르고자 한다. 내가 볼 때 키츠의 이런 표현은 마이클 다이슨, 코넬 웨스트Cornel West, 앤서니 핀Anthony Pinn, 이마니 페리Imani Perry, 아딜리푸 나마 Adilifu Nama, 폴 길로이Paul Gilroy, 애덤 브래들리를 비롯한 동시대의 광범위한 힙합 지식인들에게도 큰 영향을 미쳤다. 폴 길로이는 이렇게 썼다. "역사적으로 흑인의 정치 문화에서 가장 강력한 행위agency 개념들은 성스러움을 통해 형성됐다. 하지만 그 개념들은 세속성을 통해 모습을 드러내기도 하는데, 그럴 땐 세속적 구원이라는 다른 관념을 목격할 수 있다. 내가 보기에 그 두 가지 가능성은 힙합으로 정점에 도달한 음악 전통에서 하나로 합쳐진다."[22] 혹은 아딜리푸 나마의 예를 살펴보자. "힙합의 감수성 덕분에 검은 피부와 갈색 피부를 가진 이들의 경험에 퍼져 있는 '착한 놈, 나쁜 놈, 못생긴 놈' 사이의 인위적인-그리고 종종 이상화된-구분이 약화되었다. 그 결과, 성속 개념을 엄격하게 구분하는 사고는 옳고 그름을 평가하기에는 너무 혼란스럽고 유동적인 기준이라는 이유로 폐기되었다."[23] 검은 피부와 갈색 피부를 가진 이들의 영혼 개념을 탐사하는 과정에서 나는 이 학자들의

21   John Keats, "Letter to Richard Woodhouse", in John Keats: The Complete Poems, ed. John Barnard (New York: Penguin Books, 1973), 547.

22   Paul Gilroy, "It's a Family Affair", in Black Popular Culture, ed. Gina Dent (Seattle: Bay Press, 1992), 315.

23   Adilifu Nama, "It Was Signified: The Genesis", in Born to Use Mics: Reading Nas's Illmatic, ed. Michael Eric Dyson and Sohail Daulatzai (New York: Basic Civitas Books, 2010).

안내를 따르지만, 그중에서도 특히 종교, 문학, 음악 분야에서 아프리카계 미국인 전통과 라틴계 전통이 교차하는 곳에 초점을 맞출 것이다. 이들 전통에서 영혼을 부풀린 효모인 동시에 그 전통에서 영혼의 의미가 무엇인지를 이해하는 결정적인 열쇠가 기독교라고 판명되었으므로, 나는 영혼이 세속적인 차원에서 전개되는 양상을 살펴보기 전에 먼저 영혼을 정의하는 문제, 특히 영혼 개념이 기독교적 사고에서 어떻게 그 이름을 얻고 해석됐는지를 살펴보는 것으로 연구를 시작하고자 한다.

신학적 영혼: 근대적 자아를 대신하여
신의 현존과 초월의 아이콘, 신의 형상Imago Dei인 영혼

신학적 차원의 영혼을 근대적 자아와 구분하기 위해, 인간의 영혼이 신의 형상으로 만들어졌으며, 그것이 신의 현존과 초월 모두를 상징한다는 근본적인 가정에서 출발하려고 한다. (비슷하면서 다른) 유추적 유사성 때문에 영혼은 신처럼 아름답고 선하지만, 그럼에도 영원히 신은 될 수 없기에 무거운 필멸의 굴레에서 자유롭지 못하다. 영혼은 시간적 조건에 속박되어 쪼개지고 흩어지며, 갈등과 혼란을 겪고, 꼬이고 뒤틀리지만(아우구스티누스Augustine의 표현으로는 '영혼의 떨림distentio animi'), 그래도 영원히 신의 형상으로 남아 아름다움이 가득하고 신성으로 생동한다. 신의 형상imago dei은 뒤틀릴지언정 파괴되지 않는다. 어쩌면 영혼은 윌리엄 버틀러 예이츠가 인간의 마음을 가리켜 말한 것처럼 "악취 나는 고물상"일지 모르지만, 그래도 여전히 신의 무한한 광휘의 일부로서 신의 위엄과 신의 타자성을 되비춘다.[24]

그렇다. 영혼은 신의 현존을 보여주는 상징, 신의 은총이 우리의 영혼을 채우고 넘쳐흐른다는 것을 보여주는 상징이다. 하지만 영혼은 무한한 신비와 광휘를 통해 신성을 되비추고, 그와 더불어 신의 깊은 밤도 공유한다.

---

24   W. B. Yeats, "The Circus Animals' Desertion", in The Yeats Reader, ed. Richard Finneran (New York: Scribner Poetry, 1997), 151을 보라.

다시 말해서, 영혼은 또한 신의 초월성을 보여주는 상징이다. 영혼은 신처럼 거룩하고 성스럽고 귀하며, 무한한 가치와 존엄성을 지닌(이는 아메리카 대륙의 노예들에게는 혁명적으로 다가왔다) 동시에, 출애굽기에 등장하는 '가려진 신G-d'처럼 불가해함으로 뒤덮여 있다. 우상 숭배적인 자아상이 경이로운 것들을 몰아내고 대문자 타자의 자리를 지워버리는 것과는 달리, 영혼은 대문자 타자의 상징이며, 르네상스 시대의 키아로스쿠로(명암의 대비 효과로 물체나 사람을 묘사할 때 입체적인 느낌을 주는 기법-옮긴이) 그림처럼 빛과 그늘로 채워진 초상화다. 특별하고 독특한 개인이 있는 곳에서 영혼은 아우라 또는 무한성의 흔적이다.[25]

예를 들어, 닛사의 그레고리우스Gregory of Nyssa(335년 카파도키아에서 태어난 동방교부 신학자-옮긴이)가 묘사한 영혼의 초상에서 우리는 상징의 메타포를 명확히 감지할 수 있다. "상징은 원형에서 아무것도 누락하지 않는 한에서만 완벽한 상징이 된다. 그러므로 신의 본성에서 발견되는 본질적인 불가해함 역시 어떤 상징에서건 원형과 유사한 그 성질을 지니고 있어야 한다."[26] 영혼은 신의 불가해함을 상징하고 신은 형태와 겉모습이 없으므로, 영혼은 그 불가해함과 형태 없음까지도 공유한다는 것이다. 영혼은 무無를 닮았다. 영혼은 모든 우상을 벗겨낸 것이며, 불확정적이고 기이하다. 신에게 속한 것-이름 없음-은 인간에게도 속한다. 장-뤽 마리옹Jean-Luc Marion은 이렇게 말한다. "인간은 아무것도 허용하지 않는 신의 형상으로 만들어졌기 때문에 상상할 수 없으며, 어떤 이해도 허용하지 않는 신과 유사하게 만들어졌기 때문에 불가해하다."[27]

아우구스티누스는 기억의 수수께끼를 고찰하지만, 신학적 인류학에서 피할 수 없는 이 부정의 길via negativa(부적합하거나 틀린 것을 지워 없애는

---

25 Richard Kearney는 '페르소나'의 의미를 이런 맥락에서 설명한다. Kearney, The God Who May Be: A Hermeneutics of Religion (Bloomington: Indiana University Press, 2001)를 보라.

26 Jean-Luc Marion, In the Self's Place: The Approach of St. Augustine, trans. Jeffrey Kosky (Stanford, CA: Stanford University Press, 2012), 259에서 인용.

27 Ibid., 259.

방식-옮긴이)은 더 깊어지기만 했다. 아우구스티누스가 인간 영혼의 주변부를 배회하는 동안 그의 언어가 더듬어 찾아낸 메타포와 이미지는 곤혹과 놀라움을 제거하기보다는 심화시킨다. 간단히 말해 아우구스티누스에게 영혼은 하나의 암호이며 인간은 하나의 "거대한 심연"이다.[28] 영혼을 향해 구불구불 우회하며 나아가는 동안 아우구스티누스가 영혼의 미로 한가운데 존재하는 정체성의 변하지 않는 토대나, 주체성의 본질을 발견하는 일은 일어나지 않는다. 오히려 그는, 영혼은 무한한 파노라마이고 그곳에선 모든 곳이 중심이며 외곽의 경계는 존재하지 않는다는 현기증 나는 깨달음을 얻는다. 자기인식의 문제에서도 오직 이것이 자기 자신임을 안다는 것에 수긍만 할 수 있을 뿐, 그래서 자신이 무엇인지는 말할 수 없다고 한다. 존재 자체는 의심의 여지가 없으나 본질은 도저히 알 수 없기에, 아우구스티누스는 본인이 그 자신에게 가장 큰 의문이라고 말할 수밖에 없다.[29] 특히 그는 기억이라는 가장 큰 수수께끼에 관해 숙고할 땐 자신이 한순간 얼이 빠져 길을 잃었으며 엄청난 무감각에 사로잡혔다고 말한다.[30] 답을 알 수 없는 질문을 던지는 여느 시인들과 마찬가지로, 그는 기억이라는 가장 큰 경이를 묘사하는 메타포들에 손을 뻗는다. 기억은 광활한 평원, 넓은 궁전, 이미지의 창고, 광대한 회랑, 동굴이자 분화구, 광대하고 무한한 신전이다. "누가 그 깊이를 잴 수 있으랴? 그럼에도 기억은 여전히 내 영혼의 기능이다."[31]

영혼의 기능인 기억은 자의식에 해결할 수 없는 문제를 제기하고, 영혼의 탐색을 실존적 시련으로 만든다. 그는 고백한다. "나는 나 자신에게 힘겹게 땀 흘려 통과해야 하는 고난의 땅이 되었다."[32] 아우구스티누스에게 영혼의 영토가 수많은 동굴과 심연이 기다리고 있는 고난의 땅이라면, 그 영토를 통과하는 여정은 시각이 아니라 믿음에 의지하면서 지하 깊은 곳을 더

---

28   Augustine, Confessions, IV.14.
29   Ibid., X.33.
30   Ibid., X.8.
31   Ibid.
32   Ibid., X.16.

듬어 나아가는 동굴 탐험과 같다. 그리고 그 중심부에 고정된 본질이 존재하지 않는다면, 인간의 정체성은 (다음 장의 주제인) 성경의 수많은 인물이 그랬듯이 끝없는 변이와 변화와 격동을 겪는다. 영혼은 영원히 확장되는 그릇으로 끊임없이 성장하고 팽창하며, 수축하고 비틀대고, 전진하고 후퇴한다. 하지만 아우구스티누스에게 영혼이 파멸하지 않고 성장할 수 있는 것은 소유가 아닌 포기를, 지배욕libido dominandi이 아닌 자선caritas을, 자기만족이 아닌 자기 포기를 강조하는 성서적 가치 때문이다.[33] 만일 영혼이 신의 본성-가늠할 수 없는 무한함-에 충실하다면, 사막에 태양빛이 가득하듯 영혼은 그 가치를 넘치도록 구현할 것이다.

전통 신학이 드러내는 형식적 부정의 순간(신학적 논의에서 나타나는 입닫음unsaying의 순간들)에도 불구하고 닛사의 그레고리우스와 아우구스티누스는 우리가 신과 영혼에 대한 지혜를 얻을 수 있다고 확신한다. 설사 그 계시가 모호한 형태로, 거울을 통해 흐릿하게 보인다 할지라도 아우구스티누스는 우리가 영혼의 미로 속에서 신과 조우할 수 있으며, 신이 우리가 누구인지, 어떤 존재가 될 수 있는지, 어떤 존재가 되어야 하는지 불완전하게나마 깨닫게 하는 은총을 내릴 거라고 믿었다. 그렇다면 신에 관한 지식이 우리 삶의 의미와 목적에 계시와 혁명의 역할을 한다는 것은 명백하다. 신-그리고 인간의 영혼-에 대한 우리의 이해가 아무리 덧없고 불완전하다 할지라도, 짧은 순간 신의 모습을 일별한 모세Moses의 경우와 마찬가지로 우리를 놀라게 하고 변화시키기에 충분하다(출애굽 33:17-23). 게다가 영혼은 유령처럼 붙잡기 어렵지만("유령을 붙잡을 수 있는 사람은 없다"고 울프는 말한다. "대부분은 유령의 옷자락이나 머리칼 몇 가닥에 만족해야 한다."), 기독교 전통에서는 영혼을 눈부신 색채와 관능적인 윤곽으로 치장하

---

33 이러한 이유에서 하이데거가 어거스틴에 대한 데카르트의 해석에 이의를 제기한 것이나, 그들이 파악하는 내적 성찰의 양태를 분리시키는 심연을 강조한 것은 옳다. 하이데거는 "데카르트는 어거스틴의 사고를 흐려 놓았다"고 썼다. "어거스틴의 맥락에 따른 자기 확실성과 자기 소유는 데카르트적인 코기토의 증거와 완전히 다른 것이다." Marion, In the Self's Place, 62, 240–42을 보라.

고, 그래서 영혼은 혈색 없는 유령보다 훨씬 더 감각적이고 매혹적인 모습으로 나타난다.[34]

영혼의 미학적 윤곽: 신비주의, 음악, 축제

영혼을 하나의 상징(신이 드러나는 동시에 은폐되고 현존하는 동시에 부재함을 보여준다)으로 다루는 일은 필연적으로 미학의 문제를 불러온다. 적어도 전통 기독교 신학, 특히 유추적 전통에서 아름다움을 경험하는 것은 신이 영혼을 현혹하는 유혹 전략이며, 따라서 진실과 선을 확증해주는 것이기도 하다. 우리는 맛보는 모든 것에서 영원한 지혜를 맛볼 수 있고, 우리를 기쁘게 하는 모든 것에서 영원한 기쁨을 느낄 수 있으며, 온갖 아름다운 것에서 영원한 아름다움을 볼 수 있다고 쿠사의 니콜라스Nicolas of Cusa(15세기에 활동한 독일의 철학자이자 신학자, 천문학자로 근세철학의 선구적 사상가-옮긴이)는 말했다.[35] 무수한 형태의 창조 속에서 모든 것은 은총으로 물들어 있으며, 따라서 성과 속, 정신과 육체, 초월적인 것과 현세적인 것의 구분은 약해진다. 신의 존재는 우주에 가득하여, 크든 작든 모든 걸 적시고 관통한다. 그 결과 인간의 영혼은 창조의 우아한 태피스트리와 분리되지 않고, 더 큰 우주에 소우주로 포함된다. 이런 은총의 세계에서, "새벽으로 지은 집, 검은 구름으로 지은 집"에서, 영혼은 그것을 둘러싼 아름다움에 깊이 잠겨 걸어간다('나바호족의 밤의 찬가').[36]

　　데이비드 벤틀리 하트David Bentley Hart의 분석에 따르면, 영혼을 바라보는 이 오랜 관점은 결국 근대적 자아에게 자리를 내주고 버림받았다.

---

34   Virginia Woolf, Mr. Bennett and Mrs. Brown: The Hogarth Essays (London: Hogarth Press, 1924), 3.

35   Nicholas of Cusa, On Learned Ignorance, ch. 1, in Nicholas of Cusa: Selected Spiritual Writings, ed. H. Lawrence Bond (New York: Paulist Press, 2005). 또 David Bentley Hart, The Beauty of the Infinite: The Aesthetics of Christian Truth (Grand Rapids, MI: William Eerdmans, 2003), 254을 보라.

36   이 나바호족 성가는 N. Scott Momaday의 책 House Made of Dawn (New York: Harper and Row, 1968)의 제목으로 쓰였다.

그러나 근대적 주체가 완전히 진화해 수면 위로 부상하기 전까지 개인은 심해를 헤엄치는 살아 있는 영혼으로 세계의 존재에 참여했고 개인이 살아가는 익숙한 환경과 분리할 수 없는 존재로 여겨졌다. 또한 영혼은 자아의 쓸모없는 추상적 관념이 아니라 완전하고 통합된, 정신적이고 육체적인 현실로 여겨졌다. 영혼은 지성에서부터 동물적 기능에 이르는 인간 존재의 모든 측면을 아우르며 이성과 감정, 정신과 육체, 기억과 현재, 초자연적 갈망과 자연적 능력을 통합하는 몸의 생명이자 형식이었다.[37]

이 마법 같은 우주론에서 영혼은 세계의 존재에 통합되어 있고, 창조 전체와 연관되어 있다. 영혼은 태양의 형제이고 달의 자매이며 어머니 지구의 자녀다.[38] 또한 영혼은 우주의 언어적·음악적 예술성과도 연관되어 있다. 은총과 조응하고 일치할 때 영혼은 소나타와도 같은 창조의 호출 소리에 하나의 존재로 부상하여 지구의 중력에 이끌리며 움직이고 춤을 춘다. 실제로 고대 피타고라스주의자, 신플라톤주의자, 기독교 신학자들은 만물이 시와 노래의 리듬과 격정으로 만들어졌다고 믿었다. 신은 위대한 연설가나 음악가처럼 언어의 예술을 통해 우주를 창조하고, 멜로디와 반향으로 지구의 소리 없는 공동을 채우며, 천체의 회전으로부터 음악을 만들었고, 그리하여 모든 창조, 즉 행성이 궤도를 그리며 내는 종소리, 철썩이는 바다의 물보라 소리, 공기의 성가, 바람이 내는 휘파람, 새들의 지저귐, 매미의 노래, 울부짖는 천둥소리가 전부 아름다움을 위한 송가가 되었다.

중세의 영혼 개념은 이 그리스-로마와 유대-기독교의 관점을 차용했다. 거기서 음악은 영혼의 양식이자 초월의 매개체였다. 많은 중세 신학자들이 음악은 사람을 교화하고 고양한다고 여겼다. 그들은 음악에서 영혼을 영묘한 진실의 세계로 끌어올리는 독특한 지각 방식을 발견했다. 하트는 닛

---

37   Hart, Beauty of the Infinite, 138.
38   철학자 Charles Taylor는 이 패러다임 안에서 영혼이 '다공성'을 띠고 있다고 말한다. Taylor, A Secular Age (Cambridge, MA: Havard University Press, 2007), 152를 보라.

사의 그레고리우스의 음악적 안목에 관해 이렇게 말한다. "닛사의 그레고리우스에 따르면, 창조는 전능한 신의 힘에 바쳐진 놀라운 찬가다. 우주의 질서는 음악적 화음과 같아서 풍부하고 다양한 음조를 지니고, 내적인 리듬과 화음을 따르며, 본질적인 조화로 가득하다."[39] 이 위대한 창조의 교향곡에 호소하는 과정에서 닛사의 그레고리우스는 초기 기독교의 풍부한 교육 문화에 감화되었다. 초기 기독교의 교양 교육은 문법, 수사학, 산술에서 출발하여 기하학, 음악, 천문학에 이르기까지 단계적으로 상승하는 패턴을 그린다.[40] 교양 교육은 시끄럽고 혼란스러운 세계 너머로 정신을 고양시켜 별들과 아름다움의 완벽한 조화에 닿기 위한 정신적 훈련이었다(그 한 예가 아우구스티누스의 소책자 「음악론De musica」이다. 음악의 신비한 숫자 패턴에 관한 묵상을 6권으로 묶었다).[41] 음악은 우주의 패턴을 드러내고, 개인의 내부에 존재하는 신의 패턴을 드러낸다. 따라서 죄악은 영혼의 리듬, 속도, 시간 감각을 갑작스레 방해하는 불협화음이나 이탈음으로 볼 수 있다. 죄를 지어 균형을 잃고 멍해진 영혼은 은총을 잃고 여기저기 부딪히며 비틀거리는, 스텝이 엉킨 무용수다. 하지만 춤의 왕인 그리스도가 이 세계에 찾아와 영혼을 교정하고 가르치고 변화시킨다. 그리스도는 영혼의 민첩성을 되찾아주며 절망적인 상태를, 타인의 품에 안긴 듯 자기를 버리고 사랑이 넘치는 상태로 탈바꿈시키는데, 아빌라의 테레사Teresa of Ávila(스페인 카르메르 수녀회 수도녀이자 성녀聖女. 많은 신비적 체험을 하고 카르메르회를 개혁한 공적으로 유명하다-옮긴이)의 법열法悅도 그와 다른 것이 아니다.[42]

---

39   Hart, Beauty of the Infinite, 275.
40   James O'Donnell, Augustine: A New Biography (New York: HarperCollins, 2005), 76을 보라.
41   Ibid., 76.
42   Michel de Certeau는 음악이 Teresa의 가장 유명한 작품인 The Interior Castle의 해석학적 열쇠라고 주장한다. 그가 보기에, 그 글은 악보나 교향곡 형식으로 구성된 작품으로, 각각에는 두드러지는 특정한 현악기나 멜로디가 포함되고, 음은 최후의 종장에 이를 때까지 크레센도로 상승한다. 음악이 끝나면 혀는 놀라움에 돌처럼 굳고 영혼은 황홀경에서 풀리지 않는다. Teresa of Àvila, The Interior Castle, trans. Kieran Kavanaugh and Otilio Rodriguez (New York: Paulist Press, 1979), 38을 보라. 또한 Michel de Certeau, The Mystic Fable: The Sixteenth and Seventeenth Centuries, trans. Michael Smith (Chicago: University of Chicago Press, 1992), 190–95를 보라.

테레사의 법열(성녀 테레사가 종교적 도취 속에서 체감한 신의 사랑을 말한다. 바로크의 거장 베르니니는 이를 주제로 한 조각 『성녀 테레사의 법열』을 제작했다.-옮긴이)은 유난히 강렬하고 특수한 신비주의의 사례나 근대인의 경험과는 동떨어진 사례처럼 보이지만, 음악은 우리를 불완전하게나마 신비로 이끌며, 지구상의 다른 어떤 예술이나 주장보다 확실하게 평화와 기쁨과 지식을 우리 앞에 펼쳐놓는다.[43] 그러니 우리를 취하게 만드는 디오니소스의 매력이 음악과 불가분의 관계에 있다고 본 니체Nietzsche의 생각도 이치에 어긋하지 않는다.[44] 니체가 경험한 근대 음악은 고대 그리스인들이 이해했던 내용을 확인시켜준다. 바로 음악은 누군가의 영혼을 기쁨의 순간에 붙잡아두고 또 흔들 수 있으며, 음악의 계시적 잠재력은 다른 무엇에도 비할 수 없다는 것이다. 그는 이렇게 썼다. "음악에 비하면 다른 모든 언어적 소통은 추잡하다."[45] 아퀴나스Aquinas는 자신이 쓴 것을 다 합쳐도 신이 그에게 드러내 보인 것에 비하면 지푸라기와 다름없다고 여겼다. 니체도 그와 유사한 신비주의적 맥락에서 음악이라는 정신적 현상에는 삶의 비밀을 관통하는 특별한 능력이 있다고 여겼다.[46] 음악의 최면 능력이 우리의 넋을 잃게 한다는 증언이나, 음악의 힘이 영혼의 온도를 높여 열광적인 흥분 상태로 이끈다는 증언이 서양 문명에 가득하다. 비기Biggie가 말했듯이 음악은 최면을 건다. 혹은 에미넴Eminem과 엘리엇T. S. Eliot이 말했듯이

---

43   Walt Whitman, "Song of Myself", in Leaves of Grass [1855] (New York: Viking Press, 1959), 29.

44   Friedrich Nietzsche, The Birth of Tragedy: Out of the Spirit of Music [1872], trans. Shaun Whiteside (New York: Penguin Books, 1994).

45   Friedrich Nietzsche, The Will to Power, trans. Walter Kaufmann and R. J. Hollingdale (New York: Vintage Books, 1968), 428.

46   이 주제를 다룬 아퀴나스의 글은 Bernard McGinn, Thomas Aquinas's Summa Theologiae: A Biography (Princeton, NJ: Princeton University Press, 2014)을 보라. Nietzsche와 음악과의 관계에 관해서는 M.S. Silk and J.P. Stern, Nietzsche and Tragedy (Cambridge, UK: Cambridge University Press, 2016), 299–302를 보라. Biggie, "Hypnotize", on Life After Death, Puff Daddy Records, 1997; Eminem, "Lose Yourself", on From the Motion Picture 8 Mile, Shady, Aftermath, Interscope, 2002; Master P, "Make 'Em Say Uhhh!" on Ghetto D, No Limits Records/Priority, 1997; T.S. Eliot, "The Dry Salvages", in The Four Quartets (New York: Harcourt Books, 1943).

우리는 음악 안에서 자신을 잃어버리거나, 마스터 PMarster P가 노래한 대로 그저 "어어어" 하고 소리내게 된다.[47]

사람을 휘젓는 음악의 특성에 덧붙여, 나는 이런 종류의 정신적 도취가 그저 대리석 상자에 보관된 채 중세의 신학자 무리에게만 있었던 것은 아니라고 주장하고자 한다. 사람들은 수많은 의식, 사육제, 축제, 연극 공연을 보면서 그 안에서 아름다움의 향연을 목격했을 것이다. 예를 들면 그노시스파가 그렇다. 근대 세계와 함께 부상한 후기 기독교 분파들은 탈육체화를 선언했지만, 근대 이전의 기독교는 상당히 육체적이었다. 어쩌면 세르반테스Cervantes의 『돈키호테Don Quixote』에 등장하는 인물들과 동일한 특징이 기독교에 존재한다고 말할 수도 있겠다. 산초 판자의 육체적이고 감각적인 감수성과 돈키호테의 마법, 경이, 신비주의처럼 말이다. 이전의 기독교는 초월의 갈망, 육체와 위장panza의 욕구, 연극과 의식과 익살극의 기쁨을 모르지 않았다. 풍요롭고 원숙한 가톨릭 바로크(가톨릭이 정점에 달했던 바로크 시대-옮긴이)의 영혼은 점차 분열과 분산의 징후를 드러내긴 했지만, 세르반테스는 소설에서 두 막역한 친구를 하나로 묶었듯이 몽상가와 실용주의자, 이상주의자와 현실주의자, 초월론자와 감각주의자를 한 몸으로 묶었다.

하지만 가톨릭 바로크를 제외하고 근대 초기에 다른 문화들에서는 '거대한 존재의 사슬'(신적인 초월론과 내재론, 정신과 육체, 이성과 감정, 이론과 실천, 금욕주의와 허식을 통합했던 관점)을 연결하고 있던 고리가 서서히 녹슬어 부서지기 시작했다. 16세기 프로테스탄트 기독교를 중심으로 개혁을 향한 열정이 불붙기 시작하면서부터 축제의 문화는 점차 규율의 문화로 대체되었고, 기독교는 중세와 달리 종교의식, 미학, 축제를 의심하는

---

47 Biggie, "Hypnotize", on Life After Death, Puff Daddy Records, 1997; Eminem, "Lose Yourself", on From the Motion Picture 8 Mile, Shady, Aftermath, Interscope, 2002; Master P, "Make 'Em Say Uhhh!" on Ghetto D, No Limits Records/Priority, 1997; T.S. Eliot, "The Dry Salvages", in The Four Quartets (New York: Harcourt Books, 1943).

쪽으로 변해갔다.[48] 이미 종교개혁Reformation 시기에 기독교는 육체적이고 의례화된 실천에서 벗어나, 육체와 매혹을 경시하고 교조적인 명제, 교리문답, 정신 상태를 강조하는 형태로 전환되었다. 이런 경향은 반종교개혁 진영의 우려와 명령에 명백하게 나타났지만, 청교도적인 종교개혁은 자기 규제, 억제, 질서의 윤리를 통해 기독교의 축제와 황홀경과 디오니소스적 표현을 억압하고자 했으며, 이를 위해 규율과 처벌에 특히 관심을 보였다. 막스 베버Max Weber의 유명한 주장처럼 근대 자본주의는 이와 같은 특성 위에 구축되었다.

자기통제와 억제라는 새로운 이상에 적응하지 못한 문화와 종교와 관습은 나태함, 도덕적 마비 상태, 경제적 무능력, 종교적 야만성과 동일한 것으로 취급되었다. 북아메리카, 가톨릭, 아메리카 인디언, 아프리카인들의 행동과 숭배 형태가 그런 사례에 해당했고, 특히 우상 숭배, 무익함, 의무 태만에 취약한 것으로 여겨졌다.[49] 규율이 잡힌 이성적이고 전문적인 삶의 양식을 보다 완벽히 구축하기 위해 근대인들은 칼뱅주의와 신-스토아학파의 가치에 부합하지 않는 문화와 종교의 특성들을 억압하고, 식민화하고, 굴복시켰다. 질서 잡힌 사회에 그들의 미래는 없었다. 가톨릭이 보기에 그들이 하는 일은 거의 다 비생산적이고 원시적인 가치로 물들어 있었다. 성찬식과 민중의 축제, 공동묘지의 만찬, 오월제 기둥을 중심으로 한 춤, 성인과 천사 숭배, 이교 신앙과 자연 세계와 연관된 사당들, 사육제의 미적 과도함, 바로크 건축 등이 모두 그런 사례였다.

근대 세계에서 과잉과 과시는 비육체적인 영혼 개념에 자리를 내주고 힘겨운 시기를 겪었다. 르네 데카르트René Descartes 같은 이에게 이는 자명한 일이었다. 신-스토아학파를 받아들인 데카르트는 '영혼'의 의미를 규정할 때, 블레즈 파스칼Blaise Pascal의 말을 변용하자면, 아브라함과 이삭

---

48   Taylor, Secular Age; Louis Dupre, Passage to Modernity: An Essay in the Hermeneutics of Nature and Culture (New Haven, CT: Yale University Press, 1993).

49   Taylor, Secular Age, 106–10.

과 야곱의 영혼보다는 철학자의 영혼과 더 비슷한 것으로 정의했다. 내가 파악하기로 이는 영혼의 급류를 억누르고 보다 차분하고 안정적인 관점을 낳았다. 데카르트는 "위대한 영혼"을 다음과 같이 설명한다. "위대한 영혼은… 이성적인 힘이 너무나 단단하고 강력하여, 설사 열정을 품고 있다 하더라도 이성이 군주가 되는 영혼이다."[50] 아빌라의 테레사 혹은 이후에 두보이스W. E. B. Du Bois(1868년에 출생한 미국의 저술가이자 흑인 운동 지도자-옮긴이)가 묘사한 신성한 광기, 에로티시즘의 불꽃, 감정적 도취에 대해 알았다면 데카르트는 무슨 말을 했을까? 두보이스는 흑인 교회의 감정적 도취를 이렇게 묘사했다. "일종의 억압된 공포가 공중에서 밀려와 우리를 엄습하는 듯했다. 사람들은 피티아Phytha(델피의 여사제-옮긴이)의 광기, 악마의 부름에 홀려 끔찍한 노래와 가사를 뱉어냈다. 많은 사람이 신음하고 전율했다. 그때 내 옆에 있던 볼이 수척한 갈색 피부의 여성이 갑자기 허공으로 뛰어올라 길 잃은 영혼처럼 비명을 질렀다. 그를 둘러싼 사람들은 울부짖고 신음하고 절규하며, 내가 전에 상상도 해본 적 없는 인간적이고 열정적인 난장을 펼쳐놓았다."[51] 여기 묘사된 회중의 감각적이고 미학적인 드라마-쉰 목소리의 중얼거림과 외침, 방향 없는 내달림, 흔들거나 박수 치는 손들, 세차게 구르는 발들, 울음과 웃음, 온갖 종류의 에로티시즘-는 분명 데카르트의 기준에는 너무 방탕하고 열정적이었을 것이다. 감정의 범람으로 이성이 익사하고, 모든 피가 심장으로 흘러 들어가 뇌에 산소가 부족해지는 사태를 보여주는 모습이었을 것이다. 영혼을 얻기 위해선 평정, 절제, 이성이 필요했다. 그런 면에서 데카르트에게 흑인들의 종교와 가톨릭 바로크는 과잉되고 무절제한 육체 속으로 이성이 추락해버린 전형적인 사례였을 것이다. 피티아적 광기가 양식을 갖춘 철학자 무리를 급습하거나, 디오니소스가 데카르트 시대의 계몽을 겨냥하여 복수하는 것으로 보였

---

50 Ibid., 131.
51 W.E.B. Du Bois, The Souls of Black Folk (New York: Penguin Books, 1989), 155.

을 것이다.

이 책에서 전반적으로 다루겠지만 아프리카계 미국인 기독교와 라틴계 바로크 기독교는 모두 인간 경험의 미학적·감각적 기쁨을 탐닉한다. 전자가 훨씬 더 청각적(신의 말씀의 강조)이고 후자가 보다 시각적(시각적이고 의례적인 형태에서 나타나는 로고스의 강조)이긴 해도, 육체화된 신학, 몸을 전율하게 만들고 축제 분위기를 일으키는 신비주의적 에너지에 깊이 감응한다는 점에서는 동일하다. 두 사례에서 영혼은 상당히 아름답게 재현되었으며, 또한 인간의 영혼을 합리화·관료화하고 소독하려는 철학 및 문명 사회의 시도, 혹은 새로 부상하는 자본주의적 세계 질서와 충돌했다.

영혼의 윤리적 윤곽: 그것은 인간에게 어떻게 이로운가

근대 초기에 새롭게 등장한 부르주아적 시장(특히 18세기 이후 프로테스탄트 국가에서)에서 영혼의 위상은 점점 더 심각한 위험에 직면했다. 영혼 개념은 자신의 가치를 폄하하고 경제적 가치를 위해 자신을 착취하고 흥정하려는 힘과 투쟁하며 힘겹게 살아남아야만 했다. 북아메리카에서는 '번영 신학prosperity gospel'(일종의 기복 신앙-옮긴이)을 바탕으로, 돈을 벌어서 잘 사는 게 신의 축복이라는 우화가 탄생했다. 자유 기업의 가치를 설파하는 기독교의 메시지에서 새로운 자본주의적 영혼이 출현하여 부의 추구를 효과적으로 신성화했다. 근대적 자아는 구시대의 수많은 도덕적 속박-굶주린 자를 먹이고, 벌거벗은 자를 입히고, 이방인을 환영하고, 수감자를 방문하라는 골치 아픈 명령-으로부터 벗어나는 과정에서 아무런 제한 없이 물질적 진보를 추구하고, 자기만족에 몰두하면서도 모든 죄를 면제받을 수 있는 재량권을 얻었다.[52] 재물을 탐하는 이기심이나 탐욕 같은 고전적인 악덕은 마법을 거친 듯 온화한 자애심으로, 근대인의 근본적인 권리이자

52　나는 여기서 Sacvan Bercovitch의 Rites of Assent: Transformations in the Symbolic Construction of America (London: Routledge, 1992), 40쪽 문장을 옮겨 썼다.

공공의 경제와 정치를 이끄는 원칙으로 탈바꿈했다. 브래드 그레고리Brad Gregory가 주장했듯이, 자본주의 사회는 이와 같은 욕망을 새롭게 구축하고, 탐욕에 대한 복음의 부정적 관점을 뒤집을 필요가 있었다. 한마디로 예수가 틀렸음을 입증하고자 한 것이다. 신과 돈을 동시에 섬기지 못할 이유가 없었다.[53]

물론 고전적인 기독교 윤리는 이런 원칙을 승인하지 않으며, 영혼의 가치를 금으로 변질시키는 연금술 자체를 부인한다. 황금을 손에 쥐는 대가는 무엇일까? 그 막대한 비용을 고려하지 않고서는 영혼에 관해 얘기할 수 없는데, 그건 바로 영혼의 손실이다(세 권의 복음서에 모두 이 언급이 나온다). 근대 세계에서 예수의 이 유명한 금언을 되돌아볼 때 그 적절성과 통찰에 감동하지 않을 수 없다. 욕망(패션, 소비 상품, 물신, 부 등을 향한 욕망)의 자본주의 경제를 신성화하는 기독교 형태와는 반대로, 전통적인 성경이 말하는 영혼을 함양하기 위해서는 세계를 소유하고 지배하려는 죄 많은 충동에 맞서는 태도가 필요하다. 이를 위해서는 이기심에서 이타심으로, 즉 무제한 소비라는 경쟁 가치보다 더 후하고 눈에 잘 띄는 무한한 사랑으로 태도를 전환할 필요가 있다.[54]

이렇게 영혼 개념을 고전적으로 해석하고 새로운 유혹에 저항한 사람들이 나타나 천박하고 비속한 자본주의에 반발하는 흐름을 이끌었다. 근대가 시작된 18세기 초에 쇠렌 키르케고르Søren Kierkegaard 같은 이들은 기독교가 새로운 부르주아 세계를 포용하는 모습에 당혹과 실망을 표했다. 그는 기독교가 우리를 배신했으며 뻔뻔한 이기심과 이윤의 신들이 승리를 거

---

53   Brad Gregory, The Unintended Reformation: How a Religious Revolution Secularized Society (Cambridge, MA: Havard University Press, 2012), 261, 288.

54   Karl Marx 역시 근대 세계에서 맞게 될 영혼의 운명을 우려한 것 같다. 몇몇 글에서 그는 고전적인 유대인 예언자와 아주 비슷한 어조로 말한다. 그는 부르주아가 "제 형상을 본떠 세계를 만들고" 이를 통해 사랑, 지성, 아름다움, 정직성 등 형언할 수 없는 재화를 자본에 대한 사랑으로 대체시키는 방식을 비난했다. Wendy Brown, "The Sacred, the Secular, and the Profane: Charles Taylor and Karl Marx", in Varieties of Secularism in a Secular Age, ed. Michael Warner, Jonathan Vanantwerpen, and Craig Calhoun (Cambridge, MA: Havard University Press, 2010), 93-94, 99에서 인용.

됐다는 뜻에서 이 새로운 질서를 "기독교 왕국"이라고 표현했다(잘 알려진 것처럼, 기독교 왕국엔 기독교인이 없다고 키르케고르는 말했다). 그에게 "기독교 왕국"은 한 번 보고 나면 그냥 지나치기 힘든 명백한 재난이었다. 그것은 겸허함과 희생의 자리를 차지해버린 권력과 영광의 행진이었고, 십자가의 메시지가 아닌 싸구려 감정과 감상이었으며, 진정한 신의 사랑을 대신하는 값싼 자선심이었다.[55] 그 밖에도 여러 배신을 저지른 기독교 왕국은 키르케고르에게는 기독교의 원리가 완전히 제거된 세속의 질서에 불과했다. 문명은 이제 금송아지, 즉 계시록의 거대한 짐승에게 은밀하게 지배당했다. 낮은 곳에 숨은 신이자, 모두에게 거부당하고 멸시받으며 슬퍼하는 인간, 예수는 기독교 왕국에서는 이방인이다. 사람들은 그의 가르침을 폐기하고 폄하하고 무시한다.

키르케고르는 낯선 십자가의 지혜를 독자와 대면시키면서 어떤 형태의 기독교 신학이라도 반드시 우리 앞에 현현했던 예수의 생애와 함께 시작하고 끝난다는 것을 상기시킨다. 가난한 환경에서 태어나 치욕스러운 상황에서 죽음을 맞게 될 예수의 운명을. 기독교 왕국은 그 난해한 메시지로부터 뒷걸음치며 십자가의 황량함과 부조리함보다 승리의 신학을 선호했으며, 가난하고 빈곤한 이들이 아니라 힘 있고 부유한 이들과 나란히 섰고, 수난일보다 부활절을 선호했기에 키르케고르는 강하게 분노했다. 기독교 왕국은 고통과 죽음, 인간의 유한성과 결점을 유난히 불편해하고, 사제와 레위 사람이 여리고로 가는 길에서 부상당한 남자를 보고 당황하듯이 눈앞의 현실에서 뒷걸음쳤다.

미국인의 자아

북아메리카는 자신만의 기독교 왕국을 만들고 키르케고르가 지적한 수많

---

55   Søren Kierkegaard, Practice in Christianity, ed. and trans. Howard Hong and Edna Hong (Princeton, NJ: Princeton University Press, 1991).

은 특징을 완성했다. 한 예로 매사추세츠 만에 상륙한 초기 이민자들이 대체로 기업가이거나 전문직에 종사하는 중산층(상인, 무역상, 법률가, 장인, 성직자)이었다는 사실을 떠올려보자. 그러면 우리는 처음 닻을 내린 배들과 함께 자본주의가 미국에 상륙했다는 칼 디글러Carl Degler의 말이나, 자본주의 질서보다 자본주의 정신이 먼저 도착했다는 막스 베버의 주장을 이해할 수 있다.[56] 미국의 실험에 청교도주의와 자본주의가 강하게 결합해 있었다는 점에 대해서는 누구도 반박하기 어렵다. 바로 그것이 메이플라워호의 닻을 밀어준 바람이었다. 소유권을 신성시하는 분위기가 조성되고 성경의 이주 및 정복 이야기가 힘을 실어주는 가운데 미국의 실험은 단기간에 산업과 자유 기업 분야에서 폭발적인 성공을 거뒀다. 얼마 뒤 존 윈스럽John Winthrop은 이 새로운 이스라엘을 가리켜 "언덕 위의 도시", 자유 기업과 물질적·정신적 진보의 등불이라고 찬양했다.[57]

19세기가 되자 청교도주의와 자본주의의 강력한 연합이 큰 위세를 떨쳤다. 색번 버코비치Sacvan Bercovitch에 따르면, 그건 많은 설교자가 교회의 설교단을 "미국의 방식을 설파하기 위한 연단으로 탈바꿈시킨 덕이었다. 리먼 비처Lyman Beecher와 찰스 그랜드슨 피니Charles Grandson Finney가 거대한 부흥 운동을 일으키자 '복음이 물결처럼' 미국을 뒤덮었다. 사업 분야에서는 엄격한 개인주의, 경제 이론에서는 자유방임주의, 정치적 사고에서는 헌법 민주주의가 기반을 다졌다."[58] 당대의 종교 부흥 운동가들은 청교도주의와 미국의 애국심, 기독교 도덕과 자본주의 경제학을 하나로 융합했는데, 모두 신세계의 기독교 왕국을 신성화하려는 의도에서였다. 그 과정에서 신앙과 번영이 결합하여, 도덕적인 것이든 물질적인 것이든 눈에 보이는 모든 성공 사례는 미국이 신의 섭리에 따라 설계되었다는 것을 보여주는 증거가 되었다.

---

56   Bercovitch, Rites of Assent, 31–32에서 인용.
57   Ibid., 50.
58   Ibid., 53.

고전적인 프로테스탄트 개혁주의자와 마찬가지로 키르케고르도 이것을 이단이나 세속의 도덕으로 여겼으며, 신이 이름 없는 걸인이나 고뇌에 찬 부랑자의 얼굴을 하고 나타나는 십자가의 어두운 지혜와는 거리가 멀다고 보았다.[59] 그가 보기에 기독교 왕국은 기독교의 난해한 메시지를 배반하고 그 반대를 주장했다. 신은 금박을 입힌 세속적 성공의 겉면에 존재한다는 듯. 이 시나리오에서 빈자와 힘없는 자는 도덕적으로 파산하고 정신적으로 실패한 비참한 사례였다. 사실상 19세기부터 20세기에 걸쳐 가난한 이들과 실업자, 부랑자와 매춘부, 고아와 비행청소년은 실패한 가치와 실패한 삶의 사례를 대표하는 용어로 사용됐다. 하지만 더 딱한 것은, 미셸 푸코Michel Foucault가 주장했듯이, 사회는 이들 집단-특히 피부색이 더 짙은 이들-을 병리적 대상으로, 많은 경우에 죄인으로 취급했다는 점이다.[60]

19세기에 유럽과 북미에서 빈자, 부랑자, 피식민 지배자를 겨냥한 새로운 법률이 속속 제정됨에 따라 완전히 새로운 종류의 범죄가 탄생하고, 그로 인해 감옥은 수감자로 가득 차게 되었다.[61] 푸코가 보기에, 환경이 그렇게 억압적으로 바뀌자 "법률 위반이 증가하고, 다른 조건에서라면 특수 범죄자가 아니었을 많은 개인이 법의 저편으로 밀려났다."[62] 새로 쏟아져 나온 법과 규제로 재량권을 쥐게 된 권력자들은 여행 제한을 통해, 노동자의 생산성 강화를 통해, 차별적인 사법 체계를 통해, 잔혹한 추방과 배제와 감금을 통해, 무자비한 불공평과 위선적인 자비를 통해 노골적인 권력을 유지하기 시작했다.[63] 예를 들어, 1850년에 제정된 캘리포니아 법령California Act(즉, 정부와 인디언 보호를 위한 법령An Act for the Government and

---

59   Kierkegaard, Practice in Christianity, 215를 보라.

60   Michel Foucault, Discipline and Punishment: The Birth of the Prison, trans. Alan Sheridan (New York: Vintage Books, 1979), 275–78.

61   Ibid., 76–77, 274. 영국과 미국에서는 1829년부터 1878년 사이 경찰의 권한을 확대하기 위해 200종이 넘는 신규 법안이 통과되었고, 그 결과 더 많은 범죄자가 양산되어 더 큰 경찰력이 필요해졌다.

62   Ibid., 275.

63   Ibid., 137.

Protection of Indians)은 그들의 온화한 겉모습일 뿐이었다. 사실 이 법령은 취했거나, 거주지가 없거나, 범죄로 기소된 인디언을 당국이 체포해서 가장 높은 가격을 제시하는 이에게 팔 수 있게 했다. 그리고 보호 관리 증명서를 발급하여 백인들에게 인디언 어린이를 사들일 수 있는 권한까지 선사했다 (이후 약 13년 동안 아메리카 인디언 어린이 2만여 명이 노예 생활을 한 것으로 추정된다).[64]

간단히 말해서, 자유에 관한 부르주아적 이상이 민중의 자유를 부인하는 폭력적 조치와 공존한 것이다. 재산 노예, 임금 노예, 그 밖의 온갖 처벌과 학대 수단이 공화주의적 이상을 조롱했다. 궤변에 지나지 않는 자유 안에서, 많은 미국인에게 실없는 소리밖에 안 되는 신성한 웅변을 통해 이런 상황이 유지되고 있었다. 미국 사회의 밑바닥에 거주하는 이들, 흑인, 아메리카 인디언, 멕시코인들에게 삶이란 제한되고 규제되는 것이었다. 다시 한 번 푸코의 말을 빌리자면 그들은 "과거의 나병 환자들"이었다.[65]

이 논의가 영혼이라는 숭고한 주제와 어떤 관련이 있는지 의아해할 독자들을 위해, 나는 세상의 주인이 되라고 사탄이 제안하자 예수가 어떻게 말했는지를 되새기고자 한다. "마귀가 이르되, 만일 내게 엎드려 경배하면 이 모든 것을 네게 주리라. 이에 예수께서 말씀하시되, 사탄아 물러가라"(마태복음 4:8-10). 기독교 정신에서 세상의 지배 문제는 영혼의 안녕과 밀접한 관계에 있다. 권력과 부가 누군가의 삶을 주도하는 원칙이 되면 영혼은 왕좌에서 밀려나 그 이름에 어울리지 않는 무언가에, 가시면류관이 아니라 허영의 왕관을 쓴 무언가에 자리를 내주게 된다. 영혼의 음울한 적, 영혼의 라이벌이자 분신(사탄을 가리킴-옮긴이)을 고려한다면 이 정권 교체의 맥락과 의미가 무엇인지를 더 깊이 이해할 수 있다.

교만의 의미가 변한 것도 근대 세계에 들어와 상황이 뒤바뀌었음을 가

---

64   Andrés Reséndez, The Other Slavery: The Uncovered Story of Indian Enslavement in America (New York: Harcourt Books, 2016), 2를 보라.
65   Foucault, Discipline and Punish, 199.

리키는 좋은 증거다. 앤드루 델방코Andrew Delbanco의 견해에 따르면, 미국적 자아-자수성가하고 실리를 앞세우고 거만을 떠는 자아-는 교만에 대한 오랜 경고를 점점 더 무시하고, 창세기에 나오는 뱀의 약속처럼 그 자신이 하나의 신이 되어버린다. 델방코는 이렇게 말한다. "한때 악마의 표식이었던 자아의 교만은 이제 정당한 감정일 뿐 아니라, 논란의 여지가 없는 미국의 신이 되어버렸다. 나아가 만인이 저마다 자아를 갖고 있으니 모두가 자신만의 신을 가진 셈이 되었다."[66] 한때 죄의 표식이었던 탐욕이 근대 경제의 정당하고 필수적인 동력이 된 것처럼, 자아의 교만은 악마의 그림자를 씻어내고 미국적 개인주의의 특산품이 되었다. 그렇게 해서 미국인의 자아는 19세기에 자신의 자리를 찾았다. 온갖 장애와 위험을 뛰어넘고 원주민의 권리를 짓밟으며 폭주하는 과정에서 자아는 괴물처럼 교만해졌고, 토지 수탈자, 정착민, 사업가, 포경업자, 금 채굴꾼의 팽창주의(북아메리카 동쪽 대서양 연안에서 서쪽 태평양 연안까지 서부 진출을 정당화한 정치 이론-옮긴이)적 충동을 정당화했다. S. C.그윈S. C. Gwynne이 미국인의 서부 진출을 적나라하게 다룬 이야기에서 표현했듯이, 북아메리카의 주인공은 스페인의 신세계처럼 주둔군이나 선교사들이 아니라, 거칠고 완고한 개척자들이었다. "선두에 선 것은 연방 군대나 연방 요새가 아니라, 치열한 칼뱅주의적 직업윤리, 강철 같은 낙관주의, 냉담한 공격성에 찌들어 아무리 위험해도 쌀 한 톨 포기하지 않으려 하는 단순한 농부들이었다… 그들은 그 땅이자기 것이라는 믿음을 품고서 정부가 아메리카 원주민들과 맺은 조약을 으레 무시했다. 그들은 인디언을 온전한 인간에 못 미치는 존재로, 따라서 양도할 수 없는 권리를 부여받지 못한 존재로 여기고서 유난히 열정적으로 그들을 증오했다."[67] 말할 것도 없이, 미국인들은 명백한 운명(미국의 팽창과 지배를 합리화했던 슬로건-옮긴이)을 강박적으로 믿으면서 미국의 시민 종

---

66   Delbanco, Death of Satan, 106.
67   S.C. Gwynne, Empire of the Summer Moon: Quanah Parker and the Rise and Fall of the Comanches (New York: Scribner Books, 2011), 20.

교civil religion인 예외주의와 승리주의를 앞세워 인디언을 노골적으로 학살했고, 그것도 모자라 다른 많은 재난을 일으켰다.[68]

기독교의 관점에서 보면 이런 태도는 우상 숭배의 혐의가 있다. 인간의 자아를 재료로 삼아 의인화된 신을 만들고, 세상의 재물을 탐하는 무한한 탐욕을 연료로 사용하기 때문이다. 앞선 시대에는 그런 행동을 표현하는 이름이 있었다. 신성모독, 죄, 우상 숭배. 하지만 미국인들은 그런 접근에 새로운 해석을 덧붙여 진취성, 개척 정신, 대담함이라고 불렀다. 너무나 뻔뻔한 그들의 자만은 텍사스를 병합하고, 멕시코 일부 지역을 집어삼키고, 아메리카 인디언의 영토를 빼앗은 팽창주의로 이어졌다. 지나치게 커져 버린 그들의 뻔뻔함 앞에서는 하늘마저 위태로웠다. 『모비 딕Moby Dick』의 에이허브 선장Captain Ahab이 그런 태도를 완벽하게 보여준다. "신성모독이란 말은 내 앞에서 꺼내지도 말게. 나를 모욕한다면 그게 태양이라도 부숴버릴 테니."[69] 경제와 영토가 크게 성장한 시기에 그런 방식으로 자아가 신성화되었으니, 고전적인 영혼의 원칙은 대평원의 들소나 다름없는 운명에 처하게 되었다.

혹자는 영혼에 대한 낡은 신념 대신에 근대적 자아의 개념을 받아들이고 싶을지도 모른다(이 같은 선택 가능성은 그 자체로 근대성의 특징이다). 반대로 나는 근대적 자아를 선택하는 태도에서 위험과 불길함을 예감하고 나아가 분노까지 하는 이들에게 흥미를 느낀다. 19세기 미국에서는 너새니얼 호손Nathaniel Hawthorne과 허먼 멜빌부터 랠프 왈도 에머슨Ralph Waldo Emerson, 월트 휘트먼Walt Whitman, 헨리 데이비드 소로Henry David Thoreau, 마크 트웨인Mark Twain에 이르기까지 일부 비주류 미국인들이 허영의 위험을 경고하는 전도서의 설교자처럼 이의를 제기했다. 그

---

68 Benjamin Madley, An American Genocide: The United States and the California Indian Catastrophe, 1846–1873 (New Haven, CT: Yale University Press, 2016)을 보라; 또한 Roxanne Dunbar-Ortiz, An Indigenous Peoples' History of the United States (Boston: Beacon Press, 2015), 129ff를 보라.

69 Herman Melville, "The Quarter Deck", in Moby Dick (New York: Penguin Books, 2010).

들이 "영혼의 쾌락주의자"-시어도어 파커Thodore Parker는 초월주의자들을 이렇게 불렀다-였든 아니든 간에, 실증주의를 두르고 "금박을 입힌" 꿈의 시대에 대해 누구나 들을 수 있을 만큼 큰 소리로 영혼의 생존을 염려했다.[70] 몇몇 작가들은 기독교적 사회주의에 분명히 공감하면서 거만한 자본주의자들을 협잡꾼, 사기꾼 그리고 무고한 이들의 피를 빠는 뱀파이어 같은 존재로 그렸다. 예를 들어 멜빌의 소설 『레드번Redburn』에서는 그런 남자가 기형적이고 그로테스크한 후광을 두르고 등장한다. "그는 냉담하고 살찐, 젤리 같은 두 눈을 가진 불쾌한 외모의 늙은 사내였다. 탐욕, 무자비함, 육욕의 기색이 온몸에서 흘렀다. 그는 한순간도 쉬지 않고 머릿속으로 달러와 센트를 더하고 계산하는 듯 보였다. 얼굴 양 끝으로 당겨진 주름진 입은 지갑을 꼭 닮은 모습이었다."[71] 그의 기형적인 신체는 기형적인 영혼을 반영하는데, 사탄의 형상을 떠올리게 하는 면이 있다. 그의 삶에서 돈은 마법처럼 그를 무아지경에 빠뜨렸으며, 이미 혼수상태에 빠진 영혼은 어떤 고귀한 가치에도 무감각하다. 이 섬뜩한 돈의 사도가 자본주의자를 대표한다면, 멜빌의 묘사는 끔찍하게 잘못된 길에 들어서 인정과 아름다움을 잃은 자본주의가 얼마나 위험한지를 알리는 일종의 교훈담인 셈이다. 그는 자신의 스승인 너새니얼 호손이 미국을 보며 느낀 것과 같은 염려를 표했다. "(미국은) 그림자도 없고, 오랜 과거도 없고, 신비도 없고, 생생한 풍경도 없으며, 침울하리만치 단순한 한낮의 빛이 광활하게 내리쬐는 번영의 공유지에 불과하다."[72]

그의 많은 소설이 그렇지만, 자본주의를 향한 멜빌의 비난이 가장 훌륭하게 표현된 작품은 『모비 딕』이다. 그중에서도 작가, 노예제, 수익 사업을 적나라하게 연결하는 대목이 특히 그렇다. 배의 사환인 흑인 핍Pip이 배 밖

---

70   Leigh Eric Schmidt, Restless Souls: The Making of American Spirituality (Berkeley: University of California, 2012), 30을 보라.

71   Delbanco, Death of Satan, 101에서 인용.

72   Bercovitch, Rites of Assent, 46에서 인용.

으로 던져질 때도, 스텁Stubb이 떠올릴 수 있는 생각은 오직 고래를 놓쳤을 때 발생할 재정적 손실뿐이다. "네게 마음 쓰느라 고래를 놓칠 여유는 없다. 핍, 앨라배마에서 고래는 너보다 서른 배나 비싸게 팔리거든." 이스마엘Ish-mael의 반응은 스텁이 어떤 부류를 대표하는 존재인지를 적절히 포착한다. "인간은 다른 인간을 사랑하지만 또 한편으로는 돈을 좇는 동물인지라 그런 성향이 자애심을 가로막는 경우가 너무나 많다."[73] 인간의 모호함-사랑과 탐욕을 함께 지닌 동물-을 잘 알고 있었던 멜빌은 여기서 인류의 고귀한 본성에도 얼마간 주목하지만, 인간의 정신을 타락시키고 우리의 본성을 상어나 늑대의 본성으로 바꿔놓는 동물적인 충동을 더 강하게 묘사한다. 인간은 인간에게 늑대다homo homini lupus. 그리고 이 후자의 성향은 삶에서와 마찬가지로 정치와 사업에서도 영혼의 고귀한 열망을 멋지게 난파시킨다.

20세기가 도래하자 영혼을 둘러싼 기후가 더 혹독하고 가혹해졌다. 이에 당대의 많은 작가는 영혼이 시들거나 심하면 흔적도 없이 사라질 거라고 경고했다. 그런 맥락에서 보면 F. 스콧 피츠제럴드의 소설 『위대한 개츠비 The Great Gatsby』역시, 부를 추구하는 사람은 도덕적 성격과 정신적 진실성이 쉽게 증발한다는 교훈적인 이야기로 읽을 수 있다. 돈과 사랑에 빠진 제이 개츠비Jay Gatsby는 "거대하고, 천박하고, 저속한 아름다움"을 좇는 일에 자신의 삶을 바친다.[74] 부를 향한 그의 꿈은 더없이 눈부시고 화려하지만, 소설은 그 아름다운 신기루가 얼마나 허울뿐이고 싸구려인지, 얼마나 매혹적이고 또 파괴적일 수 있는지를 보여준다. 피츠제럴드가 "혁명을 향한 신념"을 드러낸 적은 한 번도 없지만, 그는 분명 여러 소설을 통해 미국의 돈 많고 여유 있는 계층-아름다운 이들과 저주받은 이들-을 향한 "소작농의 이글거리는 분노"를 표출했다.[75] 메리어스 뷸리Marius Bewley는 『위

---

73   Herman Melville, "The Castaway", in Moby Dick, or the Whale (New York: Penguin Books, 1992).

74   F. Scott Fitzgerald, The Great Gatsby, ch. 6 (New York: Scribner Books, 2004).

75   Marius Bewley, "Fitzgerald and the Collapse of the American Dream", in Modern Critical Views: F. Scott Fitzgerald, ed. Harold Bloom (New York: Chelsea House Publisher, 1985), 46, 69에서 인용된 피츠 제럴드.

대한 개츠비』를 이렇게 요약한다. "결국 『위대한 개츠비』는 미국의 정신이 영혼을 부정하는 세계 한가운데에 놓여 있음을 극적으로 긍정하는 소설이다."[76]

영혼을 부정하라는 유혹은 세속의 영역에서만 일어나는 것은 아니다. 피츠제럴드는 그 유혹을 교회의 심장부를 파고들 정도로 쉽게 널리 퍼지는 전염병으로 본다. 『낙원의 이쪽This Side of Paradise』에 등장하는 베아트리스 블레인Beatrice Blaine의 말에 피츠제럴드의 속내가 정확히 담겨 있다. "그녀는 미국의 가톨릭 성직자들이 지닌 부르주아적 자질을 자주 개탄하곤 했으며, 자신이 미국의 거대한 대성당의 안락한 그림자 속에 산다 한들 그녀의 영혼은 여전히 로마의 위대한 제단에 피어오르는 한 줄기 불꽃이라고 확신했다."[77]

블레인은 가톨릭에서 더 어둡고 더 신비로운 유형의 타오르는 색채, 온기, 노란 불꽃, 광휘를 원한다. 그렇게 작가는 미국 중산층의 가치(유쾌한 낙관주의, 가족적 가치, 경제적 성공의 숭배, 득의양양한 신)가 아닌 다른 가치를 갈구하고, 어느 지점에 이르러서는 '멕시코 신'에게 끌리는 마음을 언급한다. 그 신은 기묘하게 다르며, "귓가를 맴도는 구슬픈 음악과 수많은 향기로 가득한… 밤하늘의 그림자와 노을이 열광적인 정조만을 되비치는 까닭에 입술과 양귀비의 색조가 가득한" 땅에서 날아온 바로크적 신에 가깝다.[78] 이 이국적인 정조-영혼의 화려함을 그리는 꿈과 그에 대한 묘사-속에서 주인공은 자신의 펜과 영혼에 몰입하고, 부르주아 미국인의 가장 큰 공포인 사회주의 운동에 투신하며 끝을 맺는다. 피츠제럴드의 첫 번째 소설에 함축된 의미는 분명하다. 미국의 영혼이 힘없이 깜빡이며 비틀대고 있기에, 그는 자신의 영혼이 성장하고 유랑하고 저항할 수 있는 새로운 들판과 평원을 꿈꾼다는 것이다.

---

76   ibid., 46, 69.
77   F. Scott Fitzgerald, This Side of Paradise (New York: Simon and Schuster, 1998), 14.
78   Ibid., 242.

아직 명백하게 밝히진 않았지만, 고전적인 기독교 전통의 영혼 개념은 이런 종류의 석양과 황혼에 흠뻑 젖어 있다고 생각한다. 이 책에서 다룬 많은 예술가도 이처럼 낡고 어둑한 영혼의 토양을 보존하고자 노력했다. 그들은 영혼을 배반하는 미국적인 경향, 즉 영혼을 그림자나 과거, 신비, 십자가도 없는 흔한 번영과 혼동하는 경향을 두려워하면서 불길한 예감을 드러내고 경고의 목소리를 높였다.

　많은 흑인과 히스패닉 작가들도 여기에 목소리를 보탰다. 라틴 아메리카에서는 과학적 실증주의와 경제적 물질주의를 비판하는 흐름 속에서 모더니즘이란 뜻의 모데르니스모modernismo 운동이 움텄다. 호세 엔리케 로도José Enrique Rodó의 『아리엘Ariel』과 루벤 다리오Rubén Darío의 시가 그 대표적인 예이며, 아방가르드 운동과 이른바 마술적 리얼리즘이 그 뒤를 따랐다. 북미에선 아프리카계 미국인 작가들이 19세기와 20세기에 흑인 공동체의 육체와 영혼을 공격하는 기류에 거세게 저항했다. 두 대륙 모두에서 라틴 아메리카인과 아프리카계 미국인은 기독교적 관념을 폭넓게 끌어안으면서 영혼을 바라보는 고전적인 관점에 그들만의 독특한 특징과 스타일을 더했고, 결국 영혼의 특성인 '열정의 분위기'-중독성 있는 음악, 화려한 겉치레, 실존적 의미 추구-를 새로운 형태로 부활시켰다. 종종 미국의 정치 경제적 성공의 산사태에 파묻혀버리기도 하지만, 그들의 관점은 우리가 살아가는 근대, 혹은 탈근대 세계에 영혼의 소중한 가치를 들려주는 생생한 후렴과도 같다. 두보이스도 그런 관점을 갖고 있었다. 두보이스에 관해 덧붙이는 이유는 그가 가녀린 불꽃으로 타는 영혼이 아니라 미국의 평원과 언덕을 휩쓰는 대화재와 같은 영혼을 노래하기 때문이다. 그 영혼은 바로 흑인 민중의 영혼이다. 영혼에 대한 두보이스의 이해가 미국 흑인의 종교적 경험에서 깊은 영향을 받은 것은 사실이지만, 동시에 낭만주의 전통에도 큰 빚을 지고 있다. 그런 이유로, 이다음 절에서는 영혼의 문화적·양식적·세속적 이해에 핵심을 두고서 두보이스를 다루고자 한다.

영혼의 세속적 해석
낭만적 영혼: 헤르더Herder와 두보이스

두보이스의 삶은 우리가 지금까지 탐구한 여러 주제와 공명한다. 특히 영혼을 물질주의적 충동에 대항하는 무기로 반-부르주아적 개념을 단단히 세운다는 점이 그렇다. 이는 두보이스와 부커 T. 워싱턴Booker T. Washington 간의 악명 높은 논쟁에서 가장 직접적으로 드러난다. 잘 알려져 있듯이 두 사람의 관계는 '미국에서 성공을 어떻게 정의할 것인가'라는 근본적인 문제를 두고 이견을 좁히지 못한 채 틀어지고 경직돼버렸다. 두보이스가 보기에 터스키기 연구소Tuskegee Institute(1881년 미국 앨라배마주 터스키기시에 설립된 흑인 교육기관으로 현재는 대학이다-옮긴이)의 선언을 통해 드러난 워싱턴의 교육적 이상은 상업주의의 승리와 물질적 번영이라는 미국적 관용구와 지나치게 잘 부합했으며, 또한 실망스럽게도 흑인 민권 문제에 관해서는 침묵했다. 두보이스와 같은 입장에 있는 사람들이 보기에, 터스키기의 산업 훈련 모델은 흑인 해방을 왜곡하고 있었다. 이 모델에 따르면 흑인은 시장에서 성공해야 해방될 수 있으며, 그러기 위해서는 그 모든 휘황찬란한 약속, 환상, 물질적 풍요와 함께 아메리칸 드림을 받아들여야 한다고 암시하고 있었다. 또한 흑인 사회의 성공을 평가하는 기준도 그들이 미국 경제 안에서 그들에게 주어진 기회와 성실성, 검소함, 근면성을 얼마나 자본화시켰는가 하는 것이었다.[79] 두보이스는 성경의 고대 예언자처럼 그런 꿈이 교육의 목적을 축소해서 경제적 발전과 세속적 성공으로 왜곡하고 있으며, 거기에는 방향이 잘못된 경외심과 광신의 혐의가 담겨 있다고 여겼다. 물론 두보이스는 그와 같은 이상을 지지하지 않았고, 성찰하는 삶에는 화폐 이상의 무한한 가치가 담겨 있다고 주장했다.

두보이스는 흑인 민중이 상업의 강물에 들어가 스스로의 몸에 세례를 준다 해도 흑인 사회를 향한 뻔뻔스러운 인권 침해, 체계적인 테러와 폭력

---

79   Arnold Rampersad, The Art and Imagination of W.E.B. Du Bois (New York: Schocken Books, 1990), 86.

행위는 끝나지 않을 거라고 주장했다. 흑인은 상업적 원칙 앞에서 자주 "아멘"을 외치고 충분한 경의를 바쳤음에도, "그 모든 것을 뛰어넘는 이름 없는 편견 앞에서는 무력감과 당혹감을 느끼며, 거의 아무 말도 하지 못하고 서 있다. 개인적으로 무례와 비웃음을 당해도, 조롱과 체계적인 모욕을 만나도, 사실 왜곡과 부자가 될 수 있다는 허황된 자격 앞에서도, 검은 것은 모두 경멸하도록 교육받은 곳이면 어디에나 만연해 있는 무시 앞에서도 그들은 아무 말도 하지 못한다… 그 앞에서 떠오르는 것은 어떤 민족이라도 낙담과 단념으로 떠밀고 마는 구역질 나는 절망뿐인데, 유일한 예외는 '낙담'이라는 말을 알지 못하는 흑인 무리뿐이다."[80] 이 인상적인 구절을 비롯한 여러 글에서 두보이스는 그렇다면 무엇이 잘못된 것인가 하는 질문에 분명하게 답한다. 미국 사회의 유혹을 헤쳐 나가는 동안에도 미국 흑인들은 언제나 그들의 노력과 희망을 물거품으로 만들어버리는 잔혹한 저류와 물살의 먹잇감이었다. 미국이 그런 면에서 진보하기 위해서는 법이 바뀌고, 권리가 보호되고, 정의가 강화되어야 했다. 세월이 흐르는 동안 예언자 두보이스는 이 일에 더욱 헌신했다. 그는 늘 해방 교육-정신과 심장과 영혼의 훈련-이 평등과 정의를 위한 투쟁에 필수적이라고 확신했다. 그에게 선, 아름다움, 영성의 이상은 나태한 형이상학적인 주제와는 거리가 멀었다. 그의 이상은 인간의 존엄성을 탐색하는 일에 활기를 불어넣었고, 미국의 "매캐한 달러의 사막"를 향해 예언적인 규탄을 불러일으켰다.[81] 그는 소크라테스 Socrates, 예수, 아씨시의 성 프란치스코St. Francis of Assisi를 동맹자로 호명했다.[82]

영혼에 관한 두보이스의 서술은 종교적이고 철학적인 주제들을 되풀이하고 있지만, 또한 수많은 낭만주의자의 세계관을 표현하기도 한다. 베를린에서 보낸 대학원 시절(1892-1894)은 그에게 깊은 영향을 끼쳤다. 그

---

80   W. E. B. Du Bois, The Souls of Black Folk (New York: Penguin Books 1989), 10.

81   Rampersad, Art and Imagination of W.E.B. Du Bois, 62에서 인용.

82   Du Bois, Souls of Black Folk, 38.

곳에서 두보이스는 프리드리히 쉴러Friedrich Schiller와 빌헬름 폰 훔볼트 Wilhelm von Humboldt 같은 사상가들에게 사사할 기회를 얻었다. 또한 그 도시의 어느 곳을 가든 요한 괴테Johann Goethe, 칼 마르크스Karl Marx, 요한 헤르더Johann Herder 같은 위엄 있는 유령들이 떠돌아다니면서 영혼의 문제에 관하여 그를 붙잡고 지도했다. 그 시절 두보이스는 낭만주의의 깊은 강을 헤엄쳤으며, 그 경험은 말할 것도 없이 그의 사고를 흠뻑 적셨다. 많은 낭만주의자들이 계몽주의, 특히 이성의 수단적·연역적 활용, 시장 가치와 산업 자본주의의 동맹에 불만을 품고 있었던 것을 고려하면 그 영향은 더욱 명백하게 드러난다. 거의 모든 낭만주의자들이 영혼을 비트는 근대 문화를 거부하고서, 특히 그 문화가 가장 흉악한 형태로 구현된 산업화된 세계에 무기를 겨누고서 예술, 음악, 시, 종교의 가치를 회복시키고자 했다. 제라드 맨리 홉킨스Gerard Manley Hopkins의 말을 인용하자면, "모든 것이 무역에 그을리고, 노동으로 흐릿해지고 더럽혀진"[83] 세계에서 문제가 되는 건 바로 신의 위엄이었다. "어떤 시에도 감동하지 않고 어떤 노래도 듣지 못하는"[84] 재정가와 자본가들에 대항하여 펜과 붓을 든 반항적인 배교자의 영웅담에 두보이스는 정확히 들어맞는 인물이었다.

그러나 그 밖에도 영혼 문제와 관련된 또 다른 낭만주의적 혁신들이 두보이스에게 강한 인상을 남겼는데, 특히 민족정신Volkgeist, 혹은 민중의 정신이라는 영혼 개념이 그러했다. 이 개념에서 '영혼'은 문화 전반에 속해 있으며 민족의 정신과 동의어였다. 콰메 앤서니 아피아Kwame Anthony Appiah는 이렇게 설명한다. "우리는 영혼을 어떤 개인의 특수한 소유물이 아니라 민중이 공유하는 무언가로 생각할 수 있다."[85] 공동의 소유물로서 영혼은 한 문화-특히 그 민속과 시와 신화와 음악-가 만들어낸 가장 훌륭한

---

83   Gerard Manley Hopkins, "God's Grandeur", in Gerard Manley Hopkins: A Selection ed. Catherine Phillips (Oxford: Oxford University Press, 1995), 114.

84   Rampersad, Art and Imagination of W.E.B. Du Bois, 121에서 인용.

85   Kwame Anthony Appiah, Lines of Dissent: W.E.B. Du Bois and the Emergence of Identity (Cambridge, MA: Harvard University Press, 2014), 58.

성취에 해당한다. 계몽주의에 내포된 황량한 합리주의, 엘리트주의, 물질주의에 반대한 낭만주의자들은 위기에 처한 정신의 보호자, 특히 민중 문화에 담긴 영혼의 짙은 풍미를 적극적으로 보호했다.

두보이스가 이 정신을 받아들여 미국의 팽창주의와 자본주의에 저항했듯이, 많은 라틴 아메리카 작가들과 예술가들도 영혼의 언어를 받아들여 천하고 비열한 북아메리카의 야망과 대립했다. 히스패닉 지식인들은 근대의 대중사회 및 자본주의의 속물들과 전쟁을 벌였고, 그러는 동안 그들 자신을 영원한 상상력의 사제로, 혹은 호세 엔리케 로도의 말을 빌리자면 "영혼의 파수꾼"으로 간주했다(이 진영에는 로도 외에도 호세 바스콘셀로스 José Vasconcelos, 안토니오 카소Antonio Caso, 프란시스코 칼데론Francisco Calderón, 알레한드로 코른Alejandro Korn, 루벤 다리오 등이 있었다).[86] 아프리카계 미국인과 라틴 아메리카인 모두에게 '영혼'을 낭만적으로 보는 관점은 각기 다른 민족성에 적용해도 무리가 없을 만큼 신축성이 좋고 유연하며, 각각의 전통에 존엄성을 부여하기에 조금도 부족하지 않은 고귀한 관점이었다. 서양식 근대성의 외곽으로 밀려나 정치 권력이나 경제적 힘에서 배제된 문화들은 평등과 정의를 위한 투쟁에 나섰고, 이 과정에서 '영혼'-그리고 그들의 무용, 음악, 민속, 신화에 존재하는 영적인 표현들-을 투쟁의 관용구로 채택했다.

병상에 누워 신음하는 신화와 영혼 개념을 이런 방식으로 소생시키는 과정에서 유럽과 그 너머의 다양한 낭만주의자들은 민족의 안녕(18세기와 19세기는 무엇보다 민족주의의 시대였다)을 돌보는 의사로 나섰다. 그들은 잃어버린 이야기, 전설, 서사시, 토착어, 민족의 노래를 되찾아 폄하되고 멸시당했던 문화와 전통에 자부심을 불어넣었다. 브루스 링컨Brunce Lincoln은 이렇게 썼다. "계몽주의는 신화적인 시를 원시적이고 비합리적인 양식

---

86   Angel Rama, The Lettered City, trans. John Charles Chasteen (Durham, NC: Duke University Press, 1996), 79를 보라.

으로 폄훼했지만, 이제 그 시는 진정성, 전통, 민족 정체성 같은 표지 아래서 새로운 이론을 얻었다."[87] 계몽주의의 발길에 짓밟혔던 것이 낭만주의자에게는 땅속에 묻힌 보물이었다. 그런 귀중한 유물을 발굴하고 보존하는 일은 민족의 사명이었다. 낭만주의 예술가들은 그 보물 같은 민속을 찾아 문화 민족주의의 기초로 삼았다. 제임스 맥퍼슨James MacPherson(1736-1796)은 고대 스코트인들의 목소리로 여겨지는 시를 발표했다. 민족문화의 위대함을 드러내는 증거로서 「니벨룽겐의 노래Nibelungenlied」, 「칼레발라Kalevala」, 「엘 시드El Cid」, 「롤랑의 노래Chanson de Roland」 같은 서사시들이 속속 발표되었다. 20세기가 도래하자 수많은 시인과 모더니스트들이 문화의 예비군이 되어 그들의 민족 전통을 수호했다. 예이츠는 켈트족 전설과 신화에 눈을 돌렸고, 미겔 앙헬 아스투리아스Miguel Ángel Asturias는 마야 신화에 주목했다. 알레호 카르펜티에르Alejo Carpentier는 아프리카계 라틴 종교를 복원했고, 제라드 맨리 홉킨스는 앵글로색슨 토착어에 초점을 맞췄으며, 로르카는 스페인 발라드와 '딥송deep song'을 칭송했고, 두보이스는 흑인의 정신에 전념했다. 이 목록은 계속 이어진다. 이런 맥락에서 제임스 조이스가 정의한 그의 문학적 목적을 떠올려보자. "내가 이 길을 가는 것은 백만 번째로 경험적 진실과 조우하기 위해서이며, 아직 만들어지지 않은 내 민족의 양심을 내 영혼의 대장간에서 주조하기 위해서다."[88]

고유한 문화의 "만들어지지 않은 양심", 바로 이것이 낭만주의자들이 영혼을 모독하는 이들과 싸워서 얻어내야 할 몫이었다. 그들과 계몽주의의 분쟁은 분명 근대적이고 새로운 현상이었지만, 이 문제는 고대 그리스로 거슬러 올라간다. 헤라클레이토스Heraclitus와 플라톤Plato의 시대부터 이미 철학자는 시인을 천대했다. 예를 들어 헤라클레이토스는 대중hoi polloi의 지적 결함과 시 애호에 대해 이렇게 일갈했다. "시인이 무엇을 이해하고

---

87   Bruce Lincoln, Theorizing Myth: Narrative, Ideology and Scholarship (Chicago: University of Chicago Press, 1999), 50–51.

88   James Joyce, A Portrait of the Artist as a Young Man (New York: Penguin Books, 2003).

무엇을 알겠는가? 그들은 '대중은 나쁘고 좋은 사람은 드물다'는 것을 알지 못한 채 보통 사람들의 시를 믿고 대중을 스승으로 삼는다."[89] 플라톤 역시 그 같은 사고에 따라 신화mythoi와 음악은 인간 영혼의 가장 저열한 부분에(이성보다는 감정에) 호소하고, 여성, 아이, 하층계급 등 저열한 인간형에 호소한다고 생각했다.[90] 그런 플라톤이 시와 신화와 음악의 가치를 인정할 때가 있다면, 그건 철학적 주장의 미묘함을 이해하지 못하는 이들에 한해서 거나, 더 흥미롭게도 신의 본성이나 죽은 뒤 영혼이 맞게 될 운명처럼 철학적 확실성이 제대로 확보되지 않는 경우에 한해서였다(이는 『티마이오스 The Timaeus』에서 분명하게 드러난다. 플라톤은 신화에 의존해서 우주의 창조를 사리에 맞게 설명한다).

어찌 됐든 낭만주의자들은 그리스에서 철학자가 아니라 시인들(호메로스Homer, 헤시오도스Hesiod, 비극작가들)을 소환하여 산문보다는 시, 로고스보다는 신화, 분석적 이성보다는 에로스, 이론보다는 음악, 명제와 논증보다는 서사에 높은 자리를 부여하고 기존의 위계질서를 교란했다. 그들은 구어의 억양, 리듬, 음색이 제거된 언어를 거부하고, 언어와 음악, 이성과 감정, 형식과 내용, 이론과 실천의 분열과 단절에 도전했다. 또한 분열된 여러 차원을 다시 통합해서-『향연』에 등장하는 아리스토파네스Aristophanes의 신화적 방법을 통해 이원론에서 빠진 반쪽을 탐색하여-파열된 영혼을 다시 건강하게 하고, 인류 최초의 본성을 복원하고, 말을 잘하는 사람이 곧 가수이자 신화 생산자, 작사자이자 시인이었던 때로 되돌아가고자 했다.

두보이스가 아프리카계 미국인의 민속 음악과 영가에서 느낀 깊은 일체감은 이러한 문화적 악보의 한 음표로 볼 수 있다. 헤르더의 유명한 민속-영혼 개념을 수용한 두보이스는 자신의 작품을 낭만주의의 질풍노도Sturm und Drang라는 맥락에 놓았다. "그렇게 질풍노도의 시대가 밝았다. 오늘날

---

89   Lincoln, Theorizing Myth, 27.
90   Ibid., 38.

광란의 바다 위에서 모진 비바람과 시련이 우리의 작은 배를 세차게 흔든다. 안팎에서 충돌하는 소리, 몸은 불타고 영혼이 찢기는 소리가 들린다."[91] 이 글에서 두보이스는 낭만주의의 휘몰아치는 감정적 불안과 동요, 질풍과 노도를 분명히 꿰뚫고 있다. 하지만 그와 함께 미국에서 흑인으로 사는 것이 얼마나 힘겨운 일인지를 정확히 밝히고 있다. 흑인의 영혼은 사방에서 밀려드는 거친 물길에 흔들리다 결국 두 갈래로 찢겨 회복하지 못하고 있다고 두보이스는 말한다. 미국에 편입되기 위한 분투가 그 한 갈래고, 검은 살이 타는 냄새가 진동하는 나라에서 아프리카인의 정체성을 보존하려는 투쟁이 다른 갈래다.[92] 누구든 아프리카계 미국인과 앵글로계 미국인이라는 각기 다른 두 민족정신에 속할 수 있다는 암시도 훌륭하지만(그것만으로도 중요한 지적이다), 그의 작품에서 가장 충격적인 요소는 흑인이 살면서 맞닥뜨리는 정신적 고통과 육체적 파열을 눈부시게 묘사한 것이다. 흑인의 영혼에 관한 두보이스의 성찰은 늘 비가, 만가 혹은 한탄에 가까운데, 인종주의와 테러리즘의 거친 형식을 고급문화의 관용어로 번역해서, 노예선과 경매대와 목화밭의 비명과 흐느낌을 문학 작품으로 탈바꿈시킨다. 미국의 르네상스 작가들이 19세기의 토착적인 설교 양식을 정제해서 쓴 것과 유사하게, 두보이스는 검은 미국의 대중적 감정과 관용어를 잘 정제된 문학예술로 변화시킨다.[93] 그 점이 가장 분명하게 나타나는 대목이 아프로-아메리카의 '슬픈 노래'에 관한 힘이 넘치는 분석이다. 그는 영혼이 가장 명확하고 풍부한 표현법을 만나는 곳은 노역장의 먼지에서 유래한 애가의 멜로디라고 지적한다.

두보이스는 영가-"노예의 리드미컬한 울음"-야말로 대양의 이편에서 발생한, 인간 경험의 가장 아름다운 표현이라고 보았다.[94] 그에게 이 민속

---

91   Du Bois, Souls of Black Folk, 10–11.

92   Ibid., 5.

93   미국 르네상스 시기의 설교자와 대중적 부흥 운동가의 영향력에 관해서는 David Reynolds, Beneath the American Renaissance: The Subversive Imagination in the Age of Emerson and Melville (Cambridge, MA: Harvard University Press, 1989)을 보라.

94   Du Bois, Souls of Black Folk, 205.

음악은 노예들에게도 사상과 감정의 영역에서 위대한 것을 만들어내는 역량이 있음을 보여주는 부정할 수 없는 풍부한 증거였다. 또한 그것은 미국에서 억압받고 멸시받는 이들에게도 예술적 천재성이 있다는 증거였으며, 흑인 민중의 정신적 우물, 크고 깊은 샘을 가리키는 증거였다. 그들의 노래는 때로는 약하고 답답한 소리를 내다가도 다시 열광에 빠져 쾌활해지고, 때로는 불운에 쓰러지지만 그래도 희망을 접지 않는다. 흑인의 영가는 거의 항상 고통과 절망에 불타버린 감정에서도 꺼지지 않고 끝내 살아있는 도화선으로 남는다. 이 음악으로 만들어진 민중의 시는 영혼의 수은주를 정점에 이르게 하는 음조와 박자로 듣는 사람에게 감정의 파도를 들이붓고, 어둠과 불협화음의 세계에 빛과 화음을 쏟아내고, 영혼의 모든 구석과 틈새에 은총과 불길을 불어넣는다. 흑인이 "불친절한 세상을 굴러" 가야만 하는 곳에서, 두보이스는 이 노래들을 어머니의 부드러운 알토 음으로 본다. "마리아여, 한탄하지 말아요, 울지 말아요."[95]

앨버트 라보토Albert Raboteau, 제임스 콘James Cone, 에디 글로드Eddie Glaude 등 많은 작가들이 지적했듯이 두보이스는 어쩌면 내세를 강조하는 영가의 특징을 과장했는지 모른다(그들은 영가의 그런 특징이 종교적 운명론이나 도피주의에 해당한다고 말한다). 하지만 두보이스는 탁월한 통찰력으로, 흑인의 존엄에 근원적인 고결성을 부여하고 고통에 찬 바빌론을 노래와 춤이 흐르는 황홀한 성찬식으로 바꾸는 영가의 미학적 가치를 발견했다.[96] 종교적 주문과 의식이 그렇듯이 이 찬가 역시 육체와 영혼을 다해 울부짖고 신음하고, 불평하고 탄원하면서 신에게 호소하고, 그렇게 해서 인간의 정신에 성령을 붙잡을 기회를, 불에 사로잡혀 세례받을 기회를 주었다.

---

95   Ibid., 207–10.

96   영가를 주제로 한 논쟁에 관해서는 Eddie Glaude Jr., "Of the Black Church and the Making of the Black Public", in African American Religious Thought, ed. Cornel West and Eddie Glaude (Louisville, KY: Westminster John Knox Press, 2003), 338–65를 보라. 또한 Albert Raboteau, "The Black Experience in American Evangelicalism: The Meaning of Slavery", in African-American Religion: Interpretative Essays in History and Culture, ed. Timothy Fulop and Albert Raboteau (New York: Routledge, 1997), 99–102를 보라.

어찌 됐든 두보이스에게 영가는 미천한 노예가 지은 풍요로운 시였으며 노예들의 근원적인 본능, 욕망, 애정, 공포, 꿈과 희망이 구현된 음악이었다.[97]

흑인 민중의 영혼에 대한 두보이스의 분석에서 중요한 것은, 이 문화적 전례를 유럽이나 다른 지역의 예술적 성취와 동등하게 다루어야 한다는 단순하지만 급진적인 주장이다. 이 지점에서 그는 헤르더의 뒤를 따라, 다양한 민족의 민족정신에 순위를 매기기를 거부한다(그래서 테리 이글턴Terry Eagleton은 헤르더를 문화 연구의 아버지로 부른다).[98] 베를린에서 두보이스를 가르쳤던 하인리히 폰 트라이치케Heinrich von Treitschke를 비롯한 몇몇 독일 사상가들은 민족의 정신이라는 측면에서 어떤 문화는 우월하고 어떤 문화는 열등하다고 보았지만, 헤르더는 그런 가정을 무시하고 관용의 문화와 언어적 다원성을 옹호했다. 헤르더에게 문화적 차이는 같은 기준으로 비교할 수 없는 것이며, 계층적이지 않았다.[99] 그는 문화적·언어적 다양성을 각 문화가 각기 다른 소리와 악기를 담당하는 인류의 대규모 오케스트라와 같은 것으로 파악했다. 여기서 각 문화는 저마다 다른 재능을 갖추고 있으며, 어떤 사람도 다른 누구보다 뛰어나지 않은 연주자들이 저마다 자신의 자리에서 앙상블을 만들어낸다.

헤르더의 다원적 관점에도 불구하고, 이후 영혼 개념은 독일의 나치, 남아프리카공화국의 백인, 여타 인종주의 정권의 손에 더럽혀지고 말았다. 조지 프레드릭슨George Fredrickson이 말했듯이, 그들의 손에서 민중의 영혼은 순수한 혈통에 대한 집착과 구분할 수 없게 돼버렸고, 그에 따라 외부로부터 오염되지 않은 문화적 정체성과 동의어가 되었다.[100] 민중의 영혼은 모든 '열등한' 인종과 문화를 물리치기 위한 이데올로기적 책략으로 이용되

---

97 나는 Terry Eagleton의 Herder와 계몽주의에 대한 해석을 따르고 있다. Eagleton, *Culture and the Death of God* (New Haven, CT: Yale University Press, 2014), 89.

98 Ibid., 89.

99 J. G. Herder, "Treatise on the Origin of Language", in *Herder: Philosophical Writings*, ed. Michael Forster (Cambridge, UK: Cambridge University Press, 2002), 65–164를 보라.

100 George Fredrickson, *Racism: A Short History* (Princeton, NJ: Princeton University Press, 2002), 70ff를 보라.

었고, 그러면서 점차 인종적 본질주의와 문화적 우수성이라는 환상으로 얼룩져갔다. 영혼의 역사에는 인종주의의 이 잔인한 유산이 포함되어 있는 탓에, 우리는 그 사실들 앞에서 머뭇거리게 된다. 인종주의는 민중의 영혼을 형성한 것과 유사한 충동, 그러나 대체로 비틀린 충동에서 유래했다. 양쪽 다 유대감, 소속감, 민족 정체성을 만들어내려는 욕망에서 비롯한다. 하지만 인종주의의 경우에는 민중-영혼의 지지자들이 인종과 정체성의 본질주의에 현혹되어 지배 피라미드를 만들고 자신의 인종 집단을 그 정점에 올려놓았다.[101]

내가 보기에 근대 인종주의는 영혼을 우상화하고 숭배하는 그릇된 전통에 기초하고 있다. 영혼이 인종주의의 흙탕물로 끌려 들어갈 때 우리는 결국 왜곡된 개념에 이르게 된다. 기독교가 말하는 고전적인 영혼 개념과 통하는 것도 없고, 최상의 낭만주의자와 모더니스트가 영혼을 바라보던 관점과도 거의 공통점이 없는 엉뚱한 개념에 가닿는 것이다. 두보이스, 로르카, 엘리슨의 작품에서 볼 수 있듯이, 후자의 예에서 민중의 영혼은 물질주의, 개인주의적 소유, 문화적 엘리트주의, 차별을 물리치는 수단이 된다.[102] 그런 영혼은 급진적이고 개혁적인 미래를 부르는 순간에도 소중한 문화적 정신을 지킬 수 있는 공동체적 가치로서 유효하다.

검은 힘

영혼을 깊이 통찰한 사람들은 조악한 인종주의를 피하고, 역사의 감옥에 갇혀 있던 문화적 전통에 건강한 자부심을 주입했다. 그들은 지하의 강물을 끌어와 민족문화의 뿌리에 물을 대고, 고사 위기에 있던 나무를 건강하게 되살려놓았다. 예이츠가 표현한 대로, 이런 작업은 "뮤즈를 고향으로 불러들이는"[103] 일이라 할 수 있다. 이 서사 시인은 (제우스와 여신 므네모시네

---

101 Ibid., 75.
102 Eagleton, Culture and the Death of God, 117.
103 Richard Ellmann, The Identity of Yeats (Oxford: Oxford University Press, 1964), 14–16.

Mnemosyne 혹은 '기억' 사이에서 태어난 딸들인) 뮤즈를 불러들여 옛날이 야기를 떠올리며 보존했다. 또한 리라-아폴로와 관련이 있는 악기-를 연주하고 시를 읊어 미래의 예언적 지식(아폴로와 연관된)과 과거의 지식(뮤즈의 선물)을 적절히 결합했다.[104] 이 구조에서 말, 송가, 멜로디, 이야기는 모두 사람들의 과거와 미래, 즉 그들이 어디서 왔고 어디로 가는지를 규정하는 데 결정적인 역할을 한다.

두보이스 그리고 이후의 문화민족주의자들이 미국 흑인 민중의 인내와 극복에 경의를 표하는 글을 쓰게 된 것도 그런 종류의 '귀향' 때문이었다. 미국의 과거를 다시 쓰고 나아가 보다 정의로운 미래를 예언하기 위해서 두보이스는 아무 표식도 없는 불명예스러운 묘지에 흑인의 기억을 묻고 침묵시키려는 시도에 저항하면서 망자들의 기억을 발굴했다. 그렇게 미국의 정체성-미국인의 삶을 묘사하려면 어김없이 등장하는 흑인 민중의 영혼과 함께-을 재구축하는 과정에서 두보이스는 새로운 요소를 도입했다. 바로 '검은 힘'이었다. 이 표현을 처음 쓴 사람은 멜빌이었지만(호손의 비극적 감수성에 바친 헌사에서 그 말을 썼다) 두보이스는 이 요소를 "고향"이라 부르면서 전 세계 아프리카인들의 역경을 대표하는 보기로 삼았다. 그 과정에서 두보이스는 '검은 힘'을 검은 물에 빠뜨리고 다시 세례를 베푼 뒤 거기에 도주하는 노예, 착취당하는 소작인, 도시 빈민이라는 새 이름을 붙였다. 영혼의 의미도 변모했는데, 더해진 것은 눈부신 빛이 아니라, 마치 예수가 진흙을 바르고 눈먼 걸인으로 변신한 모습처럼(요한복음 9:1-7) 또는 얍복강의 진창에서 야곱이 신과 씨름할 때처럼(창세기 32:24-32) 진흙과 진창에서 방금 끌어올려진 듯 보이는 어두운 색조였다.

호손과 멜빌의 글에서 '검은 힘'은 죄 많은 청교도 선조들이 물려준 악을 가리키는 예언적인 말이었던 반면, 두보이스에게 '검은 힘'은 부정의와 억압이 횡행하는 흑인의 현실에 내재한 힘이었다. 두보이스는 삶과 실존의

---

104   나는 이 주제에 관해서는 Bruce Lincoln을 따르고 있다. Lincoln, Theorizing Myth, 25를 보라.

이야기를 거부하지 않았고, 오히려 베일 뒤에 가려진 이야기까지 모두 아우르도록 그 범위를 확장했다. 사실상 멜빌의 전망에 두터운 설명을 더한 셈이다. 그의 눈을 통해 이 개념은 학대와 노예화의 세기에 맞서 흑인들이 성취한 예술과 문화를 가리키는 수사修辭가 되었다. 흑인의 영혼은 정복과 고통의 잿더미에서 솟아오른 불사조였으며, 가장 황폐한 조건에서 생겨난 낯선 열매였다. 두보이스는 '영혼'과 '검음'의 의미를 미국 흑인들이 겪은 경험과 성취로 구체화하여, 최고의 아메리칸 고딕 작가들도 도달하지 못한 깊이와 풍부함을 두 용어로 표현해냈다.

동시에 이 흑인성에 대한 묘사에는 두보이스라는 세련된 지식인의 천재성 너머로, 세속성의 깊은 심장부로, 우리를 데려다주는 무언가가 있다. 레슬리 피들러Leslie Fiedler나 멜빌을 기리며 이를 영혼의 파우스트적 경로라고 부를 수 있고, 로르카를 떠올리면서 두엔데duende의 길이라 부를 수도 있으며, 힙합을 거칠고 토착적인 영혼이라 부를 수도 있다.[105] 어떤 경우든 이 영혼의 길을 따르다 보면 우리는 경건함과 세련된 지식을 벗어나 접근이 금지된 위험 영역을 여행하게 된다. 그렇게 전통적인 경로를 벗어남으로써, 우리는 더 거칠고 펑키하고 낯선 영혼을 향해 자신의 가능성을 열어놓게 된다. 그것은 미켈란젤로Michelangelo의 고전적인 정신보다는 장 미셸 바스키아Jean-Michel Basquiat가 보여준 길거리 현자의 상상력에 더 가깝고, 루트비히 판 베토벤Ludwig van Beethoven이나 볼프강 아마데우스 모차르트Wolfgang Amadeus Mozart나 리하르트 바그너Richard Wagner보다는 힙합의 대담하고 저속한 통찰에 더 가깝다. 우리가 전형적인 경건함이나 고전적인 음악과 예술에서만 영혼을 탐색한다면 창조적인 상상력을 조

---

105 "여기 덧붙여" Fiedler는 이렇게 썼다. "작가의 책무는 이렇게 말하는 것이다. 아니오! 대부분의 사람들이 하는 것처럼 쉽게 긍정하지 않는 것, 그리고 대부분의 사람들이 일부러 무시하려 하는 삶의 어둠을 밝히는 것. 비극적인 휴머니스트에게 예술의 기능은 사람들을 위로하거나 격려하는 것이 아니라, 언제나 환영 받지 못하는 진실을 말함으로써 즐겁기는커녕 불편하게 만드는 것이다. 그러면 결과적으로 자신을 파우스트적 관점에서 바라보고, 악마와의 거래라는 위험한 소명을 생각하는 일이 편안하게 느껴질 것이다." Leslie Fiedler, Love and Death in the American Novel (New York: Criterion Books, 1960), 418을 보라.

용히 잠재우게 되어 결국 예상치 못한 의외의 장소, 도시의 떠들썩하고 혼잡한 현실, 소란스럽고 발칙한 음악, 금지된 춤, 낯설고 거슬리는 사고에서 나타나는 명쾌하고 아름다운 순간을 놓치게 된다. 오히려 일반적인 전통-음울한 교리들, 위선적인 경건함 그리고 억압적인 정의-에서 분출되는 소음이야말로 우리의 귀를 막아 새로운 소리를 듣지 못하게 하거나, "반항적이고 독창적이고 여분에 속하는 기이한 모든 것"에 새겨진 얼룩덜룩한 아름다움을 보지 못하게 할 수 있다.[106]

근대 미국에서 정신적·미학적·도덕적 반항의 유산-종교적 권세에 분노한 예수의 사례에서 영감을 얻어 탄생한 유산-은 멜빌과 두보이스, 하울링 울프Howlin' Wolf와 투팍Tupac처럼 서로 공통점이 많지 않은 인물들을 아우를 정도로 수많은 제자를 낳았다. 흑인성을 다룬 그들의 불장난을 통해 영혼의 전통적 문양은 두들겨 맞고 부서졌으며, 그런 뒤 순식간에 다시 재구성되어 진정으로 독창적이고 전례 없던 것이 탄생했다. 그들의 사례에 비춰볼 때, 사회와 관습적인 제도로부터 추방되는 일은 단순한 장애가 아니며, 인식이나 비전, 혹은 경험의 특별한 가능성으로 이어질 수 있다. 멜빌의 이스마엘은 그 가능성을 이렇게 묘사한다. "인간이 기독교 왕국과 문명으로부터 추방당한 생활을 오래 하다 보면 신이 그에게 부여한 조건 즉, 이른바 야만성으로 어쩔 수 없이 되돌아가게 된다." 그러고 나서 이렇게 덧붙인다. "내가 그 야만인이다."[107] 자신의 내부에 존재하는 야만성을 감지함으로써 이스마엘은 본질적으로 문명 세계의 창백한 이들에게만 국한되지 않는 인류의 유사성을 파악한다. 성경에서 따온 이름처럼(성경에 등장하는 이스마엘은 아프리카인 어머니 하갈Hagar과 함께 추방당한다), 멜빌의 이스마엘은 다른 추방자나 야만인과 함께 지구를 떠돌다가 그들 모두가 동일한 인간성을 공유하고 있음을 깨닫는다. 퀴퀘그Queequeg와 정말 우연히 한배

---

106   Gerard Manley Hopkins, "Pied Beauty", in Gerard Manley Hopkins: The Major Works, ed. Catherine Phillips (Oxford: Oxford University Press, 2009).

107   F. O. Matthiessen, American Renaissance (New York: Barnes and Noble Books, 2009), 406-7에서 인용.

를 탔을 때 이스마엘은 검은 신을 숭배하는 이 '미개한 우상 숭배자'가 자신이 존경하고 사랑해야 할 백인보다 못할 게 하나도 없다는 결론에 이른다. "결국 나는 그의 것(종교)을 통해서 그와 하나가 된다. 따라서 나는 우상 숭배자가 된다."[108] 이와 같은 반항적인 추론-당대의 법과 도덕에 반기를 들고 추방자의 삶과 낯선 감수성을 포용하는 추론-때문에 멜빌은 자신이 저주받은 책을 썼다고 생각했다.[109] 이 소설을 읽으면서 누군가가 영혼의 힘에 도달했다면, 그것은 멜빌이 배를 가득 채운 비열하기 짝이 없는 선원과 야만인, 배교자와 표류자, 도망친 노예와 도둑들(아메리카 인디언, 조로아스터교인, 폴리네시아인, 아프리카인, 아프리카계 미국인, 퀘이커교도 등)로 이루어진 인간 군상을 충실히 묘사한 덕일 것이다. 멜빌이 말하는 영혼은 이처럼 전 우주를 포함한다. 그것은 무지한 자의 영혼이며, 그 키와 조타 장치를 쥔 것은 문신으로 뒤덮인 야만인과 어둠의 자식들이다. 미국의 원형적인 관습을 따라 이제 영혼은 세련된 사람과 상스러운 사람, 기품 있는 사람과 난폭한 사람이 뒤섞인 군중들의 삶을 한데 모아 끓이는 냄비가 된다. 이 다양한 유형의 인간 무리는 녹아서 하나가 되면서도, 동시에 각자 고유한 풍미를 낼 수 있는 공간을 허용한다.

그렇게 인간 영혼의 밑바닥을 샅샅이 뒤지고, 사회적·종교적 변절자와 추방자로부터 무언가를 배우기로 마음먹을 때 우리는 자연스레 악의 문제와 맞서, 또는 욥의 경우처럼 신과 맞서 목숨을 걸고 싸움을 벌이는 전장에 들어선다. 이 또한 검은 힘의 일부다. 이 경우에 영혼을 가장 깊이 탐구하려면, 비참한 역사를 샅샅이 파헤칠 수 있는 정신 능력, 성경의 족장들처럼 신에게 맞서 대항하는 용기, 고뇌하는 한밤중에(오직 그때만) 영혼 깊숙이 별똥별처럼

---

108 Herman Melville, "His Mark", and "A Bosom Friend", in Moby Dick (New York: Penguin Books, 1992).

109 트웨인의 경우에도 어떻게 우리가 흑인 노예 이교도와 한편이 되기로 결정하며 사악한 구렁에 빠진 그 악명 높은 Huckleberry Finn을 잊을 수 있겠는가? 그는 사랑하는 노예 친구 짐의 편에 서서 남부의 기독교로부터, 모든 선하고 거룩한 것으로부터 스스로 도망쳐 유랑자가 된다. 이렇게 혁의 검은 힘은, 그가 속한 기독교 문화에 반항하는 능력을 통해, 또 위험에 처한 친구를 향한 신의와 애정으로 지옥의 입구까지 가겠다는 의지를 통해 표현된다.

은총이 떨어져 정신이 가장 깊은 숭고함에 이르는 순간을 경험해야 한다.

　　근대의 맥락에서도 이런 사례들은 우리 시대의 문제와 비례해서 증가해왔으며, 그에 따라 그런 시련은 오히려 영혼이 충만함을 알려주는 믿음직한 징후가 된다. 블루스, 재즈, R&B, 소울, 펑크, 딥송deep song, 손son, 살사 등 아메리카 대륙의 음악 전통에서 신에 대한 고뇌와 신과의 다툼을 묘사하는 후렴에는 당연히 검은 힘이 담겨 있다. 아메리카 대륙의 음악인들은 자신의 목소리를 발견하면서 음악을 통해 소외의 경험을 전달했고, 신의 보호자들을 향해 그들의 '우울blues'을 쏟아냈다. 이들의 예술은 대부분 먹음직스러운 동시에 악마적이고 위험한 힘으로, 사회적 규범과 교회 규범의 사악한 적으로 비쳤다. 이 판단을 뒷받침하기라도 하듯, 이에 해당하는 예술가들은 트릭스터나 '불량배' 기질을 발휘하여 품위 있는 사회에 소음을 일으키고, 가사와 춤으로 고정관념을 파괴하고, 사회가 악마화한 사람들을 위해 음악을 연주한다. 그런 까닭에 이들은 저속하고 상스럽다고 여겨지며, 미국 사회의 교차로나 게토에서 악마와 거래했다는 비난을 듣기도 한다.

반항으로서의 숭배

나는 영혼의 성격을 검토하는 이 연구에서, 길들지 않은 거친 힘의 산물이자 사회에 만연한 규칙을 흔들어대는 블랙 유머에 상당 부분을 할애할 것이다. 음악 비평가 존 파렐스Jon Pareles의 말에 따르면, 대부분의 음악은 "음표가 어떤 높낮이와 시점에 위치할 수 있는지, 어떤 음색을 받아들일 수 있는지를 가정하는 일련의 규칙이 작동하고 있다는 사실을 암시"[110]한다. 그렇다면 우리는 기억에 남는 미국 음악 양식의 대부분이 무질서와 불협화음을 적당히 허용하여 예상치 못한 새로운 무언가를 만들어내면서 그 규칙에 저항하고 있다고 말할 수 있다. 오티스 레딩의 쉰 목소리, 빌리 홀리데이 Billie Holiday의 떨림, 플라멩코 음악 도입부의 귀를 찌르는 외침이 그 예

110　Ribowsky, Dreams to Remember, 116에서 인용.

다. 이 목소리들이 지닌 상처받고 흔들리는 음색은 음악 속으로 통증을 가득 흘려보내고, 음악이나 사회의 전통적인 규칙을 방해하여, 완벽하면서도 부조화하는 영혼의 음악을 만들어낸다. 품위 있는 사회의 귀에는 이 모든 것이 흑마술처럼 들리지만, 보다 넓은 창조성을 이해할 수 있는 사람은 그와 같은 인간의 울부짖음 속에서 질서를 향한 거센 열망을 감지할 것이다.

민권 운동 이후에 흑인 음악가가 급격히 증가한 것도 이런 맥락에서였다. 힙합 세대는 수많은 트릭스터들을 모아 민권 쿠데타를 조직하고 에티켓과 예의범절을 공격했다. 이 반항적인 태도를 통해 힙합은 이전 세대의 소울 음악과 펑크 음악을 더 단단하고 날카롭게 만들었다. 말하자면, 펑크를 기름에 튀긴 것이다. 과거의 전통을 '더 펑키하게' 만들면서 힙합은 R&B의 부드러운 그루브에 거리의 사기꾼과 건달과 포주들의 발화 패턴을 도입했다. 거리의 토착어를 매개로 힙합은 정제된 양식들이 멸시하고 폐기해온 언어들을 집어 들었다. 해지고 너덜너덜해진 그 말들은 골목과 게토의 집단주택에 거주하는 그들의 삶에 더 밀착된 상징이었다. 그렇게 랩 음악은 어떤 비평가의 말처럼 "폐기 처분될 사람들의 소외된 표현들"을 추려내고, 그 버려진 어휘에서 비트와 라임을 만들어냈다.[111] 힙합은 금지된 관용어를 혁명적으로 사용해서 언어의 감옥에서 탈출하고자 했다. (애덤 브래들리가 상기시켰듯이, 결국 '통속어vernacular'란 표현도 주인집에서 태어난 노예를 뜻하는 그리스어 베르나verna에서 유래했다. 그러니 힙합은 통속어의 해방적 에너지, 즉 인간을 구속하는 관습과 현실에서 탈출할 수 있는 힘을 표현하는 셈이다.)[112]

힙합은 늘 혁명적이진 않더라도 교묘하고 기민하고 교활하다. 힙합은 로고스-이성과 발화-를 근대의 방식으로도 활용하고 고대의 방식으로도 활용했다. 브루스 링컨이 지적했듯이 말이 이성의 동의어가 되기 한참 전인

111 　이 표현은 William Jelani Cobb이 한 말로 Adam Bradley, The Book of Rhymes: The Poetics of Hip Hop (New York: Basic Civitas Books, 2009), 87에서 인용됨.

112 　Bradley, Book of Rhymes, 125.

소크라테스와 그 제자들 시대에 로고스는, 무엇보다 강한 자들에 대항하기 위해 어리고 약한 자들이 사용한 교활하고 간사한 발화를 의미했다. 호메로스와 헤시오도스는 이 용어를, 트릭스터 인물들이 자신의 무력함을 보완하기 위해 활용한 기만 및 이중성의 책략과 연관 지었다(예를 들어, 흉계의 대가로 불리는 헤르메스Hermes는 그의 '유혹적인 로고이logoi(언술)'를 활용해서 그의 형이자 그보다 강한 아폴로를 속여 먹는다. 『오딧세이The Odyssey』에서 자신보다 강한 적을 기지로 물리치는 오디세우스Odyssus에게는 '영리하다'나 '교활하다'는 형용사가 부여된다).[113] 힙합의 경우에 래퍼들이 그리스의 트릭스터를 불러내든 아프리카의 트릭스터를 불러내든, 그들의 음흉한 기술은 고대의 로고이 개념을 번역한 것으로 볼 수 있다. 힙합의 전복적인 은어, 무법적인 표현, 불경한 반反 서사는 빈곤한 젊은이들이 자신들의 기지만으로 승리하기 위해 차용하는 책략이다. 이 사례들에서 트릭스터의 장난기, 혹은 나의 묘사대로라면 파우스트와의 계약은 저항의 상징이자 청교도적인 사회정치 체제의 억압적 질서를 교란하는 예언이다.[114]

나는 제이 콜J. Cole이 「죽은 대통령 Dead Presidents 2」에서 노래한 내용이 여기에서 논의한 세속적 교활함과 성스러운 영감의 조합과 딱 들어맞는다고 생각한다. "나의 플로우는 악마가 뱉어내고 천국이 전해줬지."[115] 이 간결한 문장을 통해 제이 콜은 흑인 음악의 다양한 경험들을 집약한다. 그의 가사는 악마의 언어처럼 거친 동시에 매끈하고, 뱀의 혀처럼 비꼬여 있지만 결국은 신으로부터 연유한 것이다. 최고의 랩 장르는 이렇듯 두 갈래로 갈라진 혀와 같다. 때로는 유해하고 유독한 성질을 드러내 사회적 예법과 정치적

113　이 일화는 Homeric Hymns to Hermes에 서술되어 있다. Lincoln, Theorizing Myth, 9를 보라. Lincoln은 로고이가 교활한 행위, 거짓말, 잡아떼기와 연관되는 다양한 사례들을 논의한다. Hesiod에서, 헤르메스는 판도라의 가슴에 거짓을, 매혹적인 로고이를 주입하는 것으로 묘사되고, 비열한 캐릭터로 그려진다. 젊은이들, 여성들, 약한 자들 사이에서 로고이는 힘없는 자들의 전술과 연관된다.

114　S. Craig Watkins, Hip Hop Matters: Politics, Pop Culture and the Struggle for the Soul of a Movement (Boston: Beacon Press, 2006), 234.

115　J. Cole, "Dead Presidents 2", on The Warm Up, Roc Nation, 2009.

배신을 세게 물지만, 그러면서도 같은 호흡에 신념과 희망을 토해내고 게토의 독을 해독제로 바꿔놓는다. 힙합은 독약과 치료제를 조금씩 머금은 채로, 빈곤한 이들과 기회를 박탈당한 이들의 삶에서 빛을 빨아들이는 자본가의 질서에 맞서서, 음악과 가사에 교활한 발화 형태(로고이)를 입힌다. 로린 힐은 이렇게 노래한다. "부르주아적 정신이 블랙홀처럼 모든 것을 빨아들이는 나라에서 나는 나 자신의 영혼을 위해 싸우며 대가를 치렀다."[116]

이 예시들에서 영혼의 개념은 성과 속, 고급문화와 하위문화를 번갈아 오간다. 이는 정신의 복잡성을 의미할 수도 있지만, 특히 음악, 춤, 언어적 기교에서 드러나는 그 문화의 길거리 지혜와 냉담한 침착성을 나타내는 것일 수 있다. 이마니 페리는 소울 음악과 힙합에 관해 숙고하면서 이 문제를 다음과 같이 설명한다. "내가 영혼이란 단어를 사용할 때 의미하는 것은 가수 특유의 음악과 소리를 통해 느껴지는 정신적 깊이 그리고 문화적이고 역사적인 깊은 울림이다… 소울이 충만한 음악은 기쁨과 고통의 음악이고, 무의식에서 흘러나오는 결혼식 멜로디와 흐느낌의 음악이며, 미국에서 흑인으로 사는 것이 의미하는 공포와 기쁨 양쪽의 소리다."[117] 이렇게 볼 때 영혼은 여러 겹의 형식과 내용-투쟁과 고통, 공포와 환희, 저속성과 숭고함-을 목소리에 부여하고, 그것을 하나로 꿰매 일종의 청각적 콜라주, 혹은 여러 감정과 믿음과 가치가 혼합된 믹스테이프를 만든다.[118] 그 결과로 만들어지는 것은 언젠가 나스가 자신의 스타일에 관해 말했듯이, 거칠게 배합된 시와 설교와 노골적인 매춘이다.[119]

---

116 첫 번째 인용은 "Vocab" by the Fugees, on Blunted on Reality, Ruffhouse, 1992. 두 번째 인용은 "Lost Ones", by Lauryn Hill, on Miseducation of Lauryn Hill, Ruffhouse, Columbia Records, 1997.

117 Imani Perry, Prophets of the Hood: Politics and Poetics in Hip Hop (Durham, NC: Duke University Press, 2004), 52.

118 Stuart Hall은 흑인 대중문화에 포함된 이 요소들이 지닌 미덕을 훌륭하게 설명했다. "그 표현성, 음악성, 구술성 풍부하고 깊은 언어에 대한 감각을 통해, 토착어와 자신이 사는 지역에 걸맞는 억양, 반-서사의 풍부한 생산, 그리고 무엇보다, 음악적 어휘를 메타포로 활용해, 흑인 대중문화는 다른 종류의 재현 전통을 표면화시켰다." Stuart Hall, "What Is This 'Black' in Black Popular Cultre", in Black Popular Culture, ed. Gina Dent (Seattle: Bay Press, 1992), 27.

119 Bradley, Book of Rhymes, 193에서 인용.

따라서 궁극적으로 나는 정신적·문화적 양식의 관점에서 검은 힘을 바라보는데, 그럴 때 세속성, 저속함, 부정과의 유희는 구원의 수단이자 형태를 달리한 사랑과 정의다. 흑인성에 대한 이 해석에는 심한 아이러니가 있다고 할 수 있다. 모독적이고 금지된 사고 안에 고결한 내면과 성인 같은 영혼이 담겨 있기 때문이다. 달리 말하자면, 키르케고르와 멜빌이 우리에게 경고하려 했듯이 외양은 기만적일 수 있다. 매혹적으로 반짝이는 기독교 왕국 아래, 기독교 왕국의 도덕적 엄격함과 성인 행세의 발밑에 죄가 숨어 있고, 깨끗하고 하얀 묘지 밑에 으스스한 시체 안치소가 있을지도 모른다(멜빌의 이미지). 반대로 말하면, 진정한 선은 세상의 지배자나 신성의 파수꾼들에게는 보이지 않을 수 있다. 따라서 신 혹은 영혼을 탐색하고자 한다면 가난과 절망이 만연한 곳으로 눈을 돌릴 필요가 있다. 거리의 시련으로, 감옥을 가득 채우고 있는 좌절로, 빈민가의 네거리로 말이다. 유대교나 기독교에서 말하듯 구원에 이르는 길은 곧게 뻗은 길이 아니라 구불구불하고 예측할 수 없는 방랑자의 노정, 발을 구르고 회전하고 도는 브레이크댄서의 기술, 혹은 래퍼의 교묘한 재간과 닮은 길이라는 얘기다. 그런 면에서 선악의 구분을 "조악한 유비법"이라 부른 예이츠는 옳았다. 충만한 영혼으로 향하는 길에서는 때로는 밥 말리Bob Marley, 마틴 루터 킹, 세자르 차베스Cesar Chavez 같은 대담하고 겁 없는 영혼들이 반항하고, 때로는 빌리 홀리데이, 젤리 롤 모턴Jelly Roll Morton, 투팍 샤커Tupac Shakur 같은 블루스나 랩 음악가들이 불경함을 표출하기 때문이다.[120] 바로 이것이 성인과 악인을 혼동할 때 영혼이 만들어진다고 말한 에머슨이나, 욥의 다음과 같은 반항적인 외침을 끌어들인 멜빌의 의중일 것이다. "나는 이제 그대의 올바른 찬양이 반항인 것을 아노라."[121]

120　W. B. Yeats, "Ideas of Good and Evil", in The Yeats Reader, ed. Richard Finneran (New York: Scribner Poetry, 1997), 363–69.

121　Melville, Moby Dick, ch. 119, "The Candles." Ralph Waldo Emerson의 문장을 참조하기 위해선 Emerson, "Self Reliance", in The Essential Writings of Ralph Waldo Emerson, ed. Larzer Ziff (New York: Penguin Books, 1982), 175–203을 보라.

올바른 찬양은 때로는 진짜로 반항하는 것이고, 다시 한번 멜빌을 인용하자면, 때로는 무릎을 꿇고 공경하는 것이다. 어쨌든 이 책은 두 가지 순간을 모두 아우르는 생각, 소리, 양식을 탐구한다. 그런 생각, 소리, 양식을 탐구한다는 건 우리가 언제 부정하고 저항해야 할지, 언제 사랑하고 포용하면서 긍정해야 할지를 안다는 것이다. 만일 우리가 가장 조악한 '선'에 저항해야 할 때나 시몬 베유Simone Weil의 말처럼 신에게서 등 돌려야 할 때가 있을지라도, 우리가 신의 품에 다시 안기게 되는 것은 그리 멀지 않은 시점일 것이다.[122] 위대한 재즈 음악가 루이 암스트롱Louis Armstrong은 그 나름대로 이와 비슷한 견해를 밝힌 적이 있다. 그는 신을 등지고 블루스와 재즈의 악마적인 환희를 받아들였다는 비난에 핸디W. C. Handy의 말로 답했다(다만 루이 특유의 쉰 듯한 거친 목소리로). "하갈(이스마엘의 어머니-옮긴이) 숙모의 아이들(흑인들을 의미함-옮긴이)이 저 오래된 구슬픈 곡에 맞춰 내는 화음을 들어보세요. 그건 천국에서 터져 나온 합창과 다름없습니다, 아멘. 만일 악마가 그 음악을 가져왔대도, 그건 선한 하느님이 제게 보내신 겁니다."[123] 미래에도 하갈 숙모의 아이들은 그에 맞춰 노래하고 랩을 할 수 있는 구슬픈 기회를 또다시 찾아낼 것이다. 그리고 그 노력의 산물은 지옥불로 얼마나 달궈져 있든 간에 결국 천국에서 떨어진 선물이 될 것이다.

122   Simone Weil, Waiting for God (New York: Harper Books, 1973), 69을 보라.
123   Louis Armstrong, "Aunt Hagar's Blues." Stanley Crouch, Considering Genius: Writings on Jazz (New York: Basic Civitas Books, 2007), 80에 인용됨.

2장
히브리의 영혼
: 통속어에 관하여De Eloquentia Vulgaria

진정한 시인의 소리를 듣기 위해선 자신을 활짝 열어야 한다.
그런 시인의 신체적 감각은 평범한 세계가 아니라 몇몇 사람만
인지할 수 있는 세계에서 만들어진다. 철학보다 죽음에 가깝고,
지성보다 고통에 가깝고, 잉크보다 피에 가까운 시인.
-페데리코 가르시아 로르카[1]

오, 랍비여, 랍비여, 나를 위해 내 영혼을 돌봐주소서.
그리고 이 어두운 본성의 진정한 백치 천재가 되게 하소서.
-월리스 스티븐스Wallace Stevens

『향연』의 마지막 부분을 펼쳐보자. 밤늦게까지 잔치를 벌이다 다른 술꾼들
이 모두 잠들었을 때 소크라테스는 깨어 있는 아가톤Agathon과 아리스토
파네스에게 아직 오지 않은 시인에 관해 예언을 한다. 소크라테스는 비극과
희극을 아우를 줄 아는 새로운 시인을 꿈꾼다. 아마 그런 예술가는 인간의
삶에 존재하는 모든 부조화와 모순-비탄과 웃음, 폭력과 사랑, 숭고함과 비
근함-을 재료로, 각각의 요소들을 첨삭하면서 향기로운 시를 만들어낼 것

---

1   Ilan Stavans in the epilogue to The Poetry of Pablo Neruda, ed. Ilan Stavans (New York: Farrar, Straus and
     Giroux, 2003)에서 인용.

이다. 하지만 에리히 아우어바흐Erich Auerbach가 『미메시스Mimesis』에서 주장한 내용에 수긍하는 사람이라면 소크라테스의 예언이 고대 그리스에서는 실현되지 못했다는 데 동의할 것이다. 그리스인들은 비극과 희극, 상위 양식과 하위 양식을 숙달했지만 대체로 양자를 분리했고, 일반적인 삶에서 나온 경험이나 인물에게 중요한 역할을 맡기는 경우는 희극을 제외하곤 거의 없었다. 두 가지 상이한 양식의 조화를 위해서는 그리스의 귀족주의적인 문화 바깥에서 새로운 유형의 천재가 등장해야 했다. 그리고 그 일은 그리스-로마 세계로부터 멀리 떨어진 변방에서 야만인들이 이뤄냈다. 유목민과 토착민이 힘을 합쳐 성경이라는 이름의 신성한 문서를 만들어낸 것이다.[2]

성경은 비극과 희극의 상이한 주제를 하나로 통합해서 비천하고 빈곤한 자들-양치기와 방랑자, 추방자와 유랑자, 피정복자와 피식민지배자들-이 살아가는 풍경을 숭고의 소재로 뒤바꿨다. 서양 역사에서 처음으로 평범하고, 가난하고, 무례한 이들의 삶이 그리스 비극과 그리스 철학에서 발견할 수 있는 어떤 것만큼이나 숭고한 주제를 가진 고결한 서사의 대상이 된 것이다. 지배계급에 주목하는 고상한 그리스 비극과 달리, 성경은 아무리 초라하거나 상스러운 이야기도 텍스트로 받아들였다. 성경의 저자들은 양피지 위에 모든 것을 새겨 넣으면서 유랑자들과 노예들의 긴 여행을 성스러운 역사로 만들었다. 성경의 지식에 접근하고 그 영혼에 접근하려면, 추방자들의 경험담, 성경의 가장 낮은 가지에서 진한 수액처럼 흘러나오는 귀한 지혜에 눈과 귀를 맞춰야 한다.

나는 이번 장에서 먼저 히브리어 성경에 쓰인 네페쉬nephesh라는 용어를 검토하고자 한다. 하지만 마지막 절에 이르러서는 보다 높은 곳에서 내려다보는 시선, 즉 문학과 서사의 관점에서 영혼의 밀림을 조사하고 그 의미를

---

2   Eric Auerbach, Mimesis: The Representation of Reality in Western Literature, trans. Willard Trask (Princeton, NJ: Princeton University Press, 1968).

탐구하고자 한다. 영혼 개념은 어떤 이야기의 산물, 아빌라의 테레사의 말에 따르면 "살아 있는 책"의 산물이기 때문에, 나는 그 이야기의 서사적 실마리를 풀어내기 위해 최선을 다할 테고, 그 과정에서 성경이 어떻게 비극과 희극을 혼합하여 고귀한 사고의 씨줄과 비천한 사고의 날줄로 드라마를 엮어내는지에 주목할 것이다. 이 장이 끝나기 전에 자세히 다루겠지만, 성경은 그렇게 버림받은 이들, 외부자, 짓밟힌 이들의 감각을 대담한 색상으로 그려낸다. 우리가 성경의 심장과 영혼에 관해 말할 수 있다면 이는 성경이 그런 사람의 이야기를 편애하기 때문이다. 이후에도 서양 역사에서 '영혼' 개념을 재해석할 때도(말하자면 아프리카계 미국인이나 라틴 아메리카의 기독교에서) 영혼에 관해 이야기할 땐 거의 항상 그런 이야기를 다뤘으며, 심지어 영혼이 새롭고 근대적인 빛을 받아 미화된 경우에도 마찬가지였다. 하지만 우선은 네페쉬의 기본적인 속성, 음색, 어형 변화에 관해 이야기할 필요가 있다.

네페쉬와 생명의 호흡

나는 네페쉬와 살아 있는 존재의 생명력이 어떤 관계가 있는지부터 살펴보고자 한다. 영혼은 인간의 육체적 욕구와 호흡, 혈관을 타고 흐르는 피와 산소(창세기 9:4; 레위기 17:11), 또는 음식을 삼키고 공기를 들이마시는 목구멍과 관련이 있다(시편 197:5, 전도서 6:7; 이사야서29:8; 잠언 6:30). 이때 네페쉬는 생명의 원천이고, 개인의 육체와 정신을 살게 하는 비밀스러운 힘이며, 물질로 된 인간에게 기운과 생기를 불어넣어 살아 있는 존재로 만드는 생명의 분출이다. 영혼이란 육체적 욕구나 정신적 욕구 어느 하나로는 다 담을 수 없는 보다 포괄적인 개념으로, 감각적인 동시에 실체가 없는, 다양한 열정과 희망의 성역이자 저수지다.

　　네페쉬는 생명의 호흡과 연결되어 있기 때문에 동사로 쓰일 때는 '숨을 들이쉬거나 내쉰다'를 의미하기도 하고 인간 개인에게 아주 친밀하고 내면적인 무언가를 의미하기도 하며, 그래서 성서의 "나의 네페쉬"(창세기 19:19; 판관기 16:30; 시편 54:6)라는 표현처럼 인칭 대명사와 함께 쓰일 수 있다. 이런 형태로 쓰일 때 이 단어는 개인의 거룩한 정체성, 독특한 인간 존재의 드러나지 않은 구조를 암시하는 것처럼 보인다. 네페쉬는 이 미묘한 의미를 통해 한 사람의 존재를 정의하고, 그 사람을 다른 사람과 구분하는 생명 혹은 정신이 되며, 그를 특별하고 독특한 존재로 만들어주는 개인의 본질이 된다. 영혼은 자궁 속에서 어머니 같은 신의 보살핌을 받아 만들어졌으므로 대체할 수 없고 모방할 수도 없다. "주께서 내 내장을 지으시며; 나의 모태에서 나를 만드셨나이다"(시편 139:13). 이런 맥락에서 로버트 얼터Robert Alter는 네페쉬가 '생명력'이나 '활기'에 더해 개인의 본질적 자아를 의미할 수 있다고 지적한다.[3]

신과 인간의 영혼이 이렇게 친밀함에도 불구하고 히브리 사람들에게 영혼은 여전히 피와 육체로 이루어진 피조물이었다. 그것은 생래적으로 신성한 것이 아니다. 토라Torah는 이 지점을 분명히 한다. 대지의 풀과 들판의 꽃과 같이 인간은 시들고, 잎을 떨어뜨리고, 쇠약해져서, 먼지로 돌아간다고 시인이자 예언자인 이사야Isaiah는 말한다(이사야서 40:6-7). 인간의 영혼은 유약하고 덧없으며 통제할 수 없는 사건의 영향에 취약해서 늘 죽음의 짐을 진 채로 괴로워한다(여호수아 2:13; 사무엘 19:11; 시편 34:23). 고대 유대인의 역사 어디에나 죽음과 파괴가 존재했던 것을 고려하면(개인적으로나 집단적으로나), 네페쉬가 이스라엘의 무겁고 때때로 끔찍했던 운명으로 특징지어지는 것은 자연스러운 일이다. 이스라엘이 폐허의 가장자리에서 비틀거리는 것처럼 성서의 저자들이 얘기한다면, 그것은 인간에 관해 생각할 때도 마찬가지일 것이다. 그것은 인간적이고 너무나 인간적이다. 시편에 나오는 영혼의 고통스러운 토로를 생각해보자.

무릇 나의 영혼에는 재난이 가득하며
나의 생명은 스올Sheol에 가까웠사오니

---

3   Robert Alter, The World of Biblical Literature (New York: Basic Books, 1992), 160.

나는 무덤에 내려가는 자같이 인정되고

주께서 나를 깊은 웅덩이와 어둡고 음침한 곳에 두셨사오며

주의 노가 나를 심히 누르시고,

주의 모든 파도가 나를 괴롭게 하셨나이다.

(시편 88:3-8)

이 시에서 웅덩이(다니엘Daniel이 내던져지는 사자 '굴'이나 요나서Book of Jonah에 나오는 고래 '뱃속'과 같다)로 떨어지는 이미지는 물론 지하세계와의 만남을 가리킨다. 지금 시편의 저자는 실존적 투쟁을 벌이고 있고, 목숨을 걸고 싸우고 있으며, 파도가 자신의 영혼을 삼켜버리지 않도록 발버둥치고 있다. 그를 둘러싼 주변의 온갖 재난과 그를 향한 신의 노여움 때문에 시인은 작은 죽음을 수차례 겪는 것처럼 보인다. "우리의 평생이 한숨처럼 다하였나이다"(시편 90:10).

여기서 시편의 저자는 자신의 가장 어두운 감정을 하늘에 토로하지만, 그가 (분명히 기적적으로) 계속 살아남아 글을 쓰고 있다는 사실을 못 보고 지나치기는 어렵다. 성서를 읽는 동안 한 사람의 개인적 정체성을 위협하고 위험에 빠뜨리는 무수한 힘들을 발견하지 못하기란 불가능한 일이지만, 동시에 토라(구약 성서 권두의 5편-옮긴이)는 투지와 은총 덕에 끝내 살아남아 이야기를 전하는 인간 영혼의 놀라운 능력을 찬양한다. 스올의 손아귀에 붙잡힌 이 절체절명의 순간, 저자는 갑자기 찬송한다. 그러니 시편에서 탄원의 시편과 찬양의 시편이 거의 동일한 분량을 차지하는 것도 자연스러운 일이다(두 내용이 시편의 2/3를 이룬다).[4] 탄원의 시편이 슬픔과 고통의 끔찍한 무게를 표현하고 있다면, 찬양의 시편은 환희에 가득 차서 활기차고 기운을 북돋는다. 전자가 깊은 고통으로 떨어지는 비탈을 묘사하고 있다면,

---

[4] Robert Alter, "Psalms", in The Literary Guide to the Bible, ed. Robert Alter and Frank Kermode (Cambridge, MA: Harvard University Press, 1987), 248을 보라.

후자는 삶의 구덩이를 오를 수 있는 영혼의 능력을 노래한다(이런 관점에서 시편 121장은 특히 "상승의 노래"로 불린다). 시편은 높거나 낮고, 의기양양하거나 낙담한, 다성적이고 풍부한 음표들로 영혼을 드러내는데, 한편에서는 공포와 고통이, 다른 한편에서는 굴하지 않는 정신적 열망이 쏟아져나와 소란스레 뒤섞인다.

네페쉬와 초월적 갈망

네페쉬는 호흡, 개인의 정체성, 생명력을 암시하는 것 외에도 무한히 숭고한 갈망과 관련되어 있다. 어근 wh(욕망하다)와 동사 ns(솟아나다)에서 유래한 네페쉬는 평범한 인간 존재를 고양하는 소망이나 갈망과 연결된다. 이런 관점에서 보면 네페쉬는 벌거벗겨진 채 사막에 놓인 육체처럼 취약하고, 지상의 다른 창조물만큼이나 부패되기 쉽지만, 동시에 격렬하게 신을 탐하는 인간의 초월과 천상의 욕망을 구현하고 있기도 하다. 우리의 삶이 얼마나 짧고 덧없든 간에 인간에겐 우리를 다른 동물과 구별해주는 고갈되지 않는 욕망이 있는데, 네페쉬는 그 감정의 원천으로서 불가능한 것들-사랑과 정의와 신-을 바라고 그리워하게 하는 멈추지 않는 에너지다. "하나님이여, 사슴이 시냇물을 찾기에 갈급함같이 내 영혼이 주를 찾기에 갈급하나이다 / 내 영혼이 곧 살아 계시는 하나님을 갈망하나니 / 내가 어느 때에 나아가서 하나님의 얼굴을 뵈올까?"(시편 42:1-2; 시편 25:1;130:5; 아가 1:7).

네페쉬는 먼 곳에 가닿으려는 인류의 욕망, 다시 말해 미지의 것을 찾고 구하고 얻으려는 아브라함의 욕망을 나타낸다. 영혼의 허기는 배부를 줄 모르고 무한하여 새로운 세계와 새로운 가능성을 탐색하며 영원히 갈망하고 영원히 떠돈다. 영혼은 손을 뻗어 "인간 사고의 가장 큰 한계 바깥에 있는 지는 별 같은 지식"[5]을 좇는다. 영혼은 불을 향해 달려드는 나방처럼 끝

---

5   Alfred Tennyson, "Ulysses", Tennyson: Poems, ed. Peter Washington (New York: Everyman's Library, 2004)을 보라.

없이 신을 향해 끌려간다.

　네페쉬는 또한 신의 형상 안에 봉해진 까닭에 신의 신성한 본성에 참여하고 신비로운 창조의 힘을 공유한다. 창조물에 이름을 붙일 줄 아는 인간은 언어의 기술과 함께 무에서 유를, 죽음에서 생명을, 혼돈에서 질서를, 백지에서 아름다움을 만들어내는 잠재력이 있다. 하지만 이 축복이 저주가 되지 않도록 성경의 지식은 필멸의 한계를 무시하는 인간의 허영심과 행동을 끊임없이 꾸짖는다. 아담의 자손들은 그들의 기원이 땅에 있음을, 그들이 먼지와 재로 만들어졌음을 상기시키는 얘기를 계속 듣는다(무엇보다 '아담'이란 이름은 흙을 뜻하는 히브리어 아다마adamah에서 온 것이다). 창세기에 나오는 엄숙한 순간을 떠올려보라. "하나님이 땅의 흙으로 사람을 지으시고 생기를 그 코에 불어 넣으시니 사람이 생령이 되니라"(창세기 2:4-47). 신은 흙과 진흙을 빚어 유기체를 만들어 자신의 영을 불어넣고, 거기에 존엄성과 신의 속성을 채워 넣었다. 영혼은 이처럼 두 갈래로 나뉜다. 그것은 지상의 특성과 초월적 특성의 흥미로운 혼합물이다.

네페쉬와 마음

성경은 마음과 영혼을 자주 짝짓기 때문에, 우리는 양자가 만나는 지점에 관해 생각해봐야 한다. "너는 마음을 다하고 뜻을 다하고 힘을 다하여 네 주이신 하나님을 사랑하라"(신명기 6:5)는 신명기의 커다란 계명이나, "마음을 다하고 영혼을 다하여"(열왕기하 23:3) 주의 뜻을 따르겠다는 요시야Josiah의 결심도 그런 지점이다. 이는 지고한 중요성을 띤 명령으로 팔과 이마에 고정하고, 문설주에 새겨 넣고, 심장에 각인하고, 자녀에게 암송해야 하는 명령이다. 이 말은 한 사람의 모든 것, 한 사람이 될 수 있는 모든 것을 집약하고 있고, 야훼YHWH와의 서약에 대한 철저하고 종합적인 헌신을 암시한다. '마음'과 '영혼'은 서로 피를 나눈다. 둘은 인간 존재의 초월적·정신적 특성의 용기이며, 사랑과 존경의 중심이다. 함께 묶을 때 둘은 인간 본성의 내밀한 성전이 된다. 그곳은 신이 생명과 지혜와 이해를 부여하는 곳, 그리고 "신에게 열려 있든 아니든 개인이 그의 감정과 이성과 양심을 마주하는 곳, 스스로 결단을 내림으로써 책임을 떠안는 곳"[6]이다. 마음과 영혼의 깊은 동굴로 물러난다는 것은 진정한 '나', 가장 오래되고 가장 가깝고 가장 진실한 '나'를 찾는 것이다. 마음과 영혼은 우리의 공적인 자아가 있는 곳보다 더 깊은 어딘가에 있다. 신은 그곳에 갑자기 나타나 일생일대의 중대한 결정을 요구하며, 우리의 자아를 벗기고 뜯어낸 뒤 더 막대한 가치를 지닌 무언가를, 먼지와 잔해와 숭고함으로 만든 무언가를 드러내놓는다.

이 위기와 계시의 순간에는 존재의 모든 원소가 소환되고, 그래서 존재의 모든 감정, 슬픔과 고통, 사랑과 환희, 쓸쓸함과 혼란, 기쁨과 찬양이 모두 깨어난다고 할 수 있다(예레미야 13:17; 사무엘상 1:10; 시편 31:8; 아가 1:7). 성경은 인간의 감정을 풍부하게 활용하는데, 철학적 담론보다는 정념, 시, 노래, 기도를 애호한다. 성경은 어지러이 흩어져 있는 인간의 욕망을 모아 화산처럼 격정적인 말투를 활용하고, 동시에 마음에서 우러난 자발적인 표현과 신중하게 준비된 기교를 조합한다. 이 기교와 무기교의 균형은 성서의 수많은 텍스트 속에 생명력과 고동치는 맥박을 만들어내고, 그렇게 해서 이 격정적인 예술을 보다 정제되고 지적인 다른 양식들과 구별해준다.

마음과 영혼이 서로를 만지고 녹이는 사례는 무수히 많지만, 성경에는 또한 그 둘을 가르는 경계가 존재한다. 예를 들어, 마음의 지형도에서 성서의 저자들은 지식에게 특별한 장소를 할애해준다. 즉, 정신mind이 아니라 마음heart이 인간 이성이 거주하는 곳이다. 그 때문에 시편의 저자가 "내 입의 말과 내 마음의 묵상"이 신에게 받아들여지기를 기도할 수 있는 것이다(시편 19:14). 만일 이 텍스트가 암시하는 대로 이성이 마음의 영역에서 작동한다면, 성서의 관점으로 볼 때 인간의 지식은 감정과 분리되지 않으며 감정과 끈끈히 연결되어 있다고 볼 수 있다.

---

6   André Wénin, "Heart", in Encyclopedia of Christian Theology, ed. Jean-Yves Lacoste (London: Routledge Books, 2004), 3:1496–97을 보라.

멜로디언스The Melodians의 명곡 「바빌론의 강Rivers of Babylon」은 정확히 이와 똑같은 감정에 관해 숙고한다. 신이 그들의 입에서 나온 말과 마음에서 나온 묵상을 받아주길 기도할 때, 노래는 성서의 지식과 감정의 뒤얽힌 가닥을 아름답게 탐사한다. 그들은 불가능한 꿈과 희망을 표현할 뿐 아니라, 학계의 다른 수많은 해석학자보다 더 훌륭하게 시편의 황량함을 포착한다. 노래는 간절하고 구슬픈 음조를 통해 유랑 도중에 외로운 바빌론 강변을 떠돌다 마주친 곳에서 마음의 묵상과 숙고를 거듭하고, 또한 이를 통해 그들이 자유와 진실의 땅에 닿을 거라 믿으면서 고향과 멀리 떨어진 이 세계에 정의와 구원이 깃들기를 간청한다. 이처럼 예술이 부리는 마법을 통해 조금씩 감정은 지식으로 변화하고 지식은 감정으로 변화한다.

바빌론 강가에 앉은 채
시온을 떠올리며 눈물을 흘리네
악한 자들이 우리를 데려와 감금하고
노래를 부르라 하네
이 낯선 땅에서
우린 어떻게 야훼의 노래를 부를 수 있을까?[7]

정말 어떻게 낯선 나라에서 신의 노래를 부를 수 있을까? 이 질문은 미국의 수많은 흑인 음악에 자극과 영감을 주었다. 멜로디언스는 성경 텍스트에 의지하여 그들과 그들의 민족을 고대 이스라엘인들의 곤경에 대입하고, 그들의 멜로디와 기도를 검은 이스라엘인들의 속박과 유랑에 접목했다. 레게 음악가들은 모세의 정신을 불러내고 성경의 서사를 활용하여 그들의 억압적인 파라오에 대적했고, 그럼으로써 히브리족의 구원과 정의 개념을 충실히 따랐다. 또한 그들은 네페쉬에 대해 시편이 일러주는 반항적이고 음악적인

---

7   The Melodians, "Rivers of Babylon", on The Harder They Come, Mango Records, 1972.

해석에도 충실했다. 적당한 저항, 열정, 애정, 멜로디와 리듬을 통해 지혜를 얻는 그 기묘한 능력 또한 충실히 따른 것이다. 밥 말리가 명명한 '영혼의 저항soul rebel'(밥 말리의 1970년 스튜디오 앨범 제목)은 히브리족의 이 같은 네페쉬 혈통에 속해 있다.[8]

따라서 이 시편의 세계에서 마음에는 날카롭게 통찰하는 능력이 있으므로, 인간의 이성은 열정과 감정으로부터 소외될 이유가 없다. 이렇게 이해할 때 우리는 결정적인 성서적 통찰에 즉시 도달할 수 있는데, 이는 내 연구에 중요한 의미를 제공한다. 말하자면, 마음의 지식은 교육받은 자나 문맹자, 천하게 태어난 자나 고귀하게 태어난 자에게 똑같이 열려 있다는 것이다. 성서의 관점에서 신은 모든 사람에게 지혜를 아낌없이(그리고 지혜가 공식적인 율법학자와 사제들을 위협할 때는 명명백백하게) 드러내 준다. 시나이산에서 맺은 계약은 글을 아는 이와 모르는 이 할 것 없이 모든 이스라엘인과 맺은 계약이기 때문에, 지식과 복종도 모두에게 적용된다. 철학적 엘리트나 귀족 엘리트와 몰래 맺은 계약이 아닌 것이다. "오늘 내가 네게 명하는 이 말씀을 너는 마음에 새기고; 네 자녀에게 부지런히 가르치며"(신명기 6:6-7).

신의 지혜는 지위, 계급, 혹은 부의 격차를 구별하지 않기 때문에 이 전통 안에는 신의 지혜가 널리 퍼져 있다. 게다가 히브리의 신은 그런 차별이 존재하는 불모지를 찾아 그들을 망각과 무관심으로부터 구조한다(한나의 기도, 사무엘상 2:7-8). 성경의 관점에서 보면 오만하고 힘센 자의 잘난 체하는 마음보다 겸손한 자의 마음에 지혜가 담겨 있을 가능성이 크다. 마음은 눈으로 보고 귀로 들을 수 없는 특별한 지식이 흐르는 도관이자 역설적인 지혜의 관리자다. 사무엘이 관습을 거슬러 이새의 막내아들인 다윗David에게 기름 부음하는 장면이 그 점을 잘 보여준다. "주께서 사무엘에게 이르시되, '그의 용모와 키를 보지 말라, 내가 이미 그[이새의 장남 엘리압Eliab

---

8   Bob Marley and the Wailers, Soul Rebels, Trojan Records, 1970.

을 말한다)를 버렸노라. 주가 보는 것은 사람과 같지 아니하니. 사람은 외모를 보거니와 주는 마음을 보느니라"(사무엘상 16:7). 타락한 세계의 관습에 따르면 지위와 권력을 물려받는 쪽은 늘 첫째다. 하지만 성서의 신은 이 관습을 버리고 가장 낮은 자를 끌어올려 역사의 중요한 대전환을 만들어낸다. 예언의 전통에서 (다윗을 선택한 사무엘의 경우처럼) 선각자의 눈-세속의 가치에는 둔감하고 흐릿한 눈-은 이렇게 마음의 직관적인 눈을 따르며, 이 때 진실과 정의는 현상을 뒤엎는 혁명적인 힘을 발휘한다.

이사야는 이렇게 말한다. "내가 이와 같이 높고 거룩한 곳에 있으며, 주가 말씀하시되, 또한 통회하고 정신이 겸손한 자와 함께 있나니, 이는 겸손한 자의 영을 소생시키며 통회하는 자의 마음을 소생시키려 함이니라"(이사야 57:15). 신은 높은 곳에서 왔지만, 소박하고 태생이 천한 이들 속에서 인간사의 무대에 모습을 드러낸다. 바로 이것이 출애굽기의 핵심 메시지이며, 신은 억압된 노예의 신으로서 모세에게 모습을 드러낸 것이다. 모세는 산꼭대기로 불려갔지만, 선조들의 신이 이스라엘의 고통을 목격하고 백성들의 비명을 듣고 있었음을 확실히 알고 있었다. "그리하여 내가 애굽인의 힘으로부터 그들을 구하러 내려왔노라"(출애굽 3:7-8).

성서의 저자들은 이 노예의 기억을 토라의 영혼에 각인시키고, 그 말을 듣고 읽는 이들에게 이 성스러운 신의 현현을 끊임없이 곱씹을 것을 요구하며, 또 그들에게 어떤 안일함이나 태만, 무관심에 이르는 일도 허락하지 않는다. 우리의 목적에 대입해보면 성서에서 영혼의 문제는 지상의 그림자와 색으로 나타나는데, 그 색은 천한 자들의 투쟁을 가리키는 검은색과 갈색이다. 성경에서 영혼을 탐색하기 위해서는 반드시 이와 같은 속박과 추방의 서사를 따라 이스라엘인들과 함께 여행해야 한다. 요단강을 건너고, 빈자와 노예의 모습으로 나타나는 대문자 타자를 환영하는 것이다. 이와 같은 상황과 명령만으로도 히브리의 영혼 개념은 그리스의 귀족적인 영혼 개념(호메로스의 경우처럼 영웅이 귀족이든, 혹은 소크라테스와 플라톤과 아리스토텔레스의 경우처럼 철학자가 귀족이든)과는 무한히 먼 곳에 위치한다.

서사적 맥락에서 본 네페쉬

성경에 나타난 신과 인간의 불가해함: 네페쉬의 그림자

아우어바흐는 호메로스와 성경, 그리스인과 유대인을 대조하면서 그의 비범한 서양 문학 여행기 『미메시스』를 연다. 책의 주제는 고대에서 시작해서 20세기까지 아우르는 문학 이야기이지만, 그 중심 주제 가운데 하나는 성경의 서사가 서양 문학 전체를 형성하는 데 어떤 영향을 미쳤는가다. 세심한 주의와 통찰력을 바탕으로 성경의 서사를 다룬 아우어바흐는, 20세기 초 계몽주의적 우월감을 바탕으로 성경을 그리스인의 상상력에 한참 못 미친다고 여겼던 20세기 초 문학계의 흐름을 거스른 일종의 희귀어종이었다.[9] 그 자신도 유랑자였던(유대계 독일인으로 1935년 나치의 압제를 피해 유랑했다) 아우어바흐는 성경의 긴급한 사실주의, 그중에서도 특히 추방과 속박의 서사를, 좁게는 스스로를 이해하고 넓게는 근대 문학의 암호를 풀 수 있는 열쇠로 여겼다.

아우어바흐는 이 성스러운 텍스트의 형식과 스타일에 집중하고 이것을 호메로스와 대조하여 많은 것들을 발견했다. 그 가운데 하나는 성경을 서술하는 간결하고 거친 '혀'와 관련이 있다. 아우어바흐의 독해에 따르면 성경의 서술은 호메로스의 서사시보다 훨씬 절제되어 있다. 성경의 서술은 모든 것을 설명하지 않고 많은 것을 감춘다. 또 사물과 인물의 어떤 부분을 말하지 않은 채로, 알려주지 않은 채로, 설명하지 않은 채로 남겨둔다. 또한 금욕적인 규율을 통해 언어를 통제한다. 그가 대표적으로 드는 예는 아브라함이 아들 이삭과 관련하여 명령을 받는 대목이다(창세기 22:1). 난데없이, 알 수 없는 높이에서, 혹은 측정할 수 없는 깊이에서 갑자기 신이 나타나 아브라함에게 복종을 요구한다. 호메로스의 서술과는 달리 이 일이 일어난 배경과 인물, 혹은 그들의 동기에 관해서는 얘기되는 것이 거의 없으며, 예측

---

9   그의 프로젝트의 혁명적 성격은 그가 겪은 역사적 맥락을 통해 더 부각되었다. 그는 독일계 유대인으로 1935년 나치에 의해 Marburg 강단에서 쫓겨나 유랑을 떠나야 했다. James Porter, Introduction to Selected Essays of Erich Auerbach: Time, History and Literature, ed. James Porter (Princeton, NJ: Princeton University Press, 2014), x를 보라.

과 이해가 불가능한 신의 본성에 관해서는 더더욱 그렇다. 호메로스와의 차이는 분명하다. "언제 그가 오고, 언제 그가 아브라함을 부르는가? 우리는 아무 얘기도 듣지 못했다. 그는 에티오피아에서 희생제를 즐기고 돌아오는 제우스나 포세이돈처럼 등장하지 않는다. 우리는 그가 아브라함을 그렇게 끔찍하게 시험하는 이유도 전혀 듣지 못했다. 그는 제우스처럼 다른 신들을 회의장에 모아놓고 연설하면서 그 이유를 논의하지도 않았고, 마찬가지로 우리에게 마음속으로 숙고해보라고 청하지도 않았다."[10] 신에 관한 호메로스의 묘사와 달리 성경은 신의 윤곽과 불확정성만을 밝힐 뿐이다. 그는 의인화된 특징을 결여한, 철저한 대문자 타자다. 이미지가 아니라 글로 신의 형상을 그리는 과정에서 이스라엘은 온갖 종류의 시각화를 배제한 채 이해할 수 없고 알아볼 수 없는 형태로 신을 형상화함으로써 일반적인 이교 신들의 재현을 해체했다. 비어 있음의 상징은 이런 관점에 꼭 들어맞는 삽화로 유대인에게는 풍부한 알레고리이자 모음 없이 표기되는 야훼의 불모성을 표현하는 기호가 되었다. 한 예로, 폼페이우스Pompeius가 이스라엘을 정복하고 성역에 들어갔을 때, 그는 텅 빈 방의 모습에 깜짝 놀랐다. 타키투스Tacitus에 따르면, 그는 "성소에는 보여줄 것이 아무것도 없다"라고 말했다 한다. 폼페이우스는 무언가 손에 잡히는 것, 빛나는 금이나 보석이 장식된 은으로 만들어진 조상을 기대했겠지만, 그런 것은 전혀 발견할 수 없었다. 비어 있음의 의미는 그에게 아무런 효과도 일으키지 못했다. 그와 병사들에게 그런 상태는 그저 텅 비어 있는 무의미한 상징이었다. 하지만 유대인들에게 그곳엔 눈부신 비어 있음이 있었다. 모음이 없는 야훼는 사막의 풍경과 철자 순서만 바꾼 애너그램anagram(한 단어를 구성하는 문자의 순서를 바꾸어 다른 의미를 만드는 놀이-옮긴이)이자 빛나는 허공으로, 신 G-d의 모든 이미지가 불타는 사막의 물웅덩이처럼 햇빛에 증발해서 영원

---

10   Eric Auerbach, Mimesis: The Representation of Reality in Western Literature, trans. Willard Trask (Princeton, NJ: Princeton University Press, 1968), 8.

히 멀어지는 덧없는 신기루로 바뀌었다.[11]

중심인물을 재현하는 성경의 방식에도 그와 유사한 신기루나 그림자가 분명하게 나타난다. 우리는 구약의 인물들을 분명히 알고 있지만, 그럼에도 거기에는 비밀의 덮개, 모호한 분위기, 미묘한 연무가 드리워져 인간의 앎으로부터 그들을 숨겨 놓고 있다. 이 인물들을 떠올리면 우리는 모세가 신에게 제기했던 답이 없는 질문과 마주하게 된다. "당신의 이름은 무엇입니까?" 이때 "나는 스스로 있는 자, YHWH이니라"라는 대답은 틈과 균열이 있고 모음이 빠져 있어서 말로 표현할 수 없음을 상기시킨다. 예를 들어 이삭이 등장하는 대목에서 우리는 아브라함이 그를 사랑한다는 설명만을 들을 뿐, 그가 잘생겼는지 못생겼는지, 똑똑한지 어리석은지, 키가 큰지 작은지, 다정한지 매정한지에 관해서는 듣지 못한다. 세부사항은 희박하다. 단편적인 발화와 메아리치는 침묵 속에서, 성경의 서술은 그저 아브라함에게 이삭을 데리고 "출발하라"고 지시할 뿐이다(이 어조는 모든 대담한 탐험가들의 모토가 되는 창세기 12:1-3에서 아브라함이 들은 것으로, 고향을 떠나 새로운 땅으로 이주하라는 아브라함의 첫 번째 소명召命과 마찬가지다).[12] 서술이 간결한 대신 우리는 수수께끼나 퍼즐 같은 성경의 풍부함을 만나게 된다. 너무나 많은 것들이 불확정성과 내밀함의 안개에 뒤덮여 있어서, 이 서술은 독자들에게 말과 생각의 경계 너머에 존재하는 미스터리에 다가가고 싶은 마음이 들게 한다. 그 이야기는 의미를 품은 채 고동치면서 독자에게 빠진 부분을 상상으로 직접 메우도록 요구한다.[13] 침묵, 틈, 빠진 모음 속에서 성경의 이야기는 어떤 일화든 인물이든 그에 관해 우리가

---

11   Herbert Schneidau, Sacred Discontent: The Bible and Western Tradition (Baton Rouge: Louisiana State University Press, 1976), 30을 보라.

12   Jon Levenson, The Death and Resurrection of the Beloved Son: The Transformation of Child Sacrifice in Judaism and Christianity (New Haven, CT: Yale University Press, 1993), 138을 보라.

13   이삭의 일부 세부정보(그의 나이와 외양)를 둘러싼 창세기의 침묵에 관해 말하며 Jon Levenson은 이렇게 썼다. "성경 텍스트가 그와 같은 중요한 정보를 누락할 때면 늘 그렇듯, midrash가 그 공백을 메운다." 레븐슨은 '결합'의 독해를 통해 미드라시의 멋진 예를 무수히 제공한다. ibid., 133을 보라.

무엇을 생각해야 하는지 말하지 않고 우리 자신의 의미를 채워 넣도록 권한다(혹은 대면시키거나 은근히 부추긴다). 그 서술이 경제적이고 엄격한 만큼, 메마른 사막의 모래 아래에는 금광 혹은 알려지지 않은 보물이 묻혀 있을 것이다.[14]

따라서 성경의 서술을 따라 여행하는 독자는 삶의 여정이 그렇듯, 또한 아브라함이 그랬듯이 어리둥절하여 당황한 채로, 한편으론 생각할 수 없는 존재에게 미혹당하고 현혹된 채로 그 길을 따라간다. 그와 달리 호메로스의 서술은 표현할 수 있는 것, 생각할 수 있는 것에 바치는 찬가다(물론 그리스 철학자들은 그 자신감을 더 멀리 확장했다). 그는 거의 모든 것을 묘사하고 이해할 수 있다고 느끼게 한다. 신과 인간의 열정이 그렇고, 물리적 존재의 환희가 그렇고, 삶의 모험과 위험이 그렇고, 인간의 공포와 잔혹함과 용기가 그렇고, 심지어는 죽음이라는 끔찍하고도 고결한 현실이 그렇다. 호메로스가 삶의 신비를 줄여나가고자 했다면, 성경은 모호함을 확장하고 신비로 우리를 감싸며 광대한 천막 안에 인간을 집어넣는다. 성경은 투명성을 싫어한다.

결과적으로 네페쉬는 투명성을 감싸는 포장지이자, 인간 개인의 낯설고 불투명하고 막연한 부분, 인간 정체성의 어둡고 미끄러운 측면, 오직 신만이 볼 수 있는 것을 나타내는 은유다(사무엘상 16:7, 25:37; 시편 44:22, 64:7). 영혼은 호흡만큼이나 친숙하지만, 동시에 우리 모두의 내부에 거주하는 성스러운 대문자 타자성의 흔적이자 미지의 표식이다. 마치 해독에 고집스레 저항하는 상형문자처럼, 『모비 딕』의 퀴퀘그가 자기 몸에 새긴 문신처럼(멜빌이 판독할 수 없는 "신비로운 논문"이라 말한 그 문신).[15]

근대적 사고는 그 미지의 범위를 작게 축소하고자 했지만, 나는 예술

14　이 표현은 Thomas Wentworth Higginson의 문장을 바꿔 쓴 것이다. 원 문장은 다음에 인용되어 있다. David Reynolds, Beneath the American Renaissance: The Subversive Imagination in the Age of Emerson and Melville (Cambridge, MA: Harvard University Press, 1989), 33.

15　Moby Dick에 등장하는 Queequeg의 문신에 관한 논의를 위해서는 Birgit Brander Rasmussen, Queequeg's Coffin: Indigenous Literacies and Early American Literature (Durham, NC: Duke University Press, 2012)을 보라.

가란 삶의 수수께끼에 경의를 표하는 자들이라는 에머슨의 말에 동의한다. "아주 철저하게 조사해본 뒤 결국… 설교자와 시인과 음악가가 말을 거는 곳은 바로 여기다. 운명의 영역, 열망의 영역, 미지의 영역."[16] 직관적인 방식을 통해 시인과 설교자와 음악가들은 경이와 숭고라는 어두운 재료를 사용하여 예술작품을 만들어낸다. 그들은 가장 면밀하고 철저하게 조사한 뒤에도 우리 존재의 그림자 안에 끈질기게 남아 있는 이질성을 인지한다. 그들이야말로 최고의 성경 해석자다.

네페쉬의 변이성과 기이함: 놀라움의 중심

신의 모호함은 성경의 인물로까지 확장된다. 따라서 그들의 영혼은 완벽하고 명쾌한 수준에 이를 수 있다고 가정하는 모든 설명을 거부한다. 성경의 서술은 그림자와 같이 모든 인물에게 들러붙어 마치 거미줄처럼 그들을-그리고 우리를-포박한다. 누군가는 성경의 가장 흥미로운 인물이 가장 깊은 수렁에 빠져 있고, 누구보다 혼란에 빠진 채로 허둥대는 가장 인간적인 인물이라 생각할 것이다. 그들은 놀랍고 극적인 변화를 수없이 겪었고 한순간도 고정되어 있지 않기 때문에, 그들의 신비로운 영혼에는 수많은 층위가 존재한다. 이런 인물들은 전진하고 후퇴하고 발전하고 퇴보하며, 또한 항상 삶의 변덕스러운 불운과 굴욕을 겪는다. 자유는 이 생명들의 핵심 요소이지만, 성경의 서술에서 그들은 바람에 날리는 나뭇잎처럼 사건에 밀쳐지고 끌려다니는 모습을 보인다. 어떤 이름도 그들의 특성을 적절히 요약하지 못한다. 하나의 이름에 고정되어 있기에는 너무 많은 변화를 겪기 때문이다. 야곱이란 이름의 의미는 '뒤꿈치를 붙잡는 자 또는 뒤를 쫓는 자'이지만, 그의 삶의 여정에 나타난 실질적인 변화와 격변에 관해서는 아무것도 알려주지 않는다. 기껏해야 '이스라엘'(야곱이 신과 씨름한 뒤 얻은 이름)의 천재성을

16　Harold Bloom, The Daemon Knows: Literary Greatness and the American Sublime (New York: Spiegel and Grau, 2015), 156에서 인용.

트릭스터의 책략, 씨름꾼의 투쟁심 그리고 부상과 고통을 안고 신에게 맞서는 전사의 기술과 정신력으로 규정할 따름이다. 하지만 그렇게 해서 이스라엘이 겪은 고통스러운 역사의 중심에서 빛을 발하는 일종의 상처받은 지혜를 축약해서 보여준다.

성경 미술에 나타난 놀라움, 고통, 기이함을 깊이 들여다보면, 영혼에 관한 귀중한 사실을 깨닫게 된다. 로버트 얼터의 훌륭한 단어 선택에 따르면, 영혼은 "놀라움의 중심"이다.[17] 성경 속 인물들의 영혼은 삶의 성스러운 숨결로 가득하고 그 숨결을 통해 각성하지만, 또한 그것은 지상의 물질로 만들어진 것이기도 하다. 모래, 진흙, 악취로 말이다. 어떤 설명이 성경의 서사에 나타나는 인간의 결함과 어리석음을 이보다 더 잘 표현할 수 있을까? 그 무엇이 그들에게 나타나는 놀랍도록 다양한 아름다움과 비열함을 설명할 수 있을까? 성경은 인간의 가장 빛나는 재능과 가능성을 찬양하고 있지만 삶의 낮은 곳, 밑바닥, 찌꺼기를 파내는 일 없이 그러는 경우는 거의 없다. 랍비 힐렐Hillel은 성경에 담겨 있는 이런 아이러니의 역할을 아포리즘으로 표현했다. "나의 굴욕은 나의 고양이오. 나의 고양은 나의 굴욕이니."[18] 바로 이런 아이러니가 성경의 서사에 등장한다. 성경 속 인물의 고양은 항상 실패와 굴욕과 치욕적인 행위에 의해 위협받는다.

실제로 성경에 등장하는 거의 모든 족장이 부침을 겪는다. 한참 뒤에 출현한 스킵 제임스Skip James의 유명한 블루스 창법이 팔세토falsetto로 솟아올랐다가 갑자기 뜨겁고 지저분한 흐느낌으로 떨어지는 것과 비슷하다.[19] 아브라함과 이삭과 야곱은 신에게 선택되고 축복받았지만 저마다 굴욕을 당해 미끄러지고, 살아남기 위해 땅을 기고, 살기 위해 내빼는 순간을 겪는다. 예를 들어 이들은 저마다 추방자 혹은 노예의 삶을 경험한다. 모세

---

17   Robert Alter, The Art of Biblical Narrative (New York: Basic Books, 2011), 158을 보라.

18   Levenson, Death and Resurrection of the Beloved Son, 53을 보라.

19   나는 Ted Gioia의 훌륭한 블루스 묘사를 따르고 있다. Delta Blues: The Life and Times of the Mississippi Masters Who Revolutionized American Music (New York: W. W. Norton and Company, 2009), 136ff.

도 다를 것이 없다. 그는 암살 계획에서 살아남고, 유랑을 견뎌내고, 사막 한 가운데서 죽음을 맞는다. 하지만 어쩌면 다윗의 삶에 찾아온 밀물과 썰물은 그 모두를 압도할 것이다. 로버트 얼터가 그를 적절히 평가한다.

> 수십 년에 걸친 다윗의 이력을 좇아보면, 그는 우선 시골의 자유인ingénu이자 사람들의 호감을 사는 인물이었다가, 기민한 정치적 책략가이자 억센 게릴라 지도자가 되고, 이후엔 아들의 음모와 반란에 꼼짝없이 얽혀 버둥대는 무력한 아버지가 되며, 순식간에 유랑자가 되어 시므이의 준엄한 저주 앞에 놀랄 만큼 낮은 자세를 취하고, 그러다 비틀대는 노인이 되어 혼란에 빠지거나 혹은 최소한 밧세바와 나다니엘의 인도를 받고, 또 한 번 놀랍게도 임종을 앞두고선 요아브의 반란과 압살롬의 반란을 진압한 뒤, 표면적으로 용서했던 바로 그 시므이를 향해 가라앉지 않는 복수심에 불타는 이가 된다.[20]

성경에서 다윗의 종잡을 수 없는 삶은 연극적 풍부함을 부여받는다. 그는 순회극단의 배우처럼 의상과 가면과 연기를 바꾸고, 서커스의 곡예사처럼 빙글빙글 돌고 날아다닌다. 그의 특징은 수많은 인격과 성격으로 이루어져 있어서 하나의 핵심적 속성으로 묘사하기가 거의 불가능하다. 그는 목자이고, 병사이고, 왕이고, 시인이고, 음악가이고, 연인이고, 아버지이며, 그러면서도 내내 신성하고 특별한 운명을 지닌 사내다. 그러나 이 영웅주의적인 역할도 그를 삶의 시련에서 구제해주지 않는다. 그의 왕국에서 폭력 행위와 혼란이 벌어진다. 요나단과 압살롬이 죽고 그의 아들마저 밧세바의 손에 애통한 죽음을 맞으며, 추방되어 굴욕적인 삶을 경험한다. 그는 불안하고 혼란스러운 삶을 보낸 뒤 결국 흐트러지고 비틀대는 노인이 된다. 우리는 이 지점에서 그가 요동치는 삶, 그에게 주어진 지상의 삶에 더해지거나 빼지는 그 모든 것에 현기증을 느끼면서 멍하니 혼란스러운 표정을 하고 있으리

---

20   Alter, Art of Biblical Narrative, 159.

라 상상하게 된다. 전기 작가들은 그의 인격을 다른 모든 인간이 똑같이 지니고 있는 부서지기 쉬운 위태로움과 한 사람을 수렁에서 발버둥 치게 만드는 오류의 가능성으로 가득 채워놓고서 그가 진군하고 돌격하는 모습, 책략과 음모를 꾸미는 모습, 승리하고 패배하는 모습을 묘사한다. 그렇게 그의 파란만장한 삶을 보여준다. 다윗에게는 단 하나의 삶의 이야기만 있는 것이 아니라 여러 역사, 여러 막, 여러 드라마가 혼재해 있다.

다윗의 일화를 소개할 때 성경은 다윗 개인의 심리가 아니라 그의 삶이 그리는 궤적에 집중한다. 근대 소설과 달리 성경은 대체로 다윗의 깊은 영혼을 우리에게 내보이지 않는다. 우리는 그의 기도를 통해 그의 정신psyche을 얼핏 들여다볼 순 있지만(특히 그가 시편 저자임을 인정한다면), 그의 가장 깊은 내면은 신을 제외한 모든 이에게 끝내 불투명하다.[21] 바로 그런 이유로 다윗의 행동은 예측 불가능하고 놀라울 때가 많다. 우리는 그의 동기나 주관적인 의식과 내통하지 못한다. 그가 어떤 행동을 할 때 우리는 그와 관련해 아무런 예상도 할 수 없다. 그는 아들이 살아 있는 동안에는 흐느끼며 곡기를 끊지만, 아들이 죽은 뒤에는 몸을 씻고 옷을 갈아입고 신에게 예배하고 음식을 먹는다. 그 행동은 그의 시종들만큼이나 독자에게도 실망과 호기심을 불러일으킨다. 우리는 아들의 죽음 이후 고행과 금욕의 행위가 이어지리라 예상한다. 하지만 그의 설명은 타당하고 설득력 있다. "이제 그가 죽었으니 내가 금식할 이유가 무엇인가?" 다윗은 말한다. "내가 그를 다시 데려올 수 있는가? 나는 그에게 갈 수 있지만 그는 나에게 오지 못한다"(사무엘하 12:23). 다윗의 삶 전체가 이와 유사한 놀라움으로 이루어져 있다.

마찬가지로 요셉의 삶에 일어난 급격한 전환을 생각해보자. 그는 급속한 상승과 가파른 추락을 수없이 겪는다. 어린 시절에 요셉은 성공과 권력을 암시하는 웅장한 꿈을 꾼다. 한 꿈에서는 그의 형제들의 볏단이 자신에게 절하는 장면을 본다. 그리고 다른 꿈에선 태양과 달과 열한 개의 별이 그

---

21   James Wood, How Fiction Works (New York: Picador Books, 2009), 141ff를 보라.

에게 절한다(창세기 37:5-9). 그는 순진하게도 그런 뻔뻔스러운 꿈이 일으킬 시기와 원한을 간과한 채 형제들에게 꿈 얘기를 털어놓은 뒤 질투와 분노를 한 몸에 받는다. 그들의 첫 번째 계획은 요셉을 살해하는 것이었지만, 이내 생각을 바꿔 그를 노예로 판다. 이집트에서 요셉의 운명은 더욱 요동친다. 그는 파라오 경비대 대장(보디발)의 시종이 되었지만, 곧이어 보디발의 아내를 유혹했다는 음해를 당해 수감된다. 야곱이 사랑하고 선택한 아들이자 신에게 축복받은 요셉이지만, 다른 형제들보다 더한 몰락과 패배를 겪는다. 처음에는 구덩이 속에 내던져지고(그리고 구덩이를 뜻하는 단어 보르bor는 시편에서 스올의 깊이와 연관된다), 그런 뒤 노예로 팔려 가고 또 죄수가 된 탓에 요셉이란 인물은 그가 겪은 이례적인 역경을 통해 평가될 정도다. 하지만 결국 해몽 능력을 발휘해 파라오의 신임을 얻은 뒤 감옥에서 풀려나 높은 위치에 오른다. 비로소 이야기가 어린 시절의 높은 꿈을 뒷받침하는 것처럼 보인다. 다만 커다란 경고와 함께 말이다.

　(이집트 왕의 총리대신이 되고 나서) 이력의 정점에 이를 즈음에 요셉은 이미 삶을 통해 고통스러운 교훈을 얻은 덕분에 당연히 겸허한 사람이 된다. 영광을 얻은 뒤에도 그는 화려하고 과시적인 색색의 튜닉이 아니라 베옷처럼 소박하고 겸허한 자긍심에 만족한다. 그리고 이 새롭게 얻은 겸허한 지혜가 그를 기품으로, 용서하고 연민하는 포용력으로 감싼다. 이제 그는 굶주려 죽어가는 자신의 형제들에게 원한과 씁쓸함이 모두 증발해 사라진 순수한 이타성과 애정을 발휘한다. 그의 형제가 자신의 발밑에 몸을 던지자 요셉은 이렇게 답한다. "두려워하지 마소서! 내가 하나님을 대신하리이까?… 내가 당신들과 당신들의 자녀를 기르리이다"(창세기 50:19-21). 이제야 비로소 요셉이 선택된 이유가 입증된다. 절박한 형제들을 연민으로 포용하는 눈물겨운 행위야말로 요셉이 어린 시절에 꾼 위대함을 예견한 꿈을 정당화한다. 존 레벤슨Jon Levenson은 말한다. "요셉의 권위를 정당화하는 것은 요셉의 꿈이 어떤 예감도 배반하지 않았다는 결정적인 사실이다. 그는 그가 다스리는 이들을 위해 복무하고, 그에게 복종하는 이들을 끔찍한 고난

으로부터 구제한다."[22]

따라서 요셉이란 인물의 영혼은 투옥과 노예 생활을 비롯한 삶의 수많은 시험을 견딘 끝에 훨씬 더 부드럽고 자애로운 것이 되어 지면 위로 솟아난 것처럼 보인다. 역사의 폭풍우에 노출된 그의 영혼은 변덕스럽고 예측불가능한 방식으로, 진자처럼 좌우로 흔들리다 결국 현명한 평형 상태를 찾는다. 성경은 이런 방식으로 요셉을 비롯해 성경의 무대에 등장한 다른 모든 배우를 창조한다. 가변성, 놀라움, 특이성처럼 역사를 구성하는 것과 동일한 재료를 사용해서 말이다.

지금 논의한 두 사례를 통해 알 수 있듯이 성경은 어둡고 복잡한 인간 영혼의 결정적인 측면을 포착하고 있으며, 그 과정에서 아직 발견되지 않은 영혼의 국가들로 우리를 인도하는 인간 본성의 지도가 되어준다. 신과 인간의 지형학을 탐사하며 어느 정도의 과묵함과 경외심을 유지함으로써 성경은 주요 인물을 봉하고 감싸는 미지의 구름을 통해 서사를 설계한다. 그리고 신도 예외가 아니다.

사실주의적 산문의 구성요소: 네페쉬의 역사적 맥락

이스라엘인의 역사를 서술하는 성경의 글쓰기는 다른 방면에서도 선구적이었다. 특히 신의 진실을 역사적인 맥락 속에 옮겨놓는 방식이 그랬다. 『돈키호테』에서 세르반테스가 "과거의 목격자이며, 현재의 예시이자 교훈이고, 미래의 경고"라고 말한 것처럼, 히브리 민족의 상상 속에서 역사는 진실의 어머니다.[23] 이런 관점에서 토라 역시 인간의 역사에 펼쳐진 신의 계시에 관한 목격담이다. 토라는 과거의 목격자이며 현재의 예시이며 미래의 경고다. 성경의 진실은 이성적인 진실 개념, 즉 이성이 지식의 주요 원천이자 진실을 규정한다는 생각 대신에 사건이자 현현, 즉 신의 순간적 출현으로, 역

---

22   Levenson, Death and Resurrection of the Beloved Son, 168.
23   Miguel Cervantes, Don Quixote, trans. John Rutherford (New York: Penguin Books, 2000), pt. I, ch.9, 76.

사의 거친 일화들 속에서 구현되며 이성이 예측할 수 있는 범위 바깥에서 일어난다.[24] 이는 토라의 형식에서도 명백하게 나타난다. 토라는 고대의 이교 신화에 일반적이었던 서사시가 아니라 산문을 통해 이스라엘의 역사적 사건과 시련들을 기록했다. 성경의 산문은 자연스럽고 일상적인 토착어를 사용해서 인간 경험에 내재한 신의 개입을 포착했고, 그 증언을 유대 종교의 중심으로 삼았다. 언어의 성좌를 운행하고 구어와 문어를 특권화함으로써 이스라엘은 이미지, 성전, 사제를 부차적인 위치로 강등하고 우주의 경계 밖으로 몰아냈다.[25] 특히 두 번째 성전이 파괴된 이후(서기 70년)에 이스라엘은 종교 생활을 방해하는 재난에 대비하기 위해 그들의 성스러운 책들로 더욱 단호하게 돌아섰다. 그 결과 문학은 구체적인 시공간에 모습을 드러내는 신의 매개로 특권화되었고, 이로써 네페쉬를 포함한 진실의 의미는 시간에 묶인 개념이 되었다.

성경이 역사 속의 신의 행위-말로 나타난 상징-를 기록하는 특권화된 흔적이 되자 골칫거리와 축복이 동시에 생겨났다. 성경의 작가들은 이 텍스트에서 신의 목소리를 영원하고 완벽한 것으로 여겼고, 신의 계시가 혼란스럽고 난장판 같은 역사적 조건 속에서 쉽게 잘못을 저지르고 결함투성이인 인간의 손을 통해 드러난다는 것도 알고 있었다. 고전적인 신화의 창작자들이 주인공을 완벽한 존재로 그리는 것과 달리, 이 산문 작가들은 인간사의 모호함과 모순을 끌어안았다. 그들의 주인공은 서툰 생명체이며, 그들의 서술 또한 서툴고 비체계적이다. 그 탓에 유대교와 기독교를 옹호하는 사람들은 고전적인 이교 작가들의 조롱 섞인 비난에 맞서 그 글들-너무나 인간적이고, 일관성 없으며, 거칠고, 괴상하게 보이는 글들-을 수시로 변호할 수밖에 없었다.

---

24 많은 신학자들이 지적하듯, 적절한 시점에 이뤄지는 존재Being의 자기노출에 관한 하이데거의 이해는, 분명 유대인과 기독교인이 계시를 이해하는 방식에 빚지고 있다. 이에 관한 훌륭한 논의는, George Steiner, Martin Heidegger (Chicago: University of Chicago Press, 1991); 또한 Ryan Coyne, Heidegger's Confessions: The Remains of Saint Augustine in Being and Time (Chicago: University of Chicago Press, 2016)을 보라.

25 이 문학 혁명에 관한 훌륭한 논의를 위해서는, Schneidau, Sacred Discontent, 31을 보라.

이 작가들은 인간의 경험에 산재한 돌출물, 사각지대, 위험한 암초를 신이 방문할 장소로 받아들임으로써 훗날 마크 트웨인이 미시시피강을 항해하는 뱃사공에 관해 쓴 것과 같은 방식으로 역사의 항로를 항해했다. 시각이나 지도의 도움 없이 느낌에만 의지해서 방향타를 잡은 것이다. 이들은 지혜를 한 방울이라도 더 짜내기 위해 인간의 경험을 쥐어짜고 비틀었으며, 고귀하고 숭고한 진실을 현실적인 삶의 분투라는 질그릇을 통해 표현했다. 가정사, 정치적 혼란과 전쟁, 이산의 공포, 추방과 속박이 그렇게 표현되었다. 그들의 주체는 고정되어 있거나 시간을 초월하거나 일차원적인 존재가 아니라, 변화와 손실을 경험하는 사람들이었다. 그 인물들은 전적으로 삶의 부침에 따라 성장하고 발전하고, 성공하고 실패하는 것처럼 보였다. 얼터는 이 문학 혁명으로 이스라엘의 신 개념이 표명되었다고 설명한다.

> 성경에 기록된 이스라엘의 일신교 혁명은 큰 동요를 일으켰다. 그로 인해 신, 창조된 세계, 역사를 확신에 찬 눈으로 보는 관점, 그리고 인간을 정치적 동물이나 도덕적 행위자로 보는 관점은 설 자리를 잃게 되었다. 양립할 수 없는 것들-상대성과 절대성, 인간의 불완전함과 신의 완전함, 혼란스럽기만 한 역사적 경험과 역사의 설계를 완성하겠다는 신의 약속-의 엇갈림을 누차 이해하고 이해시켜야 했기 때문이다. 성경의 세계관은 해소되지 않는 모순을 이해하고, 이를 통해 세계가 근본적으로 어수선하다는 진실을 정확히 꿰뚫는다. 성경의 구성도 도덕적·역사적 진실을 그렇게 이해하고 표현하는 방향으로 나아간다.[26]

얼터가 주장하듯이 성경의 일신교 혁명은 세계를 바라보는 복잡하고 불안한 관점을 만들어냈다. 성경의 작가들은 인간사의 끈질긴 혼란-햄릿Hamlet을 인용하자면, 세상이라는 잡초투성이 정원의 억세고 거친 사물들-을 회피하지 않음으로써 인간 행동을 이성적이거나 신화적으로 치료하는 방

---

26   Alter, Art of Biblical Narrative, 192.

식으로는 포착되지 않는 인간 경험의 다른 부분들을 붙잡았다. 그들의 문학
은 우리가 비일관성을 제거하지 않고서도 역사의 약동하는 고통과 활기를
효과적으로 기록할 수 있음을 입증했다. 그들은 인간의 삶이 거칠고 험하게
요동친다고 보았다. 고대 근동이라는 힘들고 고단한 환경에서는 그런 관점
이 삶에 더 잘 부합했다.

이렇게 삼단논법이나 논증을 통해 인간 경험의 난점들을 해결할 수 있
다거나 신화가 인간의 수수께끼를 풀 간단한 해결법을 제공해주리라 믿는
곳에서, 성경의 저자들은 자연적·사회정치적 맥락 안에 인물을 위치시킴으
로써 시대를 거치며 벌어지는 난투극을 통해 신의 현존을 기록하는 데 충실
했다. 지금 우리가 문학적 사실주의라 알고 있는 바로 그 양식이다.[27] 이런
양식에선 근대 사실주의의 주요 특징인 눈앞의 세부 사항에 대한 극도의 관
심은 배제하되 구체적인 역사적 시련과 사회적 맥락은 자세히 설명하는데,
이는 신화에서는 대체로 찾아보기 힘든 특징이다. 서사적 운문韻文 대신에
산문散文을 활용함으로써 성경은 시대를 초월한 신화의 사건에서 "인간 자
유의 걷잡을 수 없는 경로, 남녀의 변덕과 모순"으로 글의 초점을 옮겨놓았
고, 그 과정에서 거칠고 미숙한 사실주의 형식을 만들어냈다.[28] "이스라엘
은 삶의 고통과 위험을 상당히 사실주의적으로 인식했다"라고 게르하르트
폰 라트Gerhard von Rad는 말한다. "또한 그들 자신이 그에 무력하고 취약
하게 노출되어 있다고 보았으며, 유랑자들을 어떤 이데올로기로 대피시키
는 데 별다른 재능을 보이지 않았다… 오히려 이스라엘은 부정적인 현실 앞
에서도 자리를 지키고, 그 현실을 정신적으로나 지적으로 극복할 수 없더라

---

27   Hans Frei는 문학적 사실주의를 다음과 같이 정의한다. "내가 사용하는 사실주의라는 용어는, 캐릭터나 개인이 그 내면적
      깊이나 주체성 그리고 행동이나 사건의 실행자 또는 피해자의 역할을 함에 있어서 자연적이기보다 사회적인 외부 환경의
      맥락에 확실하고 중요하게 자리 잡고 있는 독특한 유형의 서술적 묘사를 의미한다." The Eclipse of Biblical Narrative: A
      Study in Eighteenth and Nineteenth Century Hermeneutics (New Haven, CT: Yale University Press, 1974),
      13을 보라.
28   Alter, Art of Biblical Narrative, 28.

도 그것을 인정하고 감추지 않는 보기 드문 힘을 지니고 있었다."[29] 성경의 글쓰기에서 어떤 식으로든 신화가 지워진 것은 아니지만, 어쨌거나 성경의 저자들은 삶을 관통하는 긴급성을 중심으로 서술했다. 그런 무질서한 조건이 불안하고 혼란스러우며 논리적으로 불명확할지라도.

네페쉬의 유랑과 이산

이스라엘이 신화, 성전, 성소보다 성경을 선호했다는 것은 그들이 사막에서 유랑하고 거주했다는 점을 통해 상당 부분 설명된다. 그들의 신 이미지는 실존을 위협하는 재난 앞에서 도주와 이주가 절실했던 그들의 상황을 반영한다(예를 들어, 성경 텍스트에 묘사된 임시 거처와 이동식 예배공간인 성막을 떠올려보라). 결국 유대인이 왕조를 수립하고 첫 번째 성전을 건설했을 때에도 그들은 추방과 이주와 이산의 기억에 사로잡혀 있었다. 성경에는 정주 생활이 낯설다는 관념이 담겨 있다. 그러므로 이스라엘에서 정착이 의미하는 중요성에도 불구하고, 성경은 정복과 소유의 서사보다 이주와 몰수의 서사를 선호하고 왕보다 예언자를 선호하는 성향이 뚜렷하다(예를 들어, 열왕기 상하권에 등장하는 이스라엘의 왕들보다 엘리야Elijah를 확실히 선호한다). 예언자 사무엘은 결국 왕조를 지지하지만, 사람들에게 엄청난 단서를 달고 마지못해 내린 결정이다(사무엘상 8:10-18). 그리고 신명기에서 묘사된 (반란, 근친상간, 간음, 착취로 가득한) 다윗과 그 자녀들의 집에서 벌어지는 학대, 부도덕, 폭력을 따라가다 보면, 왕조와 도시보다 몰수와 소외를 선호하는 예언적 주장을 발견할 수 있다.

나는 히브리 서술의 이 측면에 대한 허버트 슈나이도Herbert Schneidau의 설명을 좋아한다. 그는 여기서 소외의 정신을 읽는다. "철학적 관점에서, 성경이 말하는 것은 문화란 종교적 구조나 도덕적 규범이 아니라 그

---

29 Johann Baptist Metz, A Passion for God: The Mystical-Political Dimensions of Christianity, ed. and trans. J. Matthew Ashley (New York: Paulist Press, 1998), 81에서 인용.

자신을 향한 쉼 없는 비판이라는 것이다. 이 비판을 위해선 반드시 응분의 대가를 치러야 한다. 우리는 습관적으로 이 대가를 '주관성'이라 부르지만 애초에 그 이름은 소외였다… 그것은 신중하게 선택한 소외, 고통스러울 만큼 강도 높은 소외의 경험에서 발달했다. 즉, 예언자가 야훼를 느끼고 그 깨달음에 짓눌릴 때, 그는 인간을 먼지로, 인간의 분투를 헛수고로 본다. 그는 선택되고 찢기고 소외되었다는 느낌을 받는다."[30] 히브리족은 정착해서 고도의 문명을 일구기보다 반유목민이라는 자기 이미지를 소중히 여겼고, 예언적 상상력을 발휘하여 도시와 도시의 온갖 쾌락을 안락, 퇴폐, 불의, 도덕적 부패로 묘사하고 불신했다. 이 관점에서 보면 위대하고 강력한 모든 문명은 성공하자마자 탐욕스럽고 잔혹한 문명이 된다. 그 모든 문명은 소돔과 고모라의 씨앗을 제 안에 품고서 부와 권력의 유혹에서 물이 흘러나오기만을 기다린다. 비록 소돔과 고모라의 가장 일반적인 이미지는 부적절한 성 풍습이 만연한 도시지만, 이사야가 판단할 때 그들의 죄는 부정의와 빈자에 대한 부당한 대우에 있다. 또한 에스겔이 보기에는 음식이 넘침에도 "가난한 자와 굶주린 자를 돕지 않은" 것이 죄였다(이사야 1:9-10, 3:9; 에스겔 16:49). 부패한 문명을 더 거론하자면 소돔과 고모라뿐 아니라 바빌론과 니네베거나 티루스도 있다. 뛰어오를 준비를 마친 굶주린 호랑이처럼 이 도시의 문 앞에 죄악이 웅크리고 있었다. 예언자만이 그 흉포함과 불의가 얼마나 큰지를 알아채는 듯했다.[31]

이처럼 문명이 야만적이고 몰인정해질 때 가장 취약한 집단이 할 수

---

30 Schneidau, Sacred Discontent, 16–17.

31 누군가는 도시에는 애초에 무언가 불명예스러운 점이 있다고 말할 수도 있겠다. 카인이 최초의 도시 건설자이기 때문이다(창세기 4:17). 카인이 목자인 동생 아벨을 살해하고 이후 도시를 건설하는 과정 내내 폭력과 부정의의 역사가 불길한 징조처럼 예견된다. 알렉산드리아의 필로Philo of Alexandria의 해석을 따르면 카인은 "그가 모든 것을 가졌다고 여겼기 때문에 발생한 마귀들림"의 알레고리이고, 아벨은 "모든 것을 신에게 돌린 이", 즉 소유의 포기를 나타낸다. 말할 것도 없이 성경은 아벨의 방식과 그의 포기의 윤리를 지지하는데, 그것이 이스라엘의 속박과 이산과 유랑의 경험을 직접적으로 비유하기 때문이다. Gerald Bruns, "Midrash and Allegory: The Beginnings of Scriptural Interpretation", in The Literary Guide to the Bible, ed. Robert Alter and Frank Kermode (Cambridge, MA: Harvard University Press, 1987), 639를 보라. Augustine 또한 이 문제에 관해 Philo의 의견을 따르면서 그의 '신국City of God'에서 이를 확인한다. Peter Brown, Augustine of Hippo: A Biography (Berkeley: University of California Press, 1967), 320을 보라.

있는 일은 다른 곳으로 떠나는 것 외엔 별다른 대안이 없다. 모세 5경에서는 굶주림이 드라마의 핵심 요소다. 아브라함, 이삭, 야곱은 모두 고향에 닥친 기아 때문에 이집트나 그랄Gerar로 이주할 수밖에 없었다. 다음은 이삭의 이주를 묘사한 내용이다. "아브라함 때에 첫 흉년이 들더니 그 땅에 또 흉년이 들매, 이삭이 그랄로 가서 블레셋왕 아비멜렉에게 이르렀더니 주께서 이삭에게 이르시되 '애굽으로 내려가지 말고 내가 네게 지시하는 땅에 거주하라. 이 땅에 이방인으로 거류하면 내가 너와 함께하리라'"(창세기 26:1-3).[32] 기근에 쫓겨 여러 족장은 유랑을 떠났다. 처음엔 아브라함이 이집트로 떠나고, 이삭이 그랄로 떠나고, 다음엔 야곱이 자녀들과 함께 다시 이집트로 돌아온다. 이 모든 게 죽고 사는 문제였다(이집트에서 요셉이 높은 지위에 오를 수 있었던 까닭이 임박한 기근을 앞서 내다봤기 때문이라는 사실을 떠올려보자). 각 이야기에서 그 배경과 플롯은 사막의 삶에 가해진 제약에 명백하게 영향을 받고 있다. 눈앞에 닥친 기아의 위협 때문에 인물들은 물과 음식을 얻을 수 있는 곳으로 탈주하는 계획을 세우지 않을 수가 없다(또한 당연하게도, 물의 소유권을 둘러싼 논쟁이 이 이야기들에서 중요한 역할을 한다. 창세기 26:17-23에서 블레셋인과 다투는 이삭의 경우). 이렇게 사막이라는 자연환경은 갑작스러운 회오리바람처럼 서사에 침입해서 모든 것을 무자비한 돌풍 속으로 내던져 버린다.

이렇게 치명적인 환경과 싸우는 족장들의 경험은 타나흐Tanakh(구약의 유대식 명칭-옮긴이) 전체에서 이스라엘의 곤경을 보여준다. 그들의 요동치는 삶-치욕과 영광, 예속과 해방, 유랑과 귀향-은 그 자체로 이스라엘의 곤경을 재현한다.[33] 이스라엘은 족장들과 똑같은 마음으로 방랑하고, 가장

---

32 앞선 아브라함의 경우와 마찬가지로 이삭 역시 신이 낸 길을 따르라는 지침을 받는다. 이 지침—"내가 보여준 땅에 정착하라"—은 아브라함이 아직 우르Ur에 있던 시절 받은 소환(Gen. 12:1)과 이삭의 의무에 관한 (모호한) 지침(Gen. 22:2)을 상기시킨다. 어느 경우에나 복종은 신의 축복을 받을만하다: "네 씨가 크게 번성하여 하늘의 별과 같고"(Gen. 12:1-2, 22:17, 26:4)

33 모세 5경을 예언자들과 그들의 글쓰기와 연결시켜 구약성경을 하나의 전체로 읽는 관습은 미드라시의 해석이 간직하고 있는 근본적인 주제였다. Bruns, "Midrash and Allegory", 627을 보라.

절망적인 조건에서 신을 찾는다. 신이 불타는 덤불 형상으로 모세에게 모습을 드러내는 것도 결국 황량한 호렙산Mount Horeb에서다. 신이 아사 직전의 이스라엘인들에게 양식을 전하는 곳도 황야다. 지독한 가뭄이 찾아든 시기에 신이 죽어가는 하갈과 이스마엘을 구하고 까마귀를 보내 목마르고 굶주린 엘리야를 구하는 곳도 황야다. 그리고 호세아서에 따르면, 신이 처음으로 이스라엘과 약혼하고 곡식과 포도주와 기름을 전하는 곳도 황야다(출애굽 3:1-6, 16:13; 창세기 21:15-19; 열왕기상 17:6; 호세아 9:10). 이를 비롯한 여러 기술에서 사막은 목숨을 위협하는 텅 빈 장소이면서도 동시에 유대 신의 완전한 은폐성과 벌거벗은 숭고함을 상징하고, 아이러니하게도 인간이 살아가는 바싹 마른 땅을 언제든 적실 준비가 되어 있는 호우를 머금은 광대한 허공이기도 하다. 호세아서 14:5-6은 이렇게 적고 있다.

> 내가 이스라엘에게 이슬과 같으리니 그가 백합화같이 피겠고
> 레바논 백향목같이 뿌리가 박힐 것이니라.
> 그의 가지는 퍼지며 그의 아름다움은 감람나무와 같고 그의 향기는
> 레바논 백향목과 같으리니

성경에서 신은 역사 속에 향기롭게 존재하여 메마른 곳에서 생명을 키우고, 거칠고 개간되지 않은 곳에 이슬을 내리고 꽃을 피운다. 이스라엘은 들판의 백합, 레바논의 숲, 그 모든 빛나는 창조물처럼 가지를 뻗고 꽃을 피우리라. 호세아서에서 실제로 사막 위에 펼쳐진 광대한 하늘은 약속과 맹세가 교환되는 닫집canopy으로 변하고, 신이 은밀한 연인처럼 어둠 한가운데에서 나타나 이스라엘을 유혹한다(호세아 2:14부터, 예레미야 2:1-3; 이사야 1:21-26, 54:1-8). 황무지에서 신과 약혼한 이스라엘은 사막의 신부가 되어 이 혼인에 포함된 현기증 나는 기쁨과 가슴 찢어지는 고통을 모두 알게 된다.

만일 우리가 이 텍스트로부터 영혼에 관해 무언가를 배울 수 있다면, 그건 영혼이 흙으로 만들어졌으며 약점과 물질적 욕구를 지니고 있다는 것

이다. 단순한 배고픔이 이 사실을 입증한다. 기근은 사람, 장소, 사물을 말리고 시들게 한다. 정원은 황무지가 되고 공동체는 떠돌아다니는 신세가 된다. 사막은 인간의 영혼을 혼란에 빠뜨리거나, 심하게는 무너뜨릴 힘을 지녔다. 사막은 "인간의 허영을 길 잃게 만들고" 또 우리의 "하찮음, 도덕적 교훈, 금욕의 교훈, 고갈의 교훈"을 상기시켜 준다고 리처드 로드리게즈 Richard Rodriguez는 말한다.[34] 사막은 인간의 가장 높은 성취마저도 흐르는 모래처럼 집어삼킬 수 있는 크고 넓은 턱을 갖고 있다. 이사야는 강력한 선견지명으로 이렇게 말한다.

> 보라, 그에게는 열방이 양동이의 한 방울 물과 같고
>
> 저울의 작은 티끌 같으며…
>
> 그의 앞에는 열방이 아무것도 아니라,
>
> 그는 그들을 없는 것 같이 빈 것 같이 여기시느니라…
>
> 그는 땅 위 궁창에 앉으시나니
>
> 땅에 사는 사람들은 메뚜기 같으니라…
>
> 귀인들을 폐하시며
>
> 세상의 사사들을 헛되게 하시나니.
>
> (이사야 40:14-16-20)

인간은 오만과 영광 속에서 하늘을 향해 탑을 쌓고, 화려한 궁전을 짓고, 불멸을 과시하며 나라를 세우다 그의 창조주를 잊는다고 예언자는 말한다. 그는 인간의 지나친 오만을 향해 천둥번개 같은 시를 뱉어내고, 원대한 망상을 부수고 소멸시키며, 지상의 지배자들에게 누구도 필멸을 거스르지 못한다고 주지시킨다.

이 텍스트가 함축하고 있는 것은 영혼-순례자의 영혼-은 긴 여행 중에

---

34 Richard Rodriguez, Darling: A Spiritual Autobiography (New York: Viking Press, 2013), 66, 77.

있으며, 영혼에게는 과거가 있고 현재가 있고 미래가 있다는 관점이다. 인간은 늘 진행 중인 과정 속에 있으며 그 과정은 임시적이고 변화한다. 흡사 요단강과 같아서 탁하고 질퍽거리며, 어떤 곳은 사납게 몰아치고 어떤 곳은 방울방울 떨어지며 황야로 흘러가지만, 흘러가는 곳은 늘 확실하지 않다. 인간의 정체성은 안정성 또는 일관성만큼이나 방랑을 통해서도 규정된다. 누군가는 고대 근동을 떠돌았고, 먼 훗날 블루스 음악가들이 그 길을 따라 미국 남부를 떠돌 듯이.[35] 누군가 이스라엘 영혼의 구조와 형태를 말한다면 그것은 이동식 거처인 수카sukkah, 언약궤, 혹은 에제키엘의 예언에 등장한 메르카바merkavah(유대교 전설에 나오는 성궤를 메고 하늘을 나는 전차-옮긴이)를 닮았을 것이다. 영혼도 이스라엘의 유랑에 동참한다. 그 또한 에덴동산의 과거의 영광으로부터 자리를 잃고 소외되고 추방되어, 사막의 삶의 소용돌이 속으로 내던져진다. 그 또한 아브라함과 이삭과 야곱처럼 헤매고 나아가고, 발전하고 퇴보한다. 그 또한 하갈과 함께 사막에서 길을 잃고 혼란에 빠지며, 자녀의 죽음을 보고 공포에 빠진다. 그리고 그 또한 자녀를 잃고 흐느끼는 어머니 라헬Rachel의 눈물을 알고 있다. 그럼에도 지성소Holy of Holies와 마찬가지로, 영혼은 자신을 사막의 모래폭풍 속에 파묻히지 않도록 막아주는 성스러운 존재 또는 초월성을 지니고 있다. 영혼은 또한 희망이 깃든 광대한 평원과 새로운 질서가 다가오고 있음을 안다. 한때 부서지고 두들겨 맞았던 노인이 새로운 꿈을 꿀 것이며, 또 예루살렘의 아들과 딸들이 다시 한번 예언하리라는 것을 안다(이사야 41:18, 52:11-12; 요엘 2:28).

이처럼 씁쓸한 아름다움을 간직한 영혼에 관해 성경이 주는 교훈은 대부분 명백하다. 플라톤이나 아리스토텔레스의 저작들과는 딴판으로 성경은 탈출과 이주, 노예의 삶, 기근을 통해 인간 조건을 이야기하고, 그렇게 해서 정복당하고 굶주린 사람들의 관점, 살로 이루어져 절망적이고 연약하지만 그럼에도 목적을 위해서는 굽히지 않고 의기를 발하는 이들의 관점에

---

35   Skip James, "Devil Got My Woman", on Devil Got My Woman, Vanguard, 1968.

서 인간사 전체를 묘사한다. 하지만 이 이야기의 대부분은 어둠 속에 숨겨져 있으며, 단순하고 절제된 언어로 표현되어 인물들은 늘 오해와 실패의 가능성을 지니고 있다. 그들 가운데 앞날을 멀리 내다보고 함정과 속임수를 피할 수 있는 이는 많지 않다. 그들은 완성되지 못한 결과물이며, 신이 손짓하는 목적지를 향해 힘겹게 나아가는 과정에서 늘 미끄러지고 넘어진다. 이 이야기의 인물들은 이야기의 결말을 듣지 못한 배우처럼 지면 위에 등장한다. 그들은 연출자의 계획과 선함을 알지만 그들 자신의 재능과 창조성을 활용해야 하며, 즉흥적으로 대처하고 기지를 발휘해야 하고, 언제 자신의 노래를 극에 더해야 할지를 알아내야만 한다.

협박당하는 영혼: 영혼의 신음과 저항

드라마가 대단원에 이르기 전까지 성경 속에서 인간 영혼은 계속 유보된다. 성경 이야기의 흐름을 신중하게 따라가 보면, 족장들이 받은 약속의 실현이 끊임없이 유예되는 것을 알 수 있다. 유랑의 현실은 약속된 땅에 정착할 기회를 뒤로 미룬 채 줄거리 내내 주요한 주제로 남겨진다.[36] 사실 모세 5경(모세가 유랑 중에 사망하는 것으로 끝난다)의 고대사에서 시작해 신명기의 역사(여호수아서, 사사기, 사무엘 상하, 열왕기 상하)에 이르는 성경의 서사는 이스라엘에 머무르고, 유랑하고, 귀향하는 편력을 지속한다.[37] 신명기 역사는 북왕국의 끔찍한 멸망(기원전 722년)에서부터 열왕기하 25장의 예루살렘 함락(기원전 587년)에 이르까지 꾸준히 전개된다. 모세 5경에 그려진 아담과 이브의 추방에서부터 신명기의 또 다른 추방과 재난을 지나는 동안, 유랑이란 주제는 구약의 다양한 일화와 단편을 연결하는 끈처럼 꾸준

---

36 Joseph Blenkinsopp, The Pentateuch: An Introduction to the First Five Books of the Bible (New York: Doubleday, 1992), 35를 보라.

37 Joseph Blenkinsopp은 모세 5경의 형성을 다음 맥락에서 설명한다: "초기 인간 역사와 선조들의 역사를 다섯 겹으로 구성한 형태는 창조에서 출발해 이집트로 하강하는 잘 계획된 서사적 연속체로 보인다… 나는 이전에 이 구조가 서사 속에 유랑과 귀환, 궤멸에 준하는 상황과 생존의 주제를 가장 핵심적인 중요성을 해석할 단서로서 각인, 혹은 암호화시킨 것이라 주장한 적이 있었다." Pentateuch, 108.

히 상존한다.

이 이야기들이 바빌론 유수 직전이나 당시, 그리고 직후에 편집되거나 작성됐다는 역사 비평가들의 주장을 고려할 때, 우리는 6세기에 일어난 비극의 주제와 중요성이 얼마나 중요한지 이해할 수 있다. 리처드 엘리엇 프리드먼Richard Elliott Friedman은 이 끔찍한 환경을 적절히 표현했다. "우리 공동체의 종교 지도자가 사형을 당한다. 민족 지도자의 자녀들이 그의 면전에서 살육되고, 이어 그는 두 눈이 뽑힌 뒤 수갑을 찬 채 끌려간다. 우리는 다른 수천 명과 대열을 이뤄 고향에서 쫓겨난다. 아마 다시는 고향 땅을 볼 수 없으리라. 그리고 우리는 우리를 파괴한 정복자의 마을에서 외부자로 살아간다. 공포 그 자체다."[38] 말할 것도 없이 이 사건은 히브리족의 실존에 결정적인 역할을 했다. 네부카드네자르는 요단강 서안을 황무지로 만들었고, 유다의 땅은 폐허가 되었다.[39] 매년 이뤄지는 금식일은 이 불행을 기념하기 위해 제정되었으며, 당시의 문헌은 전쟁의 상처로 욱신거리고, 한탄과 애도로 가득한 하나의 만가로 읽힌다.

예레미야서, 이사야서, 예레미야애가, 신명기의 일부는 모두 쇠로 된 멍에처럼 유랑의 상처를 메고 있다. 신명기에는 그 고난을 언급하는 부분이 여럿 포함되어 있다(여기서는 예언으로 제시된다).

"그 땅에서 속히 망할 것이니라"(신명기 4:26)

"여호와/야훼께서 너희를 여러 민족 중에 흩으실 것이요"(신명기 4:27)

"야훼께서 너와 네가 세울 임금을… 네가 알지 못하던 나라로 끌어가시리니" (신명기 28:36)

"그 땅에서 너희가 뽑힐 것이요"(신명기 28:64)

"야훼께서 너를 땅 이 끝에서 저 끝까지 만민 중에 흩으시리니"(신명기 28:64)

---

38   Richard Elliott Friedman, Who Wrote the Bible? (New York: HarperCollins, 1987), 151.

39   Daniel Smith-Christopher, A Biblical Theology of Exile (Minneapolis, MN: Augsburg Fortress, 2002), 45–52을 보라.

"그 땅에서 너희의 날이 길지 못할 것이니라"(신명기 30:18)

"내가 이스라엘을 내가 그들에게 준 땅에서 끊어버릴 것이요"(열왕기상 9:7)

성경의 수많은 책들이 이처럼 이스라엘을 내리누르는 실존의 무게를 담아 쓰였다는 것은 중요한 사실이다.[40] 최소한, 이러한 맥락은 내가 그리고자 하는 뼈대에 살을(말하자면 갈가리 찢긴 살을) 붙여준다. 만약 성경의 책들이 예루살렘의 문 앞에서 울부짖는 유랑의 늑대를 곁에 두고 쓰이고 편집됐다면, 우리는 그 내용을 귀를 울리는 경고와 고난의 소리와 함께 읽을 필요가 있다. 그 책들을 검토할 땐 시대의 중대한 비극에 대한 적절한 감각을 지닐 필요가 있는 것이다. 이 책들 가운데 대다수-신명기, 예레미야, 이사야, 에스겔, 하박국, 예레미야애가 그리고 다른 책들-는 이스라엘이 마주한 억압과 폭력의 강렬한 압력을 계측하는 바로미터로서 "그 시대의 모습과 압력을 있는 그대로"(햄릿 3.2.23-24) 제공한다.

예레미야서는 고통받는 시대를 살아가는 인간의 영혼에 어떤 일이 일어나는지를 잘 보여준다. 책의 제목이 된 예레미야는 히브리족 예언자들의 긴 대열에 마지막으로 합류하여 사실상 폐지된 직무를 맡은 사람이다(예레미야 7:25, 44:4-5). 예레미야는 모세와 같은 틀에서 탄생했지만, 월터 브루그만Walter Breuggemann을 인용하자면 그 틀을 깨고 "불가사의한 기인"으로 불릴만큼 매우 독특한 인물이다.[41] 그는 비유를 통해 말하는 사람이자 그 자신이 가장 기이한 비유였다.[42] 그의 말이 들리는 곳에 있는 사람들은

---

40 예상할 수 있는 것처럼, 역사 비평가들은 이런 구절이 바빌론 유수 이후 과거의 신명기 서사에 삽입된 것으로 본다. 역사 비평가들은 서기들로 이루어진 무리가 있어 분산된 이야기를 하나로 묶고 수많은 조각과 편린들을 하나의 작품으로 통합하는 일을 한다고 간주한다. 이때, 서기들은 신명기를 편집하며 그들의 역사적 위기의 순간을 설명하는 다양한 참조와 예언들을 포함시켰고, 그렇게 과거와 현재의 재난의 역사를 창조했다. Richard Elliot Friedman은 예레미야서를 포함해서 신명기 역사의 편집과 작성이 어떻게 이뤄졌을지에 관해 매혹적인 견해를 피력했다. Friedman, Who Wrote the Bible?, 146-49를 보라.

41 Walter Brueggmann, "The Book of Jeremiah: Portrait of the Prophet", in Interpreting the Prophets, ed. James Luther Mays and Paul Achtemeier (Philadelphia: Fortress Press, 1987), 115.

42 이 문장은 예레미야서에 관한 James Muilenberg의 에세이에서 온 것이다. "Jeremiah the Prophet", in The Interpreter's Dictionary of the Bible (New York: Abingdon Press, 1962), 2:824.

모두 이 인간의 옷을 두른 수수께끼에 당황하는 것처럼 보인다. 그는 오해를 받고, 불신을 얻고, 조롱과 박해를 당하고, 어느 쪽에서든 경멸당한다. 그는 도망자로 살고 투옥을 견디는 등 예언자의 소명에 따르는 대가를 톡톡히 치른다.

예레미야의 영혼은 사실상 당시의 대화재에 까맣게 불탄 혼란스런 감정이 들끓는 솥단지와 같다. "우리의 영혼에, 목구멍에 닿은 칼"과 함께 예레미야는 소멸을 앞둔 민족을 대변한다(예레미야 4:10). 이스라엘의 네페쉬(여기서는 목구멍)를 겨눈 날카로운 칼의 이미지를 통해, 예레미야는 이스라엘의 영혼을 찢고 자르며 그 민중의 생명의 피를 빼앗아가려는 칼날을 피부로 느끼게 한다. 그는 이런 고난에 충격을 받고 겁먹은 채로 자신이 속한 고난의 시간을 살며, 내부를 가득 채우고 심장의 벽을 허무는 번뇌에 휩쓸린다. 아래의 시구는 참으로 씁쓸하다.

> 이 고통, 이 고통! 아픔에 몸부림칠 수밖에 없구나!
> 오 내 심장을 둘러싼 벽들이여!
> 내 심장이 거세게 뛰는구나;
> 마음이 잠잠할 수 없으니
> 내 심령nephesh이 전쟁의 나팔소리와 경보를 들음이로다.
>
> (예레미야 4:19)

여기서 반복되는 단어 '고통'과 '심장'은 그의 슬픔을 눈사태처럼 무겁고 강하게 부풀려 내면 깊은 곳에 심장을 거세게 뒤흔드는 구멍을 내고, 그렇게 해서 시에 드러난 감정의 강도를 고조시킨다. 예레미야는 고향에 임박한 파괴를 마주한 채로, 내장과 창자에서 끄집어낸 시인의 심정으로 예언자의 열정을 담아 말한다. 수Sioux족이 "트레몰로"라 부른, 비탄과 낙담의 높고 날카로운 울부짖음을 쏟아내듯 말이다. 여기에 평온은 없다.

우리는 예레미야서의 텍스트, 그 문체 자체에서도 이 모든 곤경을 감지할 수 있다. 다른 예언서와 비교할 때 예레미야서는 일관되지 않은 발화 패턴으로 구성되어 있다. 발화는 쪼개져 있고, 덜 구조화된 담화로 녹아든 다.[43]

일반적인 예언서에서는 시적인 신탁이 발전하듯 전개된다. 처음에는 이스라엘의 멸망을 말하는 예언이, 그리고 다른 민족의 멸망을 말하는 예언 이, 이어 재건을 말하는 예언이 뒤따르는 식이다. 하지만 예레미야에서 우 리가 발견하는 것은 꾸준하고 체계적인 발전이 아니라 "계속되는 반전, 막 다른 길, 후퇴 그리고 부활이다. 예언자의 진로에 나타나는 동요와 명백한 무목적성이 이처럼 독특하고 근본적인 방식으로 표현되어 있다."[44] 예레미 야서는 헤라클레이토스적인 변화의 소용돌이로 구성되어 있다. 마치 그가 쓰나미 같은 파도에 휩쓸린 배 위에서 예언을 하고 있거나, 유랑하거나 도 주하는 중에 예언을 하고 있는 것처럼 말이다(물론 그는 그런 상태다). 책은 들쑥날쑥 불안정하며 쉬지 않고 움직이는 예언자의 삶을 구체화한다. 조엘 로젠버그Joel Rosenberg는 이렇게 표현한다. "예언자가 쉼 없는 움직임에 휘둘리는 동안에 역사적 시간의 상대성, 그리고 맥락과 상황에 따른 설교의 변화가 강조된다. 그는 적응하고, 충돌하고, 수정하고, 삭제하고, 위협하고, 탄원하고, 약속한다."[45] 예언자는 언제나 적응하고 수정하고 탄원해야 하는 데, 그의 삶의 나날이 예측불가능하고 당혹스럽기 때문이다. 예레미야에게 역사는 발전하는 연속체보다 미로 같은 눈물 자국에 가까웠다. 이로써 그는 너무나 혼란스러워 보이는, 나스라면 "일매틱illmatic"하다고 말했을 그 시 대 특유의 무질서로 자신의 저작을 물들인다.

예레미야는 시대의 혼란을 겪으며 그것을 이해하기 위해 몸을 뒤척인 다. 그는 비탄에 빠져 신에게 절규한다. 아니면 불가해한 운명을 향한 절규

---

43   Joseph Blenkinsopp, A History of Prophecy in Israel (Philadelphia: Westminster Press, 1983), 168을 보라.

44   Joel Rosenberg, "Jeremiah and Ezekiel", in The Literary Guide to the Bible, ed. Robert Alter and Frank Kermode (Cambridge, MA: Harvard University Press, 1987), 194를 보라.

45   Ibid.

였을까? 어느 쪽이든 그는 위기에 빠져 있다. 그의 가장 유명한 절규가 예레미야 20:14-17에 나온다.

내 생일이 저주를 받았더라면!
나의 어머니가 나를 낳던 날이 복이 없었더라면!
나의 아버지에게 소식을 전하여 이르기를 "당신이 득남하였다" 하여
아버지를 즐겁게 하던 자가 저주를 받았더라면.
그 사람은 주께서 무너뜨리시고 후회하지 않으신 성읍같이 되었더라면
그가 아침에는 부르짖는 소리, 낮에는 떠드는 소리를 듣게 하였더라면
좋을 뻔하였나니,
이는 그가 날 태에서 죽이지 아니하셨으며
나의 어머니를 내 무덤이 되지 않게 하셨으며 그의 배가 부른 채로
항상 있지 않게 하신 까닭이로다

절망의 문턱에서 예레미야는 자신의 가장 황폐하고 비참한 생각을 대양처럼 일렁이는 반항 속으로 흘려보낸다. 앞선 구절들은 자신의 개인적인 고난에 더 집중하고 있지만, 그의 예언은 아무런 자비 없이 살육당한 이스라엘의 가혹한 운명 전체를 연대기적으로 서술한다. 흡사 욥을 떠올리게 하듯 아무 이유도 없이 찾아오는 고통을 통해 예레미야는 인간의 살점과 전쟁으로 살쪄가는 그 시대의 불운을 조망하는 눈을 뜨게 된다. 그 결과 악의 문제에 관한 신명기의 설명-고통은 인간의 죄와 우상 숭배의 결과-은 타격을 입고 붕괴되어 악의 문제를 해명하는 다른 모든 교조적인 설명과 더불어 불확실하고 의심스러운 것이 된다. 자신이 속한 세계의 병을 섬세하게 진단하던 예레미야가 인간이 겪는 고통의 거대한 규모에 관해 진지하게 고민하기 시작하자 불확정성이 도입된다. 신정론神正論(악의 존재를 신의 섭리로 보는 관점으로 고난과 악에 절망하기보다 궁극적으론 선을 이루는 신에 대한 믿음을 강조함-옮긴이)의 거대한 전당에 갑작스레 균열과 구멍이 드러나

고, 그로 인해 예레미야는 흡사 자신의 유일한 자식을 묻은 어머니처럼 보다 혼란스럽고 흐트러진 모습을 보인다. 이제 그는 고통받는 이들-도살장으로 끌려가는 양들-에 대한 연민을 드러내고, 심지어 신에게 결백을 호소한다(예레미야 11:19, 12:1). 그리고 가슴 찢어지는 개인적 경험을 더 잘 반영할 수 있도록 고통에 관한 자신의 이론을 조정하고 수정한다.

경건하고 감상적인 상투어(욥의 친구들의 "바람 같은 말")로 신을 면죄하는 대신, 예레미야는 욥의 방식을 따라 그의 혀로 신을 채찍질한다(욥 16:3-16). 전통적으로 예레미야가 쓴 것으로 여겨지는 시, 예레미야 애가도 욥의 친구들의 "바람 같은 말"처럼 똑같은 어조를 띤다.

> 그들의 마음이 주를 향하여 부르짖기를 딸 시온의 성벽아.
>
> 너는 밤낮으로 눈물을 강처럼 흘릴지어다!
>
> 스스로 쉬지 말고 네 눈동자를 쉬게 하지 말지어다.
>
> 초저녁에 일어나 부르짖을지어다
>
> 네 마음을 주의 얼굴 앞에 물 쏟듯 할지어다.
>
> 각 길 어귀에서 주려 기진한 네 어린 자녀들의 생명을 위하여
>
> 주를 향하여 손을 들지어다 하였도다.
>
> (예레미야 애가 2:18-20)

순진무구함을 통해 어린 자녀들의 운명을 강조함으로써 신을 향한 시인의 저항은 날카로움과 설득력을 더한다. 예레미야 애가의 저자는 내내 신과 함께 몸부림치며, 몸을 돌려 야훼를 향해 비난을 쏟아내고, 탄원하고 간청하고 울부짖고 사랑한다. 때때로 애가는 신의 딸인 시온을 향한 폭력, 나아가 증오의 책임자로서 신을 지목한다. 그런 뒤 야심한 시각이 되고 절망이 깊어지면, 시인은 다시 그 절망이 완전한 폐허가 되지 않도록 삶의 조각들을 추스르고 신에게 돌아간다(예레미야 애가 1:13, 2:21, 3:32). 애가의 저자가 논리적 일관성을 완전히 포기했다는 점은 명백해 보인다. 시온이 한때 사람

들로 가득했던 도시에 홀로 남겨지고, 왕자들은 손이 묶이고, 딸들이 강간 당한 뒤 노예가 되고, 기근이 수많은 무고한 생명을 앗아갈 때, 거기에 어떤 신학적 체계도, 분배 정의에 관한 어떤 이론도 있을 리 없다(4:10-12). 음악 조차 추방되어 버림받은 도시를 떠났다(4:14). 애가는 구약의 대부분을 괴롭히는 고통스런 질문으로 끝난다. "어찌하여 저희를 완전히 잊으셨나이까? 저희를 어찌하여 이토록 오래 버리시나이까?"(4:20)[46]

피를 굳게 하는 이 절규는 한편으론 충격적이고 대담하지만, 신정론과 연관된 오랜 성경적 전통에 속해 있는 듯 보이기도 한다. 성경의 전통은 거리를 두고서 논리적으로 논증하는 철학보다는 신을 상대로 한 실존적 투쟁을, 날카로운 음조로 저항하고 탄원하기를 선호했다. 투쟁은 애가와 비슷한 목소리로 신을 향해 통곡하고 신과 씨름하며 이뤄지는데, 우리는 거기서 유대인의 영혼이 내는 소리를 감지한다.

이처럼 예레미야서는-애가, 욥기, 이사야서, 시편 그리고 다른 책들과 마찬가지로-악을 설명하는 합리적인 교리를 설교하기보다 손쉬운 설명과 위안을 포기한 채 고통과 씨름한다. 어쩌면 이와 비교할 수 있는 가장 적절한 대상은 음악이 인간의 고통을 다루는 방식일 것이다. 성경의 시는 도덕적으로나 교훈적으로 고통을 합리화하지 않고, 그것을 설명하거나 해결하는 일 없이 인간의 고통이라는 질문에 가 닿는다. 신정론에 대한 응답은 논증보다 열광에 가깝고, 논리보다 서정시에 가까우며, 사색보다 신탁에 가깝고, 이론적이기보다 실용적이다. 훗날 랠프 엘리슨이 블루스를 두고 말했듯이, 예레미야의 신탁에는 고통의 거친 입자들이 그대로 살아 있는데, 이 고통은 철학의 위안이 아니라 희비극적인 서정성에 붙잡혀 부드럽게 위무되

46　이 텍스트에는 강력한 주해가 존재한다. 어머니 라헬은 이스라엘의 아이들을 위해 만가와 애가를 부른다. 우상 숭배에 대한 라헬의 주장에 담긴 명확성과 힘 그리고 그를 통해 한 여성이자 어머니가 신에게 도달했다는 사실에 더해, 우리는 이 놀라운 대화/시련에서 다른 무언가를 챌 수 있다. 라헬은 감동적이고 마음을 사로잡는 애가의 힘을 통해 신을 설득한다. 마치 음악과 그녀의 눈물만으로 신을 일으키고 흔들 수 있는 힘이 생길 것처럼. Tod Linafelt, Surviving Lamentations: Catastrophe, Lament and Protest in the Afterlife of a Biblical Book (Chicago: University of Chicago Press, 2000), 111을 보라.

다가 결국 초월된다.[47] 이처럼 부드럽게 고통을 다루는 방식에서 나는 블루스 음악가나 래퍼의 방식으로 악의 문제와 싸우는 예레미야를 본다. 표명하고, 저항하고, 신음하고, 중얼거리고, 심지어 상대에게 치근거린다. 분절되고 파편화된 독창적인 스타카토 스타일을 가진 예레미야의 발화는 이후 찰리 패튼Charlie Patton이 그러했듯 "물러설 줄 모르는 폭풍우를 향해 눈먼 저항의 외침을 퍼부으면서"[48] 짖고 으르렁거리며, 멈춰달라고 악기가 애원할 때까지 현을 잡아 뜯으며 절규한다. 성경의 다른 시들-암송할 의도로 쓰인 시들-대부분과 마찬가지로, 예레미야의 글은 낭랑한 음악적 성격을 지니고 있어서, 심금을 울리고 오장육부를 찢고 영혼의 상처가 덧나지 않도록 불로 지진다. 예레미야가 블루스 음악가나 래퍼가 되는 데 부족한 유일한 한 가지는 기타나 펑키하고 두툼한 베이스다.

내 말은 정확히 다음과 같은 뜻이다. 예레미야서에서 예언적인 신탁은 플로우와 리듬을 따르고 있으며, 신중한 독자들에게 이는 신의 계시가 울퉁불퉁한 블루스의 목소리로, 풍부하고 '근심스러운 음들'과 몰아의 리듬으로, 음악적 그루브로 예언자의 귀에 찾아와 영혼을 휩쓸며 흔든다. 서로 부르고 응답하는 패턴으로 예레미야는 신의 선율적인 계시를 반복 연주하면서 자신의 고유한 목소리를 그 연주에 담는다. 그 결과 찬송, 외침, 기도, 시, 꿈이 기술적으로 조합되어, 때론 구슬프고 애처롭게 흐르다 불현듯 쾌활하고 희망찬 음을 분출한다. 젊은이와 노인들, 눈먼 자와 절름발이들을 깊이 생각하다가 돌연 탬버린을 집어 들고 즐거운 비트에 춤을 출 때가 그 같은 순간이다. 그런 열정의 순간에 그의 말에서 기운이 뻗치는데, 괴로워서 웅얼거리는 대목들과 대비되어 더욱 두드러진다. 이처럼 그의 예언은 "시체와 재로 뒤덮인 모든 골짜기"에서부터 해가 어둠을 부수고 찾아오는 곳에 이르기까지 여러 방향으로 뻗어나간다(예레미야 31:40).

---

47   Ralph Ellison, Shadow and Act (New York: Vintage Books, 1995), 78–79를 보라.

48   Gioia, Delta Blues, 74.

예언자들의 희비극적 영혼

예레미야는 자신이 겪은 부침을 표현하면서 희비극의 편린들을 모두 보여준다. 그는 일관성의 법칙을 무시하고서 가시 박힌 고통의 문제가, 신은 선하고 정의롭다는 믿음과 별개일 거라는 기대를 외면한다. 예레미야의 신탁은 어둡고 괴로운 만큼이나 동시에 신이 땅끝에서 이스라엘-맹인과 절름발이, 잉태한 여인과 해산하는 여인, 큰 무리-을 다시 모아 신선한 물이 흐르는 곳으로 데려가리라고 확신한다(예레미야 31:8). 이제 작은 자부터 큰 자까지 신을 알고, 신과의 계약은 석판이 아니라 사람들의 마음에 새겨질 것이다(예레미야 31:34).

예언자는 이 같은 꿈을 제시하는 자로서 종종 현재 상황의 적이 된다. 유대인 예언자는 흔히 왕과 귀족보다는 민중의 지지를 먼저 얻고자 하기 때문에 이스라엘에서 험담을 일삼거나 어릿광대 역할을 하는 것도 놀라운 일은 아니다. 무엇보다 그는 가난하고 어려운 이들의 수호자인 신을 대신하여 말하는 사람이기 때문에 자주 지배계급과 충돌을 일으킨다. 소명은 종잡을 수 없을 만큼 다양한 배경을 지닌 사람들(때로는 상스럽고 천박한 배경에서, 때로는 고상하고 고귀한 배경까지)을 예언자로 소환하여 계급 차이를 무력화하고 관료들의 혈통을 존중하지 않는다. 대체로 지배계급에 속한 왕과 사제와 달리 예언자는 모든 사회 계층에서 차출된다. 그를 예언자로 만든 것은 지위가 아니라 소명이다.

말할 것도 없이 이런 종류의 소명은 전복적이고 무질서하며, 갑자기 돌풍을 일으키며 예기치 않게 분출할 수 있다. 광야의 성막에서 무례한 군상에게 여호와의 신이 임했을 때가 바로 그런 순간이었다(그때 칠십 장로가 예언을 했다-옮긴이). 기득권층의 반응은 눈Nun의 아들 여호수아가 모세에게 했던 말과 비슷했다. "'내 주 모세여, 그들을 말리소서.' 모세가 그에게 이르되, '네가 나를 위하여 시기하느냐? 주께서 그의 영을 그의 모든 백성에게 주사 다 예언자가 되게 하시기를 원하노라'"(민수기 11:28-29). 공인되지 않은 예언을 변호하는 모세를 통해 우리는 폭발적이고 민주적인 잠재력을 지닌 이스라엘과 예언을 바라보는 그들의 실용주의적 관점을 알 수 있다 (또한 에스겔 39:29와 요엘 2:28을 보라).

문제의 핵심은 이스라엘의 역사에서, 특히 모세 시대에는 고전적인 예언이 카리스마 있는 지도력을 갖추었다는 점이다. 고전적인 예언자는 왕조와 함께 등장했지만, 모세 시대가 한참 지난 뒤에도 새로운 세대의 예언자들은 궁정의 일원이 되길 거부하고 왕의 강압이 닿지 않는 곳에 머물렀다 (물론 고전적 예언자들이 등장하기 전에 아합Ahab 왕은 4백 명이 넘는 예언자를 곁에 두고 부렸다. 열왕기상 22:6을 보라). 만약 예언자들의 마음과 영혼을 자극하는 충동이 있다면, 그것은 신에게서 오는 것이지 왕으로부터 오는 것이 아니다. 그것은 대문자 타자의 목소리다. 마이클 왈저Michael Walzer는 그 시기의 고전적 예언자들에 관해 이렇게 쓴다. "예언자들은 궁정을 떠나 이스라엘의 도시와 마을에 있는 공적인 공간으로 향했다." 그리고 이 새로운 사회적 장소의 의미에 관해 그는 이렇게 말한다. "사당과 도시, 거리, 성문, 심지어는 신전의 앞마당까지, 이 새로운 장소의 중요성은 아무리 말해도 부족함이 없다. 예언자가 왕을 위해서만 말할 때, 아마도 그는 왕의 결정이 유일하게 중요한 것이라는 전제 아래 일하는 중일 것이다… 하지만 예언자가 군중 속에서 말할 때, 그 전제가 뒤바뀐다. 이제 보통 사람들이 어떻게 생각하는지, 법에 따라 살 것인지 아닌지가 중요해 보인다."[49] 한때 왕과 대공들의 조언자였던 예언가는 이제 거주지를 궁전에서 거리로 옮김으로써 모든 것을 바꿔놓는다. "예루살렘 거리로 빨리 다니며" 에레미야는 외친다(5:1). 거리 모퉁이와 도시 외곽이라는 새로운 맥락에서 예언자들은 보통 사람들, 가난한 자와 약한 자, 궁핍한 자와 학대받은 자들과 섞여 운명을 점친다. 이제 예언자들은 왕가의 궁정이나 신전보다 더 높은 권위에 의존한다. 그리고 이 새로운 관점에서, 그들은 신선하고 날선 눈을 통해 보

---

49   Michael Walzer, In God's Shadow: Politics in the Hebrew Bible (New Haven, CT: Yale University Press, 2012), 80–81.

살핌과 치료를 목 놓아 구하는 존재들을 본다. 그리고 학습되지 않은 타고난 기교를 통해 세상을 바라본다. 상류층에 속한 자선가나 지식인들처럼 꾸며낸 태도 없이 실제 체험에서 빈민가의 삶을 말하는 젊은 래퍼나 거리의 시인들처럼.

왕조나 성직, 또는 다른 전문직의 권위에 기대지 않고 예언자는 유랑과 추방의 장소를 자신의 연단으로 삼는다.[50] 그는 거리를 설교단 삼아 사람들을 향해 모든 웅변술을 동원하여, 자신이 그들을 대변하고, 또 신을 대변한다는 것을 설득하고 확신을 주려고 한다. 그는 신탁에 미학적 가치를 부여함으로써 그 일에 성공한다. 지지자들에겐 그들의 마음을 움직이고, 분명하고 설득력 있게 다가서지만, 적들에겐 골치 아프다. 예언자는 자신의 말에 상형문자의 특성을 불어넣고, 그 말이 입을 떠나는 순간 에너지와 추진력을 품고 발산할 수 있게 만든다. 말은 순식간에 그의 혀에서 날아오르고 목표물에 닿는 순간 폭발한다. 예언자의 신탁은 언뜻 즉흥적이고 무모하다는 인상을 주지만, 그들이 말을 꾸미고 장식하는 수사적 기예를 부린다는 사실을 간과해선 안 된다. 자신의 열광적인 말들이 결국 바위투성이 땅에 이르러 짓밟히고 잊힐 수 있다는 두려움에 그들은 시적 전략을 활용해서 청자의 마음 깊숙한 곳에 언어를 심어 넣는다.

하지만 물론 예언자의 수사적 재능은 윤리적 동기와도 뗄 수 없으며, 사랑, 정의, 그리고 특히 약하고 지친 이들에 대한 연민을 반드시 포함한다. 예언자는 대문자 타자를 대신해 말하고, 부자와 힘 있는 자들을 지목해 가난한 이들에 대한 책임을 회피한 것을 비판한다('회피Shirking'는 이에 꼭 맞는 단어인데, 아랍어로 회피하다shirk는 우상 숭배를 뜻한다. 예언자에게 탐욕과 권력과 폭력의 유혹은 우상 숭배의 한 형태에 해당한다). 예를 들

---

50   예언자 엘리야의 끊임없는 방황은 아합왕의 궁정에서 쫓겨난 탓에 갖게 된 가난하고 평범한 이들과의 동료애를 상징적으로 드러낸다. 머무르지 않고 유랑하는 생활방식 덕에 그는 메마르고 황량한 환경에서 살아가는 사람들을 만나게 된다. 그는 아합과 제제벨의 우상 숭배를 비난했다는 이유로 궁정에서 추방됨으로써 가장 낮은 곳에 있는 신의 사람들을 가까이 접할 수 있었고, 그의 선조들이 한때 그랬던 것처럼 유랑자의 길을 가게 된다(1 Kings 19:3).

어 아모스Amos는 부자의 방탕한 생활(특히 화려한 집, 좋은 포도주, 향수를 지목한다)에서부터 가난한 이들을 노예로 사고파는 것에 이르기까지 셀수 없이 많은 죄를 고발한다(아모스 2-3). 이사야는 자신의 네페쉬는 제물을 싫어한다고 말한다. 그는 정의로운 행동을 갈망한다. 억압된 자를 구하고, 고아를 보호하고, 과부를 위해 탄원하는 일 등이다(이사야 14-17). 예레미야역시 정의에 관한 문제에서 불을 뿜는다. 그는 바빌론의 침공에 앞서 언젠가 노예를 풀어주는 일을 두고 협상을 맺은 듯하다. 노예주들이 약속을 어기자 예레미야는 이를 기화삼아 이스라엘의 속박을 그들의 행동 탓으로 돌린다(훗날 에이브러햄 링컨Abraham Lincoln이 미국의 남북전쟁을 국가의 죄와 연결 지은 것과 다르지 않다). "너희가 나에게 순종하지 아니하고 각기 형제와 이웃에게 자유를 선포한 것을 실행하지 아니하였은즉 내가 너희를 대적하여 칼과 전염병과 기근에게 자유를 주리라"(예레미야 34:17).[51]

이를 비롯한 여러 사례에서 예언자는 영혼의 문제를 특히 중요하게 보는 듯하다. 신과 이웃에게 빚진 사랑과 연민에 비하면 다른 헌신과 경건함은 미약하기만 하다. 빈자와 약자를 위해 고전적 예언자들은 지배계급의 타락한 영혼을 비난한다. 날카롭게 갈라진 목소리로 위조된 형태의 신성에 관해 청자와 독자들에게 경고한다. 예언자는 길거리 시인의 언변으로 "언어를 활용하여 듣는 사람의 마음을 사로잡고 심장을 건드린다. 예언자는 그들이 이미 무엇을 알고 있는지를 상기시키고, 역사적 기억을 불러내고, 그들의 헌신, 죄책감, 미래에 대한 희망을 이용한다."[52]

구약 전체의 서술적 틀에 비추어볼 때, 성경의 저자들은 신에 대한 반직관적이고 반문화적인 관점을 드러내고 있음이 명백하다. 신의 힘은 무력함으로, 숭고함은 가난으로, 권능은 굴욕으로, 광휘는 연약함으로 표현된

---

51   그는 바빌론의 정복을 막기 위해 노예 소유주들을 설득해 그들의 (채무) 노예들을 풀어주도록 합의한 것처럼 보인다. 하지만 이집트의 공격으로 바빌론의 군대가 갑자기 흩어지자, 노예 소유주들은 이 합의를 어기고 노예들을 다시 원상태로 되돌려 놓는다(Jer. 34:11).

52   Walzer, In God's Shadow, 87.

다. 만일 내가 이 책 전체를 통해 무언가를 주장한다면, 그것은 이 관점이 성경 이야기의 영혼과 직결되어 있다는 것이다. 억압받는 궁핍한 민족의 내세울 것 없는 작가들이 그리스인을 포함해 다른 누구도 가본 적 없는 문학적 영토와 종교적 영토를 개척한 것은 괄목할 만한 일이다. 이 챕터에서 꾸준히 블루스를 언급한 것 역시 블루스에, 또 더 늦게 등장한 랩에 그와 비슷한 일이 일어났기 때문이다. 보잘 것 없는 화음, 반복적인 구조 같은 자신에게 허용된 조악한 도구들을 활용하여, 테드 조이아Ted Gioia의 표현을 빌리자면 "이 멸시받는 인종과 계급 출신의 음악가들은", "마술적인 팔레트로 그전까지 알려지지 않은 스펙트럼의 음영을 보여주는 화가처럼… 동시대인들에게 새로운 색조로 이루어진 생생한 세계를 제시했다."[53] 아무리 많은 비평가들이 성경이 조악하고 정제되지 않았다고 한들, 나는 성경이 예술과 종교의 스펙트럼에서 이전까지 알려지지 않은 관점, 신을 바라보는 저자의 관점뿐만 아니라 인간의 정체성을 바라보는 미묘하고 수수께끼 같은 관점을 드러냈다고 주장하고자 한다. 이는 또한 영혼의 성취였다.

이 말이 성경에 서술된 영혼에 해당하는 이야기라면, 이스라엘 개인들의 네페쉬에도 해당된다. 만약 네페쉬가 목적을 발견하고자 한다면 이 관점에 맞춰야 하며, 신을 향한 사랑과 가난하고 곤궁한 이들에 대한 사랑을 통해 그 의미를 찾아야 한다. 네페쉬는 성경의 영혼이 만들어낸 더 큰 교향곡과 조화를 이룰 때 신의 형상을 본떠 신과 유사하게 만들어진 피조물로서 그 잠재성을 완전히 실현할 수 있다. 이는 또 다른 유대인이자 나사렛의 비천한 목수가 제자들에게 전한 가르침이기도 했다. 기독교의 관점에서 예수라는 인물은 화려한 위엄도 거창한 장관도 없이, 마치 속삭임과 같은 형식을 통해 세상에 와서 신의 눈부신 힘을 전했다. 그는 신적인 힘을 쥐고 있는 사람이 아니라, 그 자신을 비우고 종복의 형체를 취한 사람이다(빌립보 2:6-7). 히브리족 예언자와 마찬가지로 그 또한 미친 영혼을 지니고 있었다.

---

53   Gioia, Delta Blues, 135.

3장
기독교적 영혼과 노예의 반란

영혼은 마음이 생각하는 모든 것을 육신 안에서,

육신을 통해, 육신으로 생각한다.

-테르툴리아누스Tertullianus

그러나 사랑은 똥오줌 속에

그 집을 처박아 놓고 있지요.

쪼개지지 않는 것은 무엇이든

완전히 하나일 수 없으니까요.

-W. B. 예이츠[1]

악당이 되지 않고서는 천국에 들어갈 수 없다.

-에밀리 디킨슨Emily Dickinson

누구보다도 가장 열렬히 기독교를 비판한 프리드리히 니체Friedrich Ni-etzsche는 이 유대인 운동과 관련된 근본적인 사실 하나를 대변했다. 그 운동에는 비열한 노예의 표식이 새겨져 있다는 것이다. 니체는 기독교가 고

---

1   W. B. Yeats, "Crazy Jane Talks with the Bishop", Richard Ellmann in Yeats: the Man and the Masks (New York: W. W. Norton, 1979), 272에서 인용.

대의 고귀한 원칙들에 대항한 노예반란과 서양 문명에 들어온 천하고 그로 테스크한 가치를 표현한다고 보았다. 그는 이렇게 쓴다. "온갖 기독교적 명령법에 둔감해진 탓에 현대인들은 '십자가에 박힌 신'이라는 역설적인 표현을 접한다 해도 고대적인 취향이 경험한바 있는 그 전율을 더 이상 감지하지 못한다. 지금까지 단 한 번도, 그 어느 곳에서도 이 표현처럼 의문스럽고 무서우며 이만큼 대담하게 전도된 표현은 출현하지 않았다. 그로 인해 모든 고대적 가치가 재평가 받아야 했다. 동방의 노예들은 이런 방식으로 로마의 고귀하지만 경솔했던 그 관용에 대해 복수했다."[2] 기독교는 고전적인 귀족 취향에 대한 모욕으로써, 빈민가의 혀와 유대인 형제자매들의 스타일을 취해 그리스-로마 문화의 귀족적 가치를 저주하고 전복하여 로마에 복수했다. 오합지졸 기독교도 군단은 저속하고 무례한 성경의 서사를 혁명의 청사진으로 삼고 그로부터 지원과 사주를 받아 반문화적인 기풍으로 로마를 포위하고 로마제국의 노예제, 가부장제, 위계, 그리고 군사적 우월함에 맞서 싸웠다.[3] 니체는 이 '동방의 노예들'이 그리스-로마 문화의 소중한 성취를 뒤집고, 로마적 위계를 사육제처럼 전복시켰다고 보았다. 세계가 뒤집혔다. 저주는 저주를 발설한 자에게 되돌아갔다.

니체는 공세를 늦추지 않고 기독교가 유대인으로부터 정확히 노예의 도덕을 상속받았다고 주장한다. 그는 『도덕의 계보On the Genealogy of Morals』에 이렇게 쓴다. "귀족적 방정식(좋은=귀족적인=아름다운=행복한=신에게 사랑받는)의 반대항에 있는 것이 바로 유대인이었다. 그들은 놀라우리만치 일관되게 정반대의 방정식, 말하자면 비참한 자만이 좋은 사람이라는 주장, 가난하고 약하고 천한 자만이 좋은 사람이라는 주장, 고통받는 자, 궁핍한 자, 아픈 자, 혐오스러운 자만이 경건한 사람이라는 주장을 밀어

---

2   Friedrich Nietzsche, Beyond Good and Evil, trans. R. J. Hollingdale (New York: Vintage Books, 1973), 57.

3   John Dominic Crossan, Jesus: A Revolutionary Biography (New York: HarperOne, 2009)을 보라; 또한 Crossan, How to Read the Bible and Still Be a Christian (New York: HarperOne, 2016)을 보라.

붙였다… 유대인과 함께 도덕의 노예반란이 시작된 것이다."[4] 니체의 습관적인 과장이 많이 나타나 있긴 하지만, 실제로 이것이 그가 지속적으로 제기해온 주장이다. 이 주장이 사실상 니체의 복음이며, 신의 복음에 맞선 디오니소스Dionysus 혹은 차라투스트라Zarathustra의 복음이다. 기독교적 '영혼'을 다룬 이번 챕터에서 니체에 관한 내용으로 글을 시작한 것은 사물의 핵심에 이르는 니체의 재능, 돌덩어리를 끌로 깎고 망치로 두드려 그 벌거벗은 핵심만 남도록 날려버리는 조각가처럼 대상의 벌거벗은 진실 드러내는 그의 놀라운 재능 때문이다.

그의 판단에 별로 동의하지 않지만, 그럼에도 니체는 기독교가 역사에 끼친 화산(그는 진흙의 화산이라고 말했다)같은 영향을 적절히 포착했다.[5] 다른 이들도 이교 세계의 지형에 나타난 동요를 감지하고 그 의미에 주의를 환기시키고자 했지만, 니체에게 기독교의 등장은 그가 그리스인과 로마인에게서 감탄했던 모든 것을 몰아내고 그들의 고귀한 영혼을 화산재로 부식시킨 획기적·구조적 전환이었다. 니체의 관점은 서양의 영혼 개념에 찾아든 변화와 격변을 분석할 때 상당히 가치 있다. 유대교와 기독교가 등장하면서 시작된 '영혼 혁명'을 더 잘 이해하려면 니체의 견해에 귀를 기울여야 한다.

일반론

기독교의 영혼 혁명

니체는 독창적이지만 그의 준엄한 목소리는 초기에 등장했던 기독교 비판자들을 떠올리게 한다. 그들은 기독교를 꼴사나운 약탈자 무리가 그리스-로마 문명에 들여온 비속한 미신으로 봤다. 이 비판자들은 공포와 전율에 사로잡힌 채 그 세기와 높이를 더해나가는 기독교 부족들의 소란스럽고 야만적인 울부짖음을 들었고, 20세기의 보수적인 미국인들이 블루스 혹은 로

---

4   Friedrich Nietzsche, On the Genealogy of Morals, trans. Michael Scarpitti (New York: Penguin Books, 2013), 22.

5   Ibid., 17.

큰롤의 첫음절을 듣자마자 그랬듯이 경멸감에 치를 떨었다. 특히 켈수스 Celsus(2세기에 활동한 플라톤 학파 철학자-옮긴이)가 그랬다. 이 철학자는 노예와 좀도둑, 건달과 매춘부, 아둔한 여성과 아이들에게 호소하는 기독교의 메시지를 향해 독을 뿜어냈다. 그는 기독교인들이 로마의 다른 모든 종교들처럼 제국의 박자에 맞추리라 기대했다. 그러나 그들이 선을 넘어 로마제국의 가치가 만들어내는 장중한 교향곡에 소란스러운 엇박자를 욱여넣자 가차 없이 그들을 공격했다. 그는 빈정거리며 물었다. "이 타락한 자들 이외에, 그들이 신이라 경배하는 십자가에 박힌 유대인에 관한 이야기를 믿을 사람이 누가 있겠는가?"[6] 켈수스는 마치 니체를 예견이나 하듯 신의 사랑과 은총을 바라보는 기독교인의 관점을 조롱했다. "하지만 일단은 이 기독교인들의 설교를 들어보자. 그들은 죄인이든 어리석은 자든 아이든, 말하자면 어떤 비참한 자든 신의 왕국이 그들을 받아준다고 말한다."[7] 『변신 Metamorphoses』의 저자인 아풀레이우스Apuleius(로마 제정 초기에 활동한 북아프리카의 철학자, 소설가-옮긴이) 역시 기독교인들이 제국의 쓰레기들, 즉 문맹자와 가난한 자, 걸인과 노예를 환영한다며 그들을 경멸했다. 아풀레이우스는 다양한 신앙에 두루 관대한 것으로 유명했지만, 기독교 앞에선 그의 자유주의도 분명히 한계를 드러냈다. 로마 문화를 거부하는 광신적 종교집단에게 줄 것은 경멸밖에 없다고 생각했고, "예수를 신으로 숭배하는" 폭도들에게는 더더욱 그랬다.[8]

이런 평가들을 반박하기에 앞서 우선 의도치 않게 귀중한 통찰의 기회

---

6   이 인용구는 유일하게 전해지는 Celsus의 논지가 담긴 저작인 Origen, Contra Celsum, 4.11에서 왔다. Elaine Pagels, Revelations: Visions, Prophecy, and Politics in the Book of Revelation (New York: Penguin Books, 2012), 118을 보라. 또한 Wayne Meeks, The First Urban Christians: The Social World of the Apostle Paul (New Haven, CT: Yale University Press, 1983), 51을 보라.

7   Celsus는 기독교가 노예와 어리석은 자와 배우지 못한 자, 여성 그리고 어린아이들의 종교라고 말한다. Celsus on the True Doctrine, trans. R. Joseph Hoffman (New York: Oxford University Press, 1987), 73을 보라. 또한 Jaroslav Pelikan, The Emergence of the Catholic Tradition (100–600) (Chicago: University of Chicago Press, 1971), 29를 보라.

8   Pagels, Revelations, 128에서 인용.

를 그들의 공을 인정하고 싶다. 이 비판자들은 기독교 부족의 외부자로서 기독교 메시지의 독특한 본성을 어떤 호교론자보다 정확히 파악했고, 그렇게 해서 영혼의 경동맥을 빠르고 완벽하게 짚어낼 수 있었다.[9] 일부 호교론자들이 기독교는 위험하거나 해롭지 않다고 제국을 설득하고 있을 때, 켈수스와 아풀레이우스 같은 비판자들은 마치 기독교도들이 양피지 더미 아래에 감춰둔 화약으로 로마 문명을 파괴할 거라고 확신하는 양 기독교 서적과 교리를 파고들었다. 테르툴리아누스(2세기 말 카르타고에서 출생한 서방교회 최초의 교부-옮긴이) 같은 사람들이 보기에 이 비판자들의 분석은 핵심을 정확히 꿰뚫고 있었다. 테르툴리아누스는 그들의 종합적인 판단을 지지하진 않았지만, 그럼에도 그들의 결론을 거부하거나 회피하는 대신 그것을 모두 포용했다. 그들은 기독교도 무리에게 야만이라는 딱지를 붙였지만, 테르툴리아누스는 그 비난도 물리치지 않았다. 일레인 페이글스Elaine Pagels는 이렇게 쓴다. "테르툴리아누스는 교양 있는 독자들의 감정을 거스르면서까지 자신의 전복적인 메시지를 '폭도'들(기독교도를 말함-옮긴이)에게 그대로-심지어 다른 이들에게 전달할 때보다 호의적으로-전달한다."[10] 테르툴리아누스의 『영혼의 증언에 관하여De Testimonio Animae』가 그런 경우인데, 여기서 그는 다음과 같이 주장했다. 영혼에 관한 질문이라면 교육받은 엘리트들의 토론회가 아니라 제국의 주변부에 거주하는 이들 그리고 "전적으로 도로와 거리, 작업장에 속한" 영혼들로 이루어진 "소박하고, 무례하고, 교양 없고, 교육받지 못한" 무리 속에서 더 잘 이뤄질 수 있다.[11] 테르툴리아누스는 이 세상의 성향을 의도적으로 뒤집으면서 그리스-로마의 현 상황을 위협하고 거리의 신학이라 할 만한 것을 발전시킨다. 그 신학으로 인해 충성의 방향은 황제와 황제의 신에게서 불만 가득한 보통 사람들에게로 전환되었다. 말하자면 폭도에게 우선권을 돌린 것이다. 2장에서 이스라엘의 고전적

---

9   Pelikan, Emergence of the Catholic Tradition, 30.

10   Pagels, Revelations, 129.

11   Tertullian, De Testimonio Animae, 1. See Pagels, Revelations, 129.

예언자들이 해낸 것처럼, 충성의 대상이 왕과 왕의 궁정에서 신과 극빈자와 평민으로 이루어진 신의 궁정으로 바뀌는 인식의 혁명이 일어난 것이다.

　로마 왕국에서 신의 왕국으로 충성의 방향이 바뀌는 과정에서 테르툴리아누스는 신의 형상으로 빚어진 모든 기독교인에게는 가장 숭고한 진실을 이해할 능력이 있다고 추정하면서 영혼을 이해한다. 한 예로, 그는 교육받지 못한 청중에게 자신의 직관을 믿으라고 독려한다. "자신의 영혼에 신념을 품어라. 그러면 너 자신을 믿게 될 것이다… 기독교인은 누구나 신을 발견하고 신을 표현한다."[12] 노동자와 노예의 본능적인 직관에 호소함으로써 테르툴리아누스는 기독교적 진실이 교육 수준이나 사회적 계층에 상관없이 모두에게 어렵지 않게 이해된다고 주장했다. 이번 챕터에서 특히 마가복음을 중심으로 신약성경의 서사를 살피는 동안 염두에 두어야 할 것은 이와 같은 기독교 교리의 무모한 곡예인데, 그 안에서는 모든 것이 뒤집어진다. 이 현기증 나는 혁명을 볼 수 있는 사람만이(다시 한번 니체의 공을 인정할 필요가 있다) 가장 깊은 핵심을 꿰뚫을 것이다.

　하지만 우선은 길을 크게 돌아 영혼 개념과 관련된 신약성경의 이야기를 살펴보고자 하는데, 2장에서와 같이 그 텍스트의 문학적 윤곽에 특별히 주의할 것이다. 이미 주장했듯이 유대교와 기독교의 영혼 개념은 이야기를 통해 모습을 갖추고 탄생했다. 성경 이야기가 그 개념을 낳고 먹이고 살찌웠으며, 그리스인과 그 밖의 다양한 이들이 거기에 양념을 더했다. 따라서 성경에 등장하는 영혼의 문학적·신학적 성격에 집중할 때 우리는 "유대-그리스적" 계통수의 커다란 가지 하나를 더 잘 이해할 수 있으며, 또한 니체의 다음과 같은 비난에 어떤 가치가 있는지를 더 적절히 판단할 수 있다. "그(그리스도)는 사람들에게 삶의 최초의 본능을 경멸하라고 가르쳤다. 그는 육체를 파괴하기 위해 허위로 '영혼'과 '정신'을 발명했다."[13] 나는 니체와는

12　Tertullian, De Testimonio Animae, 6. See Pagels, Revelations, 129.
13　Friedrich Nietzsche, Ecce Homo, trans. Walter Kaufmann and R. J. Hollingdale (New York: Vintage Books, 1969), 272.

아주 다른 경로를 따라 영혼의 내부 공간을 탐사한다. 하지만 이 근본적인 사실 한 가지는 인정한다. 바로 삶과 영혼을 비롯해 모든 것을 바라보는 기독교의 관점이 대체로 노예의 가치로 조형되었다는 것이다. 최소한 이 관점에서 기독교는 주인에 대한 군중의 반란을 상징한다.

프시케Psukhe

구약성경의 그리스어 판본인 『70인역The Septuagint』은 네페쉬를 프시케로 번역했고, 신약성경도 그 예를 따랐다. 프시케는 앞선 챕터에서 살펴본 히브리 영혼 개념의 원리를 이어받았다. 거기에는 호흡, 생명력, 생명에 필수적인 정신, 혹은 동물적인 특성과 정신적인 특성이 모두 하나로 통일된 인간 전체, 즉 본질적 자아가 함축되어 있다.[14] 아퀴나스는 프시케를 "몸의 형식"이라고 말한다. 고백자 막시무스Maximus the Confessor는 물질적 현실과 정신적 현실의 "경계"라 말하고, 에머슨은 "모든 장기를 살아있게 하고 작동케 하는" 활력이자 광대함이라고 말한다. "프시케는 지성도 아니고 의지도 아니다." 에머슨은 말을 잇는다. "오히려 지성과 의지의 주인이다. 누구의 소유도 아니고 누구도 소유할 수 없을 만큼 광대하다."[15] 유대교와 기독교의 영혼은 개인이 살면서 겪는 다양한 영향과 경험을 통합함으로써 수많은 역사와 목소리가 넘치는 강이 되고, 인간에게 흘러 들어가 개인의 정체성을 규정하고 그 경계를 구획한다.

기독교의 영혼 개념은 이스라엘의 이야기, 신화, 예언, 전승된 지혜, 법 등을 모두 아우름으로써 유대교 전통과 하나가 된다. 그 증거는 어디에나 있지만, 특히 영혼의 육체적 성질을 고려할 때 사실이 더욱 명확해진다. 윌리엄 포크너William Faulkner는 인간의 손길이 영혼을 파고드는 힘에 관해

---

14 "Soul-Heart-Body", in The Encyclopedia of Christian Theology: Vol. 3, ed. Jean-Yves Lacoste (London: Routledge Press, 2005), 1495를 보라.

15 David Bentley Hart, In the Aftermath: Provocations and Laments (Grand Rapids, MI: Eerdmans, 2008), 130–31에서 인용. Emerson의 문장은 그의 에세이, "The Over-Soul", in Nature and Selected Essays, ed. Larzer Ziff (New York: Penguin Books, 2003)을 보라.

숙고할 때 이런 차원을 염두에 뒀다. "살과 살의 접촉에는 점잖게 배치된 복잡한 통로를 폐기하고, 날카롭게 잘라 곧장 가로지르는 뭔가가 있다… 그래서 성채와도 같은 나의 가장 사적인 존재, 즉 정신이 아닌 영혼을 건드린다."[16] 정신이 아닌 영혼. 포크너에게 영혼은 정신과 다른 것이었는데, 정신에는 육신이라는 '지상의 집', 부서지기 쉬운 뼈와 지친 살의 거처가 결합되어 있기 때문이다. 영혼은 신이 현존하는 '사적인 성채'이자 초월의 그릇이지만, 한편으로는 시간의 피조물이라 부패, 죽음, 악의 공격에 취약하며, 마찬가지로 불행과 오해를 쉬이 불러온다. 성경의 성스러운 드라마가 진행되는 동안, 인간의 영혼은 끙끙대며 몸을 늘려 가장 고귀한 가능성을 깨닫는다. 하지만 그러는 동안 영혼은 죄, 괴로움, 극심한 고통에 시달린다. 죄가 없는 예수의 영혼 또한 극심한 고통을 알게 되고, 죽음의 공포를 알게 된다. 겟세마네 동산에서 예수는 십자가형을 예감하고 공포에 몸을 떤다. "내 마음(프시케)이 심히 고민하여 죽게 되었으니"(마가 14:34). 나중에 예수는 마지막 숨을 뱉고 어둠이 온 땅을 뒤덮기 전에 시편 22장을 인용한다. "나의 하나님, 나의 하나님, 어찌하여 나를 버리셨나이까?"(마가 15:34)

　　고통에 찬 이 적나라한 구절을 생각할 때, 우리가 존재하는 세계는 고통을 느끼지 않는 무감각한 영혼과는 거리가 멀다는 것을 즉시 알게 된다. 그런 영혼은 감정과 관련된 문제에 냉담하고 인간 본성의 관능적인 열정과 거리가 먼 삶의 개념에서 나온다. 마가복음에 등장하는 인물은 귀신이나 유령 같은 존재가 아니다. 그들은 유약하고 상처 입고 욕망하는 영혼들로, 자신의 감정을 왕성하게 표출한다. 예수의 시대에 감정의 표현은 모든 이스라엘인의 공통어이며, 영혼의 서로 다른 패턴과 충동을 이해하는 수단이다. 영혼의 수축과 이완은 항상 마음의 불타는 욕망, 인간의 신체적 욕구, 정신의 비명과 격분에 관련이 있다. 이러한 인간의 감정을 농축시킨 우화, 증류된 강렬한 슬픔, 예수의 입에서 나오는 한탄은 이스라엘의 영혼 개념, 그 열

16　William Faulkner, Absalom, Absalom (New York: Vintage Books, 1990), 111–12.

정적이고 발작적인 활력을 분명하게 드러낸다. 금언처럼 들리는 예수의 강렬한 절규는 수 세기의 아픔과 울부짖음, 망가진 수많은 삶을 요약한다. 그런 점에서 우리는 거기에 "열정의 정체성"-모두의 투쟁에 대한 랠프 엘리슨의 표현에 따르면-이라 할 만한 것이 있어 예수의 죽음과 이스라엘의 역사를 결합하고 있다고 말할 수 있을 것이다.[17] 유대교와 기독교는 서로 비슷한 감탄사, 경고, 엄격한 법령으로 구성되어 있다. 누가Luke도 타인의 적의와 박해를 견뎌내는 능력을 통해 영혼을 성취한다고 말한다. "너희의 인내로 너희의 영혼(프시케)을 얻으리라"(누가 21:19).

복음서의 영혼은 그런 간청과 명령으로 이루어져 있으며, 개인은 인내와 고통을 통해 영혼을 얻는다. 철학적 수단을 닦아 광을 내지 않기로 한 복음서의 결정에 모호한 점은 하나도 없다. 어떤 이론이나 일반론도 인간 경험과 인간의 투쟁이라는 매일의 양식을 동반하지 않는 한 옹호될 수 없기 때문이다. 심지어는 성경의 율법도 열정을 점화하지 못한다면, 정신에 용기를 불어넣지 못한다면, 다른 이들이 눈을 돌리거나 보기를 거부하는 곳, 뒤틀린 신체, 굶어 죽어가는 육신, 망가진 정신에 우리의 관심을 집중시키지 못한다면 부족하다고 평가받을 것이다. 몸을 (니체에게는 미안하지만, 파괴하는 것이 아니라) 돌본다는 것은 기독교의 관점에서 영혼을 돌본다는 것과 같은 말이다. 그렇지 않은 것은 무엇이든 탈신체화된 영성이 되며, 이는 기독교적 사고의 이단적 형태다.

영혼에 관한 어떤 이야기든 육화肉化라는 핵심 원칙을 따르지 않으면 안 된다. 그리스도의 추종자들은 성경에 나타난 그를 본받아 모였다. 그리스도는 세상의 배설물 가운데에 자신의 천막을 펼치고 고귀한 자신을 버린 채 종의 형체를 취했다(예이츠가 말했듯이, 빌립보서 2:7). 이 초라하고 모욕받은 메시아의 제자들은 배고픈 자와 목마른 자, 벌거벗은 자와 병을 앓

---

17   Ralph Ellison, "Some Questions and Some Answers", in Shadow and Act (New York, Vintage Books, 1995), 263.

는 자, 수감된 자와 광인 그리고 맹인과 귀머거리를 돌봐달라는 예수의 쉼 없는 간청에 기꺼이 따르고, 또 기꺼이 그에 응답한다. 이렇게 기독교의 영혼은 인간의 육신과 감각적으로 접촉하는 과정에서, T. S. 엘리엇의 말을 빌리자면 천 가지 비천한 이미지로 구성된다.[18] 나는 영혼에 관한 우리의 대화를 일반적인 신학적 가정에 국한하는 대신에 영혼 개념을 복음의 서사적 맥락 속에 놓을 것을 제안한다. 예를 들어 마가복음에서 영혼의 성격-그 비천함과 숭고함-은 복음서의 지면에서 빠져나와 생명을 얻는다. 따라서 우선 마가복음으로 이야기를 시작하고, 그런 뒤 챕터 후반에서는 경계를 넘어 다른 복음서들을 다룰 것이다.

문학적 스케치

배경과 스타일: 마가 이야기

마가의 이야기는 로마가 이스라엘을 점령하고 통치하던 시대를 배경으로 한다. 사원과 도시가 파괴된 이 비극적 환경을 고려할 때, 복음서의 저자는 이 이야기를 '좋은 소식', 즉 복음euaggelion으로 여긴다. 그와 유사한 말이 카이사르 아우구스투스Caesar Augustus의 탄생에 사용되었다는 사실을 다양한 학자들이 지적해왔다. "전쟁을 끝내고 평화를 불러올 자 카이사르가 났으니, 그의 출현은 좋은 소식euaggelia을 예언하는 이들의 모든 희망보다 나은 것이다."[19] 제국의 언어를 탈취해 근본적으로 다른 종류의 좋은 소식, 근본적으로 다른 유형의 구세주를 묘사함으로써 초기 기독교인들은 제국의 어법과 이데올로기에 혁명을 일으켰다. 카이사르 아우구스투스의 '출현'이 팍스 로마나Pax Romana-정복과 지배를 통한 평화-의 새로운 시대를 알렸다면, 기독교의 구세주는 지상의 비참한 자들을 위해 관용과 연민으로 통치하는 새로운 시대를 알렸다. 신약성경이 제국의 '좋은 소식'을 그대로 음

---

18   T.S. Eliot, Prufrock and Other Observations (New York: Scholars Choice, 2015).

19   이 글은 Ephesus의 바위에 새겨져 있던 것이다. 9 B.C.E. John Dominic Crossan, The Power of Parable (New York: HarperCollins, 2012), 158을 보라. 또한 Crossan, Jesus, 3–4를 보라.

역하자 이 단어는 카이사르 아우구스투스의 복음과 상충하는 완전히 다른 의미를 얻었다. 두 통치 철학의 차이는 극적이다. 신의 통치가 제국의 주변부와 하찮은 사람들에서 출발하는 반면, 로마는 중심에서 지배한다. 신의 통치가 가난한 자와 약한 자를 우선하는 반면, 로마는 강한 자를 우선한다. 신의 통치가 포기하고 버리는 일을 지지하는 반면, 로마는 힘과 폭력으로 지배한다.

예수와 그의 추종자들이 흡사 이스라엘의 변방에 복음의 원심력이 작용하는 것처럼 그곳을 중심으로 활동한 것을 독자들이 알아차린다면, 마가복음이 전자(신의 통치)의 가치에 공감하고 있다는 증거가 명백해진다. 실제로 예수는 예루살렘이 아니라 요단강의 황야에서 사역을 시작해서 생애 내내 주변부와 그림자 속에서 활동했다. 한 학자는 이렇게 쓴다. "마가의 이야기에 등장하는 유대인 관리의 관점에서 보면, 신은 예루살렘의 확실한 중심에서 활동한다. 하지만 마가에게 신의 통치는 주변부에서, 외곽에서부터 시작한다. 죄 사함은 이제 갈릴리Galilee에 있는 사원에서 행해진다. 예루살렘에서 만들어진 율법 해석은 이제 가버나움Capernaum이라는 마을에서 이뤄진다. 고위 성직자와 산헤드린Sanhedrin 공회의 권위는 이제 나사렛 Nazareth 출신 목수의 것이 되었다."[20] 마가복음의 예수는 텍스트 내내 문명화된 세계의 주변부를 떠돌고, 예루살렘과 로마에 위치한 권위의 중심을 위협하고, 무엇보다 탈중심화했다는 점에서 적개심을 얻는다. 마가복음의 예수는 떠돌이 순회자로, 갈릴리의 시골 마을에(마가 6:6), 버려진 곳에(마가 6:33-34), 바다에, 혹은 두로Tyre와 시돈Sidon 같은 비유대인 거주지역에(마가 3:7-12) 자취를 남긴다. 마가는 이 겸손하고 주변적인 예언자의 눈으로 세계를 바라보고 그를 이스라엘의 문자적이고 구어적인 전통의 맥락 안에 둠으로써, 전기이자 역사서이자 묵시록이자, 일부는 비극이고 일부는

---

20 David Rhoads, Joanna Dewey, and Donald Michie, *Mark as Story: An Introduction to the Narrative of a Gospel* (Minneapolis, MN: Fortress Press, 2012), 79를 보라.

희극인 초유의 스타일을 만들어낸다. 마가는 다양한 장르를 흡수해서 고대 문학에 알려진 그 어떤 기록과도 일치하지 않는 무언가를 만들어냈다. 에리히 아우어바흐는 이렇게 쓴다. "그것은 희극이라기에는 너무나 진지하다. 하지만 비극이라기엔 너무나 동시대적이고 평범하며, 역사라기엔 정치적으로 지극히 사소하다."[21] 신의 출현을 아무런 정치적 위엄도 없고 태생적 고귀함도 없는 가장 미천한 사회적 지위를 지닌 인간 존재로 극화시킴으로써 마가는 수많은 문학적 경계와 계급적 경계를 마음껏 가로지른다.[22]

다른 요소들도 마가복음을 일반적인 문학과 구분해준다. 특히 평범하고 거칠지만 동시에 위엄 있고 엄숙한 발화 형식으로 그 안에 담긴 지혜를 감싸 (흑인 노예들의 영가에 대한 리처드 라이트Richard Wright의 설명을 차용하자면) "야만적인 위엄"을 만들어내는 방식이 그렇다.[23] 2장에서 주장했듯이, 이 단순하고 빈약한 스타일은 어떤 면에서 성경적 세계의 지리에 잘 부합하는 면이 있다. 성경의 이야기는 사막의 고행자처럼 대단찮은 빵과 물 정도로도 살아남고, 나아가 번창한다. 명사에 수식이나 불필요한 형용사를 붙이는 일 없이 언어를 그 최소한의 형태만 남겨두고 깎아냄으로써 마가는 사막 생활의 궁핍함이나 가혹함뿐만 아니라 인간이 겪는 고통의 깊이까지 포착해낸다. 버지니아 울프의 표현대로 "고통이 심해지면 표현을 최소화하는 것 외에는 견딜 수 없는 단계가 온다"는 것이 사실이라면, 거의 침묵에 근접한 마가의 메마른 표현은 어떤 면에서 위기와 고통을 다루는 최선의 사고방식인 셈이다.[24] 우리가 보았듯이 토라의 몇몇 부분과도 상통하는 마가의 과묵한 스타일 때문에 복음서의 일화들은 대체로 설명적이기보다는

---

21   Erich Auerbach, Mimesis: The Representation of Reality in Western Literature, trans. Willard Trask (Princeton, Nj: Princeton University Press, 1991), 45.

22   Ibid., 41-42

23   Paul Gilroy, The Black Atlantic: Modernity and Double Consciousness (Cambridge, MA: Harvard University Press, 1993)에서 인용.

24   Virginia Woolf, "Mr. Sassoon's Poems", in Books and Portraits (New York: Harcourt Brace Jovanovich, 1977), 100.

암시적이다. 마가는 구체적인 설명을 포기한다. 그는 훌륭한 시종처럼 말을 뱉다가 도로 집어삼킨다. 마가의 복음은 종종 발설하지 않고 암시한 것들을 그림자 속에 남겨두는데, 이는 세계와 신이 분명 경외심을 불러일으키는 알 수 없는 무엇이기 때문이다. 그렇게 복음서의 서술은 따로 떼어놓은 교리나 신학적 명제라기보다는 소환이나 초대에 가깝기 때문에 사색과 헌신을 동반하여 말로는 표현할 수 없는 것을 이해해야 한다. 그리고 만일 독자가 그런 깨달음을 진심으로 믿는다면, 드라마 속으로 들어가 연극 안에 자리 잡게 될 것이다. 마치 그 또한 이야기 속의 인물인 것처럼.

이야기의 뼈대는 예수가 말하는 거의 모든 수수께끼/비유 속에 극화된 형식으로 존재한다. 듣는 사람에 따라 수수께끼는 답을 드러내거나 숨긴다. 마가복음에서 예수는 권력을 지닌 인물뿐만 아니라, 무리의 내부자까지도 교묘하게 우회적으로 표현하기 위해 우화를 사용한다.[25] 마가복음의 예수가 자신의 가르침을 바람에 날려 보내 그 비유가 씨앗처럼 모든 추종자 틈에서 뿌리 내리길 바란다는 데는 의문의 여지가 없지만, 그의 제자들은 끊임없이 그 독특한 예언자의 메시지를 오해하거나 왜곡한다. 이 복음의 역설 속에서 이스라엘의 국외자와 추방자들이 수수께끼를 가장 잘 해독한다는 사실이 드러난다. 그들은 내부자들이 실패하는 곳에서 성공한다. 이는 왕국으로 가는 열쇠, 이 이야기의 지혜를 어느 한 집단이 독점하거나 통제할 수 없다는 것을 독자에게 말해준다. 이제 지혜는 아무런 제한이 없는 개인들 속에 던져진다. 나병환자와 노동자, 걸인과 매춘부, 옳은 사람과 죄 많은 사람, 조각보처럼 온갖 다양한 형태와 크기, 색, 결을 지닌 사람들의 행렬 속으로.[26] 성경학자 Jack Dean Kingsbury는 마가복음의 비유는 마음으로 이해되어야 하니, 그 신학적 의미를 겨우 파악할 뿐인 이에게 비유의 의미는 모

---

25   예수의 수수께끼를 보는 이런 관점에 관해서는 David Rhoads, Joanna Dewey, and Donald Michie, Mark as Story: An Introduction to the Narrative of a Gospel (Minneapolis, MN: Fortress Press, 2012), 57을 보라.

26   성경학자 Jack Dean Kingsbury는 마가복음의 비유는 마음으로 이해되어야 하니, 그 신학적 의미를 겨우 파악할 뿐인 이에게 비유의 의미는 모호한 채로 남는다고 주장한다. Kingsbury, The Christology of Mark's Gospel (Minneapolis, MN: Fortress Press, 1983), 17을 보라.

호한 채로 남는다고 주장한다.

마가복음의 주요 인물

마가복음의 주요 인물들을 생각해볼 때, 무엇보다 예수의 제자들이 그의 메시지를 빈번히 잘못 이해하는 점이 놀랍다. 그렇다. 그들은 예수가 삶이라는 수수께끼의 답이라는 듯 서둘러 집을 떠나 예수를 따르지만, 번번이 예수의 근본적인 메시지를 간과하거나 수수께끼에 걸려 넘어진다. 예수와 그렇게 가까운 이들의 분별없음은 놀라울 정도다. 자주 혀가 꼬부라지고 혼란에 빠지는 그의 제자들은 하나같이 너무나 인간적이다. 저자의 검은 붓질은 그들의 머릿속을 어둠으로 가려놓고, 용기의 배포를 줄여놓고, 마음이 허영심과 자기기만에 쉽게 흔들리게끔 만든다. 예수는 몇 번씩이고 그들의 변덕스러운 영혼을 이해하려 하지만, 제자들은 어쨌든 그들만의 길을 가기로 작정한 것처럼 보인다. 예수가 십자가의 교훈과 자신을 부정하는 봉사의 필요성을 가르치려고 할 때도, 제자들은 누가 더 위대한지를 두고 다투며(마가 9:34), 예수가 4천 명의 군중을 먹일 때에도 제자들은 이 풍요로운 잔치의 메시아적 의미에 관해서는 무지하고(마가 8:17-18), 예수가 형체를 바꾸고 모세와 엘리야에게 새로운 출애굽Exodus(속박당한 이들의 해방)에 관해 얘기할 때에도 베드로는 무지와 공포로 답할 뿐이다(마가 9:6). 심지어 베드로가 갑작스레 성장해서 예수의 메시아적 본성을 제대로 인지할 수 있게 된 것처럼 보일 때조차, 거기 담긴 의미를 오해하여 즉시 질책을 받는다(마가 8:33).

예루살렘에서 마가의 이야기가 최고조에 이르는 동안에도 제자들의 실패는 멈추지 않고, 오히려 더 심해진다. 겟세마네 동산에서 예수의 목숨이 위태로워진 순간에도 제자들은 졸음에 빠져든다. 마가가 보기에 이는 무기력에 빠진 도덕성, 타성에 젖은 정신, 혹은 있는 그대로의 무지 같은 것을 드러낸다(마가 14:37-41). 과연, 예수가 체포되고 재판받는 진실의 순간에 제자들은 전부 공포에 질려 그를 버리고 달아난다(마가 14:50-51). 마가복음은 (예수가 처형될 때 남아있는 유일한 사람들인) 여성 추종자들이 텅 빈 무덤을 보고, "몹시 놀라 떨며 무덤에서 도망하고, 무서워하며 아무에게 아무 말도" 하지 못하는 장면으로 끝을 맺는다(마가 16:8). 제자들은 시야에는 맹점이, 영혼에는 폐색이, 용기에는 빈틈이 있는 것으로 그려진다. 그들은 이야기의 진실을 붙잡고자 하지만, 겨냥과 관찰은 자주 과녁을 벗어난다. 예수의 불빛이 해안에서 그들을 향해 손짓하지만, 그들은 표류하는 배와 같이 뿌연 안개에 눈이 가려 정확히 어느 항구에 영혼의 닻을 내려야할지 모른다. 마가의 이야기는 그와 같은 안개로, 완전히 드러나지 않는 자욱한 모호함으로 뒤덮여 있다.

제자들의 삶이 이처럼 실패의 순간으로 넘쳐난다 해도, 올바른 스승을 따르고 올바른 질문을 던지기만 한다면 그들은 여전히 놀라운 피조물들이다. 이들이 올바른 답을 얻을 때는 드물지만, 그들은 올바른 답을 찾기 위해 탐색하고자 하는 열망에 사로잡혀 그물을 들고 집을 나선다.[27] 예수의 가르침을 얼마나 오해했든 간에 그들은 직관적으로 예수 안에 신성한 무언가가 있음을, 그들의 영혼을 바른 길로 인도해줄 무언가가 있음을 감지했다. 예수가 단번에 눈뜨게 할 수는 없지만 (예수가 두 번째 시도에서 맹인을 눈뜨게 한 것처럼), 진정으로 찬란한 진실인 왕국의 비밀이 서서히 그들 앞에 펼쳐진다(마가 8:22-26). 일식을 응시하는 사람처럼 결국 그들의 눈은 잠시 멀었다가 점차 별똥별 같은 한 점의 빛이 기적 같은 수평선 너머로 날아가는 모습을 보기 시작한다. 오랜 세월이 지난 후 라킴(1968년 출생한 미국의 래퍼. 에릭 배리어와 함께 힙합 듀오 '에릭 & 라킴'을 결성했다-옮긴이)이 말한 것처럼, 어둠 속을 응시하고 있으면 "곧 별 하나가 불현듯 보이리니 / 그 별을 따라가는 게 좋을 것"이다.[28] 제자들은 베들레헴의 별을 충분히 눈에

---

27 여기서 나는 Elizabeth Struthers Malbon을 따르고 있다. Malbon, "Narrative Criticism", in Mark and Method: New Approaches in Biblical Studies, ed. Janice Capel Anderson and Stephen Moore (Minneapolis, MN: Fortress Press, 2008), 53을 보라.

28 Eric B. and Rakim, "Follow the Leader", on Follow the Leader, Uni Records, 1988.

담으면서 그의 발자국을 따라가고, 육화된 비유의 온전한 진실을 애타게 갈망하면서 그의 말을 듣고 이해한다. 예수의 형태로 표현된 진실은 제자들을 놀라움과 경외심으로 몰아넣고, 그들의 눈을 흐리게 하는 것을 물리치고 진실을 믿게 만든다. 애초에 제자들이 그들의 아버지 아브라함처럼 자신의 환경을 깨고 나와 미지의 땅으로 향하는 이 비범한 여정에 오르기로 결심하지 않았더라면, 이 중 어떤 일도 일어나지 않았을 것이다.

주변 인물들

마가복음과 다른 복음서의 주변 인물들에 관해서도 비슷한 얘기를 할 수 있다. 그들은 탐색의 열망에 사로잡히고 이 신비로운 예언자에게 매혹된다. 사실, 제자들과 달리 주변 인물들은 훨씬 더 쉽게 그의 메시지를 받아들인다. 가난한 자와 눈먼 자, 불결한 자와 이방인, 여인들과 과부들이야말로 마가복음의 제자들로 이루어진 측근보다 더욱 확실하게 복음이 전하는 가치의 모범이 된다. 호손의 『주홍글씨The Scarlet Letter』에 등장하는 주변인이자 죄인인 헤스터 프린Hester Prynne처럼 이 인물들의 눈은 '도덕적 엑스레이'다. 그들은 경건하고 힘 있는 이들 사이에서 죄를 발견하는 투시력을 지녔으며, 초라한 목수에게서 가장 먼저 메시아를 발견한다. 그들은 눈먼 채 보는 능력, 눈멂이라는 진짜 시력을 지녔다. 세상의 권력에서 밀려난 외부자로서 그들의 마음은 재물이라는 미끼나 자격이라는 나르시시즘에 눈멀지 않는다. 스페인어에서 아웃사이더라는 단어가 개인주의자, 변절자, 우상파괴자를 암시하듯, 외부자의 고난은 불행해 보이긴 해도 우상파괴적인 창조성과 신선한 시각을 만들어낸다. 마가복음을 채우고 있는 주변인물들은 예수 자신과 같이 이런 종류의 변절자들이다.[29]

이 미천한 인물들이 이야기 속에서 가장 큰 이해력을 지닌 이유는 그

---

29   스페인계 아메리카의 '외부자' 해석에 관한 사려 깊은 고찰에 대해서는 Ilan Stavans, Borges, the Jew (Albany: State University of New York Press, 2016)을 보라.

들 자신의 곤궁이 그만큼 지독하고 심각하기 때문일 것이다. 그들은 질병, 비열한 관리들, 사악한 힘 같은 덫에 갇힌 상태에서 온 존재를 다해, 아픈 몸, 뒤틀린 영혼, 직관적 정신을 다해 예수의 의미를 이해한다. 다른 이들이 예수를 제한적인 방식으로 파악할 때(즉 기적을 행하는 자, 정치 지도자, 독신자 등으로 이해할 때) 이들은 박해받는 예수를 그들 자신의 고통받는 형제로 받아들인다. 마가복음에서 이런 인물들은 대부분 여성이다. 꾸준히 겸허하게 믿음을 지키는 시리아-페니키아인 여성, 피를 계속 흘리면서 필사적으로 믿는 여성, 가난하지만 이타적인 과부, 예수를 묻을 때 그에게 기름을 부어주는 익명의 여성. 그리고 마지막으로 계속 막중한 역할을 맡으면서 담대하게 예수의 임종을 지키고 이후 준비한 향품을 가지고 그의 묘지로 찾아간 세 여성(막달라 마리아, 요안나, 야고보의 어머니 마리아)이 그렇다. 어떤 면에서 이 인물들은 이야기의 주변부에 자리하지만 다른 한편으로는 그들이야말로 이야기의 중심으로, 남성 제자들보다 훨씬 더 분별력 있고 용감하다.

뛰어난 분별력을 지닌 또 다른 주변 인물들로는 예수를 집에 들인 나병환자 시몬, 골고다 언덕으로 가는 길에 예수의 십자가를 들어준 구레네의 시몬, 예수의 시신을 베로 싸고 매장을 준비한 아리마대의 요셉, 맹인 걸인 바디매오(마가10:47), 나병환자 시몬(마가 14:3-9), 게라세네의 더러운 광인(마가 5:1-13) 그리고 "이 사람은 진실로 하나님의 아들이었도다"(마가 15:39)라며 마가복음에서 예수의 정체를 가장 직접적으로 밝히는 백부장이 있다. 이 인물들은 다른 어떤 재능보다 이 '제3의 눈'을 사용함으로써 괴로움 아래서 아름다움을, 치욕 아래서 영광을, 무법자와 부랑자로 위장한 신의 사랑을 보는 능력이 있음을 입증한다. 온갖 고통 받는 영혼들이 보여주듯이 그들은 성경의 난해한 진실을 이해할 능력을 지니고 있다. 꽃이 태양을 향해 고개를 돌리고 새가 남쪽을 향하듯 본능적으로 나사렛의 유랑자를 향해 얼굴을 돌리는 이들은 바로 이렇게 추방되고 곤궁에 처한 사람들이다.

예수는 이 민중의 어깨에 씌워진 멍에를 풀어주기 위해, 그들의 고된 삶을 대속하기 위해 이 땅에 왔다. "인자가 온 것은 섬김을 받으려 함이 아니라 도리어 섬기려 하고 자기 목숨을 많은 사람의 대속물로 주려 함이니라"(마가 10:45). 이 구절을 읽을 때 주의해야 할 것은 마가복음의 '대속'이 노예, 혹은 볼모, 혹은 빚진 자들의 해방과 동의어라는 점이다. 더 구체적으로 아델라 콜린스Adela Collins에 따르면, 그리스어 단어 리트론lytron(피)에는 노예의 자유를 위해 지불하는 값(레위기 25:51-52; 출애굽기 6:6), 전쟁 포로의 구제금(이사야서 45:13), 손해 보상금(출애굽기 21:28-32), 굶주림과 갈증의 곤경에 빠진 이들의 구제(시편 107), 그리고 보다 일반적으로는 신에게 속한 것을 되사는 일(레위기 27:30-33; 민수기 3:11-13)이 모두 포함된다. 예언자 호세아는 이 용어를 보다 은유적으로 사용한다. 하데스의 통치와 죽음의 힘으로부터 대상을 구원하는 신의 행위(호세아 13:14)로.[30]

'대속'에 대한 마가의 이해는 이 다양한 해석에 반향을 일으킨다. 그 해석은 그의 손에 들어와 기도하는 두 손처럼 육체적이고 물질적인 측면에서 말 그대로 구제되리라는 꿈에 정신적이고 신학적인 해석을 결합한다. 그의 이야기는 신의 왕국의 통치를 포괄적이고 총괄적인 사명으로 정의한다. 지금 여기, 모든 예속과 지상의 비인간성으로부터 자유, 더불어 하데스의 지배로부터 자유, 그리고 더 이상 죽음도 없고 정의만 별처럼 빛나는 영원한 삶이 그것이다(다니엘서 12:2).

누추한 영혼

이 인물들 중 대다수가 '대속'이 절실하게 필요한 이들이라는 사실에 과연 의심의 여지가 있을까? 그들은 피와 진흙과 흙에 오염된 사람과 장소에 가까운 곳에 살고, 또 많은 사람들과 부대끼며 살기 때문에 쉽게 잊힌다. 그들은 몸서리치게 가난한 땅과 환경에서 거주하며, 그곳에서 접촉하는 오물과

---

30   다른 가능성에는 올바름을 위한 희생적 죽음이 포함되는데, 이사야의 '고난받는 종'과 마카비의 순교가 그 예다. 이들의 죽음은 억압받는 자와 무거운 짐을 진 자를 대신한 '대속'으로 여겨진다. Adela Collins, The Beginning of the Gospel: Probings of Mark in Context (Minneapolis, MN: Fortress Press, 1992), 69–70을 보라.

쓰레기와 피와 죽음 탓에 지배계층(헤롯왕의 사람들, 로마인들, 바리새인들, 사제들, 서기들)의 눈에는 불결하게만 보인다. 오늘날의 세계를 살아가는 수백만의 빈민가 주민들처럼, 거기에 오염되지 않은 영혼은 없다. 모두가 사막의 열기, 잔혹한 질병, 굶주림의 고통, 불결한 가난, 또는 유독한 죽음에 맞닿아 더럽혀져 있다.

게라세네 사람의 사례가 두드러지는 것은 그가 여러 번 더럽혀진 자이기 때문이다. 그는 비유대인이고, 돼지를 치고, 귀신 들렸고, 무덤 사이에 산다. 쉽게 발작하고, 격분하고, 기질상 통제 불가능한 폭력을 저지르는 그를 마가는 당시 로마 군단(마찬가지로 거친 발작을 일으켜 폭력과 파괴를 자행하곤 하는)의 이름을 따 레기온Legion이라 부른다. 다른 사람들은 더러운 그를 피하지만, 예수는 아랑곳 않고 멀리 떨어져 추방된 그의 세계에 들어가 그를 멀쩡한 사람으로 대한다. 이 행동만으로 예수는 계급과 민족과 신성함의 벽을 허물어버린다. 또한 무엇보다도 예수는 그를 한때 그의 집이었던 무덤에서 꺼내 죽음에서 구원하고, 새로운 사람으로 다시 태어나게 해서 평화를 준다. 마가는 그를 기독교적인 삶의 전범으로 삼는다. "그가 가서 예수께서 자기에게 어떻게 큰일을 행하셨는지 데가볼리에 전파하니 모든 사람이 놀랍게 여기더라"(마가복음 5:2).

같은 틀 안에서 예수는 순수함을 중시하는 당시의 율법을 공격한다. 그는 레기온 같은 사람들을 사회 밑바닥에 머무르도록 소외하고 격하하는 사회적·종교적 율법에 저항한다. 사원과 사원의 관리들이 보기에 청결과 순수함을 유지하는 일은 신성함을 지키는 일과 다르지 않다. 하지만 예수에게 영혼의 신성은 그보다 더러운 것이며, 가난하고 불결한 자들의 낡고 해진 신발 안에 자신의 발을 넣으라는 부름과 같다. 설사 그것이 경건함을 높이기 위해 만든 규칙을 위반하는 일이라 하더라도, 그는 한 접근법은 배제하고 소외시키고, 다른 접근법은 차고 넘치는 사랑으로 불러들인다. 전자는 건전하나 척박하며 후자는 더럽고 뜨겁다. 전자는 세속성의 침입으로부터 성스러움을 보호하고, 후자는 둘 사이의 경계를 무너뜨린다. 그렇게 은총이 인간 경험의 더러운 영역을 가로지르며 맹위를 떨친다.[31] 이야기를 거듭할수록 예수는 한편으로는 존경과 정의의 망토 아래 숨겨진 죄를 들춰내고, 다른 한편으로는 그의 시대를 살아가는 천민들 틈에 있는 잠재적인 선에 빛을 비춤으로써 거룩함에 대한 공식적인 설명에 구멍을 낸다. 죽은 관습의 "구멍 뚫린 메타포"(제라드 맨리 홉킨스의 표현)를 뒤흔들고 동요시킴으로써 예수는 율법과 교리의 인도적 정신을 되살려낸다. 예수는 온갖 부차적인 종교적 관습들을 벗겨내고, 신을 향한 사랑과 이웃을 향한 사랑이라는 토라의 뜨거운 핵심에 도달하여 예언자들의 도발적이고 자극적인 진실을 따른다.

예수는 종교적 율법의 해로운 영향을 사려 깊게 비판함으로써 그런 부정함의 표식들-신체적 기형과 흠결, 피와 질병, 흙과 배설물, 이방인과 국외자 신분-이 그 희생자와 감시자 모두의 영혼을 얼마나 더럽히고 있는지를 보여준다. 불결함은 희생자를 인간 공동체로부터 격리한다. 불결함은 한 사람의 위신을 떨어뜨리고 예속시켜 빈민가나 보호구역에 가둬놓고, 그를 범죄자나 짐승 같은 존재로 만든다. 주홍글씨나 노예의 낙인처럼 이런 비방은 희생자를 모욕하고 축소시킨다. 거기에는 대상을 격하하고 고립시켜 수치스럽고 무가치하다는 느낌을 받게 만드는 힘이 있다.[32] 나병 환자의 처우에 관한 레위기의 가혹한 말을 떠올려보라. "나병 환자는 옷을 찢고 머리를 풀며 윗입술을 가리고 외치기를 '부정하다, 부정하다' 할 것이요. 병 있는 날 동안은 늘 부정할 것이니라. 그가 부정한즉 혼자 살되 진영 밖에서 살지니라"(레위기 13:45-46).

역사의 연대기에는 그런 배제의 사례가 셀 수 없이 많다. 거기서 찢어진 옷, 헝클어진 머리, 어두운 피부는 불결함의 상징이었다. 인종주의와 식민주의도 근대 세계에서 그와 유사한 인식을 바탕으로 움직였다. 근대의 편

---

31 이 시기, 거룩함의 규준에 관한 훌륭한 논의에 대해서는 David Rhoads, "Social Criticism: Crossing Boundaries", in Mark and Method: New Approaches in Biblical Studies, ed. Janice Capel Anderson and Stephen D. Moore (Minneapolis, MN: Fortress Press, 2008), 145–79을 보라.

32 Crossan, Jesus, 88–93을 보라.

견은 수많은 비유럽 문화권과 비유럽 공동체를 가리켜 "부정하다, 부정하다"고 외쳐왔다. 한 예로 조지 크룩George Crook 장군(1830-1890)이 아메리카 인디언에 관해 말할 때 가장 먼저 내뱉은 형용사는 원주민들의 부정함과 불쾌한 냄새에 관한 것이었다. "그들은 더럽고, 냄새나고, 믿을 수 없고, 냉혹하고, 잔인하고, 게으르다."[33] 또한 토머스 파워스Thomas Powers에 따르면, 미국 서부로 향한 병사들과 개척자들은 인디언에 대한 혐오감의 근거를 재빠르게 냄새-"훈연한 쇠고기와 사향쥐와 족제비 냄새를 섞어놓은 것 같은 냄새"-에서 찾아냈고, 그 하나만으로도 원주민들을 백인 문명의 후각 범위를 벗어난 황야 어딘가로 쫓아내고 몰아넣겠다고 마음을 굳혔다.[34] 사실 이런 경우는 비일비재했다.

불쾌한 냄새가 야만성과 열등함의 지표가 아닐 경우에는 피부색과 계급이 공동체를 근대 세계의 '진영 밖'으로 몰아내는 좋은 구실이었다. 대서양의 노예 항로를 다룬 사이디야 하트먼Saidiya Hartman의 작품은 근대 세계를 만들어내는 데 그와 같은 사고방식이 얼마나 만연해 있었는지를 보여준다. 그녀는 영국인들이 로열 아프리카 컴퍼니Royal Africa Company의 본부로서 1674년에 아프리카의 황금해안에 지은 케이프코스트 성Cape Coast Castle을 묘사한다. 그곳은 지하에 거대한 창고가 있어 노예들을 가둬놓을 수 있게끔 설계되었다. 수천 명의 노예들이 이 지옥 같은 지하 감옥에 머무르다 낙인이 찍히고, 쇠사슬에 매인 채 배에 올랐다. 하트먼은 영국인들이 이 창고를 "공장"이라 불렀고, 거기엔 몇 가지 명백한 이유가 있었다고 지적한다. 그들은 노예의 몸을 원재료, 심지어는 폐기물로 취급했으며 악취 나고 더러운 것으로 여겼다. 노예의 몸은 오직 노동 자원 혹은 상품으로 착취할 때에만 좋은 것이었다.[35]

---

33   Thomas Powers, The Killing of Crazy Horse (New York: Vintage Books, 2011), 128을 보라.
34   ibid., 97ff을 보라.
35   Saidiya Hartman, Lose Your Mother: A Journey Along the Atlantic Slave Route (New York: Farrar, Straus and Giroux, 2007), 111–35을 보라.

지하 감옥의 창자 같은 미로에 들어온 사람이라면, 똥과 뼈와 피가 쌓인 더미를 발견하게 된다고 하트먼은 말한다. 끔찍한 광경 앞에서, 그 모든 사건을 직접 목격한 사람처럼 하트먼은 목소리를 소프라노까지 끌어올린다.

> 지하 감옥의 바닥에는 인간의 오물이 뒤덮여 있다. 맨눈에는 그을음처럼 보였다. 노예무역이 폐지되고 한 세기 반이 지나서도 오물은 그대로 남아 있다… 오물은 삶과 죽음의 접점이다. 오물은 대문자 역사에 보이지 않게, 부차적으로 소모되게끔 만들어진 모든 것을 구체적으로 보여준다. 대문자 역사는 위대한 사람, 제국, 민족의 이야기다. 오물은 불쾌한 것, 무가치한 것, 경멸할 만한 것에서 나오는 공포, 똥 더미에 대한 공포를 불러일으킨다. 오물은 역사 외부로 밀려나 기억상실 속으로 완전히 용해된 모든 생명의 잔여물이다.[36]

내가 신약을 벗어나 다른 곳을 배회하고 있다면, 그건 기독교적 반란의 본성을 더 잘 이해하기 위해서다. 예수의 형상은 신약의 지면에서 놀라운 형상으로 솟아난다. 그는 잘 알려진 '위인 이야기'를 교란하며, 오물에서 뒹굴고 역사 속에서 소모되는 개인들에게 또 다른 이야기를 헌정한다. 만약 이 생명들이 더러움dirtiness-먼지dirt란 자리를 잃은, 즉 잘못된 자리에 있거나 자리에서 밀려난 물질이라는 점을 떠올리자-에 오염되고 명예를 잃었다면 예수는 잘못을 바로잡고 신의 왕국에 그들의 자리를 마련해주고자 한다. 그가 사명에 대해 말할 때는 조금의 불확실성도 없다. 노예를 위해 대속하고, 속박된 자의 해방을 선언하고, 가난한 자에게 좋은 소식을 전하고, 맹인의 눈을 뜨게 하고, 억압된 자에게 자유를 가져다주는 것이다(누가복음 4:18). 시몬 베유가 단호하게 주장하듯, 바로 이 때문에 기독교는 노예를 위한 종교다.[37] 바로 이 때문에 나병환자와 걸인, 노예와 불가촉천민, 신이 버

---

36   Ibid., 115.
37   Simone Weil, Waiting for God (New York: Harper Perennial, 2009)을 보라.

린 사람들과 희망 없는 자들이 그리스도에게서 수호자와 해방자의 모습을 본다.

　이런 명령들을 구현하고 그 모범을 보이는 과정에서 예수는 당연하게 도 자신의 영혼을 더럽힌다. 신약 이야기에서는 예수 자신이 불결한 사람으로 취급받는다. 멸시받는 마을과 지역 출신이라는 이유로(요한복음 1:26), 평판이 나쁜 여성을 환대한다는 이유로(누가복음 7:37), 혈루증이 있는 여성과 접촉했다는 이유로(누가복음 8:43), 매춘부, 세리 그리고 사마리아인 같은 멸시받는 집단을 부른다는 이유로(마가복음 2:16; 누가복음 17:16), 주정뱅이와 매춘부와 함께 먹는다는 이유로(누가복음 7:34), 나병환자, 절름발이, 걸인, 무법자들과 어울린다는 이유로(마가복음 10:36), 무덤과 돼지들 틈에서 사는 자를 치료한다는 이유로(마가복음 5:1-13), 그리고 아이들을 받아들인다는 이유로(마태복음 19:14), 간단히 말해 사회의 불가촉천민에 해당하는 집단을 불러들인다는 이유로 예수는 더러운 사람으로 취급받고 끊임없이 살해당할 위험에 처한다.

　영혼에 대한 이해와 관련하여 이 문맥의 의미를 살피다보면 우리는 그것이 확실히 갈색을 띤다는 것을 알 수 있다. 리처드 로드리게즈의 묘사에 따르면, 갈색은 이주자와 노동자의 색이며, 변질되고 노화하는 몸의 색이며, 혼합물과 불순물이 섞인 피의 색이다(요한복음 8장 48절에서는 예수 자신이 불순한 소수자 집단인 사마리아인으로 몰려 고발당한다).[38] 기독교의 영혼 묘사는 카키색을 띤 듯한데, 카키는 페르시아어에서는 '흙먼지'를 뜻하고, 라틴어에서는 똥cacus과 관련이 있다. 이를 염두에 두고 복음의 일화와 이야기를 읽으면, 우리가 행해야 할 사랑의 형식은 그저 자스민처럼 달콤하기만 한 것이 아니라 쓴맛이 나고 악취가 나기도 하며, 또 언제나 온갖 종류의 인간과 마주칠 위험을 기꺼이 받아들여야 하는 것이라고 말할 수 있다.

38　Richard Rodriguez, Darling: A Spiritual Autobiography (New York: Viking Books, 2013), 183ff을 보라.

도주하는 영혼

그처럼 당대의 소외자들을 걱정하는 와중에 예수는 소외자와 도망자의 고난을 직접 겪게 된다. 이 사실은 모든 복음서에 명백하게 드러나 있다. 그를 향한 위협이 여러 방향에서 다가온다. 그는 자신을 절벽에서 떨어뜨리려는 음모(누가복음 4:29), 돌로 쳐 죽이려는 시도(요한복음 8:59), 살해하려 애쓰는 헤롯의 손에서(누가복음 13:31), 심지어는 그를 붙잡으려는 친족의 흉계에서(마가복음 3:21) 벗어난다. 요한복음에서 저자는 예수의 종잡을 수 없는 움직임을 그와 완벽하게 맞아 떨어지는 크립토krypto(비밀, 숨겨진, 수수께끼 같은)라는 그리스어 단어로 그려낸다. 이 단어는 메시아의 정체성과 운명이 품고 있는 은밀한 수수께끼 전체, 인간으로서 경험하는 곤경 밑에 묻힌 그의 신성을 암호화한다. 요한은 자신의 드높은 그리스도론(그리스도의 신성을 강조하는 관점)을 설파하면서, 그와 더불어 사실주의적 표현을 통해 예수가 일주하는 위험들을 묘사한다. 특히 예수가 예루살렘으로 떠날 때 그를 향한 위협은 상당한 수준에 이르고, 복음서의 서술은 예수의 복잡하게 꼬인 동선을 숨 가쁘게 쫓아간다. 리처드 캐시디Richard Cassidy는 이 상황을 이렇게 묘사한다. "우선 예수가 등장하고, 논쟁하고, 체포 직전에 빠져나가고(7:30), 다시 등장해서 선언하고 체포 직전에 빠져나가고(7:44), 다시 등장해서 논쟁하고 석살石殺 직전에 빠져나가고(8:59) 맹인을 치료하는 손짓을 하는데, 이 마지막 일화에서 그는 적들이 말 그대로 손에 돌을 쥐고 있는 상황에서 석살과 체포를 피해 빠져나간다(10:31-3)."[39] 요한은 어지럽게 전개되는 하루하루의 사건과 마지막 순간의 탈출을 통해 우리에게 쫓기고 몰리는 예수의 삶을 전해준다. 지옥에서 온 개가 그의 뒤를 쫓는 것이다.

모든 복음서가 널리 동의하는 듯 보이는 요소가 하나 있다. 바로 예수의 비밀스럽고 미로처럼 복잡한 움직임이 지속적인 위기와 갈등에 대한 반

39　Richard Cassidy, John's Gospel in New Perspective (Maryknoll, NY: Orbis Books, 1992), 33.

응이라는 것. "갈릴리의 마을과 예배당에서 그는 폭력적인 악령의 힘과 적대적인 관리들에 맞선다. 비유대인 지역에서 그는 악령의 군단과 화난 주민들의 무리를 만난다. 예루살렘의 적대적인 분위기 속에서 그는 압도적인 정치적 반대파를 마주한다."[40] 예수가 어디를 가든 상대는 그를 찾아낸다. 앞서 언급한 것처럼 마가의 산문이 이 위협의 그림자를 전한다. 마가의 글쓰기는 수수께끼 같고 반 정도만 투명하다. 허점과 침묵으로 가득하고 쫓기는 것처럼 보인다. 마치 저자가 13장에서 "산으로 도망하라"고 말한 그 자신의 조언을 따르는 것처럼(많은 학자는 마가복음이 기독교 이산의 산물이라고 추정한다. 로마-유대 전쟁이나 그 밖의 다른 박해를 피해 유랑하고 있던 공동체가 작성했을 수 있다는 것이다).[41] 마가복음의 저자는 예수의 황급한 움직임을 일관된 패턴으로 구성하기 위해 최선을 다한다. 하지만 그 결과는 그리 합리적이지 못하다. 대신 마가복음의 패턴은 단속적이고 동요하는 듯해서, 갑작스런 전환과 예상치 못한 중단으로 이뤄져 있다. 그럼에도 그 점 또한 이 복음서에 천재성을 부여한다. 마가의 혼란스러운 설계는 그 자체로 당대의 묵시록적 혼란을 나타내는 비유가 된다. 혹은 실존적으로 말해서 인간의 육신이 물려받은 충격과 타격을 비유한다. 자신의 시대와 장소가 만들어놓은 지뢰밭을 가로지르는 동안 예수는 흡사 체포를 피하기 위해 내달리고 도주하며 그 지역을 누비는 방랑자처럼 느껴진다. 개리 윌스Gary Wills는 음악적 메타포를 통해 이 쉼 없는 움직임을 표현하려고 시도한다. "그의 쉼 없는 여정에 걸맞는 배경음악을 떠올려보면, 그건 아마 하차투리안Khachaturian의 바이올린 협주곡을 여는 재빠른 아지타토agitato(악곡을 격렬하고 빠르게 연주할 것을 지시하는 말-옮긴이)일 것이다. 그는 낯선 영토에 들어가듯 도시에 갔다. 항상 '맥락에서 벗어나' 제대로 어울리지 못하

---

40 Rhoads, Dewey and Michie, Mark as Story, 64를 보라.

41 James Robinson, "The Gospels as Narrative", in The Bible and Narrative Tradition, ed. Frank McConnell (Oxford: Oxford University Press, 1986), 106ff을 보라. 또한 Graham Stanton, The Gospels and Jesus (Oxford: Oxford University Press, 2002), 40ff를 보라.

는 주변부 인간인 것이다."[42]

나는 예수가 세상 속에서 걸어간 길을 블루스나 힙합에 비유하는 것을 좋아하지만-로버트 존슨의 절박한 도피와 출발, 척 디Chuck D가 보여주는 묵시록적인 긴급성, DMX의 스타카토식 외침, 투팍에게 드리워진 죽음의 위협, 본 석스 앤 하모니Bone Thugs-n-Harmony의 열광적이고 애처로운 랩, 정신적으로 고심한 흔적이 느껴지는 케이알에스 원KRS-One과 켄드릭 라마Kendrick Lamar, 찬스 더 래퍼Chance the Rapper의 가사, 위에서 언급한 모든 이들의 무법적이고 저항적인 가사까지-여기서 요점은 예수가 늘 주의를 기울이며 능숙하고 민첩하게 움직여야 했고, 폭력과 핍박의 위협에서 빠져나가고 도주하기 위해 끊임없이 이동해야 했다는 것이다(마가복음 7:24). 복음서의 이야기는 독자에게 거대한 혼란과 고난의 시대에 압박에 시달리는 영혼, 이 땅의 이방인이자 임시 체류자인 영혼의 이미지를 제시한다(베드로전서 2:11, 레위기 25:23). 예수의 비밀스럽고 종잡을 수 없는 움직임은 이 텍스트에 등장하는 인간 남녀의 영혼에게 휴식과 정주가 허락되지 않았으며, 이는 그들이 약속의 땅에 뿌리내렸을 때조차 마찬가지라는 것을 상기시킨다.

이어서 마태복음을 살펴보자. 여기서 저자는 메시아의 갓난 시절을 핍박의 맥락에서 묘사한다(이 핍박은 명백하게 이집트의 족장들이 겪은 고난, 또 당연하게도 이집트에서 탈출한 이스라엘인들의 여정과 맥을 같이 한다). 예수는 태어난 순간 사형 선고를 받고 헤롯의 살해 위협에서 달아나야 하는 신세가 된다(출애굽기 2:15에서 모세가 파라오로부터 달아나듯). 마태의 묘사를 보면 유대민족이 겪은 추방과 탈주의 오랜 역사와 예수 사이에 연결점이 거의 즉시 만들어진다. 예수는 걷기도 전에 머나먼 여정과 필사적인 탈주의 시련을 알게 된다. 이집트로 도망치는 일화에서 마태는 역사적 연대기의 어느 왕이나 귀족도 보여주지 못한 놀라운 메시아의 특성을 기술

---

42   Gary Wills, What Jesus Meant (New York: Penguin Books, 2006), xxi.

하는데, 이때 메시아는 여러 시대에 걸친 셀 수 없이 많은 난민과 유랑자들의 이산 경험을 공유한다.

이처럼 그리스도의 수난을 그린 마태복음의 매혹적인 기술은 예수가 세상에 태어난 순간부터 시작된다. 아직 배내옷도 벗지 못한 채로 예수는 비극적 운명의 세례를 받는다. 나로서는 여기서, 세상에 처음 등장한 자신의 모습을 응시하는 투팍의 탄생을 떠올리지 않을 도리가 없다. 투팍의 어머니 아페니 샤커Afeni Shakur는 아들을 임신한 동안 교도소에 갇혀 있었다(그녀는 블랙 팬서Black Panthers[1965년 결성된 미국의 급진적인 흑인 운동 단체-옮긴이]와 경찰서 폭파를 공모했다는 혐의로 기소되었으나, 이후 무혐의로 석방되었다). 투팍은 이 사실에 커다란 의미를 부여한다. 자신이 덫에 걸리고 우리에 갇혀, 소외되고 감금된 삶에 내던져졌다고 느끼는 이들을 대변하리란 것이 운명적으로 점지되어 있었다는 듯 말이다. 투팍은 어머니가 임신 중이던 당시의 상황을 메타포로 되살려낸다. 쇠창살 안에서 삶을 시작하여, 교도소와 집단주택에 갇히고, 미국의 엄혹한 인종차별과 맞닥뜨리도록 예정된 무수한 생명들.[43] 푸코가 말한 끔찍한 인종주의의 정의-"죽음의 사회적 분배"-를 떠올리면서, 우리는 투팍의 음악이 불공평한 죽음의 분배에 대한 격렬한 저항이라고 말할 수 있다.[44] 미국의 흑인 아동 및 성인에 관한 통계를 살펴보는 것도 도움이 될 것이다(라틴계 미국인도 빠르게 비슷한 수준에 접근하고 있다). 우리가 살아가는 지금 이 시대에 18세에서 25세 사이의 흑인 남성 가운데 절반에 가까운 이들이 감옥에 있거나, 보호관찰 중이거나, 가석방 중이다. 흑인은 백인 미국인보다 살해당할 확률이 다섯 배 높다. 흑인 아동 중 절반이 빈곤 속에서 성장한다. 아프리카계 미국인의 삼분의 일이 빈곤 속에 산다.[45]

다 제쳐두고, 투팍의 음악은 이 암울한 현실의 증언이다. 그의 랩은 이

---

43   이 주제를 간략하게 살펴보려면 Tupac's song, "Still I Rise", on Still I Rise, Interscope Records, 1999을 보라.

44   Hartman, Lose Your Mother, 129에서 인용.

45   ibid., 129-30을 보라.

런 종류의 통계를 합산하고 분석하려는 시도이며, 이 가슴 아픈 수치로는 설명되지 않는 삶들을 설명하려는 시도다. 힙합에 관해서는 2부 3장과 4장에서 훨씬 더 깊게 논의하겠지만, 잠시 그 일부를 간단히 살펴보자. 첫 번째는 투팍의 노래 「갇혔어Trapped」이다.

> 그들이 날 가뒀지
>
> 도시의 거리를 걷기도 힘들어
>
> 날 괴롭히고, 날 수색하는 경찰 없인
>
> 그러곤 내 신분을 묻지
>
> 손 들어, 벽에다 날 밀치고
>
> 아무 짓도 안 했는데 말야.
>
> 날 괴롭히고, 날 사냥했어
>
> 난 내 동네에 갇혔어.
>
> 왜 내게 거짓말을 해?
>
> 나는 평등의 흔적도 찾을 수 없어.[46]

비슷한 어조를 우탱 클랜의 명곡, 「크림C.R.E.A.M.」(Cash, Rules, Everything, Around, Me)에서도 발견할 수 있다.

> 꿈을 가진 남자, 큰돈을 벌 계획이 있었어
>
> 근데 실패하고 열다섯에 감옥에 갔지.
>
> 약을 팔던 젊은 친구 돈이 많았던 적은 없어
>
> 가질 수 없는 걸 가지려 했지.
>
> 법원은 날 깔아뭉갰어. 이제 난 갇힐 거야,
>
> 가야지. 감옥이 내 목적지니까.

---

46 Tupac, "Trapped", on 2Pacalypse Now, Interscope Records, 1991.

버스 뒤에서 수갑을 찾네. 우리 40명 전부.

짧은 삶이 이렇게 힘들 일인가.[47]

투팍의 노래든 우탱 클랜의 노래든, 랩의 가사는 노예제와 짐 크로법Jim Crow Law('공공시설에서 백인과 유색 인종의 분리'를 골자로 1976년부터 1965년까지 시행된 법이자 인종차별 관습-옮긴이)에서부터 20세기 후반의 감산복합체(감옥과 산업의 복합체. 인간의 부자유에서 수익 모델을 만드는 이익집단을 뜻함-옮긴이)에 이르기까지 다양하게 전개된 억압의 기억에서 흘러나온다. 투팍이 목격했듯이, 미국 흑인은 쫓기고 추적당할 운명을 짊어졌으며, 아이들은 태어난 순간 속박과 공포 속으로 들어가, 말하자면 걸음마도 떼기 전에 경찰을 두려워해야 하고, 하굣길에 날아오는 총알을 피해야 했다. 투팍은 창살을 덧댄 게토의 창 너머로 세상을 바라봤다. 그곳에서 여자아이들은 먹이지 못할 아기를 낳았고, 남자아이들은 글을 배우기도 전에 수감됐다. 죽음이 아무런 경고 없이 순식간에 찾아드는 곳이었다. 이런 공포와 예감을 표현하면서 투팍은 유랑과 추방의 감각이 미국 흑인들 사이에 얼마나 만연해 있는지를 드러냈다. 도망자와 재소자의 역할을 맡은 미국 흑인 민중의 삶은 투팍 이후 나아가기를 멈춘 것처럼 보인다. 상황이 스킵 제임스의 블루스 시대에 머물러 있는 것처럼 말이다. "사람들은 문에서 문으로 떠돌아다니지. 어딜 가든 천국은 나오질 않고."[48] 그와 유사하게, 투팍의 보컬과 가사-폭언과 분노, 기도와 찬양, 낮게 중얼거리는 후두음과 고통스러운 한숨-는 한편으로는 여기부터 멀리 떨어진 천국과 숨은 신과의 거리를 재는 도구이자, 다른 한편으로는 그를 비롯한 모든 떠돌이의 영혼에 신이 거하고 있다는 증거이기도 하다. 예수의 제자들처럼 막무가내로 오해하고 죄를 짓고 규칙을 어기는 성향이 있긴 하지만, 투팍은 이 서술들

---

47   Wu-Tang Clan, "C.R.E.A.M.", on Enter the Wu-Tang (36 Chambers), Loud Records, 1994.

48   Skip James, "Hard Time Killing Floor Blues", on Hard Times Killing Floor Blues, Biograph, 2003.

을 통해 외부자로서 느끼는 고통과 지혜를 구하는 자로서 희망을 전달한다. "갇힌, 흑인, 다치고 금지된 / 진실을 모색하는"[49] 그는 적어도 가장 숭고한 순간만큼은, 성경의 텍스트가 전하는 '좋은 소식'을 받아들고, 음악을 통해 위험한 태풍과 폭풍우에 맞서 자신의 영혼을 가다듬고 진정시키고자 노력했다.

도덕적 관대함과 영혼의 음악

나는 이 책 전체에서 힙합을 통해 독특한 게토적 관점으로 성경을 볼 수 있다고 주장하지만, 한편으로 힙합이 실망스러운 지점도 있다. 힙합은 현상을 설명하고 진단하는 특출한 능력을 자주 보여주지만, 더 나은 삶, 더 깊은 삶, 더 영혼으로 충만한 삶을 내다보는 일에는, 특히 윤리 문제가 얽혔을 때는 번번이 실패한다. 그것이 중대한 실패라는 데는 의심의 여지가 없다. 기독교 전통에서 영혼의 충만을 결정하는 것은 윤리적인 규준과 교리이기 때문이다. 성경의 텍스트에서 예수는 추종자들에게 "영혼을 얻는 데" 필요한 봉사와 희생의 가치를 역설한다(누가복음 21:19). "율법의 더 중한 바, 정의와 긍휼과 믿음"(마태복음 23:23)을 외면한다면, 율법-십일조, 희생제물 등등-을 의례적으로 따르는 것만으로는 충분하지 않다. 복음서의 이야기는 거기 담긴 진실을 통해 우리를 움직이고 독려하고자 하며, 그 단순한 아름다움을 통해 우리를 설득하고자 하고, 도덕적으로 안주해 있는 우리를 흔들어 깨우고자 한다. 복음서는 우리 눈앞에 이야기를 살아 움직이게 만들어 독자나 청자를 포박해 붙잡아놓고서 우리가 더 충만한 삶을 상상할 수 있도록 돕는다. 만일 독자가 그처럼 흔들어도 깨어나지 않는다면, 성경의 영혼은 그 손에서 빠져나가고 말 것이다. 그리고 그보다 나쁜 것은, 도덕적 깊이가 없는-무엇보다 인간을 감화하는 사랑이 존재하지 않는-영혼은 결국에는 쇠약해진 끝에 공허하고 정신적으로 빈사상태에 빠진, 생명이 완전히 메말

---

49   Tupac, "Black Jesus", on Still I Rise, Interscope Records, 1999.

라버린 유령이 되고 만다는 것이다.

우리에게 윤리적 문제를 가르치는 동안 예수는 토라의 격언과 이야기들을 당대의 관성과 무관심, 부정의를 위협하는 위험한 기억으로 탈바꿈시킨다. 과거의 예언자들과 마찬가지로 그의 비전은 과거를 개괄하고 미래를 전망한다. 한편으론 모세와 엘리야와 출애굽의 이야기를 돌아보고, 다른 한편으론 도래할 왕국의 여명을 바라보는 것이다. 과거, 현재, 미래가 지속적으로 교차한다. 예를 들어, 마가가 요단강의 황야에서 세례받는 예수의 이야기를 시작할 때, 우리는 그 텍스트가 여호수아를 따라 요단강을 건넌 이스라엘인의 이야기나, 엘리아와 엘리샤Elisha가 요단에서 행한 기적, 혹은 바빌로니아에서 이스라엘로 돌아온 포로들의 이야기를 환기시킨다는 것을 알고 있다(여호수아서 3:15-17; 열왕기하권 2:8-14). 여기서 저자는 깊은 우물에서 기억을 끌어올리고, 예수의 형상을 새로운 모세로, 이집트나 로마가 짓이겨 흙으로 만들어버린 이들을 해방시킬 예언자로 그려낸다.

다시 한번 예수는 도덕성의 혁명이라 하기에 충분한 상황을 만들어낸다. 이 혁명은 경건한 이들과 존경할 만한 이들 앞에서 죄인과 매춘부를 연회에 불러 환영하는 일이고(마태복음 21:31), 오만한 자와 힘 있는 자를 낮추고 가난한 자와 미천한 자를 높이는 일이며, 또 현명한 이들과 배운 이들을 논박하고 소외된 자들의 길거리 지혜를 옹호하는 일이다.[50] 마리아의 아름다운 노래는 이것을 다음과 같이 표현한다.

> 내 영혼이 주를 찬양하며,
> 내 마음이 하나님 내 구주를 기뻐하였음은
> 그의 여종의 비천함을 돌보셨음이라…
> 권세 있는 자를 그 위에서 내리치셨으며,

---

[50] Raymond Brown, An Introduction to the New Testament (New York: Doubleday Books, 1997), 157을 보라.

비천한 자를 높이셨고

주리는 자를 좋은 것으로 배불리셨으며

부자는 빈손으로 보내셨도다.

(누가복음 1:46-53)

누가가 마리아의 말을 옮길 때 영혼이 충만한 열광적인 어투로 기록한 것은 적절한 선택이었다. 각각의 마디가 기쁨으로 넘쳐 산문적인 어투는 어울리지 않기 때문이다. 수많은 글을 통해 누가는 그리스도의 복음은 우울한 음으로나 흥겨운 음으로나 똑같이, 때로는 겨울처럼 구슬프고 때로는 봄처럼 화사하게 들리지만, 거트버킷gut-bucket(2박자의 떠들썩하고 즉흥적인 재즈-옮긴이)의 수준일 때 우리가 가장 잘 느낄 수 있다고 얘기한다. 과연 마리아는 비천한 여종doules(노예나 시종을 뜻하는 그리스어 단어)인 자신 안에 메시아가 만개한 것을 느끼며 자신과 그 밖의 모든 짓밟힌 자들을 향한 그리스도의 호의를 흥겨운 음으로 노래한다. 그 순간 환희의 송가가 울려 퍼져 이스라엘 역사에 메아리치던 애가와 만가가 중단된다. 우리는 부드럽고 달콤하면서도 거칠고 강인하게 들리는 마리아의 칸토가, 어쩌면 '성가의 여왕' 마할리아 잭슨Mahalia Jackson의 깊고 초월적인 목소리와 닮았다고 상상할 수도 있다. 어떤 곡이든 이 여성들의 목소리에는 노예제에 대한 기억과 자유에 대한 공통의 감성이 존재한다. 마할리아 잭슨이 그녀의 음악에서 느껴지는 충동에 관해 말하는 내용은, 마리아의 찬송가에 관한 말이라고 해도 어색하지 않다. "나는 신의 음악을 노래한다. 그게 자유를 느끼게 해주니까."[51]

마할리아 잭슨의 음악과 아주 유사하게 신약은 자유의 노래를 수록한 모음집으로서, 영가와 재즈, 레게와 힙합이 북미 흑인들의 고통을 덜어준

---

[51] Robert Ellsberg, Blessed Among Us: Day by Day with Saintly Witnesses (Collegeville, MN: Liturgical Press, 2016)에서 인용.

것 못지않게 그 옛날 청중의 불안한 신경을 따뜻이 위로해줬을 것이다. 노예의 자손들이 만든 예술로서 흑인 음악은 성경의 세계 및 인물들과 놀랍도록 비슷하다. 미국의 노예들이 처음 성경의 이야기를 들었을 땐 분명 고대 이스라엘의 유랑, 이산, 십자가형 이야기가 마치 자신들의 고난과 고통을 기록한 암호이기라도 한 것처럼 충격적인 깨달음을 경험했을 것이다. 성경의 이야기가 아프리카계 미국인들이 만들어낸 음악과 문화의 심장이 되어 거세게 고동치자 순식간에 이 이야기들은 새로운 목적에 맞게 차용되고 변형되었다.

게다가 흑인 음악이 세속적인 음색을 차용할 때조차 성경의 유산은 그 음조와 근심과 희망을 유지하며 계속 울려 퍼졌다. 아이작 헤이즈Isaac Hayes와 데이비드 포터David Porter의 명곡인 「소울맨Soul Man」을 생각해보자. 이 노래는 유월절과 이스라엘인의 속박에 관한 이야기를 민권 운동의 맥락에서(구체적으로는 와츠Watts와 디트로이트Detroit에서 일어난 소요의 맥락에서) 재해석한다. 아이작 헤이즈에게 이 노래는 속박에서 자유로 나아가는 고대 이스라엘인들처럼 "자신의 현재 상황보다 더 높은 곳에 오를" 수 있었던 "영혼의 인간"을 그리는 곡이었다.[52] 흑인 음악가들은 수많은 사례를 통해 성경에 나타나는 고난과 약속의 주제를 깨우고 불러내 새롭게 상상했다. 이 예술가들은 성경의 세계를 활용하여 성경의 폭발적인 잠재력, 표면 아래 묻힌 가스와 에너지원을 채굴했다. 예술가들은 그 텍스트의 기저에서 미국의 관습적인 해석을 폭파시킬 수 있는 더 위험한 기층을 발견하고자 했던 것이다.

여기서 다시 흑인 음악 이야기를 꺼낸 요지는, 간단히 말해 흑인 음악의 유산이 수많은 기독교 교회가 그려낸 전형적이고 감상적인 예수의 초상보다 오히려 성경 이야기에 나타난 급진적인 예수에 더 충실할 때가 많았다

---

52   Robert Gordon, *Respect Yourself: Stax Records and the Soul Explosion* (New York: Bloomsbury, 2015), 159–60을 보라.

는 것이다. 당시 예수가 힘 있고 부유한 자들을 마주할 때 얼마나 날카로워지는지를 생각해보라. 흡사 스카Ska(1950년대 후반 자메이카에서 발생한 음악 장르-옮긴이) 시대 자메이카의 '무례한 소년rude boy'이나, 혹은 스택스 레코드Stax Records 시대의 '영혼의 남자', 또는 투팍의 검은 예수처럼 말하지 않는가. 신약성경에 등장하는 이 인물은 불평등과 부정의의 산을 마주할 때면 곧잘 위협적인 어조로 말하곤 한다. 그의 혀는 마치 미치광이 래퍼처럼 위협하고, 저주하고, 악담을 쏟아낸다. 그는 거친 단어를 사용해 추종자들에게 충격을 주고, 그들을 흔들어 깨워 주변에서 목격한 비겁한 실패를 마주하게 만든다. 무화과나무를 저주할 때든, 성전에서 환전상의 돈이 쌓인 탁자를 뒤엎을 때든, 세상이 토라의 계율에 눈과 귀를 닫고 있는 것처럼 보일 때면 언제든 과장되고 공격적인 언사를 사용한다. 예를 들어 부에 관해서라면 그는 상대를 괴롭히는 가혹한 악역을 맡는다. 부유한 남성이 예수에게 영생을 얻는 방법을 물어본 사례를 살펴보자. 무엇을 해야 영생을 얻을 수 있냐고 그는 묻는다. 그는 유대교의 율법과 계명을 잘 지켜왔지만 예수는 더 많은 것을 요구한다. "네게 있는 것을 다 팔아 가난한 자들에게 주라." 이 범상치 않은 요구에 남자는 풀이 죽는다. 절대로 그 조언을 따를 수 없다는 사실을 알기 때문이다. 그러자 예수의 불같은 말이 이어진다. "낙타가 바늘귀로 나가는 것이 부자가 하나님의 나라에 들어가는 것보다 쉬우니라"(마가복음 10:21-25; 마태복음 19:16-24).

이 남자나 누가복음의 '어리석은 부자'와는 정반대로 예수는 자신의 권력과 부를 내려놓고, 자아를 버리고 자존심을 내던질 때 영혼을 얻을 수 있다고 여긴다. 예수는 인간 남녀의 영혼이 성장하고 확장될 수 있지만, 그 과정에는 고통스러운 희생이 필요하다고 여기는데, 이는 그의 최측근을 포함한 많은 사람이 쉽게 이해하지 못했던 가르침이다. 그들은 보다 쉬운 과정을 거치리라 예상했고, 고통은 그들의 계획에 딱히 포함되어 있지 않았다. 하지만 예수에게 영혼의 확장은 늘 산통이 따르는 일이고, 또한 영혼의 신전이 다시 세워지고 영혼이 교회에 들어가려면 늘 파괴와 붕괴가 앞서야 한다. 다시 키츠를 불러내 인용하자면, 영혼이 원래 되고자 했던 무언가가 되기 위해서는 지성과 자아가 세상에서 고통을 겪고 가르침을 얻어야만 한다.

비극적 지혜와 십자가에 매달린 그리스도

1장에서 암시했듯이, "사람이 만일 온 천하를 얻고도 자기 영혼을 잃으면 무엇이 유익하리오?"라는 예수의 잘 알려진 금언은 이스라엘의 풍부한 예언사에 속하는 것이다(마가복음 8:36). 이 질문은 예수의 앙상한 몸보다 크고 강력한 힘을 품고 있다. 그것은 청자나 독자에게 직접 말을 걸고 자신의 가치관과 우선순위를 되돌아볼 것을 요구한다(잘 알려진 루돌프 불트만 Rudolph Bultmann의 케리그마kerygma(선교)의 정의를 되풀이하자면).[53] 이 메시지는 영혼과 세속적 가치가 조화를 이루게 하기보다, 영혼의 문제와 사회적 규범 사이에 불협화음을 일으킨다. 주파수가 높은 음이 유리잔을 깨고 창문을 부수듯, 이 구절에 담긴 예수의 목소리는 권력, 영광, 물질적 성공으로 이루어진 보편적인 초상을 깨부순다. 복음서 작가의 눈에는 이것이 유다의 가치이지 예수의 가치가 아니었다.

기독교의 메시지가 이런 식으로 분명하게 예언의 목소리를 취하는 동안, 유대인의 지혜 문학wisdom literature(고대 이집트·바빌로니아의 처세훈적處世訓的 서책, 구약 성서의 욥기, 잠언, 전도서 등-옮긴이)도 그 메시지 구성에 영향을 미쳤다. 특히 마태는 그 같은 지혜 전통wisdom tradition의 영향을 여러 곳에서 암시하고 있어서, 그의 주인공은 이야기 속에서 여러 인물을 만나는 와중에 예언자나 현인과도 마주치게 된다. 집회서(천주교에서 인정한 구약의 제2정경. 지혜 문학서 중 하나-옮긴이)가 존재한다는 것도 그 영향을 말해준다. "영혼을 다 바쳐 지혜에 다가서고 온 힘을 다해 지혜의 길을 지켜라… 마침내 너는 지혜의 안식을 찾고 지혜는 너에게 기쁨이

---

53   James Dunn, Unity and Diversity in the New Testament: An Inquiry into the Character of Earliest Christianity (London: SCM Press, 1990), 12에서 인용.

되어주리라… 지혜의 차고는 너에게 든든한 보호막이 되고 그녀의 큰 칼은 영광의 옷이 되리라. 지혜의 멍에는 금장식이고 그녀의 사슬은 자주색 끈이다"(집회서 6:24부터). 마태복음에서 예수도 비슷한 말을 전한다. "수고하고 무거운 짐 진 자들아 다 내게로 오라, 내가 너희를 쉬게 하리라. 나는 마음이 온유하고 겸손하니 나의 멍에를 메고 내게 배우라. 그리하면 너희 영혼이 쉼을 얻으리니"(마태복음 11:28-29). 두 경우 모두에서 메시지는 완전한 몰두와 헌신을 전제한다. 지혜의 멍에를 지는 일은 정의의 행로와 올바름의 길을 걷는 일이며(잠언 8:20), 지혜가 건네는 빵과 포도주를 섭취하는 일이며(잠언 9:5), 지혜를 신부로 맞는 일이다(지혜 8:2). 말할 것도 없이, 마태에게 지혜는 영혼의 모든 식욕을 채워주는 빵과 포도주, 소피아Sophia가 육화되어 구현된 예수의 형상으로 예증된다.

스토아학파의 초상과 대조해보면 이 관점-버림받은 자(예수)에게 구현된 지혜-이 얼마나 놀라운 것인지 잘 이해할 수 있다. 스토아 철학자의 목적이 개인의 로고스, 혹은 이성을 우주의 대문자 로고스와 나란히 맞추는 것이라면, 기독교적 지혜의 제자들은 자신의 영혼을 나사렛 사람 예수의 형태로 육화하고 십자가에 못 박힌 대문자 로고스와 나란히 맞춘다. 이 목표는 순수한 이성의 행위라기보다는 사랑과 신의 계시에 따른 행위에 가깝다. 그것은 혼인의 결속처럼 자신의 영혼에 전념한다는 것을 전제한다. 우리의 정신과 영혼이 이 초라한 왕과 혼인함으로써, 우리는 세상의 방식으로는 보이지 않고 멸시되고 하찮은 것을 보는 눈과 사물의 이면 혹은 더 나은 배면을 엿보는 신비한 능력을 얻게 된다. 그때 지혜의 소유를 관장하던 계층화된 규범은 일시에 붕괴하고, 세상의 낮은 자와 천한 자들에게 지혜가 주어진다. "하나님의 어리석음이 사람보다 지혜"로운 것이다(고린도전서 1:25). 지혜를 문화·경제적 엘리트로부터 들어내 재분배하는 과정에서 기독교는 사회의 주변부에 속한 이들-성 바울의 말에 따르면 세상의 천하고 멸시받는 자들-이 명석하고 창의적인 이해를 보여줄 수 있다고 주장한다(고린도전서 1:28).

스토아학파의 지혜(이 학파는 노예 신분을 우의적으로 마음의 상태로 파악한다)와는 달리 마태복음의 예수는 실제 노예에 대한 기억에 근거해서 "고아와 과부를 위하여 정의를 행하시며 이방인을 사랑하여 그에게 떡과 옷을" 주는 지혜의 전통에서 탄생했다(신명기 10:18). 예수는 거리에서, 광장에서, 가장 붐비는 모퉁이에서, 교차로에서, 도시에 진입하는 입구에서 외치고, 잠든 영혼에게 커다란 소리로 경고하는 큰 지혜를 구현한다(잠언 1:20, 8:2-3). 지혜의 모습을 한 예수는 궁정과 사제의 일로부터 우리의 관심을 돌려 "해 아래에서 행하는 모든 학대"와 "누구도 위로하지 않는 학대받는 자들의 눈물"로 향하게 한다(전도서 4:1). 그의 목소리는 공적이고 포괄적인 선언이며, 또 욥기의 아름다운 구절과 유사하게 가난한 자와 곤궁한 자의 고난을 배려하라고 부추긴다. "세상의 가난한 자가 다 스스로 숨는구나. 그들은 거친 광야의 들나귀 같아서 나가서 일하며 먹을 것을 부지런히 구하고… 의복이 없어 벗은 몸으로 밤을 지내며 추워도 덮을 것이 없구나. 그들은 산중에서 소나기를 만나 젖어도 피할 곳이 없어 바위를 안고 있느니라"(욥기 24:4-8).

복음서에서 지혜 찾기는 이런 지각과 근심의 동의어이자, 절박하게 음식을 찾고 옷을 필요로 하고 피할 곳을 찾으며 몸을 떠는 빈자들에게 우리의 주의를 돌리게 하는 도덕적 충동과 같은 말이다. 지혜의 목적은 우리를 자극하고 촉구하고 방해하고, 우리 자신에게서 끌어내 이전에는 보지 못하고 지나쳤던 곤궁을 보도록 긴급하게 경고하는 것이다. 그와 동일한 의미에서 바르톨로메 데 라스 카사스Bartolomé de Las Casas(1474년에 출생한 에스파냐의 성직자, 역사가, 도미니크회 수도회 선교사로 인디언에 대한 전도와 보호사업을 벌였다-옮긴이)는 집회서를 들춰보다 충격적인 구절을 발견했다. "궁핍한 이들에게 베푸는 빵은 가난한 이들의 목숨이니, 그것을 주지 않는 자는 살인자이니라"(집회서 34:25). 이 글에 마음과 영혼이 동요된 라스 카사스는 집회서에 담긴 지혜의 목소리와 그 밖의 모든 성경 내용에, 특히 충분히 예상할 수 있듯이 예언자들의 책에 들어맞게끔, 자신의 영혼을 근본적으로 재배치하고 재조정했다. "너희는 스스로 씻으라! 내 목전에서 너희 악한 행실을 버리며 행악을 그치고, 선행을 배우라. 정의를 구하며 학대받는 자를 도와주며 고아를 위하여 신원하며 과부를 위하여 변호하라"(이사야서 1:16-17).

라스 카사스의 경우든 성경의 경우든 지혜는 분명 단순한 지식이나 믿음에 그치지 않는다. 지혜는 총체적인 삶의 방식이며 파토스pathos(고통), 파시오passio(수난, 인고), 콤파시오compassio(타인과 함께 나누는 고통)를 통해 성취된다. 그것은 고통에서 태어난 지혜, 비극의 인식, 고통스러운 계몽이다. 아이스킬로스Aeschylus는 이를 신의 법이라 말한다. "배우는 자는 고난을 겪어야만 하느니." (다수의 학자들이 마침 마가가 그리스 비극을 잘 알고 있었다고 주장한다.)[54] 마가는 그것을 십자가의 길, 겸허와 봉사와 고통의 길이라고 말한다(마가복음 8:31-10:32).

마가가 그리스 비극을 알았든 몰랐든 그의 복음서에 그려진 수많은 충돌-예수와 관리들, 예수와 '권력자', 예수와 냉정한 제자들, 그리고 예수와 하나님 아버지 사이에 벌어지는 충돌-에는 비극의 빛을 띤 구름이 드리워 있다. 기적을 행하는 영웅이나 의기양양한 군사지도자의 이미지를 외면함으로써 마가는 약하고, 고민하고, 그리고 무엇보다 끔찍한 운명에 무고하게 희생되는 메시아를 우리에게 제시한다. 그리고 자신의 주인공이 지금과 다른 운명을 간청하도록 내버려둔다. "하느님 아버지! 이 잔을 내게서 옮기시옵소서"(마가복음 14:36). 마가의 서술은 다른 어떤 복음서보다 더 비통한 분위기에 젖어 있으며, 사랑하는 스승의 죽음, 사랑하는 예루살렘의 파괴, 죽음의 고통에 빠진 한 시대의 파멸에 이르기까지 저자가 살아간 시대의 애통한 사건들로 뒤덮여 있다. 마가는 흡사 고야Goya처럼 검은 붓으로 캔버스를 칠한다. 그가 그리는 세계는 마치 폭풍우에 흔들리는 나무 그림자처럼

---

54   인용은 Aeschylus, Agamemnon의 것이다. 마가복음과 비극의 관계에 관해서는 Louis Ruprecht, The Tragic Gospel (San Francisco: Wiley Books, 2008), 79–101을 보라. 또한 Stanton, Gospels and Jesus (Oxford: Oxford University Press, 2002), 40ff; Dennis MacDonald, The Homeric Epics and the Gospel of Mark (New Haven, CT: Yale University Press, 2000)을 보라.

차분하지 못한 윤곽, 급격한 움직임, 떨리는 모퉁이, 흔들리는 경계선으로 불안하게 가득 차 있다.

마가의 수난 이야기에 담긴 의미심장한 침묵도 이 엄숙하고 폭발적인 고뇌의 순간들과 관련되어 있다. 그런 순간에 독자들은 예수의 신념이 흔들리는 것을 발견한다. 마가는 극도의 고통을 몇 단어로 집중하고 응축하는 방법을 잘 알고 있으며, 적당한 말이 없을 때면 말을 자르고, 생략하고, 침묵한다. 그의 복음서 전체에는 이렇게 불길한 침묵이 자주 등장하지만(십자가에 대한 성부의 침묵 못지않게 무겁다), 마가는 그 침묵들을 비극적인 아름다움으로, 음울하면서도 희망적인 느낌을 주는 잊을 수 없는 멜로디로 바꿔놓는다.

다른 복음서와 비교해서 읽을 때 마가의 침묵은 더욱더 선명해진다. 사실 다른 복음서들은 마가의 침묵이 불편한 듯 그 빈틈을 메우기 위해 자주 설명을 덧붙인다. 예를 들어 예수의 죽음과 관련하여 마태는, 예수의 수난이 '속죄'와 성경 내용의 실현을 나타낸다며 마가복음에는 존재하지 않는 주석을 덧붙인다(마태복음 26:28-54). 그 뒤를 따라 요한 역시 예수의 죽음을 희생의 맥락에서 유월절에 바치는 희생양의 죽음으로 파악한다(한편으로 예수의 고통을 경감시키면서). 다른 복음서의 작가들과는 달리, 마가는 입을 닫고서 예수가 죽는 이유를 설명하지 않고 내버려둔다. 엄격하고 절제된 서술을 통해 마가는 세계의 인물과 사건, 힘은 인간의 이해를 거부하고 혼란을 일으킨다는 성경의 근본적인 주제에 공감을 드러낸다.[55] 이 원칙을 활용하여 예수 이야기를 묘사하자면, 신의 아들의 죽음-그리고 역사 내내 이어진 셀 수 없이 많은 무고한 이들의 죽음-을 정당화하는 그 모든 근거는 침묵에 빠져들고 공허한 것이 되어 합리적 이유가 있던 자리에 놀라움과 경

55 　예를 들어 마가복음서에선 예수와 그의 추종자들이 세례를 받는 동안 십자가에 박힐 예수의 운명이 메아리치듯 울린다. Mark 10:38에서, 세례는 그가 겟세마네에서 견디게 될 죽음의 잔과 짝지어진다: "내가 마시는 잔을 너희가 마실 수 있으며" 예수는 말한다. "내가 받는 세례를 너희가 받을 수 있느냐?"

외심이 들어선다.[56] 신학적 해명으로 악의 공포를 이겨낼 수 있게 하는 대신에 마가는 우리에게 서사적 반응을 던져준다. 다시 말해, 흉측하게 손상된 우리의 인간성을 위해 무한한 사랑을 품고 인간 드라마에 등장하여 결국 생명을 물같이 쏟아내고, 뼈가 어그러지고 심장이 밀랍같이 녹아 사라지는 메시아를 던져준다(시편 22:15).[57] 요컨대 마가는 예수의 완전한 인간성, 멜빌이 말했듯이 "비애에 찬 인간"을 우리에게 제시한다. "모든 인간 중에 가장 진실한 인간은 비애에 찬 인간이고, 모든 책 중에 가장 진실한 것은 솔로몬의 책이며, 전도서는 잘 압연된 비탄의 강철이다."[58]

　　니체는 기독교와 비극은 물과 기름이라 공존할 수 없다고 여겼지만, 멜빌은 성경의 전통 안에서 "잘 압연된 비탄의 강철"을 발견했고, 이것을 무기로 사용해서 "병원과 감옥을 기피하고 잰걸음으로 빠르게 묘지를 지나치는"[59] 표피적인 기독교와 싸움을 벌였다. 멜빌이었다면 아프리카계 미국인이 그려낸 기독교 초상의 비극적인 천재성을 이해했을 것이다. 흑인 기독교의 실존적·신체적 고통을 맨 처음 겪은 정신적 조상은 다름 아닌 멜빌이다. 코넬 웨스트는 이렇게 설명한다.

　　노예들은 아프리카에서 신세계로 향하는 여행에서 엄청난 트라우마를 겪었다. 또한 유럽계 미국인들은 아프리카인들의 언어, 문화, 종교를 체계적으로 박탈하려고 시도했다. 이런 상황에서 부조리한 흑인 경험이 탄생했다… 느리지만 확실하게 '아프리카 신들의 죽음'이 찾아오자, 많은 흑인들은 기독교의 복음을 창조적으로 전유했고… 이를 통해 만연해 있는 부조리를 현재까지 지

56　여기서 나는 Robert Alter를 따르고 있다. Alter, The World of Biblical Literature (New York: Basic Books, 1992), 22–23을 보라.

57　마가는 많은 사람들에게 넘친 계약의 피에 관해 말하며 Ps. 22:12를 떠올리고, "나는 물같이 쏟아졌으며 내 모든 뼈는 어그러졌으며"; Isa. 53:10–12을, "나의 의로운 종이 자기 지식으로 많은 사람을 의롭게 하며"; 그리고 유대인 순교자들의 죽음을 떠올린다. 4 Macc. 17:21.

58　Melville, Moby Dick. Robert Alter, Pen of Iron: American Prose and the King James Bible (Princeton, NJ: Princeton University Press, 2010)에서 인용.

59　Alter, Pen of Iron, 50에서 인용.

속되는 비극으로, 일종의 존재의 '수난일'로 뒤바꿨다. 흑인들은 십자가 위에 영원히 매달린 듯 영구적으로 십자가형을 받으면서 계속해서 학대받고 끊임 없이 폄하되지만, 그럼에도 굴하지 않고 혹시 모를 승리의 순간을 꿈꾸면서 희망을 버리지 않고 자신들의 정신을 탈바꿈시켰다.[60]

다시 니체로 돌아가서 우리는 이 "희망을 버리지 않음" 그리고 그와 관련된 자비, 정의, 신앙을 가리켜 일종의 착각, 복수, 원한이라고 부를 수도 있다. 하지만 성경에서 그리고 마틴 루터 킹 박사의 노예 도덕에서 기독교는 목자와 노예, 일일 노동자, 난민들에게 그들도 소중하고 사랑받는 존재가 되리라는 약속을 의미했다. 마가복음에 나오는 텅 빈 무덤은 이 약속과 계약을 암시하는 동시에, 서사의 비극적 무게에 기쁨과 놀라움으로 균형을 맞추는 평형추이기도 하다. 또한 그것은 생기를 불어넣는 희망의 숨결이다. "영혼에 내려앉아 말없이, 그리고 한 번 멈추는 일 없이 노래하는 깃털 달린 것"이다.[61]

지금쯤이면 내가 니체에 맞서 킹 박사나 세자르에서 인차베스 또는 마할리아 잭슨이나 투팍 같은 인물들과 함께 두 발을 단단히 딛고 있다는 점이 명확해졌을 것이다. 하지만 기독교 역사의 악마 군단을 모두 퇴치한 니체의 심리학적 천재성을 부정하는 것은 아니다. 물론 자기기만이나 기만적인 가면, 적개심이 기독교인의 영혼을 지배하리라는 점에서는 니체가 옳았다(아우구스티누스도 그렇게 주장했다). 또한 영혼에는 어두운 지하세계가 있어서 영혼을 투명하고 맑게 만들려는 어떤 시도도 망쳐놓는다는 점에서도 옳았다. 니체는 영혼의 병폐에 관해서는 많은 면에서 옳았는데, 특히 그 병폐의 표면에 결백과 미덕의 물감이 한 겹 뒤덮여 있을 때, 추함을 값싼 화장으로 저속하게 감추고 있을 땐 더욱 그랬다. 그가 보기에는 이런 유형의

---

60   Cornel West, The Cornel West Reader (New York: Basic Civitas Books, 1999), 427, 435–36.
61   Emily Dickinson, "Hope Is the Thing with Feathers", in The Complete Poems of Emily Dickinson, ed. Thomas Johnson (New York: Basic Bay Books, 1976).

일들이 기독교 혁명의 과정에서 발생했다. 권력과 복수를 바라는 욕망이 연민과 겸양으로 위장됐고, 원한과 시기가 평등의 외양을 덮어썼으며, 나약함과 곤궁이 귀족적이고 고결한 본능으로 칭송되었고, 요컨대 삶의 진정한 아름다움과 고상함이 저주받고 포기되었다.

적어도 나 자신을 위해서 우리에게 필요한 것도 심리학자이자 의심의 대가인 니체의 정신이다. 우리의 정직성을 유지하고, 우리에게 스스로를 기만하는 능력이 있음을 되돌아보기 위해서 말이다. 정의나 평등을 위한 어떤 투쟁을 평가하든 간에, 다른 모든 사람만큼이나 억압된 사람들의 영혼 속에 자리 잡은 침묵의 동기와 기저의 충동을 항상 고려할 필요가 있다. 리처드 라이트가 믿음을 갖게 된 것은 니체를 읽은 후였다.[62] 이런 종류의 경계심이 없다면 영혼은 너무나 쉽게 증오와 반감과 시기와 원한의 늪으로 빠져들 수 있다.

마지막으로, 니체는 옳기도 했고 터무니없이 틀리기도 했다. 만일 그가 근대 서양에서 노예로 사는 것이 어떤 일인지, 혹은 근대 독일에서 유대인으로 사는 것이 어떤 일인지를 이해했더라면, 또는 "억류된 흑인들의 대서양 횡단으로 비롯된 엄청난 불화, 그리고 그 뒤에 이어진 예속과 폭력적 지배, 불명예, 태생적 소외, 그리고 노예의 지위가 부여된 과정을" 이해했더라면, 그는 유대-기독교의 영혼과 그 '노예 도덕'을 비난하는 과정에서 그만큼 절대적으로 확신하지 못했을 테고 그만큼 형이상학적이지 못했을 것이다.[63] 만일 그가 고전 음악의 범위를 벗어나 빌리 홀리데이나 마할리아 잭슨, 로린 힐의 음악처럼 평범한 사람의 블루스를 알아보는 트인 음악적 안

---

62   Richard Wright는 그의 강연집 White Man Listen!에서 니체를 빌려와 억압된 자들의 복수 위협에 관한 상당히 섬세하고 미묘한 입장을 취한다. 그는 양면성과 "이중시야"에 관해 말한다. 이중시야는 억압된 자들의 영혼이 타고나는 것으로, 증오를 욕망과 결합시켜 대상을 모방하고 흉내 낸다. "사랑과 결합된 얼마간의 증오(양면성)는 늘 이와 같은 밑에서 위를 향한 응시에, 그리고 끊임없는 변화를 겪는 주체가 자신의 위치를 확인할 기준으로 삼는 객체에 항상 몰두한다." Gilory, Black Alantic, 161에서 인용.

63   인용의 출처는 다음과 같다. Saidiya Hartman, Scenes of Subjection: Terror, Slavery, and Self-Making in Nineteenth-Century America (Oxford: Oxford University Press, 1997), 72.

목을 지니고 있었다면, 그는 인간 영혼의 새로운 차원과 그럼에도 고갈되지 않는 가능성을 발견했을 것이다.[64] 만약 그 들썩이는 리듬과 곡예 같은 가사가 그의 귀에 들렸다면, 디오니소스에 대한 그의 믿음도 어쩌면 이교적 세계관에 떨림 혹은 전율을 일으켜 최소한 그의 영혼에 '십자가에 박힌 신'을 위한 작은 틈과 균열이 생길 정도로는 흔들렸을 것이다. 그리고 만일 그가 힙합의 시대 이후에 태어났더라면, '셀아웃selling out'과 '소울드아웃souled out'의 결정적 차이도 알았을 것이다.

마지막으로, 기독교 전통은 힙합과 마찬가지로 수많은 셀아웃을 저지르긴 했지만, 그래도 결국은 소울드아웃(영적 깨우침)에 관한 것이고, 자신의 종교적 진실을 지키는 일에 관한 것이며, 세상의 가난한 사람과 병든 사람 가운데서 발견할 수 있는 금은보화보다 값진 지혜에 관한 것이다. 로린 힐의 노래가 말하는 것처럼 말이다.

> 난 부자에서 가난뱅이로 초점을 옮기려고 해.
> 최면에 빠진 사람들을 깨우려고 이 곡을 썼지…
> 빈민가의 집주인을 세입자로 바꿔서
> 그의 돈을 아이들이 쓰도록 주는 거야.
> 그리고 법을 바꾸는 거야.
> 여기 도착한 이래로 우리의 생존을 막는 모든 법을,
> 모세와 아론처럼. 성경에 기록된 것들
> 상황은 바뀔 거야, 그건 분명해,
> 그러면 투명한 모든 게 훤히 드러날 거야.
> 신이 널 구원하도록, 네 삶을 진짜로 만들어.
> 네가 집착하는 걸 조심해, 넌 돈을 가질 수 있어. 여왕이 어떻게 하는지 지켜봐.

---

[64] 과연 "십자가에 박힌 신"을 향한 그의 비난에 선행하는 Beyond Good and Evil에서, 니체는 우리에게 그의 주제는 바로 인간 영혼의 경계라고 말한다. "지금에 이르는 영혼의 전 역사와 아직 고갈되지 않은 그 가능성: 이것이 타고난 심리학자이며 맹수 사냥을 즐기는 이에게 운명 지워진 사냥터다." Nietzsche, Beyond Good and Evil, 56을 보라.

나는 차분히 시편 73장을 읽을 거야.

이것들만 있으면, 세상은 내 손안에 있으니.[65]

---

65   Lauryn Hill, "The Final Hour", on The Miseducation of Lauryn Hill, Ruffhouse, Columbia Records, 1998.

2부

세속에서 들려오는 영혼의 악센트

1장
두엔데를 찾아서
: 스페인의 영혼을 노래한 로르카

두엔데는 소울과 관련이 있다. 아주 어두운 감정으로
인간성을 깊이 파고드는 탓에 새로운 형식으로 표출되어야만 하는 예술,
고통을 변모시키고 고통을 넘어설 그런 예술과.

-에드워드 허쉬Edward Hirsch[1]

시의 본질에는 뭔가 외설적인 면이 있다.
타락한 천사라는 말은 과장일지라도,
다이모니온의 말을 받아적은 것이라고 하는 것은 바로 그 때문이다.
그토록 자주 자신의 약점을 드러내어
수치심에 휩싸이는데도 시인의 저 자부심은 어디서 나오는지 모르겠다.

-체슬라브 밀로즈Czeslaw Milosz[2]

나는 그라나다 출신이라서 집시, 니그로, 유대인, 무어인 등 박해받는 사람들에게
동질감을 느낀다. 그라나다 사람이라면 누구나 그 사람들을 내면에 품고 있다.

-페데리코 가르시아 로르카[3]

---

1   Edward Hirsch, The Demon and the Angel: Searching for the Source of Artistic Inspiration (New York: Harcourt Books, 2002), 196.

2   Czeslaw Milosz, "Ars Poetica?", in Selected Poems, ed. Seamus Heaney (New York: Harper Collins, 2004), 88.

3   Ian Gibson, Federico Garcia Lorca: A Life (New York: Pantheon Books, 1989), 29에서 인용.

페데리코 가르시아 로르카(1898-1936)는 스페인 내전 초기에 희생되었는데, 1936년에 그가 사랑한 그라나다의 북동쪽 비스나르 마을 부근에서 파시스트의 손에 목숨을 잃었다. 로르카는 고대 아랍인들에게 아이나다마르 Ainadamar라고 잘 알려진 '눈물의 샘' 근처에서 총에 맞은 것으로 보인다. 로르카는 스페인의 풍부하고 다채로운 역사, 특히 피지배 문화를 중요하게 여겼으므로, 그가 천연의 샘 근처에서 스러졌다는 것은 상징적인 의미가 있다. 마치 유대 문화, 무어 문화, 가톨릭 문화가 겹겹이 쌓인 안달루시아의 땅이 그를 안장하기 위해 그의 몸에 성수를 뿌린 것 같지 않은가. 이상하게 들리겠지만 그는 소련의 스파이이자 "총보다 펜으로 남에게 더 큰 피해를 입히는 자"[4] 라고 비난받았다. 스파이라는 혐의는 터무니없는 것이었지만, 두 번째 비난은 정확한 편이다. 우연히 모든 위대한 예술의 근본적인 진리가 드러난 셈인데, 그 진리는 마음속에 파고들어 국가에 엄청난 소요와 혼란을 일으킬 수 있다. 로르카가 제시한 영혼-그가 말한 두엔데duende-개념이 이를 뒷받침한다. 두엔데는 로르카가 떠올린 상상의 뮤즈로, 그의 시와 음악을 저 높은 곳으로 올려놓으면서 동시에 그 시대의 권력을 흔들고 위협했다. 파시스트 비평가들은 두엔데를 이단으로 보았고 일종의 질병이자 사회의 기본 가치에서 벗어난 일탈이므로 이를 저지하지 않으면 재앙이 불어닥칠 수 있다고 보았다. 그래서 비평가들은 로르카가 펜으로 써 내려간 저항을 모두 지우거나 무마하려 했다. 로르카가 죽임을 당한 것은 분명 그의 난폭하고 파괴적인 천재성을 통제하려는 시도였다.

에드워드 허쉬가 주장했듯이 두엔데는 미국 흑인 문화의 '소울soul' 개

---

4   이렇게 죄를 뒤집어씌운 사람은 그를 체포한 Ramón Ruiz Alonso와, Gil Robles의 우익연합당에 속한 한 당원이었다. 로르카는 무선 라디오를 숨겨 놓고 소비에트 공산당과 교신했다는 혐의로 체포되었다. 하지만 잘 알려진 대로 진짜 이유는 로르카가 언론, 시, 희곡(특히 늙은 이교도 여인Old Pagan Woman이 무신론을 선언하는 희곡 『예르마Yerma』에서 반파시스트인 진술을 서슴지 않았고, 게다가 동성애 성향까지 보인다는 것이다. 처음에 로르카는 시민정부 건물로 끌려갔고, 며칠 후에 알파카로 가는 도로에서 총에 맞았다. 전날 밤 처형 계획을 들은 로르카는 고해할 신부를 요청했다. 하지만 요구가 묵살되자 그는 José Jover Tripaldi와 기도를 했는데, 트리팔디의 증언에 따르면 두려워하던 시인이 기도를 하고부터 평온해졌다고 한다. 다음을 보라. Ibid., 454-67.

념과 유사한 면이 있다. '소울'과 비슷한 형성 과정을 거친 두엔데는, 스페인어로 고통을 승화시켜 이를 훌륭한 음악, 시, 종교, 예술작품 등으로 표현해내는 창의적 아름다움을 가리킨다. 이런 점에서 두엔데는 머디 워터스 Muddy Waters가 말하는 모조mojo와 흡사하다. 모조는 예술가에게 특별함과 탁월함을 부여해서 청중을 홀리고 매혹하는 마법의 주문 또는 암흑의 매력이다. 로르카의 시와 희곡에서처럼 블루스 음악에 모조가 나타나면 천상과 지상에 놀라운 소리 풍경이 펼쳐지는데, 이 때문에 청교도를 비롯한 '샌님'들의 비방을 초래하기도 했다. 부두교Voodoo(부두라는 말은 부적으로 착용하는 작은 플란넬 백을 가리킨다)에서 기원한 모조는 블루스에서도 악마의 소행이라는 비난을 받았다. 블루스의 소리 지르기, 웅얼거림, 쇳소리 뒤에 모조가 자리하고 있다면, 그것은 미국의 많은 기독교도를 지옥의 쾌락에 빠뜨릴 법한 음악이었기 때문에 실로 위험했다. 결국 블루스는 가난과 죽음이 마치 허기진 유령처럼 시골 지역에 출현하는 미시시피주의 언더그라운드에서 탄생했다. 블루스의 대가 선 하우스Son House는 이 주제에 로르카의 연극적 기교를 가미했는데, 특히 그의 곡 '죽음의 편지Death Letter' 에서 죽음과 임종을 소름 끼칠 정도로 세세하게 그려냈다. 매장을 기다리는 시체, 공중에 펼쳐진 관을 덮는 보자기, 무덤 속으로 내려간 관, 시신을 삼키는 땅 등을 묘사해서 장례식 장면을 섬뜩하게 표현한 것이다.[5] 죽음과 임종에 대한 이러한 연출은 선 하우스가 죽음의 위협에 맞서 싸우는 방식이 되었다. 음악은 그에게 죽음의 어두운 면을 막아주는 부적이었다.

로르카의 작품에서도 불가사의할 정도로 비슷한 점을 볼 수 있다. 그가 속한 문화에서는 죽음을 극화하는 데 매료되어, 예수와 성인들의 죽음을 문화적으로 받아들여 널리 드러내고 내보였다. 미겔 데 우나무노Miguel de Unamuno가 주장한대로 스페인은 비극적인 사회였으나, 염세적이거나 무

---

5   Ted Gioia, Delta Blues: The Life and Times of the Mississippi Masters Who Revolutionized American Music (New York: W. W. Norton, 2009), 377.

기력하거나 절망적이진 않았다. 문화적으로 죽음이 떠들썩한 구경거리가 되어 부정과 비탄이 줄어들고 긍정과 흥이 넘치는 생활예술을 구현한 듯했다. 로르카의 예술은 바로 이 옷감에서 잘라 낸 조각이었다. 로르카는 시, 희곡, 음악에서 죽음과 유희하고 불장난을 벌였지만, 그의 작품은 "올이 거친 천과 고운 천으로 속이 가득 채워져"[6] 있어서 삶을 윤택하게 하는 풍요로움이 솔기솔기 흘러나왔다.

하지만 일부 스페인 국민은 그 과도한 풍부함을 견디지 못했다. 모조의 영향을 받은 로르카의 시, 희곡, 에세이는 위험한 것이 되었는데, 그의 작품들이 교조적인 현재보다는 관용적이고 다채로운 과거나 미래와 연관되었기 때문이었다. 게다가 스페인에서는 인정받지 못하고 지하세계로 강등된 지구상의 박해받는 사람들과도 연결되어 있었다. 로르카의 예술은 이러한 곳에 존재하는 아름다움 그리고 성과 속의 경계를 넘나드는 아름다운 양식을 일구어냈기 때문에, 윤리와 신성을 옹호하는 파시스트의 반감을 산 것도 놀라운 일이 아니었다. 그의 작품들은 교육 수준이나 계급에 관계없이 예술가의 가치를 따지는 예술의 기준, 즉 영혼의 능력을 찬양했다. 오순절의 성령이 하인과 하녀들에게 불시에 폭포처럼 쏟아졌듯이, 두엔데가 임하리라는 충격적인 계시에 힘입어 로르카는 새로운 꿈을 꾸고, 환영을 보고, 불같은 혀로 앞날을 예언할 수 있었다. 파시스트가 보기엔 그 모두가 위험했다.

로르카의 두엔데: 신성한 영혼과 세속적인 영혼

독자들도 곧 알아차리겠지만, 이 책 2부에서 나는 영혼의 세속적 의미와 관련하여 두엔데를 고찰하고 있는데, 이는 특히 두엔데가 스페인의 음악, 춤, 구어체의 스타일 및 미학과 연관되어 있기 때문이다. 로르카의 두엔데 개념이 이런 문화적 특징과 관련이 있다고 해서, 그 개념이 완전히 세속적이라거나 종교적 감성과 거리가 멀다는 뜻은 아니다. 대서양 너머의 사촌 격인

---

6   Walt Whitman, Song of Myself (New York: Penguin Books, 1996).

미국 흑인의 영혼과 마찬가지로 두엔데의 저류에는 영적 전압이 흐르며, 표현되는 형태도 다양해서 성령이나 성인의 넘치는 황홀감, 춤과 노래의 광적인 즐거움, 터져 나오는 종교적 미사여구, 사랑의 마법 등으로 나타난다. 말하자면 신성한 종교의식이든 내밀한 육체적인 경험이든 간에 두엔데는 인간의 창의력이 가장 강력하게 발휘되는 곳에서 드러나는 것이다. 아리엘과 칼리반(셰익스피어의 희곡 『템페스트』의 등장인물. 아리엘은 정령이고 칼리반은 짐승 같은 사내다-옮긴이)이 각자의 부모로부터 물려받은 유전자로 야생의 자식을 낳은 듯이, 두엔데는 천상과 지하, 초월과 관능, 영감과 두려움을 동시에 갖고 있다. 이 고유한 복잡성 때문에 두엔데는 각각 다른 방향으로 흩날리고 휘몰아치는 감정의 폭풍이며, 영성과 자연, 성과 속을 비롯한 다양한 생각과 경험을 서로 잇는다. 이것이 이 연구의 핵심이다.

두엔데를 경험할 때 느끼는 원초적 직관과 음악적 무아지경을 숙고할 때면 자연스럽게 디오니소스라는 인물이 비교 대상으로 떠오른다. 두엔데는 방종과 육체적 환희, 영적 도취에 빠진 사람에게 찾아오기 때문이다. 몇 가지 측면에서 이 비유는 우리의 이해를 넓혀주기도 하지만(특히 디오니소스를 음악과 황홀경의 신으로 그린 니체의 묘사를 생각하면), 다른 한편으로는 로르카가 사용한 용어의 윤리적 특징이 가려질 수 있다. 로르카의 다채로운 영적 세계-이교도 세계와 기독교 세계-에 비추어 볼 때, 두엔데는 로르카의 바로크적 세계에서 나온 산물로 보인다. 다시 말해, 두엔데는 디오니소스와 이교도의 특징을 갖고 있지만 기독교의 요소들과도 분명히 얽혀 있다. 특히 가난한 사람과 죽은 사람을 대신해 설득력 있게 말하는 부분이나 죽음의 경험-두엔데를 경험하기 위한 조건-을 십자가의 길과 결합한 부분이 그렇다. 로르카는 그 자신의 방법으로 이집트인을 약탈하는 과정에서, 먼저 이교도 개념을 가져온 다음 그것을 가톨릭의 개념과 비슷하게 만들고 마지막에는 십자가에 못 박힌 예수 그리스도의 이미지를 새겨 넣었다. 미국 흑인들이 아프리카 전통의 빙의와 춤에다 기독교의 서사와 이미지를 부여한 것처럼, 로르카는 두엔데를 재가공해서 디오니소스를 기독교의 제단에 올려놓았다(니체가 알았다면 틀림없이 경악했을 것이다).

두엔데의 기원

두엔데라는 말의 기원은 집주인을 뜻하는 '두엔 데 까사duen de casa'로 거슬러 올라간다. 두엔데가 집주인이라면 인간은 기본적으로 집주인의 영역에서 외부인이며, 결코 주인이 될 수 없다. 자아는 집에서 쫓겨나지 않으려는 사람처럼 이 사실을 강하게 부정하지만, 내면에 존재하는 차이나 미스터리와 함께 지내는 법을 배우고 아름다움에 투항하는 법을 배운다면, 자아는 두엔데의 전달자가 될 수 있다. 이렇게 볼 때, 두엔데에는 예술과 삶의 갖가지 위대한 성취들에 관한 어떤 진리가 구현되어 있다. 그런 성취는 우리 바깥에 있는 어떤 것이 우리를 사로잡거나 소환할 때, 즉 찬란한 아름다움, 죽음의 공포, 사랑의 선물, 음악의 흡인력 같은 것이 우리의 자아나 의지의 영역 바깥에서 우리 안으로 들어올 때 이루어진다. 로르카의 고향 스페인에서, 두엔데는 영적으로 충만한 그런 순간을 암시하기도 했지만 민중들의 구전에서는 가정에 사달을 내거나 소란을 일으킬 수 있는 파괴적인 혼령, 또는 유령 같은 트릭스터였다. 두엔데는 통제하기 어렵고 무질서한 힘의 화신으로서 우리의 보금자리를 지배하고, 상속권을 빼앗고, 집에서 쫓아내고, 유배 생활로 내모는 불청객이다. 두엔데는 왕을 거지로, 군주를 방랑자로, 예언자를 수인으로 만들 수 있다. 예술가에게 두엔데는 파괴적이지만 숭고한 결과물을 유도해낸다. 로르카는 이렇게 말한다. "두엔데에 사로잡혔을 때 고야는 주먹을 쥐고 무릎을 꿇고 역청을 가지고 작업한다. 두엔데에 사로잡혔을 때 모센 신토 베르다게르Mossén Cinto Verdaguer(카탈루냐 지방의 대표작가-옮긴이)는 피레네산맥의 추위 속에서 옷을 벗고, 호르헤 만리케Jorge Manrique(에스파냐의 시인. 이 세상의 무상無常을 통렬하게 노래한 것으로 유명하다-옮긴이)는 오카냐 황무지로 들어가 죽음을 목도한다"(DS, 45). 산을 황무지로 만들 때 두엔데는 화산 폭발과 같은 파괴력이나 사막의 회오리바람 같은 위력을 발휘한다. 그 힘은 (우리를) 비천하게 만들고, 벌거숭이로 내몰고, 꼼짝 못 하게 한다.

　　하지만 형태를 변화시키는 두엔데를 순전히 파괴나 약탈의 용어로 말한다면 그 개념을 제대로 이해한 것은 아니다. 두엔데는 삶의 고통을 가르쳐주는 것 못지않게 우리를 매혹하고 마음을 사로잡으며 영혼을 더욱 충만하게 한다. 로르카의 작품에 두엔데가 나타난다면 이는 뭔가 매력적이고 황홀한 경험, 즉 치명적인 강렬함과 초자연적 예지력에 대한 경험을 의미한다. 두엔데는 뮤즈 같은 모습으로 변해서 위대한 예술가들, 특히 음악가, 무용수, 시인에게 영감을 준다. 이때 두엔데는 위대한 예술가의 깜부기불에 산소를 공급해주는 귀한 공기이며, 평범한 자아를 상상도 할 수 없는 높은 곳으로 끌어올리는 정신적 활력, 디오니소스적 광기, 미칠 듯한 황홀경, 열렬한 환희이다. 두엔데가 없어도 예술가는 기술을 터득하고 실력을 기를 순 있지만, 영혼을 소유하긴 힘들다. 영혼이 없는 예술가는 신선한 공기를 조금 불어넣을 수 있을 뿐, 눈부시게 아름다운 사이클론을 일으킬 수는 없다. "라 니냐 데 로스 페이네스La Niña de los Peines('빗의 소녀The Girl of the Combs')"라고 불린 안달루시아 가수 파스토라 파본Pastora Pavón에 대하여 로르카가 묘사한 글이 요점을 잘 보여준다.

> 중세의 조문객처럼 넋이 나간 듯 라 니냐 데 로스 페이네스는 자리에서 일어나 독주를 한 사발 들이킨 후 바싹 타들어 간 목으로 노래를 부르기 시작했다. 목소리나 숨소리, 음색을 모두 무시하고 오직 두엔데로. 그녀는 노래의 모든 틀을 깨고, 격정과 매혹이 흘러넘치는 모래바람의 친구 두엔데에게 길을 터주었다. 두엔데에게 매혹된 청중들은 앤틸리스 제도의 흑인들이 루쿠미 의식을 치를 때 사용하는 것과 똑같은 리듬에 맞춰 옷을 잡아 찢으며 산타바바라 조각상 앞에 모여들었다. (DS, 45-46)

루쿠미 의식과 산테리아 전통에서 산타바바라를 위해 부르는 플라멩코의 두엔데를 언급할 때, 로르카는 대서양을 가운데 두고 이루어지는 두 제례의식 사이에 불가사의한 공통점이 있음을 지적한다. 음악의 원시적인 아름다움이 삶의 고난과 기쁨을 실어 나르는 곳이면 어디든지 두엔데가 나타나는 것이다(이 주제는 아프리카계 쿠바 음악과 관련하여 2부 4장에서 깊이 다룰 것이다). 열광적인 가수로 변장하고서 산타바바라-혹은 그녀의 짝인 오리샤 샹고Orisha Shango-와 하나가 될 때 두엔데는 그 자리에서 폭발하여 음악의 틀과 체계를 부수고 종교적·음악적·미적 정통 교리를 초월하여 새로운 소리와 믿음을 만들어낸다. 미를 판단하는 체계적·보편적·초월적 규칙-임마누엘 칸트가 『아름다움과 숭고함의 감정에 관한 고찰Observations on the Feeling of the Beautiful and Sublime』이나 『판단력 비판Critique of the Power of Judgment』에서 제안한 규칙-은 계몽주의에서 탄생했다. 반면에 로르카의 두엔데는 무질서의 원칙, 즉 비유럽 식민지의 리듬과 전통에 담겨 있는 미개하고 야만적인 아름다움과 닮았다. 정중함, 공손함, 예의범절, 고상한 취미의 원칙(현대의 노예제와 공존하는 가치)에 따르는 사교 모임을 방해하고 망가뜨리는 트릭스터처럼, 두엔데는 근대 미학의 기준과 규칙을 따르지 않는다.[7] 스페인의 두엔데는 중심을 벗어나고 궤도를 이탈한, 말하자면 현대 유럽의 중심과 궤도를 벗어난 존재로, 정통 미학의 반대쪽에 드리워진 그림자이자 집시, 무어인, 유대인, 히스패닉, 흑인, 빈민 등 현대적 취향과 사상의 주변부에 머물러 있는 집단의 총체적 경험에서 나왔다. 로르카에게 두엔데는 '모래바람의 친구'다. 두엔데가 전 세계에 걸쳐 추방당하고 방랑하는 수많은 사람들, 오늘날 변화의 바람에 흩날려 떠도는 사람들과 유대를 맺고 있기 때문이다.

따라서 플라멩코 가수의 바싹 타들어 간 갈라진 목소리는 유럽의 미학(칸트, G. W. F. 헤겔, 데이비드 흄, 알렉산더 바움가르텐, 에드먼드 버크 등이 구상한 미학)과는 완전히 다른 숭고의 개념을 표현한다. 유럽 문화와 유럽인의 취미를 중요시하는 사람들에겐 집시의 목에서 나오는 두엔데 소리

---

7   Simon Gikandi, Slavery and the Culture of Taste (Princeton, NJ: Princeton University Press, 2011), 7을 보라.

가 이성과 예의범절이라고는 찾아볼 수 없는 시끄럽고 혼란스러운 야만의 절규에 불과할 것이다. 쇳소리가 나는 집시 노래는 잊었던 부르짖음의 기억을 거칠게 대변한다. 로르카는 이렇게 말한다. "가수는 끔찍한 비명과 함께 집시 시기리야(플라멩코의 주요 장르 중 하나-옮긴이)를 시작한다… 가수의 노래는 죽은 세대의 절규이자 잃어버린 세기의 비가이며, 다른 달과 다른 바람 아래에서 이루어지는 애처로운 사랑을 떠오르게 한다… 안달루시아 사람은 저 절규를 듣고 몸서리를 치지 않을 수 없다"(DS, 25). 이 딥송은 망자의 영혼에 충절을 표하기 위해 중세 조문객이 울부짖는 분노, 소리치는 예언자 혹은 황홀경에 빠진 성가 선창자를 떠올리게 한다. 이 음악은 다채로운 소리 팔레트를 쓰는데, 스페인의 빼앗긴 유산을 몽타주로 표현하기 위해 여러 색깔의 안료를 섞는다. 게다가 이 음악은 망자와 대화를 나누고 그들의 어려움, 불평, 불만을 상기시킨다. 딥송에는 나사로에 대한 예수의 사랑과 애정, 즉 죽은 자를 일으키는 힘이 있다. 생기를 불어넣는 힘이.

어떤 사람들은 로르카만의 넘치는 활력과 포괄적인 예술성(극작가, 음악가, 시인, 수필가로서)을 두고 두엔데가 구현된 거라고 생각했다. 예를 들어 살바도르 달리Salvador Dalí는 로르카를 이렇게 묘사했다. "완전하면서도 '날 것' 그대로인 시적 현상이 내 앞에서 갑자기 뼈와 살을 갖추고, 혼란스러워하며, 핏빛을 띠고서, 끈적끈적하고, 숭고한 모습으로 나타났다… 위대한 페데리코의 선동적이고 개방적인 시적 형식이 흐트러진 불꽃 속에서 거칠게 솟아오르는 것을 느꼈을 때 나는 파우스트식 계약을 거부하는 미숙한 늙은이답게 올리브 가지로 그것을 내리쳐 잠재우려 했다"(CP, xxii). 달리는 그런 과도하고 격렬한 감정에 두려움을 느끼고서 디오니소스가 아닌 아폴로의 신봉자가 된다. 유년의 성급함이 아닌 노년의 차분한 지혜를 지지한 것이다. 그는 로르카가 가진 선동적이면서 가공되지 않은 두엔데의 힘을 증언하지만, 마구잡이로 불타오르는 열정에 대해서는 경고한다. 달리는 로르카의 불길을 끄는 소화전이자 로르카의 영혼을 물가에 매어두려는 밧줄이다. 그는 친구 로르카의 안전을 염려했고, 그가 밧줄을 잃고 부두에서 떠내려갈까 봐 걱정했다. 달리는 노년의 조심성을 옹호한다. 물가에 꼭 붙어 있으라.

달리의 신중함은 타당했기에 로르카는 그 점을 받아들여 자신의 감정과 시를 꼭 필요한 규율과 논리에 맞춰 조정했다. 이성과 논리는 로르카 예술의 지침, 즉 누군가를 미지의 바다에 계속 떠 있게 하는 부표가 된다. 하지만 오로지 제자리에서만 부유하게 된다. 시의 목적이 태양 아래 모든 체계화되지 않은 삶들을 다양하게 탐구하는 것이라면, 논리나 신중함에 얽매인 소심한 학생은 최적의 가이드가 아니다. 그 대신 서슴없이 행동하고 다른 사람들을 초월적인 깊이와 심오함으로 끌고 가는 인생의 심해 잠수부를 찾아보라. 이 지침이 로르카에게는 시적 상상이며, 지식의 경계를 새로운 지평선까지 넓혀주었다. 그는 이렇게 말한다. "시를 통해 인간은 철학자나 수학자가 침묵을 지키며 외면하는 최첨단에 더 빨리 다가간다"(DS, 112; CP, lx). 철학이나 과학이 갈 수 없는 곳에도 능히 접근하는 두엔데는 시를 정신적 수단으로 삼아 영혼의 미개척지를 탐사한다.

그렇지만 두엔데는 글말로 된 시보다는 소리 및 구술과 특별한 관계를 맺고 있다. 이는 소리의 성질을 고려하면 전혀 놀랄 일이 아니다. 관찰자를 관찰 대상 바깥에 두고 추상적 사고력과 객관성을 이끌어내는 시각 정보와는 달리, 소리는 청자에게 침투하여 그 안으로 흘러 들어간다. 음악이나 구어는 청자를 발화자에게 빠져들고 몰입하게 한다. 그런 이유로 청자는 발화자를 순전히 이론적으로 분석하는 것이 아니라 가슴으로 깊이 느끼고 경험하게 된다. 현대사회에서 성서를 혼자 읽는 것과는 달리, 역사적으로는 성서를 큰 소리로 읽고 외고 노래했던 것을 감안하면 성서에 나오는 하느님의 말씀이 청자에게 이런 식으로 스며들었을 것이다(히브리어 다바르dabar는 스토아학파의 로고스와 다르게 사건과 말씀을 모두 의미할 수 있다). 최대한 기교적으로 읽고 낭송했을 때-현대의 래퍼나 가수처럼 음색, 음높이, 박자표를 능수능란하게 써서 낭송했을 때-말의 진리는 구술 예술과 그 아름다움에 결부된다. 바로 이 결합이 청자를 몰두하게 하고 영혼의 복종을 이끌어냈을 것이다. 소크라테스 이전의 진리(알레테이아aletheia)에 대해 마르틴 하이데거가 이해한 것과 비슷하게 다바르는 폭로, 해프닝 또는 사건이라서 청자의 혈액에 스며들고, 귀에 들어오고, 혈관을 따라 흐르고, 살갗을 자극하며 마음을 유혹한다. 이 모든 효과는 하느님 말씀을 발화하고 암송할 때 생기는 주술적인 힘에서 발생한다.[8] 성서와 고대 그리스 전통을 보면 이 매혹적인 언어의 효과가 수도 없이 나타난다. 예를 들어, 오디세우스가 자신을 향해 다가오는 사이렌의 노래를 들었을 때 심장이 두근거리고, 미칠 듯한 열망에 사로잡혔다고 호메로스는 말한다(오디세우스는 아름다운 소리가 나는 쪽으로 배를 조종하려는 열망을 떨치기 위해 큰 돛대에 몸을 단단히 묶어야 했다). 음악과 구어는 주문을 걸고 경험을 왜곡하는 힘이 있다. 그래서 로르카는 음악과 구어를 두엔데의 특별한 수단으로 여겼다.

두엔데와 다이몬

그리스인들의 망령에 대해 거론할 때 우리는 두엔데와 고대의 다이몬 간의 관계도 고려해야 한다(로르카는 꼭 집어서 소크라테스의 다이몬, 아빌라의 성녀 데레사, 니체-뜻밖에도 연관성을 보이는 인물들-을 언급한다[DS, 43-50]). 이 둘 사이에는 특이한 유사점이 있다. E. R. 도즈E. R. Dodds에 따르면 다이몬은 특정한 개인과 동행하며 그 사람의 알 수 없는 운명에 영향을 미치는 신비로운 영혼이다.[9] 이때 다이몬은 그 개인의 타고난 재능과 신이 내린 재능에 관여한다. 다이몬은 정신을 고양하는 영적인 힘이자 가이드로서 개인이 탁월함이나 용기, 아름다움을 추구하도록 이끈다.[10]

하지만 다이몬의 개념이 소크라테스와 플라톤 같은 철학자에게 이르자 철학자의 이성적 기준에 더 부합하는 쪽으로 변화한다. 플라톤은 다이몬의 비이성적 영향을 억누르고자 하는데, 이는 나중에 달리가 걷잡을 수 없는 불

---

8   이 주제를 잘 다룬 책으로는 다음을 보라. Ryan Coyne, Heidegger's Confessions: The Remains of St. Augustine in "Being and Time" and Beyond (Chicago: University of Chicago Press, 2016), 6.

9   E. R. Dodds, The Greeks and the Irrational (Berkeley: University of California Press, 1951), 40.

10   Ibid., 42.

길과 열기를 막고자 로르카의 시적 화려함을 누그러뜨리는 것과 유사하다. 하지만 사실 플라톤은 이성의 맹점-꿈, 예언, 사랑, 신 등의 문제-을 분명히 알고 다이몬의 존재를 인정한다. 그 결과 다이몬은 "그것이 꿈으로 표현되든, '다이모니온'의 내면의 목소리로 표현되든, 피티아Pythia의 발화로 표현되든 간에" 플라톤에게는 비이성적 직관의 힘과 건전성을 대표하게 된다.[11] 이런 경우에 플라톤은 초자연적인 존재가 계시를 통해 인간의 삶에 개입한다고 인정한다. 또한 이성적인 자아의 통제권 바깥에서 일어나는 에피파니(직관적인 깨달음-옮긴이), 시간을 건너뛰는 예지의 순간, 놀라서 말문을 잃고 숨도 못 쉬게 되는 통찰의 순간을 인정한다. 요컨대 그는 마니아mania의 선물인 신성과 악마성을 분명히 인식하는데, 마니아는 인간의 정신이 신성한 영pneuma에 홀릴 때 나타나는 광기 혹은 열광enthusiasmos이다.[12]

플라톤은 그 모든 신의 광기 중에서도 에로스가 가장 감당하기 힘들고 성가시다고 말한다. 에로스에 사로잡히면 다이몬은 경련 발작과 활화산 같은 감정의 동요로 나타날 수 있다. 그리하여 사랑에 빠진 이는 땀투성이가 되고, 심장이 요동치고, 눈물이 앞을 가리고, 뱃속이 죄어든다. 먹지도 마시지도 못하고 아픔을 느낀다. 에로스는 전광석화 같은 열기와 함께 나타나 심장을 마구 뛰게 하고 정신을 흐트러뜨린다. 플라톤은 『파이드로스』나 『심포지엄』에서만큼은 격렬하고 급작스러운 에로스의 힘을 한껏 드러내며, 이성의 힘에 굴복시키려 하지 않는다. 다음의 신화를 회상해보면, 사실 플라톤은 에로스를 고조시킨다. 한때 영혼의 날개는 평범한 점토로 빚어져서 파손되면 여름철 사막의 식물처럼 갈급하게 물을 찾았다. 하지만 에로스가 임했을 땐 날개가 돋아나고, 결국에는 양 날개를 활짝 펼치고 영혼을 하늘로 실어 나른다(『파이드로스』 255D). 영혼을 초월적인 곳까지 끌어올리

---

11   Ibid., 217.
12   플라톤은 4가지 유형의 광기를 언급하지만(아폴론의 영감을 받은 예언, 디오니소스의 신비한 광기, 뮤즈의 시적 광기, 아프로디테와 에로스에 의한 사랑의 광기), 특히 에로스가 가장 강력한 다이몬이라고 말한다(향연 202F). 또한 파이드로스 244A를 보라. 여기서 나는 Luke Timothy Johnson의 연구서, Among the Gentiles: Greco-Roman Religion and Christianity(New Haven, CT: Yale University Press, 2010), 39를 참조했다.

고 우리를 신의 기원-끝은 우리의 시작이다-으로 되돌려놓는 것은 이성이나 진리가 아니라 사랑과 아름다움이다. 따라서 플라톤에게 다이몬은 신과 인간의 매개자이자 하늘과 땅의 우주 사슬을 잇는 연결고리다. 다이몬은 여러 모습으로 변장하지만(아폴론, 디오니소스, 뮤즈 그리고 무엇보다 에로스의 가면을 쓰고), 플라톤은 그것이 고매한 영적 가이드이며, 신과 우리가 맺은 관계의 근원이라고 주장한다.[13]

로르카가 생각하는 두엔데는 플라톤이 생각하는 다이몬보다 더 어두워서 마치 프란시스코 고야가 로르카의 초상화에 손을 댄 듯도 하지만, 그럼에도 플라톤이 신의 매개자라고 소개한 인물과 관계를 유지한다. 예를 들어 로르카는 그 유명한 아빌라의 성녀 데레사의 신비로운 경험-일그러진 입, 두리번거리는 눈, 지친 몸, 살을 에는 상처, 성적 고통-에 대해 다음과 같이 언급했다. 두엔데는 "그(두엔데)의 가장 깊은 비밀, 즉 쓰라린 상처, 저 생생한 구름, 시간을 초월한 저 험한 사랑의 바다를 오감과 연결 짓는 신비로운 다리를 훔쳤다는 이유로" 성녀 데레사를 죽이려 했다(DS, 50). 신을 육체적으로 경험할 때 데레사는 신의 사랑에 휩쓸리고 그 과정에서 상처를 입는다. 로르카가 말하기를, 데레사는 사랑과 죽음을 함께 경험함으로써 무덤의 비밀을 훔쳤고, 그런 뒤 다시 돌아와서 우주에는 "험한 사랑의 바다"가 어디든 존재한다고 새로운 진리를 밝힌다. 신의 비밀을 밝히는 데 혈안이 된 예언자 티레시아스Tiresias처럼 데레사는 이 신과의 만남에서 상처를 입지만 동시에 예지력을 갖게 된다. 그녀는 온전한 존재로, 즉 육체와 영혼의 모든 기능이 초감각적 인지력을 물려받은 상태로 신을 보고 감지한다.

종교적 헌신이나 고통에 익숙한 정도를 놓고 봤을 때, 스페인은 데레사의 모습, 다시 말해서 고통스러운 아름다움을 전달하는 영매의 모습을 띠고 있다고 로르카는 생각한다. 한때 스페인은 두엔데에 매혹되어 있었다. 두엔

---

13   사실 향연에서 우리는 신비한 인물, Diotima―소크라테스에게 사랑의 기술을 가르쳐준 쟁쟁이 여인―를 소크라테스의 삶에 나타난 또 다른 다이몬으로 해석할 수도 있다.

데는 어두운 밤에 신비적 합일로 나타나고, 댄서의 뒤틀린 몸, 플라멩코 가수의 물결처럼 떨리는 목소리, 투우사의 자세, 바로크 문화의 열광적인 축제와 의식에 나타났다. 이러한 예술가들에게 두엔데의 활기 넘치는 영이 들이닥칠 때, 두엔데는 미적·신비적 목적을 달성하며, "오감을 통해 신과 대화"하는 매개자가 된다(DS, 46).

두엔데와 비극

두엔데가 '신의 사자' 또는 '천사'라는 생각이 드는 바로 그때, 로르카는 이 밤손님의 그보다 덜 매력적이고 훨씬 더 섬뜩한 측면을 보여준다. 두엔데와 천사를 혼동하지 않게끔 로르카는 우리가 비극을 볼 때나 극심한 고통을 겪을 때 떠올릴 수 있는 묘사들을 추가로 제시한다. 마치 이렇게 가혹하고 끔찍한 경험을 이해하기 위해서는 비현실적이고 감상적인 것, 구름 위에 사는 천사보다는 좀 더 거칠고 세속적인 어떤 것이 필요하다는 듯 말이다. 로르카는 추방자들이 권위 있다고 인정하는 어떤 것, 체슬라브 밀로즈(리투아니아 출신의 시인-옮긴이)의 말로는 상스러운 인물을 소환한다. 로르카는 두엔데를 악마와 동일시하지 않고-두엔데는 악마처럼 공허하고 비열하고 사악한 인물이 아니다-어두운 운명이나 무시무시한 힘의 상징인 전율과 황홀의 신비mysterium tremendum et fascinans로 나타낸다. 고통이 최고조에 달한 순간에 두엔데는 경이로우면서도 폭력적인 존재로 등장해서, 죽이고야 말겠다는 확고한 의지로 우리를 추적한다. 어쩌면 로버트 존슨을 괴롭히는 지옥의 사냥개와 비슷하다.

난 계속 움직여야 해, 난 계속 움직여야 해
우박처럼 떨어지는 블루스, 우박처럼 떨어지는 블루스

매일매일 걱정이 돼

지옥의 개가 나를 쫓고 있네.[14]

분명한 것은 로르카의 두엔데 인물들이 이 계보와 겹친다는 점이다. 두엔데는 로버트 존슨, 아트레우스의 집, 집시, 현대사회의 노예가 마주한 비극과 저주, 무자비한 고통을 의인화한 것일 수 있다. 천사도 악마도 아닌 두엔데는 잠재력을 고양하는 천사와 대담하고 반항적인 악마를 섞어놓은 묘한 존재다.[15] 여기에 양면성과 논리적 모순-두엔데의 이중인격-이 있다면, 두엔데가 비극에서 황홀경까지 인간 경험의 복잡성을 반영하기 때문이다. 어쩌면 신의 복잡성까지 담아내는지도 모른다. 우리는 성서에 등장하는 신이 상냥하고 애정이 넘치면서도, 경이롭고 섬뜩하다는 것을 잊지 못한다. 신은 야곱에게 상처를 입히고, 욥을 때리고, 역사적으로 이스라엘에게 종속, 유랑, 노예화 같은 고통을 안긴다. 마틴 루터는 이러한 신의 모습을 "숨은 신"deus absconditus이라 말하며, 그런 신에게 크게 상심했다.[16] 결국 로르카가 두엔데의 어두운 면을 그린 것은 인간이 경험하는 부조리함을 이해하려는 노력과 어느 정도 관련이 있다. 또한 고통을 마주하는 것과도 관련이 있다. 이 고통은 데이비드 트레이시David Tracy의 말에 따르면 "개인의 죄보다는 운명, 행운, 선택, 섭리 등 어떤 불가사의한 필요 때문에 만들어지는"[17] 고통이다. 로르카가 목격한 바에 따르면, 위대한 예술가들에겐 이러한 고통과 전투를 벌인 흔적이 있다. 마치 신과 싸우는 두엔데와 목숨을 걸고 경쟁하면서, 비극적 아름다움을 생산하기 위해 분만을 하고, 숨을 헐떡거리고, 비명을 지르는 듯 보인다. 로르카는 이 까다로운 진리를 묘사할 때, 인간 경험에 담긴 쓰라림과 고통을 나타내는 한 방법으로 또 다른 스페인어, 아마르고amargo(아릿한, 쓴)를 자주 쓴다. 로르카는 이렇게 말한다. "내

---

14 Robert Johnson, "Hellhound on My Trail", on Vocalion, 1937.
15 Dodds, Greeks and the Irrational, 41, 45.
16 그는 신의 이 불가사의한 측면을 우리가 두려워하고 흠모할 수밖에 없다고 결론 짓곤 했다. 다음을 보라. Luther, "The Bondage of the Will", in Martin Luther: Selections from His Writings (New York: Anchor Books, 1958).
17 David Tracy, "The Hidden God", Cross Currents, Spring 1996, 5-16.

시에서 이 인물은 무엇에 홀린 자다"(DS, 118).

아르마고 맛이 나는 로르카의 두엔데는 죽음과 뒤얽힌 사랑, 십자가가 있는 아름다움, 성속의 뒤섞임과 같이 달콤 쌉쓰레한 개념이다. 예술가가 다양한 경험을 제대로 섞는다면 그 예술가는 두엔데의 분노를 다스리고 두엔데가 주는 공포를 누그러뜨리게 된다. 가령 플라멩코 가수의 맹렬한 성문음과 비브라토에서, 또는 영감이 넘치는 기타의 부드러운 선율에서는 오르페우스 같은 음악의 힘이 혼돈의 힘을 억누르고 달랜다고 로르카는 강조했다. 로르카는 한 시에서 기타 연주에 맞도록 종지부를 구성했는데, 각 연의 종지부는 음울하지만 절망적이지는 않은 화음을 수반하면서 죽음의 가차없는 움직임과 보조를 맞춘다.

> 죽음이
> 들락날락하네
> 선술집을
>
> 흑마와 악인들이
> 기타 소리를 타고 가네
> 움푹 팬 길로
>
> 죽음이
> 들락날락하네
> 선술집을

발라드의 음악적 템포와 절제된 음조를 그대로 흉내 낸 이 시는 죽음의 위협적인 걸음걸이를 직접 보여주는 데 주안점을 두고 있다. 탄식과도 같은 기타 소리에 이어 반향이 울려 퍼지면, 이 반향에 보조를 맞춰 죽음이 선술집이나 교회를 들락거리고 기세등등하게 걸어 다니면서 먹잇감을 괴롭힌다. 로르카의 시는 이 문제에 각별히 주의하라고 말한다. 마치 시인이 원형 경기장에 서 있는 투우사인데, 주의를 딴 데로 돌리면 한순간에 끔찍한 결말을 맞이할지도 모른다는 듯. 시에서든 일상생활에서든 간에 위풍당당한 황소와 겨루면서 황소의 저돌적인 접근을 유도하고, 피하고, 쫓아내는 경기에 임할 땐 집중력을 유지해야 한다. 로르카는 그런 위험과 날카로운 황소 뿔에 아주 근접한 삶을 살았으리라. 죽음은 그를 따라다니면서 괴롭혔고, 조국 스페인을 빼앗고자 했다. "어디서든 죽음은 종말이다. 죽음이 찾아오면 사람들은 커튼을 친다. 하지만 스페인은 다르다. 스페인에서는 커튼을 열어젖힌다… 스페인의 망자는 다른 어느 나라의 망자보다 더 생생하다"(DS, 47).

로르카의 시는 스페인의 아르스 모리엔디(ars moriendi, 15세기에 유럽에 보급된 소책자로 '죽는 기술'이라는 뜻. 당시에 대유행한 페스트의 참화로 죽음에 직면한 사람들의 마음을 사로잡았다-옮긴이)에 이르러 커튼을 활짝 연다. 스페인의 화려한 죽음의 기술을 넓은 세상과 나누고자 한 것이다. 스페인 사람들은 축제나 장례식에서 죽음을 아름답게 장식하고 거리를 행진한다. 황소와의 싸움에서 죽음과 시시덕거리고, 가톨릭 미사로 죽음을 추모하고 좌절시킨다. 로르카는 예술가가 죽음과 용감히 맞서지 않으면 결코 두엔데의 힘을 가질 수 없다고 생각했다. "두엔데는 죽음이 가능할 것 같지 않으면 절대로 찾아오지 않는다. 두엔데는 죽음이 닥친 집에서 세레나데를 부를 수도 있음을 미리 알고 찾아온다. 그리하여 우리 모두가 겪는 죽음, 무엇으로도 위로받을 수 없고 앞으로도 위로받지 못할 죽음을 달래준다"(DS, 50). 단순한 위로와 감상적인 클리셰를 걷어낸 음악으로서 딥송의 뒤틀린 목소리는 이 묵직한 주제로 가늘게 떨리고 흔들린다. 찰리 패튼의 「죽음의 기도Prayer of Death」에서든 마 레이니Ma Rainey의 꾸밈없이 한탄하는 노래에서든 우리는 블루스에서도 그와 유사한 주제를 만날 수 있다.

내 문간에 있는 검은 고양이, 내 창턱에 있는 검은 고양이

내 문간에 있는 검은 고양이, 내 창턱에 있는 검은 고양이

어떤 검은 고양이가 내게 넘어오지 않으면, 다른 검은 고양이가 넘어오리.

「검은 고양이가 올빼미 블루스를 노래하네Black Cat Hoot Owl Blues」(1928)[18]

이 노래에서 들리는 마 레이니의 꾸밈없는 목소리처럼, 로르카는 검은 운명에 시달리는 삶을 위해 시를 썼다. 죽은 새떼-또는 해충, 선 하우스는 목화 바구미를 가리켜 저놈들이 모든 사람을 '도살장'으로 내몰고 있다고 말했다-와 같이 집안에 파멸을 몰고 올 짓궂은 다이몬과 맞서 싸우는 이들을 위해서다.[19] 로르카의 시는 길가메시와 엔키두처럼 하늘의 황소와 싸우는 자들 또는 야곱, 예레미야, 욥처럼 생사를 걸고 신과 싸우는 자들을 위한 것이다.

어떤 형식으로든 로르카의 시는 이승에서 겪는 모든 고통에 목소리를 내어주고, 그런 고통이 불가피하다거나 용납된다는 주장은 아예 받아들이지 않는다. 로르카는 빈정대는 어조로 말한다. "이 모든 시의 밑바탕에는 답이 없는 끔찍한 문제가 도사리고 있다. 우리는 운에 맡기는 심정으로 기도하고, 별을 바라보고, 부질없이 구원의 계시를 기다린다"(DS, 31). 악의 문제에 대해서 해결책을 배제한 로르카의 시는 더듬거리고 탄식하는 목소리이다. 그의 시는 플라멩코나 블루스 기타와 비슷한 소리로 자비를 베풀어달라고 큰소리로 외치고, 말없이 애원하며 흐느끼고, 순수한 감정과 몸짓 언어로 기도한다.[20]

로르카의 예술에서 고통을 해결할 방법이 설핏 보인다면, 비극적 아름다움의 양대 산맥인 두엔데 신화와 십자가 신학에서는 그 방법을 확실히 알아볼 수 있다. 로르카는 악마의 존재를 정당화하는 그 어떤 논리(신정론)보

---

18 Giles Oakley, The Devil's Music: A History of the Blues (London: Da Capo Press, 1997), 94에서 인용.

19 Son House, "Dry Spells Blues (Part 2)", Paramound Records, 1930.

20 블루스에서 기타는 분명 또 하나의 목소리다. Charlie Patton의 기타 연주에 대해서 J. D. "Jelly Jaw" Short는 이렇게 표현했다. "그가 기타를 연주하면, 기타는 이렇게 말하곤 했다. '주님은 자비롭다, 주님은 자비롭다, 기도하라, 형제여, 기도하라, 불쌍한 나를 구원해달라고'라고." Oakley, Devil's Music, 55를 보라.

다도 두엔데 신화를 선호했다. 그 이유는 십자가에 못 박힌 신을 포용하는 이유와 같다. 두 경우 모두 고통에 대해 거들먹거리지 않고 대신에 인간이 가진 깊은 괴로움과의 연대, 즉 엉망진창인 세상 속으로 기꺼이 들어가려는 의지를 대표하는 시학이기 때문이다. 이 패턴에 근접할 때 로르카의 시는 이승의 진창에서 그 모습을 구체화하고, 지하에 묻혀 있는 삶의 뿌리에 가까이 다가가 초월성을 달성하고자 한다. 로르카는 이렇게 말한다. "이 검은 소리는 신비이고, 우리 모두가 알면서도 무시하는 진창에 붙박인 뿌리이며, 예술의 본질인 수렁이다"(DS, 43). 그리스 신이나 가톨릭교의 천사와는 다르게 이 두엔데의 검은 소리는 올림포스산이나 교회의 내벽에서만 나오는 것이 아니라 인간의 하찮고 더러운 경험에서도 나온다. 그 소리는 아테나처럼 제우스의 머리에서 나오는 것이 아니라, 인간 영혼의 더러운 구석과 게토에서 나온다.

플라멩코와 딥송

플라멩코는 인간 영혼의 더러운 구석에서 나온다. 플라멩코 혹은 딥송(사실 두 장르는 하나다)에 관한 역사 연구는 대부분 그 유래를 슬럼가에서 찾는다. 슬럼가는 가난, 굶주림, 범죄, 매춘 그리고 폭력적인 죽음이 퍼져 있고, 그로 인해 오염된 공기가 대도시의 스모그처럼 사람들을 숨 막히게 한다. 음악가는 이 답답한 공기를 들이마시고 나서 선율적인 한숨, 울음, 비명으로 뱉어낸다. 사실 음악은 조화되지 않는 분위기에서 더 아름다운 무언가를 만들어낸다. 티모시 미첼Timothy Mitchell은 플라멩코의 기원에 대해 이렇게 말한다.

> 사실 플라멩코의 장소보다 더 중요한 것이 그 공간이다. 슬럼가, 빈민가, 매음굴, 선술집, 교도소, 병원, 은신처, 여관, 담배 가게, 밀수 경로 등… 무엇보다 수세기에 걸쳐 이러한 공간을 점령한 사람들은 엄밀히 말해서 프롤레타리아 계급이나 노동자 계층이 아니라, 새롭게 도시화된 룸펜 프롤레타리아, 구체적으

로는 집시, 무어인, 악한, 노예나 노예였던 자, 종교재판을 받고 공동체에서 추방된 사람, 강제 노역자 그리고 이런 집단 사이에서 이종교배로 태어난 자식들이었다. 요컨대, 사실상 카스트 사회의 인간 잔해였다.[21]

미첼이 말한 대로 플라멩코는 괄시받고 추방당한 집단 사이에서 발달했기 때문에 빈민가의 억양과 각 공동체의 도시 은어를 취했으며, 그런 탓에 팜파스의 가우초 음악, 블루스, 재즈, 힙합과 함께 인간의 본능을 외설적으로 분출하는 방탕하고 음란한 음악이라고 비난받았다. 플라멩코는 집 없는 집시, 추방당한 무어인, 천민의 고통, 열정과 관련이 있다. 플라멩코는 "가난, 굶주림, 감옥, 교도소, 병원, 매음, 음주, 선술집, 광기, 폭력적인 죽음, 갑작스럽게 변하는 잔인한 운명, 헛된 노력"에 병적으로 매달린다.[22] 당연하게도 이 음악의 문화적 주인공들은 부르주아의 인습적 가치를 거부하는 반체제자와 반역자로, 악한과 도둑, 불량배와 포주, 깡패와 물라토 등이 그런 자들이다. 사실 '플라멩코'라는 단어부터가 저항과 고립이 연상되는 명사, 예컨대 칼, 불량배, 허풍선이, 안달루시아의 집시에서 유래했다.[23] 험난한 세상에 최적화된 탓에 플라멩코는 건방지거나 거만한 태도를 맘껏 표출했다.

하지만 대단히 감동적인 형식을 취하고부터 플라멩코는 소리와 춤을 결합한 매혹적인 예술, 하나의 음악 장르가 되었다. 앞서 언급한 집단들은 사회의 여러 분야, 특히 고등교육에서 자신들이 배제되어 있음을 알고 있었고, 그래서 그들이 직접 이용할 수 있는 가장 대중적인 매체는 음악이었다. 음악은 하층 계급이 참여할 수 있도록 허용된 예술이었다. 이런 집단의 구성원들은 자신의 무정부적 에너지를 기록 형태로 표현하는 대신, 플라멩코를 통해 소리와 춤으로 객기를 부리고, 세련되지 않은 난폭한 열정을 극적

---

21   Timothy Mitchell, Flamenco Deep Song (New Haven, CT: Yale University Press, 1994), 64.
22   Ibid., 84.
23   Ibid., 88.

이면서도 가슴이 미어지는 뭔가로, 화려함을 걸친 뭔가로 탈바꿈시켰다. [24] 그리고 움직일 때마다 각 신체 기관-댄서의 비틀리는 몸, 메두사같이 헝클어진 머리, 격렬하게 마주치는 손과 구르는 발, 매혹적이고 도도한 눈, 석류 같은 입술-으로 반항적인 가치를 표현했다. 플라멩코 댄서가 라이너 마리아 릴케 앞에서 두 손을 들어 올렸다면, 릴케는 "깜짝 놀란 뱀 같았다"고 말했으리라. 이것은 또한 댄서의 자신만만한 정신세계를 보여주는 몸짓이다. 마치 모세처럼 지구상의 사악한 피조물을 다스리는 힘을 갖고 있다는 듯.[25]

결국 플라멩코는 스페인 양식 또는 스페인 정신과 동의어가 되었다. 따라서 이번에는 플라멩코의 기원을 원초적인 아름다움이 있는 스페인의 소외된 공동체에서 찾아보고자 한다. 플라멩코의 다양한 음색과 조성은 얼룩지고 잡다한 것이 뒤섞여 있는 스페인의 전 역사를 들려준다. 플라멩코에는 무어인의 기도문 낭송, 아프리카인의 비트와 리듬, 집시의 울부짖음과 한탄, 가톨릭의 예배 등이 모두 담겨있다. 플라멩코 소리는 동서양의 다양한 문화가 교차하는 기로에서 형성되었으며, 천상의 소리든 엉망진창인 지상의 소리든 그 소리가 나는 곳에서는 항상 아름다움을 무차별적으로 사랑하는 마음이 확연히 느껴진다. 시인인 로르카 역시 이 같은 설계를 따르려고 했다. "예술가는 국민과 함께 울고 웃어야 한다. 예술가는 자신의 백합 다발을 제쳐놓고, 백합을 찾는 다른 이들을 위해 허리까지 진창에 잠겨야 한다"(DS, 128).[26]

---

24   Ibid., 87. 이런 노래의 예로서 미첼은 최하층 영웅들의 연대기인 romances de matones를 언급한다. 그는 Francisco Rodriguez Marin이 수집한 17세기의 한 발라드를 예로 든다. 그 노래는 다음과 같은 말로 주인공을 묘사한다. "그는 여관 주인과 집시 여인 사이에서 코르도바에서 태어났지. '예쁜 꼬맹이'는 자라서 트리아나의 언덕, 빈민가 사람들의 '용사'가 되었네."

25   Carlos Fuentes, The Buried Mirror; Reflections on Spain and the New World (New York: Mariner Books, 1999), 30.

26   진창 위로 핀 백합을 묘사할 때, Tupac Shakur의 시집, The Rose That Grew from Concrete (New York: MTV Books, 2009)가 떠오른다.

두엔데의 종교적 차원

딥송은 속되고 불경스러운 만큼이나 종교적 울림도 깊고 크다. 한순간 범죄자의 속된 말을 그대로 전하다가 다음 순간 감사 기도와 같은 소리로 돌변한다. 플라멩코에서 성은 속을 낳고, 그러다 갑자기 역전되어 속이 성에게 가로막힌다. 때로는 조화로웠다가 때로는 싸우는 듀엣과도 같다. 카를로스 푸엔테스Carlos Fuentes는 매혹적인 플라멩코 댄서에게 성과 속을 잇는 에움길이 분명히 나타나는 것을 목격했다. "신성한 갈망의 옷을 걸친 성적 동요… 신앙에 억눌려 있지만 신비로운 꿈으로 승화되는 관능성."[27] 성욕과 신비주의가 교차하는 곳에서든 죄수와 유랑자가 기도하는 곳에서든, 플라멩코는 많은 방과 틈새로 이루어진 집이다. 예를 들어 종교적 특성을 띠는 사에타saetas는 이 집의 일부이며, 플라멩코의 발전으로부터 영향을 받았다(사에타는 부활절 행렬 때 죄수들이 예수 그리스도나 성모마리아상을 향해 부르는 노래다). 죄수들은 기타 반주로 사에타를 부르며 슬픈 감정을 분출한다. 옥살이에 지친 마음과 정신을 표현하고, 빼앗긴 자유, 부패한 정부, 학대, 빈곤 등을 드러내며, 또 그 과정을 통해 이 혼란한 세상에서 신에 대한 열망을 간직하고 있음을 보여준다.[28] 사에타는 플라멩코 모음집에 포함된 감옥 노래인 셈이다.[29] 다음이 그 예다.

> 저를 보세요, 어머니. 용서해주세요
> 이런 식으로 노래하는 저를요
> 이것은 플라멩코, 깊은 곳에서 우러나오죠
> 영혼을 탄식에 실어 보내죠.[30]

---

27   Fuentes, Buried Mirror, 32.
28   Mitchell, Flamenco Deep Song, 101-2.
29   Ibid., 102.
30   Ibid., 139.

이 노래는 거칠고 무례한 언어에 대해 사과하지만(블루스 노래에는 대개 죄의식이 깔려 있다), 감정의 진정성과 일상어의 겸손함을 성모 마리아가 이해해주리라고 믿는다. 일상어의 정수를 보여주는 이 노래는 짧고 솔직담백한 시행에 주로 고통을 담는다. 이런 모습을 하고 나타날 때 두엔데는 형용사 없는 명사, 부사 없는 동사 같은 간결한 언어와 함께 한다. 감정은 크고 과도하지만, 감정의 표현은 팽팽하고 압축적이다.

잘 알려진 플라멩코 가수 포스포리토Fosforito('작은 성냥little match')는 최근에 이 음악적 과장을 다음과 같은 말로 설명한다. "플라멩코는 당신을 울게 하거나 무아지경에 이르게 한다. 기분 좋은 고통이 따라붙긴 하지만 당신을 뒤흔들고 상처 입힌다. 플라멩코는 내면에서 끓어 올라와 당신을 신 가까이 데려다준다."[31] 이 '작은 성냥'은 집을 불태우고 지붕을 무너뜨린다. 그는 당신의 눈을 빨갛게 만들고, 열정에 불을 붙이고, 모세처럼 눈썹을 까맣게 태우고, 아빌라의 성녀 데레사처럼 한탄하게 한다.

문화적으로나 종교적으로나 이러한 황홀감과 동떨어져 있긴 하지만, 우상을 파괴한 니체마저도 이와 비슷한 계시, 즉 영혼이 '넓게 확장된 리듬'을 찾을 수 있게 하는 계시를 옹호했다. "만일 자신의 체계에 미신의 찌꺼기가 조금이라도 남아 있다면, 자기 자신이 단지 화신, 대변자, 매우 강한 힘의 도구에 불과하다는 생각을 부인하기 어려울 것이다. 계시라는 단어는 뭔가가 보이고 들리고 깊은 감동을 주고 압도하는 일이, 이루 말할 수 없이 확실하고 세련된 방식으로 느닷없이 나타난다는 점에서 사실을 있는 그대로 설명하는 말이다… 그러한 확장, 넓게 확장된 리듬에 대한 욕구가 영감의 힘을 보여주는 징표다."[32] 미신을 해체하고자 했던 니체가 한편으로는 '미신의 찌꺼기'를 옹호한다는 점이 놀라운데, 그는 여기에서 계시의 경험-몸을 덜덜 떨게 만들고, 현실성을 강화하고, 존재를 확장시키는 힘-을 당당히 밝힌다.

---

31 Ibid., 138.
32 Nietzsche, Ecce Homo, "Thus Spoke Zaratustra", section 3, in The Genealogy of Morals and Ecce Homo, trans. and ed. Walter Kaufmann (New York: Vintage Books, 1989), 300.

그런 수태의 순간에 예술가나 학자는 아름다움 또는 사랑의 산파이자, 계시를 눈에 보이고 귀에 들리는 형태로 드러내 보이는 도구에 불과하다.[33]

니체는 위대한 예술가는 정신적 영감과 예언의 대변자라고 말했다. 로르카는 이 말을 믿었기 때문에 자신의 모든 시를 그런 매혹적인 리듬에 맞추려 했다. 하지만 니체와는 반대로, 로르카의 찬송가는 기독교적이면서 이교도적이고, 십자가에 못 박힌 예수와 디오니소스를 모두 찬양한다. 로르카는 자신의 시가 니체의 철학보다 훨씬 포괄적이어서, 바로크식 행렬이든 파에야처럼 맛깔 나는 생각이든 그 속에 기독교와 이교도가 모두 포함되기를 바랐다. "나는 내가 시로 가득 차 있다고 느낀다. 강하고, 단순하고, 환상적이고, 종교적이고, 나쁘고, 심오하고, 부도덕하고, 신비로운 시. 모든 것, 모든 것, 나는 모든 것이 되고 싶다"(SL, 9). "시는 추한 것, 아름다운 것, 불쾌한 것 등을 가리지 않고 모든 것 안에 존재한다… 우리는 종교적이면서 세속적이고, 엄격한 고딕 성당의 신비함과 그리스 이교도의 불가사의함을 결합해야 한다"(IL, 3; G, 69).[34] 로르카는 이렇게 충만하고 포괄적인 신비주의를 통해 스페인 민요라는 지하저수지를 파고들어 지상에 고갈된 에너지를 보충해줄 온천을 찾는다. 그는 휘몰아치는 물살에서 신비주의와 음악을 묶고, 스페인 역사에서 신성함과 외설을 결합할 수 있는 지하수와 소용돌이를 찾는다. 로르카의 『집시 발라드Gypsy Ballads』(1924)와 『깊은 노래의 시 Poem of the Deep Song』(1931)는 이러한 감정의 소용돌이를 분출한 시집이다. 이 작품집들은 "민중의 영혼에 대한" 로르카의 해석이 되었는데, 여기서 그는 자신이 그토록 찬양했던 가수들의 고통스러운, 갈라진, 위스키에

---

33   니체에게 그리스 문화의 디오니소스적 영감을 받은 노래, 춤, 영성은 "넓게 확장된 리듬"을 특히 잘 보여주는 사례였다. "실제로, 민요가 풍부했던 모든 시대의 디오니소스적 흐름이 매우 강했다는 것을 역사적으로 입증할 수도 있다. 우리는 항상 그런 흐름을 민요의 기층이자 필요조건으로 여겨야 한다." 다음을 보라. Nietzsche, The Birth of Tragedy, trans. Shaun Whiteside (New York: Penguin Books, 1994).

34   로르카의 초기작 Impressions and Landscapes에 있는 구절이다. Ian Gibson은 이 구절이 Ruben Dario의 시 "Divina Psiquis"에서 영감을 받았다고 주장한다. 그는 자신의 영혼을 이교도의 폐허와 대성당 사이를 날아다니는 나비에 비유했다(G, 69).

절은 목소리를 시로 표현하고자 했다(DS, 41).

집시 발라드

로르카에 따르면 『집시 발라드』는 범죄와 가난에서부터 폭력과 영성에 이르기까지 주제가 다양한데, 그 모든 주제에 걸쳐 끊임없이 등장하는 주인공은 고통, 즉 페나pena다. "따라서 이 책은 안달루시아를 표현하는 레타블로 retablo(주석판에 그리는 종교적 그림)다. 그림 속에는 많은 존재가 등장한다. 집시, 말, 대천사, 행성, 유대인들의 다툼, 로마인들의 분란, 강, 범죄, 밀수꾼의 일상적인 절취, 성 라파엘을 놀리고 괴롭히는 코르도바의 벌거벗은 아이들에게 주어지는 천사의 손길…. 하지만 주인공은 단 한 명, 페나 뿐이다. 여름날의 하늘처럼 거대하고 어두운 페나가 뼈의 골수와 나무의 수액으로 스며든다"(DS, 105; G, 135). 로르카가 이런 발라드를 레타블로라고 지칭한 것은 의미심장하다. 레타블로는 감사나 탄원을 표현하는 경건한 민속 미술이기 때문이다. 따라서 로르카의 시가 종교극 양식으로 그려지거나 조각될 때는 신이 빚은 다양한 피조물-범죄자에서부터 코르도바의 벌거벗은 아이들에 이르기까지-에게 은총을 베푸는 성찬식이 되었다. 로르카의 시는 안달루시아의 평범하고 익숙한 요소들을 특별하고 성스러운 것으로 변화시킨다. 로르카는 학자나 미술 감정가의 박식한 태도가 아니라 신자가 기도를 하거나 묵상할 때와 같은 마음으로, 불신을 접어두고 가슴과 영혼을 다해 그의 시에 접근할 것을 요구했다.

특히 그의 발라드는 안달루시아의 많은 교회가 세 명의 대천사 성 미카엘, 성 가브리엘, 성 라파엘에게 바친 레타블로들을 생각하며 기도하는 내용으로 되어 있다. 로르카의 해석에 따르면, 대천사들은 (성 요셉, 성모 마리아와 함께) 집시의 고통을 겪고, 그들의 관습과 복장을 채택하고 있다. 가브리엘은 "히랄다Giralda탑(히랄다는 스페인어로 '도는 것', '풍향계'란 뜻이다-옮긴이)의 위대한 증손자"이고, 성 요셉은 "심한 상처를 입은 채 한 소녀를 수의로 덮는" 모습을 하고 있으며, 성모 마리아는 "어둠의 경이로움을 지닌 여인"으로, 집시 차림이지만 캐스터네츠를 잃어버렸다. 그리스도의 성지에서는 "천사와 세라핌이 노래한다. 거룩, 거룩, 거룩." 바로크식 상상력이 가득한 로르카의 발라드는 집시의 삶이라는 드라마에 활기차게 참여하는 천사와 성인들로 가득하다. 이런 특이한 이미지, 예를 들어 집시처럼 옷을 입고 집시의 삶에 뛰어든 천사와 성인이 가난한 거리의 아이들, 범죄자, 집시, 유대인, 그 밖의 소외된 사람들 사이를 배회하는 모습은 오직 시인의 상상으로만 가능하다. 로르카가 집시를 부서지고 상처 입은 존재로 상상할 때마다, 천사와 성인들과 예수가 나타나 고군분투하며 살아가는 집시의 열정에 동참한다. 마치 집시 한 명 한 명을 먹이기 위해 그리스도의 성체를 쪼개고 나누는 듯하다.

하지만 로르카가 말한 대로, 발라드의 주인공은 불가사의하고 애절한 페나이다. 이 캐릭터는 십자가에 못 박힌 그리스도, 『통곡Lamentation』에 등장하는 비탄에 잠긴 미망인, 아름답고 슬픈 눈을 가진 애절한 성모 마리아, 예레미야서에서 예루살렘의 파괴와 멸망에 눈물을 흘리는 어머니 라헬 같은 색조를 갖고 있다. 드라마에 페나가 더해지자 이제 발라드는 장송곡 같은 성격을 띠는데, 그 느낌이 마치 재투성이에다 삼베옷을 걸친 듯하다. 로르카에게 페나는 플라멩코 기타가 표현하는 고통, 말로 설명할 수 없는 고통을 의인화한다. 페나는 "영혼의 살을 파고드는 신비한 아픔"을 가리켜 "그것을 말하는 사람의 심장과 목 그리고 입술을 지지는 인두"(SV, xi; DS, 40)라고 명명한다. 말이 있건 없건 페나는 고통의 울부짖음이자 저항의 외침이며, 피카소의 「게르니카Guernica」에서 말이 포효하는 것처럼 부당함 앞에서 침묵으로 일관하지 않겠다고 거부 의사를 표명한다.

따라서 발라드의 색조와 외침으로 로르카의 언어는 비탄과 항의를 함께 표현한다. 이는 스페인 역사의 희생자들을 대변하는 외침이다. 그는 망자의 기억을 살리기 위해 최선을 다한다. 쫓기고 살해당하는 집시들에 관한 시, 「반목The Feud」에서도 마찬가지다.

검은 천사들이

손수건과 눈 녹은 물을 가져오고 있었다

알바세테 칼로 만든

커다란 날개를 단 천사들이.

후안 안토니오 데 몬티야가

비탈에서 굴러 죽음을 맞는다

그의 몸이 온통 붓꽃으로

그의 신전이 석류로 가득하다.

이제 그는 불의 십자가를 타고

죽음의 길을 간다.

올리브 밭 사이로

재판관과 민병대가 다가온다.

흘러내리는 피가 구슬프게 부르고 있다

뱀의 소리 없는 노래를.

(CP, 553)

집시의 피를 가진 후안 안토니오 데 몬티야가 피를 흘리며 죽어간다. 끔찍한 민병대와 그들의 "가죽으로 된 영혼"이 저지른 소행에 격렬하게 분노하는 동안 죽음이 서서히 다가온다. 그의 몸은 지상의 붓꽃과 하나가 될 때까지 부패하고, 석류처럼 새빨간 그의 피는 구슬피 울며 한탄한다. 하지만 아무도 그 "소리 없는 노래"를 듣지 못한다. 상처에 처맬 손수건과 죽어가는 입을 적셔줄 물을 가져오는 검은 천사가 혹 그 노래를 들었을진 몰라도. 아, 그럴 수밖에. 검은 천사가 아니면 누가 사회에서 추방된 이 집시와 혈연관계일 수 있겠는가? 이번에도 역시, 그와 그의 친족을 지지하는 사람이 또 있다면 바로 두엔데의 영감을 받은 시인이다. 박해받는 이 사람들의 이야기를 서정적인 애가로 바꾸는 사람. 그와 함께 몬티야와 두엔데는 집시의 고난을 잊으려 하지 않는다.

> 오 집시의 도시여!
> 모퉁이마다 기가 걸려 있다.
> 달과 호박,
> 그리고 저장된 체리.
> 오 집시의 도시여!
> 당신을 보고 기억하지 못할 이 있으랴?
> 사향과 슬픔의 도시,
> 시나몬 타워의 도시.
>
> (CP, 591-93)

로르카는 "집시의 도시"라고 말하지만, 이 시행에는 비극적인 아이러니가 있다. 그의 슬픈 시는 삶의 터전도 가진 것도 없이 추방당한 집시를 다루기 때문이다. 이 시는 시편 137:5-6에 있는 바빌론 유수의 애가를 상기시킨다. "예루살렘아, 내 너를 잊을진대⋯ 내 혀가 내 입 천장에 붙을지로다." 로르카의 발라드는 바빌론의 강을 과달키비르Guadalquivir 강으로 대체하지만, 고통의 감각은 유사하다. 민병대가 마을을 약탈하고 불 지르는 동안 집시는 벌이 벌집에서 쫓겨나듯, 파괴된 예루살렘에서 이스라엘인들이 떠나듯 허둥지둥 달아난다. "나이 든 집시 여인이 그늘진 거리를 도망친다"(CP, 595). 이런 사건들 때문에 혼란스럽고 크게 놀란 집시들은 다음엔 어디로 가야 할지 알지 못한다.

> 슬퍼하는 백 명의 말 탄 사람
> 오렌지 숲 위로
> 길게 뻗은 하늘 아래
> 어디로 갈 것인가?

코르도바엔 닿지 못하리라

바다가 그리워 한탄하는 그라나다에도.

저 졸리운 말들이

그들을 데려가리라,

노랫소리가 떨리는

십자가들의 미로로.

일곱 번의 아아 소리가 가슴을 후빈다

오렌지 숲에 있는

백 명의 말 탄 안달루시아 사람들

그들은 어디로 갈 것인가?

(CP, 127)

이 시는 지탄받고 추방당한 민족들에 관한 노래다. 듣는 이 하나 없이 슬픔을 토로하는 말 탄 사람들의 입에서 떨리는 탄식과 새된 외침(아아!)이 들려온다. 로르카의 시는 슬픔의 시편으로, 기도하는 유대인이 팔과 머리를 성구함에 댈 때처럼 그도 자신의 이마에 사건과 기억을 새긴다. "내 이마에서 당신을 찾게 하라"라고 말하며 시인은 집시의 삶을 노래한다. 잊지 않기 위한 방책으로써 로르카의 시는 역사적으로 박탈당하고 가진 것 없는 이들을 편드는 율법이다. 로르카는 그들을 대신해서 울부짖고, 거울이 산산이 부서질 때까지 소리 지른다. 가수 실베리오 프란코네티Silverio Franconetti를 언급할 때도 비슷하다. "그의 울부짖음은 끔찍했다. 노인들은 머리카락이 곤두서고 거울에서 수은이 튀어나왔다고 말하곤 했다"(CP, 137-39). 울부짖는 목소리가 꺾이기 시작하면 기타가 대신 고함치고, 한숨짓고, 투덜댄다. "기타가 울기 시작하네 / 그 울음을 잠재우긴 불가능하지 / 기타는 멀어진 것들을 위해 눈물 흘리네"(CP, 101). 누군가의 눈에서 눈물이 쏟아지면, 기타는 보이지 않는 진리를 위해 운다. 마치 앞을 보지 못하는 가수들(많은 블루스 가수들)이 색다르고 더 심오하게 보는 방식을 만들어내는 것처럼. "'깊은 노래'는 눈이 없는 나이팅게일처럼 노래를 부른다. 맹인처럼 노래한다. 그 노랫말과 그 오래된 선율은 밤에, 우리 시골의 푸른 밤에 가장 잘 어울리기 때문이다"(DS, 32).

뉴욕의 로르카: 1929-1930

로르카의 시는 항상 음악적 운율을 활용했지만, 그의 스타일이 만년에 상당히 발전한 것은 틀림없는 사실이다. 『뉴욕의 시인Poet in New York』의 배경이 되는 1920년대와 1930년대에 로르카는 발라드에 영향을 받은 시 그리고 모더니즘과 아방가르드에서 차용한 어조에서 벗어나 새로운 방향으로 나아갔는데, 내가 보기에 이는 미국에서 블루스가 재즈로 넘어간 것과 비슷하다. 군더더기 없는 블루스의 서정성과는 달리, 재즈는 훨씬 복잡한 장식음을 도입한다. 예를 들어, 복잡한 싱커페이션, 정교한 선율, 생략된 프레이징이 새로 등장한다.[35] 좀 더 직접적이고 엄격한 운율체계를 가진 블루스와 대조적으로, 재즈는 철저히 비잔틴·바로크적 양식인 데다 이해하기 힘들게 음을 편곡하는데, 재즈의 감동은 이 불가해함에서 나온다. 초기작에 비하면 로르카의 『뉴욕의 시인』은 재즈풍의 현대적인 트렌드가 더 많이 반영되어 있다. 그의 말기작에는 미국 재즈와 동의어가 될 만한 실험과 즉흥-테드 조이아의 표현에 따르면 "비트의 미로 같은 분할"-의 새로운 정신이 담겨 있다.[36]

　　1929년 6월에 뉴욕에 도착한 뒤로 당시에 유행하던 재즈 이디엄, 초현실주의, 종말론이 그의 혈류 속으로 흘러들었다. 이러한 트렌드들을 조금씩 받아들이고, 그 경험들을 초기작의 파토스에 더하자 비밀스러운 의미, 다다이즘의 신비, 실존적 공포로 가득한 시가 돋아나기 시작했다. 로르카는 대공황이 시작되기 직전(주식시장이 폭락하기 몇 달 전)에 뉴욕에 도착했는데, 얼마 지나지 않아 1920년대의 떠들썩한 파티는 자취를 감추고, 재즈 시

35　　Ted Gioia, The History of Jazz (Oxford: Oxford University Press, 2011), 19.

36　　Ibid., 7.

대의 도취와 황홀감도 눈 녹듯 사그라들었다. 시장이 붕괴하고 돈, 자신감, 낙관주의가 사라질 때 마침 로르카가 그곳에 있었다. 그 상황에서 로르카의 시는 이러한 변화들을 기록하고, 그 위기가 미국의 취약층과 학대받는 사람들에게 미친 영향에 주목하게 된다.

로르카에게 뉴욕은 현대사회의 황무지였다. 이곳은 "햇볕이 내리쬐는데 고목은 쉼터를 제공하지 않고, 귀뚜라미는 눈에 띄지도 않으며, 마른 돌에서는 물소리가 들리지 않는, 파괴의 이미지 더미"였다.[37] T. S. 엘리엇과 같은 잔을 들이키고 취한 듯 그가 시어를 바꿔 종말론적 스타일을 채택하고, 하늘을 가로지르는 혜성을 가리키며 다가올 재앙을 경고할수록 그의 시도 점점 분열되어 수수께끼로 변해갔다. 눈앞의 이미지들은 기이하고 섬뜩했지만 로르카는 그것들을 수용했다. 아이러니하게도 그 이미지들이 현대사회의 혼란스러운 현실을 가장 명료하게 보여주는 듯해서였다. 세계가 점점 파편화되고 있다는 뼈저린 인식에 발맞춰 그의 시는 갈수록 해체적이고 초현실적으로 바뀌었다. 초기의 딥송과 집시 발라드에 익숙한 사람이 『뉴욕의 시인』을 읽는다면 혼란스러울 것이다. 로르카를 따라 뉴욕을 경험하는 것은 단테를 따라 연옥과 지옥에 가는 경험과 비슷하다. 더 심각한 것은, 로르카에겐 안내자가 되어줄 베르길리우스나 베아트리체가 없다는 점이다. 뉴욕을 관통하는 로르카의 여행은 방향도 모른 채 떠도는 유랑, 난바다를 표류하는 조난, 심하게는 완전히 파괴된 문명의 초상이다. 로르카의 발견은 도시 지옥에 대한 통렬한 고발이었다.

로르카에게 뉴욕의 인상은 저주스러웠다. 뉴욕에서 로르카는 앗수르인을 비난하고 호통치는 예언자 요나와도 같은 존재였지만, 이 경우 고래(뉴욕 전체)를 삼키고 썩은 사과를 뱉어내야 할 사람은 로르카였다(나스에서 차용한 은유다).[38] 사실, 주변에 있는 모든 것-마천루의 웅장함, 월스트리

---

37   T. S. Eliot, The Wasteland in Selected Poems (New York: Harvest Books, 1964), 51.
38   "The World Is Yours", on Illmatic, Columbia Records, 1994에서 Nas는 NYC를 "썩은 사과"라고 부른다.

트의 거대한 야망, 과학기술의 엄청난 성과-이 거대한 흰고래처럼 위용을 자랑하고 있었지만, 뉴욕은 영혼이 없는 고래, 즉 노래가 사라지고 신비와 영성을 적대시하는 도시였다. 밤에 빈민이 신음하는 동안 자본가가 돈을 세는 도시, 부와 성공이 미덕의 징표이고 가난이 악의 징표인 도시였다.

> 아내의 나신을 찾지 못하고
> 중국인이 지붕에서 우는 동안
> 은행장이 압력계를 보면서
> 돈의 잔인한 침묵을 측정하는 동안
> [죽음의] 가면이 월스트리트에 찾아왔다.
>
> 춤을 추기에 이상하지 않은 곳,
> 두 눈을 누렇게 물들이는 이 공동묘지는.
> 스핑크스와 은행 금고 사이에 팽팽한 실이 있어
> 모든 가난한 아이들의 심장을 꿰고 있다…
>
> 이곳은 정말이지 춤을 추기에 이상하지 않은 곳,
> 가면은 피와 숫자의 기둥 사이에서,
> 황금의 태풍과 실업자들의 탄식 사이에서 춤을 추리라.
> 사람들이 암울한 시기를 견디며 한밤중에 울부짖는 동안
> (CP, 663-665)

로르카는 시의 이 부분에 '죽음의 무도'라는 제목을 붙였지만, 사실 이 제목은 오해의 소지가 있다. 더 이상 죽음과 춤을 출 수 없는 세계를 그리고 있기 때문이다. 죽음은 바닥에 납작 엎드리고 평범해져서 초월성이 사라졌다. 황홀감과 신비한 후광도 사라졌다. 죽음은 세련되지 않고 우둔하며, 황달에 걸려 아픈 사람처럼, 피가 없어진 사람처럼 두 눈이 누렇다. 이 현대 도시에

는 죽음에 관한 바로크식 드라마가 부재하다. 의례와 축제, 형형색색의 화려함과 음악적 장식이 없고, 스페인과 라틴아메리카 문화에서 죽음에 마주서던 입맞춤과 언쟁도 존재하지 않는다. 죽음이 여전히 뉴욕에서 춤추고 있다 하더라도, 아무도 그 스텝을 따를 줄 모르고, 그 리듬에 반응하는 아름다움도 갖고 있지 않으므로 죽음 혼자 춤추는 것이리라.

로르카는 이런 문명이 무서웠다. 그는 예수가 무화과나무를 저주하듯 또는 밧모의 요한이 한때 바빌론(로마)을 저주했듯 비난을 퍼부었다. "땅의 왕들이… 그의 고통을 무서워하여 멀리 서서 이르되 '화 있도다 화 있도다 큰 성, 견고한 성 바빌론이여, 한 시간에 네 심판이 이르렀다' 하리로다 / 땅의 상인들이 그를 위하여 울고 애통하는 것은 다시 그들의 상품을 사는 자가 없음이라 / 그 상품은 금과 은과 보석과 진주와 세마포와 자주 옷감과 비단과 붉은 옷감이요"(요한계시록 18:9-12). 운명을 내다보는 이 고대 예언자는 밝은 색상과 로마의 막대한 부 아래에 깔린 기만적이고 천박한 문명을 본다. 도시는 보석, 진주, 멋진 복장(자주색과 주홍색은 로마의 치안 판사들이 걸치는 왕실의 색이다)으로 치장했지만, 예언자의 눈에는 헐벗고 파멸하는 로마의 미래가 보인다. 로르카의 예언도 이와 비슷하다. 로르카는 뉴욕의 우상 숭배, 탐욕의 신전, 방탕한 폭력, 식탐이 판치는 연회에 반대의 목소리를 낸다. 엄청난 낭비에 혐오감을 느낀 그는 당대의 극심한 불의를 폭로하려는 일념으로 악취가 진동하는 거리에 주목한다.

아아, 할렘! 아아, 할렘! 아아, 할렘!
너의 억눌린 원주민의 비통함 같은 것이 또 있을까,
혹은 어두운 일식 속에 분노로 떨리는 너의 피 같은 것,
혹은 반영半影 속에서 소리를 듣지 못하는, 너의 심홍색 폭력 같은 것,
혹은 문지기의 유니폼에 갇힌, 너의 위대한 왕 같은 것이.

(CP, 653)

로르카는 역겨움과 황망함 속에서 도시의 혼란을 묘사한다. 미국에 사는 도시 거주자의 억압된 심리와 그들의 "분노로 떨리는 피"가 생생하게 떠오른다. 로르카는 나스의 퀸즈브리지Queensbridge나 제이 지의 베드퍼드 스타이베선트Bedford-Stuyvesant를 배회하고 있지만, 빛이 충분히 들지 않아 숨 쉬고 성장하고 꽃피우기 어려운 어둡고 무기력한 세계를 묘사한다. 그가 걷는 길은 쓰레기투성이에 오물로 얼룩진 데다 경찰의 위협이 도사리고 있으며, "그림자 같은 사람들이 연석에 걸려 비틀거린다"(CP, 671). 미국인들이 부의 성소와 신전에 경의를 표하는 동안 로르카는 모세가 들고 있던 석판을 사람들에게 던지고 그들의 신을 가루로 만들었을 때처럼 분노를 터뜨린다. 그는 사람들의 신앙을 거부하고, 그 대신 "황금의 태풍과 실업자들의 탄식" 또는 "모든 가난한 아이들의 심장을 꿰고 있는" 잔인한 탐욕에 주의를 기울인다. 얼마 후 그랜드마스터 플래시Grandmaster Flash와 멜리 멜Melle Mel도 「뉴욕 뉴욕」에서 그와 똑같은 감정을 토로했다.

> 1마일 높이에 있는 하늘의 성이
> 부유하고 탐욕스러운 자들을 위해 지어지고
> 창문으로 위장한 줄지은 눈들이
> 가난하고 궁핍한 자들을 내려다보네.
>
> 하늘에 닿는 마천루를 바라보며
> 여기 게토에서 나는 지옥에서 살아가네.[39]

로르카는 이 노래를 부른 그랜드마스터 플래시 앤 더 퓨리어스 파이브 Grandmaster Flash and the Furious Five와 똑같은 시각으로 뉴욕을 바라보았다. 하늘까지 뻗은 마천루와 황금만능주의의 기념비를 세운 것은 부자를

---

39   Grandmaster Flash and the Furious Five, "New York New York", Sugar Hill Records, 1982.

보호하고 가난한 사람들을 갈아서 흙먼지로 만들기 위해서라는 것이다. 로르카는 찬송가, 시편, 랩소디를 통해 도시의 폐허, 변두리의 삶에 관하여 말한다. 도시를 뒤덮은 맹렬한 폭풍 사이로 그의 울음소리와 항변이 들리는 듯하다. "매일 나는 저항했다. 나는 어린 흑인 아이들이 오리처럼 꽥꽥대는 냉담한 남자들의 타구통을 비우다가 그들의 빳빳한 칼라, 정장, 폭력적인 부츠에 목이 댕강 잘리는 것을 보지 않으려고 저항했다"(DS, 96). 이 시의 표면 아래에는 분노와 악감정이 깔려 있으며, 그 감정들이 거품을 내며 타올라 표면을 태운다. 로르카는 미국 흑인의 분노를 그러모은 뒤, 시적인 리듬 그리고 그랜드마스터 플래시나 퍼블릭 에너미Public Enemy 식의 비트를 결합한다. 세상이 그의 말을 무시하자 목에서 비명을 불처럼 쏟아낸다.

그동안, 그래, 그동안
타구통을 비우는 흑인들,
간부에게 공포를 느끼며 몸서리치는 남자들,
석유에 흠뻑 젖은 여자들,
망치, 바이올린 또는 구름을 들고 있는 수많은 사람들
그들은 머리를 벽에 찧듯 절규하고,
돔 앞에서 절규하고,
불길에 휩싸여 미친 듯 절규하고,
눈에 파묻혀 미친 듯 절규하고,
머리에 오물을 뒤집어쓴 채 절규하고,

모든 밤이 하나가 되듯 절규하고,
너무나 애달픈 목소리로 절규한다.
도시가 어린 소녀들처럼 덜덜 떨고
석유와 음악의 감옥이 무너질 때까지.
우리는 일용할 양식이 필요하고

활짝 핀 오리나무 꽃과 사시사철 거둬들일 온유가 필요하기 때문이다.

우리는 대지가 무르익어 그 열매가 모든 사람에게 주어지길 바라기 때문이다.

(CP, 729)

로르카는 이 시를 비롯한 여러 시(주로 발라드의 영향을 받은 시)에서 의식이나 제례에서처럼 반복적인 말을 길게 늘어놓는다. 반복(절규, 절규, 절규)은 겹겹이 쌓여 감정의 산을 이루면서 그 강도가 점점 높아지고 있음을 알려준다. 음은 부드러운 톤으로 시작한 뒤 소리 낮춰 속삭이다가, 절을 따라 내려갈수록 가성으로 격렬해진다. 반복은 우리의 마음을 뒤흔든다. 반복은 마치 파도가 연신 절벽에 부딪치면서 느리지만 가차 없이 바위를 조각하듯 애원하고 매달린다. 로르카는 경각심을 일깨운다. "일어나. 진정해. 들어봐. 침대에서 일어나"(CP, 703). 시인은 도시가 떨리고 시민들이 잠에서 깨어날 때까지 소리를 지른다. 시인은 가난한 사람들의 고통에 국가가 반응할 때까지, 모든 사람이 대지의 열매를 나눌 수 있을 때까지 소리를 지른다.

　가끔은 잘 보지 못할지라도, 시는 산더미 같은 이 불평등 아래에서 가물거리는 빛의 흔적을 아예 못 보진 않는다. 사실 시는 도시가 파멸하는 것을 막고자 이러한 파편들을 모으는 데 최선을 다한다. 노아가 다가오는 홍수로부터 생명을 구하고자 뭍의 짐승을 모은 것과도 유사하다. 부정한 일들이 횡행하는 지상에서 우리는 또 다른 노아나 모세를 찾아 뉴욕을 위협하는 쓰나미 같은 힘을 막아야 한다. 그리고 바로 이 점이 로르카의 시를 더 매혹적으로 만든다. 로르카는 미국을 가로지르는 구원의 길을 내기 위해 새로운 모세를, 이 땅에 빛을 드리우고 더 나은 세상을 만들 예언자를 기대한다. 그리고 로르카는 모세와 닮은 선각자를 세울 마음으로 미국 흑인 문화에 희망을 건다.[40]

　어둠의 중심에 선 로르카는 갑자기 신비로운 예언자를 시에 등장시킨

40　로르카는 자신의 시적 영감을 이렇게 묘사했다. "북아메리카 흑인종을 시로 만들기 위해, 백인의 세계에서 흑인이 느끼는 고통을 강조하기 위해"(DS, 95).

다. 예언자는 계속해서 비난하고, 애통해하고, 질책하지만, 이제는 사랑과 희망과 믿음의 차원을 더한다. 이 흑인 예언자는 미국은 물론, 무덤 한가운데까지 밝고 강렬한 빛을 가져다준다.

> 우리는 못 배운 사람의 눈으로 여행해야 한다.
> 무기력한 코브라들이 눈이 부셔 쉿쉿거리는 넓은 지대를,
> 가장 신선한 사과가 열리는 무덤 가득한 풍경을,
> 그러면 강렬한 빛이 쏟아져
> 돋보기 아래 놓인 부자들이 두려움에 떨 것이다-
> 백합과 쥐, 두 곳에서 풍기는 똑같은 시체 냄새-
> 그리하여 아직도 탄식에 귀를 막거나,
> 밀려오는 파도를 비춰주는 수정구슬에 등을 돌리는 군중은
> 불길에 휩싸일 것이다.
> (CP, 671)

로르카는 못 배우고 미천한 사람을 우리의 안내자로 설정해 놓고 뉴욕을 여행한다. 이제 우리는 가난한 사람의 눈으로 세상을 볼 수 있다. 그들은 게토의 안내인으로서 자본주의의 화려한 축제에 가려진 세계를 볼 수 있게 돕는다. 이렇게 먼 곳에 눈을 맞추고서 로르카는 월스트리트의 백만장자나 메인 스트리트의 쇼핑객과는 완전히 다른 뉴욕 이미지를 보여준다. 이제 이 불타는 예언자의 눈으로 뉴욕을 보면서 로르카는 노여움과 격노에 그치지 않고 아예 큰불이 나기를 바란다. 그가 상상하는 불은 정화하고 재건하는 속죄의 불 또는 오순절의 불이다. 로르카는 T. S. 엘리엇의 「네 개의 사중주The Four Quartets」에 나타나는 감정에 공명한다.

> 눈부신 공포의 화염으로
> 하강하는 비둘기가 공기를 깨뜨린다

그 혓바닥들이 죄와 과오로부터 풀려날 수 있는

유일한 길을 선포한다,

유일한 희망, 아니면 절망은

불 또는 불의 선택에 있음을

불로서 불로부터 구원받는 것임을.[41]

올바른 불을 선택하면(죄와 과오로부터의 유일한 해방) 성령의 정제와 구원에 참여하게 된다. 로르카도 이런 것을 꿈꾸지만, 이 수난극에 흑인 아이를 신의 섭리로 등장시키는 것은 로르카뿐이다. 다시 말하지만, 로르카는 흑인 예언자가 출현해서 평화와 정의의 비둘기를 날려 보낼 거라고 예언한다.

나는 원하네, 깊고 깊은 밤에서 불어오는 강력한 바람을

당신이 잠들어 있는 아치에서 꽃과 비문을 흩날려버릴 바람을

그리고 금광에 열광하는 백인들에게

곡식의 왕국이 도래했음을 통보할 흑인 아이 한 명을.

(CP, 737)

이 흑인의 목소리-아이의 목소리-는 블루스의 절박한 외로움, 힙합의 분노, 가스펠의 애정과 희망이 모두 담긴 멜로디로 노래를 부른다. 이 예언자는 학대받고 상처 입은 사람들이 사는 스페인 구역에서 나와, 모두가 일용할 양식이 있는 곡식의 왕국을 선언한다(시에 나오는 곡식은 리처드 프레드모어Richard Predmore의 말대로 성체를 상징한다).[42] 이 목소리는 종말론적 풍요와 정의의 시대를 알린다.

결국 로르카의 시는 초라한 변두리에서 발견되는 지혜에 경의를 표하

---

41   T. S. Eliot, "Little Gidding", in The Four Quartets (New York: Harvest Books, 1971), 57.

42   Richard Predmore, Lorca's New York Poetry: Social Injustice, Dark Love, Lost Faith (Durham, NC: Duke University Press, 1980), 45를 보라.

고, 현대 도시의 말구유와 초가집에 거하는 복음을 선포한다. "사랑은 갈증에 갈가리 찢긴 몸에 있으며, 홍수와 맞서 싸우는 작은 초가집에 있다"(CP, 729). 로르카에게 흑인 음악은 그런 선물이었다. 흑인 음악은 압박감이 가득한 현대 생활 속에서 다이아몬드를 발견할 수 있다는 희망을 주었다. 로르카가 보기에, 블루스, 가스펠, 재즈는 인간 경험의 밑바닥에서 길어 올린 것으로, 딥송과 플라멩코처럼 퀴퀴한 흙내 나는 음악이었다. 그리고 최고의 흑인 음악에서 그 리듬과 멜로디는 칼 마르크스가 정의한 종교-억눌린 피조물의 탄식, 세상의 무정함, 영혼 없는 환경의 영혼-와 비슷했다. 하지만 이 음악들은 마르크스에게는 없는 신비한 목적과 일치했으며, 그래서 부서진 현대의 파편 아래에 묻혀버린 불씨였다고 보는 편이 더 적절하다. 로르카는 카발리즘(유대교 신비주의 사상)의 이념인 티쿤 올람tikkun olam-세상의 개선-으로 그 불씨들을 세상에 퍼뜨리고자 했다. 그는 부서진 조각들을 되찾고자 바로크 합주와 비슷한 양식으로 미국 흑인의 리듬과 스페인의 멜로디를 결합했다. 『뉴욕의 시인』에는 이 같은 결합이 고동친다. 문화적 차이들이 구원이라는 공동의 목적에 합류하고, 그로 인해 말과 음악의 매력적인 소리에 맞춰 슬픔과 불행의 뱀들이 몸을 비튼다.

로르카의 뉴욕 여행은 단테가 지옥으로 내려가는 것으로 시작하지만, 스페인 신세계Spanish New World의 먼 해안에 올라 춤을 추는 것으로 끝난다. 쿠바로 간 그는 '향기로운' 아바나에 도착한 뒤 초월적인 세계로 이동해서 아프로-쿠반Afro-Cuban 춤인 손son을 묘사한다(더 자세한 내용은 2부 4장에 있다). "세 개의 거대한 지평선-사탕수수 밭, 테라스, 종려나무의 수평선-을 등지고 흑인 천 명이 마치 열이 152도로 올라간 것처럼 양 볼을 오렌지 빛깔로 물들인 채 '손'을 춤춘다"(DS, 101).

보름달이 뜨는 대로 쿠바의 산티아고로 가리라.
검푸른 카리브해를 건너
나는 산티아고로 가리라.

나는 산티아고로 가리라.

초가지붕이 노래하는…

나는 산티아고로 가리라.

오, 사탕수수의 묵직한 서늘함!

오, 쿠바여! 오, 한숨과 진흙의 곡선이여!

나는 산티아고로 가리라.

(CP, 743-45)

타는 열정에 양 볼을 붉힌 채 로르카는 쿠바 전통 음악인 손-스패니시 기타에 아프리카의 리듬과 타악기를 결합한 음악-을 찬양했다. 신세계에서 스페인 문화와 아프리카 문화를 결합하는 동안 로르카는 아주 오랫동안 둑에 막혔던 지하의 샘이 터져 나오듯 거침없이 감정을 쏟아냈다. 뉴욕 하늘을 덮었던 독기와 음침함은 히스파니올라섬의 이글이글 타오르는 기쁨의 태양에 자리를 내어주었고, 로르카는 아이처럼 엄청난 기대감에 들떠 그 기쁨을 마음껏 누렸다. 그는 모래사장에서 기지개를 켠 다음 해변의 파도에 몸을 던졌다. 로르카는 사실상 고향에 돌아왔다. 스페인에서는 집시, 유대인, 무어인의 환영을 받지 못했지만, 뉴욕과 쿠바에서는 아메리카 흑인의 생동감 넘치는 두엔데가 그를 환영해주었으니 말이다.

　　로르카의 시는 어둠 속에서 환히 빛나는 빛, 어둠이 덮을 수 없는 빛을 증명한다. 『뉴욕에 온 시인』에는 검은 그림자들이 등장하지만, 빛은 여전히 건재하고 심지어 눈부시다. 이 사실은 파괴된 신전 앞에서 깜빡거리다 다시 타오르는 하누카(유대교 명절-옮긴이)의 촛불만큼이나 기적적이다. 로르카는 먼 유대인 조상들처럼 불꽃이 계속 타오를 수 있도록 최선을 다했으며, 당대의 권위가 그 불꽃을 꺼뜨리려 할 때마다 소리를 높였다. 그런 노력의 결과로, 고통으로부터 초월성을 짜내는 영혼, 하지만 씩씩거리는 미노타우로스처럼 죽음이 돌격해올 때조차 우아하고 침착한 동작을 잃지 않는 그런 영혼이 탄생했다.

2장
흑인의 영혼
: 랠프 엘리슨의 희비극적 초상

숭고함과 아름다움 대신 가깝고, 낮고, 평범한 것을 탐구하고
시로 표현했다… 가난한 자의 문학, 아이의 감정, 거리의 철학,
가정의 의미, 이것들이 이 시대의 이야깃거리다.
-랠프 왈도 에머슨[1]

선율에 스페인 색채를 가미할 수 없다면,
재즈의 맛을 제대로 살리기 어려울 것이다.
-젤리 롤 모턴

나는 유령 같은 두엔데를 길잡이 삼아 스페인의 영혼과 미국 흑인의 전통
사이에서 일어난 시너지 효과를 알아보고자 한다. 이 장에서는 특히 랠프
엘리슨이 영혼을 묘사한 구절들을 살펴볼 것이다. 로르카와 동시대를 살았
던 엘리슨에게 눈을 돌리면 어느새 영혼의 음악적·문화적 흐름 한가운데에
서게 된다. 20세기의 많은 흑인 작가들처럼 두엔데 역시 미국 문학이라는
거대한 강에 음악적인 운율과 흐름을 도입하고, 정체된 곳에 신선한 물줄
기를 댔다. 미국 문학에 서정적인 목소리를 더한 엘리슨은 흑인 음악가들이

---

1   Ralph Waldo Emerson, "The American Scholar", in Ralph Waldo Emerson: Nature and Selected Essays,
     ed. Larzer Ziff (New York: Penguin Books, 1982), 101-2.

악기를 다루듯 펜을 다뤘으며, 미국 여러 지역에서 눈에 보이지 않는 흑인의 경험을 대신 노래했다. 이 방법으로 엘리슨은 흑인 음악, 흑인 전통문화, 흑인 문학, 흑인 종교에 담긴 영혼 개념을 찬양했을 뿐 아니라 수많은 미국인의 무지와 무감각을 폭로했다.

엘리슨의 계획은 미국의 창백한 영혼에 검고 푸른 그늘을 드리우는 것으로, 로르카가 두엔데를 활용해서 닳아빠진 소울 개념을 소생시킨 것과 유사하다. 두 사람에게 음악은(로르카에게는 발라드와 딥송이, 엘리슨에게는 영가, 블루스, 재즈가) 예술과 문학의 관점을 더 풍부하게 살찌울 수 있는 공식을 선사했다. 그들이 취한 새로운 관점은 생생한 활기로 반짝거렸고, 낡고 진부한 언어를 새롭게 혁신했다. 두 사람은 모두 어렸을 때 음악을 배운 뒤(엘리슨은 트럼펫을 연주하고 터스키지 대학에서 음악을 공부했으며, 로르카는 숙련된 피아니스트였다) 문학에 입문했다. 두 사람 모두 음악의 흐름과 박자가 귓가에 항상 맴돌았고, 그 소리가 그들의 삐걱거리는 삶에 화음과 동시성을 부여하듯 글을 썼다. 두 사람에게 음악, 춤, 구어는 다른 예술 형식에 비해 더 계시적이었고, 나아가 한 문화의 영혼이 숨 쉴 수 있도록 밀실을 열어젖히는 수단이었다(DS, 47).

서정적인 감수성으로 언어를 다듬은 것 외에도 두 사람은 음악에 대한 애정에 이끌려 낮은 곳에 사는 평범한 사람들의 시와 전통에 관해 끊임없이 숙고했다. 19세기 이후로 유럽과 미국의 작가들 사이에서는 지방 고유의 전통을 재현하는 일이 유행했지만, 로르카와 엘리슨은 이 흐름에서 가장 두드러지는 맹점을 피해갔다. 두 사람은 비유럽 문화를 낭만적으로(예를 들어, 능력과 열정은 뛰어나지만 지적 교양은 부족한, 이국적이고 고귀한 야만성의 사례로) 그리기보다는 그들의 전통을 더 깊고 자세히 파악해 그 정수를 보여주었다. 그들은 그저 엿보는 사람들이 아니라 참여자였다.[2] 그들 역시

---

2   Ted Gioia는 파리와 그 밖의 현대 도시에서 블루스와 재즈가 유행하는 것을 "원시주의적 신화"라고 묘사한다. 다음을 보라. Gioia, The Imperfect Art: Reflections on Jazz and Modern Culture (Oxford: Oxford University Press, 1990), 19ff.

어떤 원초적 영감은 흑인 전통과 스페인 전통에서 나왔다고 인정했지만, 그 전통에서 원주민의 지적 복잡성과 영적 깊이를 벗겨내진 않았다.

문화적 기호가 잡식성이었던 로르카와 엘리슨은 또한 예술가가 비범함을 추구하기 위해서는 전통의 안과 밖, 안전지대의 안과 밖 등 다양한 장소를 들여다봐야 한다고 생각했다. 학자들처럼 고상한 영역에 머물면서 점잔만 빼지 말고, 두엔데의 사도는 인간의 영혼이 꾸밈없이 드러나는 곳을 찾아 악취 나는 그늘진 삶의 무대인 선술집과 가로변의 여관, 감옥과 선착장, 골목과 길거리에 기꺼이 발을 들여놓아야 한다고 로르카는 말한다(DS, 43). 랠프 왈도 에머슨도 이런 영혼을 포착했다. 그는 저속한 말, 도시의 유머, 트럭 운전사의 은어, 아일랜드인의 욕설을 듣기 위해 뒷골목을 배회했다고 한다.[3] 그런 목소리를 습득한 에머슨은 자신의 문체에 날카로움을 더하고, 세련된 화술에 단호하고 교활한 주석을 달았다. 로르카와 엘리슨도 이 선례를 따랐다. 그들은 착취당하는 노동자, 거친 선원, 평판이 나쁜 사람들과 어울릴 때 가장 잘 배울 수 있는 학습 형태가 있다고 주장했다. 존 키츠의 말을 되풀이하자면, 영혼을 찾는 이 학습 훈련에서는 선원과 노예, 집시와 유대인, 아랍인과 흑인이 영혼을 가르치는 도제 수업의 대제사일 수 있다.

다양한 이견을 가진 20세기의 아방가르드 예술가들에게 이 직관은 혁명적인 영향까진 아니더라도 변화를 일으켰고, 이전에 여러 예술계에서 퇴짜를 맞은 어조와 경험들을 받아들이는 계기가 되었다. 흑인과 히스패닉계 예술가들은 자신들의 전통문화와 구전을 가장 빛나는 기량과 감각으로 표현함으로써 이 운동에 기여했다(라틴아메리카 문학에서는 이러한 경향이 호세 헤르난데스José Hernández의『마르틴 피에로Martin Fierro』(1872)와, 그 뒤에 유행한 코스툼브리스모costumbrismo라는 풍속 소설 그리고 '마술적 리얼리즘'에 반영되었다). 라틴아메리카 문학의 토착화 흐름은 북미에

---

3   David Reynolds, Beneath the American Renaissance: The Subversive Imagination in the Age of Emerson and Melville (Oxford: Oxford University Press, 2011), 93-94을 보라.

뒤쳐졌지만 라틴아메리카의 여러 음악 장르, 특히 아프리카계와 스페인계 사이에서 태어난 양식에서는 혁신적인 트렌드와 열기를 발견할 수 있다(이에 관해선 2부 4장에서 논의할 것이다). 라틴 아메리카에서는 바로크 양식이 문화의 미적 근원이었고 대중의 말과 풍습은 무시하는 경향이 있었다. 정계와 교육계에서는 엘리트 특유의 거들먹거리는 태도가 만연했지만(레오폴도 루고네스Leopoldo Lugones의『빠야도르 가수El payador』(1916)에서처럼), 그러는 동안에도 음악은 자유로운 음과 음색, 음조로 변화에 응답했다. 앙헬 라마Angel Rama는 이렇게 말한다. "루고네스가 강연을 하던 시기에 탱고는 그 활기, 도시 서민 문화와의 밀접한 관계, 구술이나 어쭙잖은 글로 인한 모호하고 무심한 경향, 도시의 고급문화와의 거리감 그리고 특히 통제할 수 없는 인기 때문에 문자화된 도시의 완고한 생활에 즉시 통합되지 않았다."[4] 하지만 이민자와 흑인으로 가득한 부에노스아이레스와 몬테비데오의 하층 계급 지역('천박한 변두리orillas flacas')에서는 탱고의 독특한 음악과 춤이 발달하면서 흑인과 히스패닉의 조화에 잠재한 폭발적인 가능성을 드러냈다. 별다른 소통의 수단이 없었던 남북 아메리카의 농민과 노예들은 자신의 존재를 부정하는 수많은 위협에 직면했을 때 스스로를 정의하고 자기 권리를 주장하는 수단으로 음악을 활용하게 되었다.

20세기가 되자 다양한 예술가들이 유럽과 미국의 변두리를 다루기 시작했고, 그 과정에서 흑인 전통과 히스패닉 전통에 공존하는 투쟁과 아름다움-특히 음악, 춤, 민속-을 발견하고 활용하기 시작했다. 알레호 카르펜티에르, 젤리 롤 모턴, 리처드 라이트, 랭스턴 휴즈Langston Hughes, 마일스 데이비스Miles Davis 등은 흑인과 히스패닉 문화의 접점을 살피거나 흑인 음악에 담긴 스페인의 색채를 언급했다. 로르카와 엘리슨도 이런 경향을 많이 따랐다.

4　Angel Rama의 작품은, (특히 지식인 계층이) 저술과 공교육을 관리해서 라틴 아메리카의 인종 및 계급 차별을 정당화하고 있다는 것을 보여준다. 다음을 보라. The Lettered City, trans. John Charles Chasteen (Durham, NC: Duke University Press, 1996), 68.

음악과 영성과 관련하여 흑인과 히스패닉이 맺은 결실이 20세기에 각광을 받은 이유는 분명하다. 현대사회의 많은 시민이 '소울 푸드'를 간절히 열망했기 때문이다. 영적 자원이 결핍된 세상에서 사람들은 그런 음악적·미적 환락 속에서 감정과 영성의 자양분을 얻었다. 엘리슨은 고유한 전통에 눈을 돌려 그 같은 양분을 찾기도 했지만, 동시에 음악, 춤, 히스패닉 문화가 풍부하게 함유된 유사 식단을 알아보기도 했다. 로르카 역시 미국 흑인 전통에서 양분을 찾았다. 앞에서 살펴보았듯이 로르카는 뉴욕과 쿠바에서 흑인의 리듬과 독창성에 즉시 매료되었고, 덕분에 타국에서도 고향을 느끼며 지냈다. 로르카는 미국 흑인 문화와 아프로라틴 문화에서 두엔데의 매력을 느꼈다. 유랑하는 이스라엘 민족을 좇는 셰키나Shekinah처럼, 딥송의 두엔데도 신세계로 끌려가는 아프리카 노예를 따라갔다. 실제로 로르카는 1929년에 할렘에서 재즈와 블루스를 듣고서 딥송에 관한 유명한 에세이를 수정했다.[5] 엘리슨의 경우에도 1954년에 마드리드와 파리에서 플라멩코 공연을 본 뒤 "인식의 충격"에 대해 이야기했고(CE, 23), 1954년 12월 11일자 『새터데이 리뷰Saturday Review』에 「플라멩코」라는 환상적인 글을 발표했다. 이에 관해서는 아래에서 다룰 것이다.

이 장은 영혼을 바라보는 엘리슨의 관점을 다루고 있지만, 스페인계 양식과 아프리카계 양식이 공유하는 음과 그 둘의 협력으로 이루어진 더 큰 즉흥 연주의 일부이기도 하다. 엘리슨의 표현대로 낮은 주파수에 귀를 기울이다 보면 이들 문화에서 영혼 개념을 결정하고 규정하는 강렬한 소리에 놀라게 될 것이다.

엘리슨이 말하는 미국의 영혼

2부 1장은 뉴욕의 로르카로 끝을 맺었으니, 여기에서는 랠프 엘리슨의 고향

---

5   다음을 보라. Edward Hirsch, The Demon and the Angel: Searching for the Source of Artistic Inspiration (New York: Harvest Books, 2003), 202.

이 되고 나중에는 힙합의 본고장이 된 그 도시의 중심을 살펴보고자 한다. 앞서 밝힌 것처럼 로르카가 뉴욕에 도착했을 때 이곳은 극심한 고통에 시달리고 있었다. 그가 뉴욕의 거리를 돌아다니는 동안 붕괴된 시대임을 보여주는 증거가 길거리를 나뒹굴었다. 로르카는 시대의 위기에 발목 잡힌 수많은 삶, 특히 경기 침체뿐만 아니라 동시대인들의 차별로 고생하는 흑인들을 만났다. 미국 흑인 문화를 벗어난 곳에서 보이는 것이라고는 뉴욕의 무기력한 영성과 억압된 상황뿐이었고, 그런 탓에 그의 시는 먼 훗날 미국인의 생활을 통렬히 비난하는 힙합(예를 들어, 퍼블릭 에너미, NWA, 임모탈 테크닉 Immortal Technique, 나스)과 비슷한 목소리를 갖게 되었다.

반면에 뉴욕을 바라보는 엘리슨의 관점은 훨씬 미묘했다. 엘리슨은 무조건 부정적인 견해를 드러내는 대신 미국의 애매모호함, 즉 흑백이 아닌 청회색 빛깔을 강조했다. 그는 흑인 민족주의와 그런 사상이 반영된 모든 문화적 산물을 거침없이 비판했으며, 미국 민주주의가 갖고 있는 결함과 위선, 배반, 도덕적 태만에도 불구하고 민주주의의 "신성한 원칙"을 옹호했다 (GTT, 17, 26). 그는 미국의 결함에 괴로워했지만, 미국의 경험은 물론이고 인간의 경험에서 그 경이로움과 복잡성을 배제하는 예술 작품에도 똑같이 불쾌함을 느꼈다. 그리고 그것을 절대적으로 비난하는 것도 서슴지 않았다 (GTT, 13). 엘리슨에게 미국은 화려하고 다양한 색깔과 매력적인 다성부로 이루어진 복잡한 예술품이었다. 무턱대고 미국을 비난하다보면 이런 환상적인 색깔과 음영을 놓칠 수 있었다. 마치 색맹이 극도로 창백한 세상만 볼 수 있는 것처럼.

마찬가지로 엘리슨은 영혼의 개념도 복잡하다고 생각했다. 카멜레온처럼 변하며 적응하고 즉흥적으로 반응할 줄 아는, 온갖 색조와 다양성이 넘치는 창조물과 비슷하다고 여긴 것이다. 그가 여러 형태의 문화민족주의를 받아들이지 못했다면 그 이유는 문화민족주의가 다양하기 이를 데 없는 인간의 정체성을 깔아뭉개고, 문화 안팎에 존재하는 다름을 편협하게 적대시하기 때문이었다. 문화민족주의자들은 공격적이고 경솔한 신앙심을 드러내며 쉽게 카테고리를 나누고, 이름을 붙이고, 고정관념을 형성했다. 그리고 그 과정에서 신성을 모독하고 영혼의 신비함을 폄하했다. 문화민족주의는 엘리슨에게 악취에 불과했다. "밀폐된 정신의 방에서 나는 악취다."[6] 인종은 순수하고 동질적이라고 교조적으로 주장하는 민족주의자들은 인간의 정체성을 구성하는 복잡함과 다름에 커튼을 치고 문을 걸어 잠갔다. 다른 목소리, 다른 광경, 다른 냄새가 들어올 수 없는 방에서는 퀴퀴한 냄새가 진동했다.

이 '청교도적' 영혼과 완전히 다른 엘리슨의 영혼은 남북 아메리카 전역에 퍼져 있는 혼혈mestizaje 양상을 대표한다. 이 영혼은 도처에 널린 기이한 문화와 종교에서 잉태되었고, 그에 따라 다양한 색깔의 모자이크처럼 불가사의한 신, 천사, 악마를 비롯한 여러 존재로 이루어져 있었다. 혹 모자이크가 아니라면, 엘리슨이 말한 영혼은 호르헤 루이스 보르헤스Jorge Luis Borges의 바벨의 도서관과 비슷하다. 책으로 쌓인 그곳은 무한한 변주와 끝없는 치환 속에 전 우주를 포괄한다. 휘트먼의 유명한 말대로 영혼에는 우주 전체가 담겨 있다.

> 나는 나이가 들었음에도 젊고, 현명한 만큼 어리석기도 하지…
> 모든 색조와 직업, 모든 계층과 종교를 갖고 있으며
> 신세계만이 아니라 아프리카, 유럽, 아시아를 방랑하는 야만인…
> 내 다양성보다 더 좋은 어떤 것에도 나는 저항하노라.[7]

휘트먼의 '방랑하는 야만인'이나 『보이지 않는 인간Invisible Man』에서 끊임없이 방랑하는 주인공(소설 전반에 걸쳐 내내 뛰어다닌다)처럼, 엘리슨 역시 미국 생활의 다양한 색조, 지위, 계급을 담아낼 정확한 음정을 찾는 일

---

6   Adam Bradley, Ralph Ellison in Progress (New Haven, CT: Yale University Press, 2010), 76에서 인용.
7   Walt Whitman, Leaves of Grass: The First(1885) Edition, ed. Malcolm Cowley (New York: Penguin Books, 1959), 41.

에 쉼 없이 매진했다. 속박당하고 갇혀 있는 것을 두려워했던 그는 "지적이고 품위 있는 사회적 유동성"을 제시하면서, 미국인의 정체성을 탐구할 땐 모든 미국인을 신세계에 처음 발을 들인 개척자로, 다시 말해 아무것도 없는 낯선 환경에서 정체성을 재창조해야 하는 이방인으로 봐야 한다고 주장했다(GTT, 9). 변경에 해당하는 오클라호마에서 경험한 삶을 바탕으로 엘리슨은 잠정적이고 확실치 않은 인간 본성의 이미지, 미국 탐험가의 개척 정신을 전형적으로 보여주는 이미지에 천착했다.

엘리슨은 음악과 문학 작품에서 이런 방랑의 패턴을 포착하고자 항상 노력했다. 이 패턴은 처음에는 블루스의 울부짖음과 휘파람 소리가 들리다가 그 소리가 나중에는 서부 그리고 밝고 흥겨운 미래로 달려가는 기차 소리로 바뀌는 것과 유사하다. 그는 '개가 남부를 가로지르는' 철도 건널목에 서서 블루스 음악가가 한 것처럼 개척자의 에너지, 변화, 움직임, 행동, 무한한 가능성을 떠올렸다(개가 남부를 가로지르는 곳: Where the Southern Cross the Dog. 여기서 Dog는 미시시피의 야주-델타선[Yazoo-Delta Railroad]을 달리는 기관차인데 항상 누런 먼지를 뒤집어쓰고 달려서 Yellow Dog이란 이름으로 불렸다-옮긴이) 휴스턴 베이커Houston Baker(미국의 음악 비평가-옮긴이)와 마찬가지로 엘리슨에게도 블루스 음악가는 기관차의 원기, 다시 말해 미국의 에너지를 재생산하고 재창조하는 사람들이었다. "미국 흑인은 철도를 경제 발전과 더불어 미학적 표현을 가능케 하는 중요한 상징으로 받아들였다. 이 가능성을 뒷받침하는 것은 기관차의 동력과 추진력, 즉 제한 없는 이동과 무한한 자유의 약속이었다. 건널목에 선 블루스 음악가는 이 기관차의 에너지를 재생산하거나 전환하는 전문가가 되었다."[8]

이 추진력과 진동에서 깨우침을 얻은 엘리슨은 미국의 무한한 잠재력, 과거가 아닌 미래의 모습을 칭송했다. 블루스보다는 재즈가 훨씬 더 이 잠

---

8   Houston Baker, Blues, Ideology and Afro-American Literature (Chicago: University of Chicago Press, 1984), 11.

재력의 표준에 부합했는데, 엘리슨은 재즈를 미국의 특징적인 소리로 보았다. 그는 재즈에서 미국인의 추진력을 감지했다. 재즈에는 신속한 즉흥 연주, 유연한 임기응변이 있고, 오래된 관습과 반복되는 관례, 얼어붙은 방식에 뜨겁고 자유분방한 바람을 불어넣는 상상력, 자유에 대한 꿈, 새로움에 대한 경의가 있었다. 재즈는 과거의 죽은 손을 뿌리치고 바람처럼 빠른 변화에 맞춰 속도를 높이는 위대한 피아니스트나 트럼펫 연주자의 손으로 대체했으며 그럼으로써 미국의 독창성을 남김없이 포용했다. 재즈는 미리 작성된 악보와 악곡에 굽신거리며 충성을 바치는 대신, 음악에 즉흥적이고 활달한 영감을 불어넣어 미학과 영성에 예기치 못한 돌파구를 내주었다. 이 창조 과정에서 한때 미라가 되었던 전통의 손이 살아나 활기를 되찾고, 이전에는 듣지 못한 새로운 소리의 가능성이 열렸다. 그리고 그 "놀라운 소리"(재즈 특유의 소리)에 영혼의 지성소로 향하는 길이 펼쳐졌다.[9] 엘리슨이 보기에 미국은 과도기적인 실험, 다성과 폴리리듬의 발산, 다양한 음계와 화성 구조로 이루어진 환상적인 교향곡으로, 거기에는 흑인, 인도인, 유럽인, 스페인인, 프랑스인, 그 밖의 수많은 전통에서 차용한 우아함이 항상 존재했다(GTT, 317). 미국은 잠재력이 풍부하며, 희망을 품을만한 이유가 넘쳐났다.

영혼: 희비극적 성격

엘리슨의 작품에는 마치 개츠비처럼 희망을 드러내는 비범한 능력이 있지만, 여기에 낙관주의라는 이름을 붙이는 건 적절하지 않다. 사실 엘리슨의 영혼을 지탱하는 것은 비극과 희극, 두 버팀벽이다. 영혼은 비극과 희극을 마구 왔다 갔다 한다. 스탠리 크로치Stanley Crouch가 다음과 같이 설득력 있게 묘사한 재즈의 스윙 리듬과 비슷하다. "내가 가리키는 것은 선율에 나

---

9   맨 처음 재즈를 "놀라운 소리"라고 묘사한 사람은 음악평론가 Whitney Balliett이며, Nat Hentoff가 The Nat Hentoff Reader(New York: Da Capo Press, 2001), 95에 이 표현을 인용했다.

타난 슬픔이나 우울함의 표현이다. 그런 표현은 경쾌하거나 활기 넘치는 리듬과 대비를 이루기도 하고, 우리가 스윙이라고 알고 있는 아름다움과 강렬함을 조합하기도 한다. 재즈에서는 슬픔이 리드미컬하게 변해서 기쁨이 되는데, 아마 이것이 재즈의 핵심일 것이다. 연주와 창조를 통해 기쁨을 획득하거나 완성한다."[10] 재즈에서 슬픔과 기쁨을 오가는 흔들림을 구분하기 위해 크로치는 엘리슨이 말한 영혼을 활용한다. 그는 엘리슨이 말하는 영혼의 문법을 철저히 분석하고 해석하며, 활기찬 리듬이 우울한 선율을 신나고 희망찬 연주로 탈바꿈하는 방식에 주목한다. 크로치는 비극과 희극의 요소를 적절한 비율로, 언제 그리고 어떻게 첨가할지와 관련하여 곳곳에서 엘리슨을 사례로 든다. 한 가지 요소에 과도하게 집중하면 리듬이 망가진다. 또한 비극적인 교훈이 기억에서 지워지면, 엘리베이터 음악이나 짧은 광고 음악, 가장 시시한 형태의 대중음악처럼 진부하고 인공적인 사운드가 되고 만다. 그와 동시에 희극적 감각이 없으면 생기 없고 단조로운 사운드, 살아 있는 영혼을 바위로 굳게 해 우울함 속에 빠져들게 하는 음악이 된다. 영혼의 신비한 잠재력을 최대한 끌어올리기 위해 엘리슨은 양쪽 요소를 모두 사용했는데, 희극적 감각은 고통의 중력을 덜어주는 활기찬 아름다움으로, 미국적 영혼의 잠재력을 최대한 높여주었다. 이들 두 요소가 균형을 이루면 삶의 여러 측면이 고루 배합된 잡곡빵처럼 조화로운 영혼에 도달한다.

엘리슨이 내린 영혼의 정의는 내 연구에서 중요하다. "영혼이란 삶을 대하는 희비극적 태도를 표출하는 능력으로, 영혼이라는 미국 흑인 스타일의 신비한 힘과 매력은 이 능력에서 나온다. 미국 특유의 통일성 속의 다양성, 흑과 백의 표현으로서 영혼은 실존의 현실에 창의적으로 투쟁하고 있음을 선언한다"(GTT, 100). 여기에서 알 수 있듯이, 엘리슨이 제시하는 영혼 개념은 비극과 희극의 결합에서 태어났으며, 제임스 브라운의 춤추는 다리처럼 비극과 희극 사이를 미끄러지듯 가로질러 우리를 아폴로 극장에서 교

---

10   Stanley Crouch, Considering Genius: Writings on Jazz (New York: Basic Civitas Books, 2006), 224.

회로, 싸구려 술집에서 침실로 데려간다. 그 과정에서 그의 영혼은 실존적 강인함과 어떠한 난관에 부딪히든 살아남는 능력을 보여주고 과시한다. 회복력이 강한 미국 흑인의 음악사가 일러주는 교훈 중 하나다. 따라서 엘리슨이 우리에게 다음과 같이 영혼에 대해 가르칠 때 "견습apprenticeship"을 언급하는 건 놀라운 일이 아니다. "여기에서는 학습, 성적, 학위를 당연시하기보다는 견습, 고난, 입문, 재탄생을 말하는 것이 더 의미 있다"(SA, 208).

견습과 입문의 역할을 하는 영혼은 학자의 태도를 견지해서는 획득할 수 없다. 여기에는 엘리슨의 『보이지 않는 인간』에서 주인공이 보여주는 열정, 과감함, 용기, 회복력이 필요하다. 주인공은 장학금을 받는 학생이지만, 실제 교육은 대학의 성벽 밖에서 인생에 상처를 남기는 수많은 '대혼전'과 신경전 속에서 이루어진다. 그는 결국 지하실에서 생활하게 되는데, 스스로는 "지하실에 입문"하게 되었다고 표현한다. 그는 갇혀버린 지하실에서 자신의 목소리와 관점을 찾아야 한다(SA, 57; IM, 572). 이 이야기에는 비유적인 설명이 필요하다. 이 청년처럼 지하로 내몰리든, 요나처럼 고래에게 삼켜지든 미국에서 흑인이라는 것은 인생에서 가장 어두운 지하 감옥에 저절로 갇히는 것이며, 그로 인해 영혼의 잉태는 죽음을 목전에 두고 지옥 같은 공간에서 이루어질 수밖에 없다고 엘리슨은 암시한다. 따라서 엘리슨의 보이지 않는 주인공이 다시 태어나기 전에 들어가서 견뎌야 하는 지하실은 무덤이나 묘지 같은 특징을 갖고 있다. 그는 사실 싹을 틔우고 개화하기 전에 땅속에 떨어져 파묻히는 씨앗이다(초기 기독교의 세례당도 바로 이 논리에 따라 무덤 모양으로 지어졌다).[11]

엘리슨의 영혼 개념은 잿더미에서 흑인의 삶을 일으켜 세우려는 불사조 같은 능력을 갖고 있을 뿐만 아니라, 미국인의 정신에 어두운 그림자를 드리우기도 한다. 엘리슨은 미국의 지하에 대해 이야기함으로써 영혼 개념

---

11   Gary Wills, Font of Life: Ambrose, Augustine, and the Mystery of Baptism (Oxford: Oxford University Press, 2012).

에 블루스와 같은 색채 그리고 예언자적 위력을 더한다. 이 힘은 미국의 위대함을 공허하고 맹목적으로 설명하는 것에 이의를 제기한다. 엘리슨의 영혼은 성서의 해석-활기찬 정신, 생명력, 순수한 자아-과 다르지 않지만, 그는 흑인의 역사와 문화에 관한 특별한 어구들을 분명히 추가한다. 1장에서 언급했듯이 영혼은 여러 낭만적인 초상들과 다를 바 없이 중요한 정신이자 생명력이지만, 이제 미국 흑인 전통의 측면에서 보자면 호세 바스콘셀로스(1882-1959)의 말대로 "한 인종의 정신"을 상징한다.[12]

엘리슨의 영혼이 미국 흑인 문화의 희비극적 태도 즉, 슬픔과 희망의 문화뿐 아니라, 고급문화와 저급문화가 뒤섞여 있는 태도를 갖고 있는 만큼, 엘리슨의 작품에서 영혼은 다양하고 어그러진 파편들의 양상으로 구성되어 있다. 때로 그는 흑인 문화의 희극적 독창성과 영적 회복력, 지칠 줄모르는 저항 정신을 강조하지만, 때로는 비극적 감각을 건드려서 비탄과 슬픔이 흑인의 경험에 미친 결정적인 영향에 경의를 표한다. 과거와 현재의 과오를 인정하지 않는 미국인 앞에서 엘리슨은 비극적 특징들을 불러냄으로써, 미국의 냉정한 양심을 배심원 앞에 세우고 붉은색으로 표시한다. 그는 미국의 영혼에 주홍글씨 대신 불타는 십자가, 짙은 그림자, 악랄한 범죄 등을 새기는데, 이는 미국의 서사가 내뿜고 있는 환한 빛을 어둡게 하기 위해서다(GTT, 246). 칼뱅주의자 선조들에게 충분한 가르침을 받은 덕분에 그는 과거의 죄악이 공격적이고 무자비하다는 점과, 미국의 영혼에는 늑대, 뱀, 돼지가 득실거린다는 점을 충분히 알고 있었다.[13] 또한 그는 많은 청교도 성직자들이 인정하기를 꺼리는 것이 무엇인지도 알고 있었다. 바로, 예수의 이야기조차도 편향되고 폭력적인 운동에 동원될 수 있고 잔인한 목적으로 이용될 수 있다는 것, 해리엇 비처 스토Harriet Beecher Stowe의 말대

---

12   José Vasconcelos, La raza cosmical/The Cosmic Race, trans. Didier Jaén (Baltimore, MD: Johns Hipkins University Press, 1997).

13   Walt Whiman, "Crossing Brooklyn Ferry", in Walt Whitman: The Complete Poems (New York: Penguin Books, 2005)를 보라.

로 미국이 독실한 백인에 의해 파괴될 수 있다는 것이다.[14]

하지만 엘리슨은 미국이 한때 이런 죄악과 비극을 겪었기에 최고의 이상에 도달할 가치가 있으며, 민주주의를 이뤄서 가장 멸시받는 영혼들을 빛내고 품위 있게 할 수 있다고 생각했다. 이 꿈은 멜빌의 비전과 동일한 신학적 요소를 바탕에 두고 있다.

> 그렇다면 앞으로 가장 저열한 뱃사람과 배교자와 부랑자에게서 비록 어두울지언정 고매한 자질을 찾아내어 비극적인 우아함으로 그들을 감싸더라도, 그중에 가장 비통한 자, 어쩌면 가장 비천한 자가 어쩌다 높은 산에 오르더라도, 내가 그 노동자의 팔에 천상의 빛을 드리우고 불길하게 저무는 그의 태양 위로 무지개를 펼쳐 놓더라도, 나와 같은 사람에게 인간애라는 고귀한 망토를 덮어 준 그대 의로운 평등의 정신이여, 쏟아지는 사람들의 비난에서 나를 지켜 주소서! 그대 위대한 민중의 신이여, 부디 그것을 견뎌 낼 힘을 내게 주소서![15]

엘리슨은 멜빌의 선례를 따라 고매한 자질과 숭고한 아름다움이 비천한 삶에서 비롯한다고 여겼지만, 한편으로는 미국 생활에서 조난하고 이탈하는 흑인들에 대해서도 분명히 우려하고 있었다. 엘리슨 역시 신의 모든 피조물, 그중에서도 특히 홍수와 '불길한 일몰'밖에 모르는 이들에게 무지개를 보여주기 위해 시와 가사를 썼다. 그가 지향한 것은 고급 언어와 저급 언어, 격조 높은 언어와 구어가 뒤섞인 미국적인 문체였다. 미국 르네상스가 대중의 언어, 그중에서도 부활에 관한 종교적 미사여구를 채택한 것처럼, 엘리슨은 흑인의 경험과 언어를 미국 문학의 테이블에 올려놓고 이 신세계의 시끌벅적한 군중과 거칠고 소란스러운 삶의 현장을 소개했다(SA, 165).[16] 그

---

14 David Reynolds, Beneath the American Renaissance: The Subversive Imagination in the Age of Emerson and Melville (Oxford: Oxford University Press, 2011), 75.

15 Herman Melville, "Knights and Squires", in Moby Dick (New York: Penguin Books, 2009), 126-27.

16 Reynolds, Beneath the American Renaissance를 보라.

는 미국 문학과 "수십 차례" 게임을 하면서 "욕설", "숭고한 기도", "소리치며 연주하는 블루스", 심지어 "검둥이 사기꾼에게 당하는 절름발이"를 넓고 다양한 독자에게 전달했다(SA, 158). 또한 "바벨탑같이 풍요로운 관용어"와 흑인 아이들의 말장난을 칭송한 뒤, 그걸 보면 "실험적인 시인들, 현대의 시인들이 질투심에 얼굴이 창백해질 것"이라고 말했다(SA, 103; GTT, 67).

엘리슨은 블루스와 다양한 속담에서부터 설교와 거리의 언어에 이르기까지 매우 다양한 흑인 언어 예술을 언급했는데, 이는 앞으로 랩 음악에 무엇이 포함될지를 예언하는 웅변일 수도 있었다(GTT, 66; SA, 149). 그는 "몸을 절단하는 강압" 속에서 부화하고 배양된 언어적 독창성-"개소리, 용기, 상식shit, grit, and mother wit"-을 언급한다(IM, 176). 또한 전선에서 승리가 적에게 돌아가려는 순간에 나올 수 있는 창조성과 초월성에 대해서도. 요컨대 그는 비극이라는 이빨에 갈리는 순간에도 발견할 수 있는 아름다움을 말한 것이다.

> 그 온갖 야만성을 함께 견뎌낼 수 있었던 사람들, 그런 절단을 겪고도 다시 살아나고, 주도권을 쥐고 자유를 얻을 때까지 참을 수 있었던 사람의 수는 야만성의 총합보다 분명히 크다. 이 관점으로 볼 때, 그들의 승리는 인간의 위대한 경험이자 현대에 이룩한 인간 정신의 위대한 승리다… 그러니 잊지 말도록 하자. 위대한 비극은 부정적인 일, 폭력, 만행, 패배뿐만 아니라 행동하고, 현실에 도전하고, 파괴의 이빨로부터 승리를 낚아채려는 인간 의지의 맥락까지 다룬다는 것을. (GTT, 287-88)

지금까지 논의한 대로, 엘리슨의 글에서 영혼은 고통을 이겨낸 데서 나오는 고도의 기교, 우아함 또는 품격이다. 엘리슨에게 흑인 음악은 이 능력을 보여주는 가장 좋은 예였다. 흑인 음악가들은 별 볼 일 없는 기회를 활용해서 고상한 문화적 성과를 이룸으로써 수모와 죽음을 겪은 후 스스로 소생하는 영혼의 능력을 모범적으로 보여주었다.

블루스와 두엔데

간단히 말해, 로르카와 엘리슨에게 음악은 가장 순수한 영혼의 언어였다. 다른 어떤 이해 방식보다도 음악은 말로는 표현할 수 없는 복잡한 생각과 감정에 잘 어울린다. 예를 들자면, 신은 물론이고 영혼, 두엔데는 복잡하고 형언할 수 없는 개념이다. 각각의 개념에서 우리는 완전히 설명하기 어려운 신비한 현실을 마주하게 된다. 로르카가 정의하는 두엔데, 즉 "모두가 느끼지만 철학자는 설명할 수 없는 신비로운 힘"은 엘리슨이 영혼의 의미를 설명하며 제시하는 청사진에 잘 들어맞는다(DS, 43). 블루스는 "복잡하고 부적당한 말"로 이루어진 언어로서, 영혼을 이런 방식으로 음미한다. 특정한 음조, 리듬, 분위기, 활창, 화음 구조를 통해 영혼을 설명하며, 이성적 논리보다는 직관적 통찰에 의지한다(IM, 443). 로르카와 엘리슨이 보기에 언어는 그 극한까지 나아가야 한다. 언어가 악기 같은 성질, 뿔피리 같은 소리, 단어가 아닌 음절에 다가설 때까지, 그래서 암스트롱의 스캣이나 남부 지역 랩의 선율적 외침, 울음, 흥얼거림만 남을 때까지.

하지만 작가라는 이름에 걸맞게 엘리슨과 로르카는 문장과 구문을 쪼개고 허물기 전에 세 가지 개념(영혼, 두엔데, 신-옮긴이)에 관해 무언가를 말해야 한다고 자연스레 믿었다. 두 사람은 비록 시적이고, 서정적이고, 잠정적이고, 실험적인 생각이더라도 어떤 설명과 해석을 받아들였음이 분명하다. 엘리슨이 블루스를 정의한 것이 바로 그런 경우다. "블루스는 잔혹한 경험의 고통스러운 세부와 일화를 아픈 의식 속에 살아 있게 만들고, 그 까끌까끌한 입자를 손으로 만지고 초월하도록 자극한다. 이는 철학자의 위로가 아니라 비극에 가까우며, 희극에 근접한 서정성에서 짜낸 것이다. 블루스라는 형식은 개인의 참사를 서정적으로 표현한 자서전적 연대기이다(SA, 78-79)." 이런 형태의 블루스에서 고통의 기억은 파괴적인 기억상실(플라톤에 따르면, 지혜의 적)에 맞서 생생히 살아남을 뿐만 아니라, 신중하고 거의 사랑스럽게 소환되고 환기된다. 옥타비오 파스Octavio Paz에 따르면, 블루스 음악이 고통을 상기하는 방식은 멕시코인들이 죽음을 떠올리는 방식과 같다고 한다. "멕시코인은 죽음과 친숙하다. 멕시코인은 죽음에 대해 농담하고, 죽음을 어루만지고, 죽음과 함께 잠들고, 죽음을 칭송한다. 죽음은 그가 가장 좋아하는 인형이자 절대 변치 않는 사랑이다."[17] 멕시코인들이 죽음에 대해 애도하거나 농담하는 방식으로, 블루스 음악은 상실이나 참사의 기억을 어루만지고 구원한다. 블루스 음악가는 까끌까끌한 블루스의 입자-기나긴 노예의 역사와 그 악영향-를 묵주처럼 손으로 주무른다. 블루스는 세속적인 기도로서 초월성을 추구하지만, 로르카의 두엔데와 마찬가지로 지상에서 사람들이 겪는 물질적 경험을 통해서만 초월성을 추구한다. 피터 구럴닉Peter Guralnick이 소울 음악에 대해 말한 내용은 그 조상 격인 블루스에도 유효하다. "우리는 소울 음악이 가장 형편없는 블루스만큼 지독한 악취를 풍길 수 있다는 것을 항상 기억해야 한다. 교회와 마찬가지로 소울 음악도 인간의 가장 비천한 욕구를 인정한 후에만 우리를 구원할 수 있다."[18]

블루스는 기도, 불평, 신음소리, 삐걱대는 소리 등 풍부한 의미를 담아내고, 그래서 미국의 여러 음악 장르에 엄청난 영향을 미칠 수 있었다(블루스가 없었다면 재즈, 로큰롤, R&B, 펑크, 소울, 힙합도 없었을 것이다). 블루스라는 거대한 강은 감정의 수많은 흐름과 난류, 온화하고 부드러운 웅덩이, 열정으로 김이 서린 소용돌이로 갈라진다. 때로는 농담으로, 때로는 애가로 연주되는 블루스는 철학적 추상성이 아닌 희비극적 서정성으로서만 잔인한 고통의 경험을 초월한다고 엘리슨은 말한다. 슬플 때 블루스는 침통하고 애절한 마음에 스며드는데, 이는 나팔이 울고 드럼이 한탄하는 뉴올리언스의 장례 행렬과 비슷하다. 분위기가 익살맞고 흥겨울 때 블루스는 지상의 즐거움이 가득한 정원을 연주한다. 이때 블루스는 감각적이고, 황홀하고, 디오니소스적이고, 불손하고, 조소하는 듯하고, 재미있게 들린다.

이 감정의 폭은 블루스에 확실한 영향을 미친 의성어에 비추어 이해할

---

17   Octavio Paz, The Labyrinth of Solitude (New York: Grove Press, 1994), 57.
18   Guralnick, Sweet Soul Music, 264.

수 있다. 블루스는 폭넓은 소리와 감정을 흉내 낸다. 예를 들면, 후두음, 어머니의 광기 어린 탄식, 웅웅거리고 쿵쾅거리고 덜컹거리고 쉭쉭거리는 기차 소리, 좌절된 짝사랑의 울음과 통곡, 짝 잃은 새의 외로운 지저귐, 심지어 충돌하고 삐걱거리는 인간의 관능도 흉내 낸다. 조지 산타야나George Santayana가 썼듯이 지구는 귀를 기울이는 사람에게 음악을 들려주는데, 블루스 음악가는 지구의 음악을 듣고, 패러디하고, 재창조하는 데 탁월하다.

미국 남부의 조화와 부조화를 재창조함으로써 블루스는 수학적 논리와 반듯한 기하학을 무시하고 그 바깥에서 자체적인 논법에 따라 스윙과 그루브를 연주했다. 딥송과 블루스는 비극적 곤경을 해결할 방법을 제시하기보다는 바람에 대고 해소하지 않으면 영혼을 잠식해버릴 문제들의 배출구가 되었다. 감정을 해소하고 강물에 던져버림으로써 블루스는 배 전체가 부서지는 것을 막아주었다. 이는 요나 이야기나 아이스킬로스의 『아가멤논』에 나오는 이피게네이아Iphigenia 이야기와 유사하다. 대참사를 피하려면 무언가를 희생해야 하는데, 블루스에서 그것은 억눌린 고통과 반드시 떨쳐내야 할 내면의 악마들이다.

음악, 신학, 비극은 인간의 정신을 압도하는 문제와 수수께끼를 해결하고자 하기 때문에 셋 다 부정하면서 믿는 아포파시스적 통찰에 경의를 표한다. 세상에는 깊고 어두운 고통, 영혼의 광채, 신의 이름처럼 입에 담기 어려운 것들이 있다. 세 분야의 주요한 특징이 불가사의함이라면, 가장 큰 적은 오이디푸스가 스핑크스의 문제 앞에서 호언장담한 것처럼 지성으로 삶의 수수께끼를 풀 수 있다고 믿는 섣부른 추측이다. 소포클레스는 이 신화를 다룰 때 그의 시대-그리스 계몽의 시대-가 삶에서 어둠과 신비를 빼앗고, 오만하게도 신과 예언자를 제대로 숭배하지 않는다고 경고한다. 합창단은 노래한다(연극 안에서의 노래-옮긴이). "제우스와 아폴론은 알고 있다. 위대한 사상가인 그들은 인간 생활의 모든 어둠과 깊이를 알고 있다(『오이디푸스 왕』561-62)."

블루스 음악가들도 이 진실을 나름의 방식으로 알고 있어서, 영혼이 인간 생활의 어둠과 깊이를 간파하고자 하는 대목에서는 그리스 비극 배우들처럼 신화와 음악에 의지한다. 예를 들어, 고통을 다룰 때 블루스 음악가는 노골적으로 신화에 의지해서 그 고통을 전부 설명한다. 그래서 그 음악에도 지옥을 지키는 개와 푸른 악마 이야기가 등장한다(로르카의 두엔데와 분명히 비슷하다). 실제로 블루스 그 자체(블루스 음악과는 다른)가 종종 위협적이고 불길한 생명체로 표현된다는 점은 여기에서 언급할 가치가 있다. 앨버트 머리Albert Murray는 『스톰핑 더 블루스Stomping the Blues』에서 악령, 떠나지 않는 악마, 조상의 저주 등에 관한 이야기로 대화를 시작한다. 여기서 블루스는 인간의 경험에 따라붙어 인간의 존엄성을 끌어내리는 고통의 화신이다. 그 화신은 파괴적이고 우울한 힘이자, T. S. 엘리엇의 코트를 들고서 희죽거리는, 죽음의 모습을 한 영원한 하인과 닮았다.[19] 이 화신과 관련하여 다음의 예를 살펴보자.

블라인드 레몬 제퍼슨: 검은 뱀, 음음음, 내 방에 검은 뱀이 기어 다닌다.[20]
로버트 존슨: 계속 움직여야 해, 계속 움직여야 해,

　　　　 우박처럼 떨어지는 블루스

　　　　 매일매일 걱정이 돼, 지옥의 개가 나를 쫓네.[21]
선 하우스: 오 나는 방에 엎드려 기도를 드렸어

　　　　 오 나는 방에 엎드려 기도를 드렸어

　　　　 블루스가 다가와 내 정신을 앗아가길 기도했어.[22]
리틀 브라더: 내가 처음 블루스를 만났을 때, 엄마, 블루스는 숲

19　"나는 내 위대함의 순간이 깜빡이는 것을 보았다. 그리고 영원한 하인이 내 코트를 잡고 낄낄거리는 것을 보았다. 한마디로 나는 겁이 났다. T. S. Eliot, "The Love Song of J. Alfred Prufrock", in T. S. Eliot: Collected Poems, 1909-1962 (New York: Harcourt Brace Jovanovich, 1991).

20　Peter Guralnick, Feel Like Going Home: Portraits in Blues and Rock 'n' Roll (New York: Little, Brown, 1999), 44를 보라.

21　Ibid., 54를 보라.

22　Giles Oakley, The Devil's Music: A History of the Blues (New York: Da Capo Books, 1997), 198을 보라.

사이로 걸어왔어요

블루스는 우리 집에 먼저 멈추었죠, 엄마,

그리고 내게 온갖 해를 끼쳤어요

이제 블루스가 나에게 덤벼들어, 맙소사, 나를 이 나무

저 나무로 끌고 갔죠.

당신은 내가 간청하는 걸 들으셨겠죠,

'미스터 블루스, 나를 죽이지 말아요!'[23]

블루스는 그 형태가 뱀이든 지옥의 개든 악령이든 간에 피를 독으로 물들이고, 품위를 깎아내리고, 집 밖으로 내쫓고, 괴로움과 심란함을 부추겨 방황하게 한다. 블루스는 부정한 경찰처럼 두들기고 구타한다. 블루스는 이 나무 저 나무로 끌고 간다. 혹은 『보이지 않는 인간』의 주인공이나 "내가 뭘 했다고 이리 검푸르게 됐을까?"라고 노래하는 루이 암스트롱처럼 작고 초라한 기분을 느끼게 한다.

사회적 저항 운동이나 사회학적 분석만큼은 아니지만(엘리슨과 머리는 둘 다 이 점을 강조한다), 우리가 귀를 틀어막지 않는 이상 많은 블루스 음악에서 인종차별, 박해, 독재의 징후를 알아차릴 수 있다. 리틀 브라더가 "미스터 블루스, 나를 죽이지 말아요"를 외칠 때 문제의 그 블루스는 맹렬히 쫓아오는 악마일 뿐만 아니라 편견과 핍박의 대명사라는 걸 우리는 안다. 아마도 법관, 교도관, 민병대원 혹은 군중의 일부일 게다. 잘 알다시피 블루스의 토양과 문화는 예속과 배제로 가득한 오랜 역사에 의해 만들어졌다. 그런 요소들이 블루스의 표면에 쉽게 드러나진 않아도, 우리는 곡의 테두리에서, 속삭이는 한숨에서, 울부짖는 화음에서, 주고받는 설전에서 불만과 불평을 들을 수 있다. 테드 조이아가 주장하듯이 블루스 음악은 개인의

---

23   Littel Brother Montgomery, "Goodbye Mister Blues", on Little Brother Montgomery's State Street Swingers, Delmark, 1976.

삶과 관련된 소박하고 일상적인 내용을 노래하지만, 그 배경에는 더 큰 재앙이 담겨 있다.[24]

하지만 음악 전체에서 터져 나오는 생기를 무시한다면 블루스 음악을 오해하게 된다. 블루스 음악은 기타 릭lick(연주효과를 위한 장식 악절-옮긴이)과 거칠고 쉰 목소리를 통해 불행에 결정권을 넘겨주지 않으며, 가사의 슬픔을 상쇄한다. 토니 모리슨Toni Morrison은 이를 다음과 같이 표현했다. "내 어머니의 목소리에 들어 있는 초록과 파랑으로 고통을 색칠하니 그 말에서 모든 슬픔이 빠져나가고, 고통은 참을 수 있을 뿐 아니라 달콤하기까지 하다는 확신이 들었다."[25] 이 어머니의 목소리(『가장 푸른 눈』의 캐릭터)에 담겨 있는 초록과 파랑처럼, 블루스는 인생의 달콤쌉쌀한 맛이며, 상처를 치유하는 특성이 있다. 블루스는 모세의 놋뱀-이 뱀을 바라보고 귀를 기울이면 절로 치유된다-처럼 희생자의 피에서 독액을 뽑아낼 수 있다. 이와 비슷한 일이 사울 왕에게도 일어났다. 왕이 되기 몇 년 전에 다윗은 심히 괴로워하는 사울을 방문해서 음악으로 그를 달래준 적이 있다(다윗이 음악의 대가, 애가 시인, 시편의 작가였음을 떠올려보라). "하나님께서 부리시는 악령이 사울에게 이를 때에 다윗이 수금(하프)을 들고 와서 손으로 탄즉 사울이 상쾌하여 낫고 악령이 그에게서 떠나더라"(사무엘상 16:23). 다윗은 사울에게서 악령을 쫓아내기 위해 시편을 연주했을 것이다. 로버트 얼터가 말한 대로, 시편이 "애원하고, 꾸짖고, 반성하고, 무엇보다 칭송하기 위해 리드미컬하고 규칙적으로 찬양하거나 노래하는 행위"라면, 다윗이 읊조리거나 노래한 것은 이렇게 주제가 마구 섞인 음악, 기도이자 애가이며, 자장가이자 찬송가인 시편이었음이 분명하다.[26] 어쨌든 다윗이 서글프고 블루스 같은

---

24   Ted Gioia, Delta Blues: The Life and Times of the Mississippi Masters Who Revolutionized American Music (New York: W. W. Norton, 2009), 13.

25   Toni Morrison, The Bluest Eye (New York: Plume Books, 1994), 26.

26   Robert Alter, The Art of Biblical Poetry (New York: HarperCollins, 1985), 133을 보라. 시편과 블루스의 유사성은 다음과 같은 면에서도 엿볼 수 있다. 둘 다 단순하고, 간결하고, 인습적인 언어 구조로 대단히 무거운 감정적 짐을 실어 나른다.

시편을 지었을 때, 그는 이미 블루스의 정신을 출현시켰다.

하지만 블루스는 상실, 실망, 박탈이 있는 곳에서 연주될 때 그곳의 우울한 분위기를 더럽히지 않고 주변의 대기를 정화한다. 블루스 음악은 (피카소 그림에서 푸른 옷을 입은 쇠잔한 기타리스트처럼) 침울하고 초췌한 색만 보여주는 것이 아니라, 매우 다채로운 색을 뽑낸다. 고통은 그 옷장에 있는 의복 중 하나에 불과하다. 멕시코 축제인 죽은 자의 날Día de los Muertos과 마찬가지로 블루스는 실존적 공포나 육체의 불구로부터 흥겹고 미학적인 즐거움을 만들어낸다. 코넬 웨스트의 말대로, 블루스는 미국 흑인 예술의 특징인 "체제 전복적인 기쁨"을 모아 전달한다. "이렇게 몸을 최대한 수용할 때 인간 존재는 기쁨과 즐거움의 원천이 된다… 리드미컬한 노래, 흔들기, 춤추기, 설교하기, 말하기, 걷기 등 흑인의 삶을 대표하는 모든 특징이 투쟁과 생존의 무기가 된다."[27]

소울은 몸과 혀의 리드미컬한 움직임에서 뚜렷이 나타난다. 예를 들어 머리를 떨구고 흔들고, 손뼉을 치고, 발을 구르고, 팔을 흔들고, 혀를 굴리고 비틀면서 말하거나 노래할 때가 그런 경우다. 이렇게 뽑내고 과시할 때 "음악을 완전히 수용하는 몸"은 영혼의 활기찬 삶에서 분리될 수 없다. 영혼이 몸에 적대감을 보인다는 비난은 전혀 통하지 않는다. 앨버트 머리는 블루스의 철학에 그와 비슷한 빛깔을 더한다.

가끔 춤 공연에 쓰이는 블루스곡은 댄서는 물론이고 사실상 사건 전체를 골목으로 끌어들이거나, 골목으로 끌고 나오거나, 뒷골목으로 들어가게 하거나, 골목을 따라 걷게 하는 음악이라 일컬어지곤 했다… 이는 블루스곡이 응접실(그리고 그 지나친 확장과 지나친 고상함)에서 벗어났을 뿐만 아니라 니스칠이나 페인트칠이 되지 않은 뒷골목의 현실, 매일 경험하는 바로 그 소리를 전한다는

---

27 Cornel West, "Subversive Joy and Revolutionary Patience in Black Christianity", in The Cornel West Reader (New York: Basic Civitas Books, 1999), 436.

뜻이었다… 같은 이유로 블루스곡은 때때로 추상과 환상의 구름 같은 영역에서 세계를 끌어내려 강철과 생가죽의 질감이 나는 일상의 생존 투쟁으로 보여주는 음악이라고 일컬어졌다.[28]

이런 식으로 해석하면 블루스는 미국의 매력적인 초상에 현실적인 가락을 더해, 구름 같은 환상의 세계와는 거리가 먼 세계에 발붙이게 한다. 생가죽의 질감, 니스칠이 되지 않은 타고난 아름다움, 고통스러운 기타 소리, 투덜거리고 웅얼거리고 울부짖는 목소리를 가진 블루스는 "응접실"의 우아하고 세련된 음악과는 완전히 다르다. 블루스는 역사의 골목길과 여행자, 방랑자, 노동자 같은 거친 사람들의 목소리를 찾는다. 사회적으로 버려진 것들을 가지고 블루스는 땀에 젖은 일상과 생생한 현실 속에서 기운차게 야만적으로 소리친다.

블루스는 희비극의 씨앗들과 육체적·정신적 열망에서 성장한 탓에 다양한 환경에서 번성했다. 감옥과 농장, 강제 노역장과 교회, 여관과 댄스홀, 선술집과 식당 등에서.[29] 테드 조이아는 블루스가 청중을 설득하기 위해 언제, 어떻게 소리를 조절해야 하는지 잘 알고 있다고 지적한다. 예를 들어 델타의 시골 지역에서 멤피스와 시카고에 들어온 뒤로 블루스는 더 흥겨운 분위기를 자아냈다. 조이아는 이렇게 말한다. "델타의 나른한 우울함이 훨씬 밝은 기질로 바뀌고, 음악의 어두운 구석에 갑자기 빛이 비친다. 청중의 발이 감정보다 먼저 움직이고, 만연한 휴일 분위기가 힘든 노동과 절망을 몰아낸다."[30] 머리 역시 블루스의 이 유쾌하고 활기찬 특징을 강조한다. "가끔

---

28 Albert Murray, Stomping the Blues (New York: Da Capo Press, 1976), 50-51.

29 Houston Baker는 블루스의 기원이 노예제 시대로 거슬러 올라가서, 필드홀러field hollers(흑인들이 힘든 노동을 이기기 위해 반주 없이 즉흥적인 문구를 고함치듯이 소리 내어 부르던 노래·울긴이)와 노동요에 있다고 강조한다. Houston Baker, Blues, Ideology and Afro-American Literature (Chicago: University of Chicago Press, 1984), 188을 보라. Murray와 마찬가지로 Peter Guralnick도 블루스가 기념 행사와 군중심리의 배경에서 출현했다고 강조한다. Feel Like Going Home, 47을 보라. 내가 보기에, Giles Oakley는 The Devil's Music에서 그런 배경을 다양하게 다룬다.

30 Gioia, Delta Blues, 323.

『새터데이 나이트 펑션Saturday Night Function』(듀크 엘링턴의 앨범-옮긴이)의 바쿠스 음악은 모두가 알고 또 기대하던 대로 금방 왁자지껄하게 변한다…『새터데이 나이트 펑션』은 불의를 마주 보고 제거하는 데 관심을 두지만, 변덕스러운 분열에 직면했을 때에도 즉흥 연주를 통해 회복하고 인내하는 의식을 거행한다."[31] 회복과 제거의 의식으로서 이런 축전은 신체적·정신적 죽음의 위협에 굴하지 않았고, 재미있고 자유분방하게 안팎에서 악령을 무찔렀다.[32] 머리의 해석을 보면 블루스는 밤과 관련되어 있지만 섬뜩하지 않고, 어두우면서도 절망적이지 않으며, 비극적이지만 희극, 댄스, 바쿠스 축제의 짜릿한 황홀함을 갖고 있다.

바로 이 정화 작용을 칭송하는 과정에서 엘리슨은 블루스가 자신의 문학에 영감을 불러일으키는 원천이라고 생각했다. 그게 보기에 블루스 음악은 흑인의 비범함과 마력을 병에 담아서 신경을 갉아 먹는 허무함이나 사기를 떨어뜨리는 슬픔을 치유하고, 삶을 파괴하는 악마를 물리친 뒤 그 자리에 숭고한 영을 들이는 것이나 다름없었다. 소설과 에세이에서 엘리슨은 블루스 음악을 소환하여 투명인간의 이야기를 시로 써내려갔다(IM, 8). 그는 미국 주류가 칭송하지 않고 평가 절하하는 흑인의 삶을 표현하기 위해 블루스를 소환했다. "아내에게 당신을 술집, 이발소, 식당, 교회로 데려다 달라고 부탁해보게, 형제여. 그래, 그리고 토요일마다 머리를 볶는 미용실에도. 기록되지 않은 역사가 모두 거기에서 이야기된다네, 형제여(IM, 471)."

흑인 설교자의 영혼

식당, 이발소, 술집에서 기록되지 않은 역사가 발견된다면, 엘리슨은 분명 흑인 기독교의 성스러운 예배도 그런 곳에서 발견된다고 생각할 것이다. 엘리슨의 소설 『노예 해방 기념일Juneteenth』은 이 모티프를 중심으로 흑인

---

31   Murry, Stomping the Blues, 27, 42.
32   Guralnick, Feel Like Going Home, 47.

교회의 말씀 전례(미사의 한 부분-옮긴이)를 다룬다. 애덤 브래들리Adam Bradley의 잼 연주처럼 마구 뻗어나가는 이 소설은 재즈 음악가에서 설교자로 전향한 알론조 히크먼 목사와 블리스라는 백인 고아 소년 사이의 관계를 조명한다.[33] 블리스의 인종 정체성은 불분명하지만(신체적 특징이 드러나지 않는다), 블리스는 히크먼 목사의 도움으로 흑인 교회에서 자랐다. 하지만 성장한 소년은 흑인 공동체에 등을 돌린 후 처음에는 영화를 만드는 허풍선이 겸 사기꾼이 되었다가 나중에는 애덤 선레이더라는 이름의 인종차별주의적 상원의원("상하 양원 의원 중 가장 열성적인 적")이 된다(JT, xvi). 미국을 이해하는 데 이 인물이 가진 중요성은 분명하다. "이스마엘 태생이자 천민 계급에 속한 멋진 아이" 블리스처럼 모든 미국인은 부분적으로 흑인이지만, 도덕적 회피와 역사적 핑계가 거듭되면서 이 인식은 레테의 망각의 강물이나 일종의 표백제에 씻긴 듯 기억에서 지워졌다.[34] 흑인 문화의 전통은 미국인의 생활 토양에 스며들었지만, 대부분은 성가신 존재로 여겨져 탄압을 받고 잠재의식의 동굴 속에 처박히게 되었다. 그 결과 진정한 미국인의 영혼에는 창백하고 흐릿한 그림자가 드리워지고, 미국인의 영혼은 청교도화·백인화되었다. 따라서 이 고아 이야기는 미국의 이야기이기도 하다.

블리스라는 인물을 통해서 본 미국 생활은 미국인의 정맥 속에 흐르는 흑인의 피에 대해 얼버무리는 데다 새빨간 거짓말을 하는 경향이 있지만("모르는 게 약이다"), 히크먼 목사는 미국의 영혼이 감내할 숙명을 읽을 줄 아는 신비한 예언자 겸 선각자 역을 맡는다. 하지만 히크먼 목사는 성서적 의미에서도 예언자, 다시 말해 신의 사자이고 말씀의 대가다. 아브라함 요수아 헤셸Abraham Joshua Heschel의 말대로, 신은 예언자의 몸과 말을 통해 분노하고 "말 없는 고통과 약탈당한 빈민"을 대변한다.[35] 히크먼 목사도

---

33   그의 두 번째 소설이자 미완성작이 갖고 있는 재즈 같은 구성에 대해서는, Bradley, Ralph Ellison in Progress, 45를 보라.

34   Ibid., 116.

35   Abraham Hoshua Heschel, The Prophets: An Introduction, vol. 1 (New York: Harper and Row, 1969).

그런 예언자다. 신은 히크먼 목사의 설교를 통해 호통을 치고, 가난한 사람과 미국의 투명한 인간들을 대변하기 위해 이 설교자에게 말재간을 부여한다. 말은 다른 세계에서 온 것이지만 목사는 사람을 능수능란하게 다룰 줄 알고, 언제 기복을 조절해야 하는지를 안다. 그는 바다가 넘실대는 듯한 졸음을 흉내 내다가 갑자기 경주마처럼 속도를 높인다. 또한 알 그린Al Green의 조용하고 부드러운 우아함, 디지 길레스피Dizzy Gillespie의 바람 같은 균형감, 제임스 브라운의 신성한 광기를 언제 모방해야 하는지도 안다. 박자와 속도를 각기 적합한 목적에 맞게 교묘히 설정한다.

예를 들어 노예 해방 기념일(1865년 6월 19일, 텍사스가 마침내 노예를 해방한 날)을 주제로 한 중요한 설교에 귀 기울여보자. 히크먼 목사의 설교는 에스겔서에 나오는 마른 뼈 이야기를 조금 변형해서 그 뼈를 미국 흑인-히브리인의 눈으로 보게 한다. 소설에서 이 순간이 되면 마치 저자가 버스타 라임즈Busta Rhymes, 트위스타Twista, 크레이지 본Krayzie Bone의 빠른 플로우를 예언하기라도 하듯 글의 흐름과 리듬이 고조되고 속도가 빨라진다. 계시를 받은 설교자는 래퍼처럼 잠시 숨을 고른 뒤, 최고의 래퍼 못지않게 말을 내뱉고, 웅얼거리고, 소리 지른다. 목사는 멋진 목소리("신의 트롬본"이라고 알려져 있다)로 "울음소리와 구분되지 않는 영역에 들어설 때까지" 자신의 언어를 확장한다(JT, 117). 이 순간에 목사는 능숙한 호른 연주자처럼 혀를 비틀고 구부려서 두엔데의 소용돌이 속으로 돌진하고 더 높은 음역으로 도약한다. 신자들도 여기에 휩쓸려 모두 신비스러운 일치를 경험한다. 성령이 모두에게 똑같은 언어-순수하고 뜨거운 감정의 언어-를 명한 것처럼. 히크먼 목사의 음악적 언어는 너무나 압도적이어서 그의 입에서 터져 나오는 소리에 신도들은 황홀감을 느낀다.

우리는 슬퍼하면서 기뻐하고, 기뻐하면서 슬퍼했다. 그는(이 부활의 다른 설교자) 순수한 고통을 표출하고 그 고통을 하늘로 올려보냈다. '아, 이런 게 초월이구나' 하는 생각이 들었다. 정신을 더 끌어올리는 것 외에는 할 수 있는 게 아무

것도 없었다. 노래와 외침을 넘어 순수하고 흠 하나 없는 말씀의 영역에 가닿아야 했다. 불이 너무 뜨거워서 얼음이 되고 얼음이 너무 차가워서 불같이 타는 곳으로 올라가야만 했다. 그곳에서 하느님의 말씀은 너무 큰 소리여서 조용했고, 너무 조용해서 시간을 초월한 종소리 같았다. 나는 노래이자 외침인 속삭임, 말씀 속의 말씀에 도달해야 했다. (JT, 139)

목사는 초월의 근원에서 온 언어로 세계가 회전을 멈추고 정지하는 지점을 찾아낸다. 여기에서는 논리가 통하지 않고, 모순되는 말들-뜨거움과 차가움, 음악과 침묵, 정적과 춤-이 세속을 초월한 세계의 진리를 비유적으로 비춰준다. 히크먼의 설교는 가뭄에 시달리는 공동체를 위한 기우제 춤이다. 목사는 언어를 즐기며 신바람이 나서 춤추고, 노래하고, 그르렁거린다. 어느 순간부터 언어가 넘쳐서 초월의 세계로 흘러 들어간다. 과도하지만 겉치레가 없고, 평범하지만 저속하지 않고, 춤과 완벽하게 어울리는 언어가 급류처럼 계속 흘러넘친다.[36] 이 설교하는 모세는 시나이 산 꼭대기에 올라가 불로 새긴 말씀을 갖고 내려온다. 사람들이 일제히 노래하고, 소리치고, 속삭이고, 울부짖고, 찬양한다.

사실, 이 노예 해방 기념일 행사-미국의 노예 해방을 기독교인이 꿈꾸는 부활과 관련 지을 때-에 대해서는 찬양이라고 묘사하는 것이 가장 적절하다(JT, 116). "오랜 건기 동안 땅에 흩어져 살았던" 사람들이 이제 죽음으로부터 자유로워지자 애도의 시간은 환희의 시간으로 바뀐다(JT, 125). 에스겔 이야기를 보면 마른 뼈가 가득한 골짜기에서 이스라엘인들은 바짝 말라 타들어가는 땅 밑에 묻혀 있다. 대지는 소생의 기미가 없다. 이 황량한 상황에서 이스라엘인들이 지상의 마른 흙에 자신의 이를 갈자 기적처럼 촉촉한 바람이 살랑거린다. 그러다 마침내 속삭이는 목소리가 들리기 시작한다.

---

36   T. S. Eliot, "Little Gidding", in The Four Quartets (New York: Harvest Books, 1971), 58. Horace A. Porter도 Jazz Country: Ralph Ellison in America (Iowa City: University of Iowa Press, 2001)에서 초월이란 주제를 강조했다.

하느님의 말씀이 그들을 깨워 생명을 불어넣는다. 하느님은 마른 뼈에 정신을 불어넣고, 쇠약한 뼈에 살을 붙이고, 힘을 실어준다. 이제 히크먼 목사는 소리를 지르고, 우리는 걷고, 달리고, 심지어 으스대며 걷는다. "바로 그겁니다. 이제 뒤로 걸으세요, 계속! 무릎에 힘을 주세요! 팔을 흔드세요! 옷자락을 휘날리세요! 걸으세요! 지금 그분께서 나를 움직이고 있습니다. 이 설교단 주변을 무대 끝에서 끝까지 세 번 돌게 하시네요… 도시에서 사람들이 왜 베이스 드럼과 베이스 트럼본으로 신을 찬양하느냐고 물으면, 우리는 춤을 추면서 부활했고, 울부짖으면서 부활했다고 말해주세요. 말씀을 믿으니 초월한 육신이 활기를 띠고 있다고(JT, 127)."

엘리슨은 어린 시절에 들었던 흑인 설교의 스타일과 형태를 떠올린 것이 분명하다. 으스대고, 웅변하고, 감정을 발산하는 말로 흑인 설교를 제대로 보여주니 말이다. 엘리슨은 목사의 목소리를 통해서 에스겔의 우화를 변형한다. 한때 흑인 영가가 개신교의 경직된 찬송가에 유연한 어조와 싱커페이션, 부르고 응답하는 패턴을 더 많이 끌어들인 것처럼.[37] 설교자는 신도들에게 이스라엘인들의 죽은 몸을 되살렸던 루아(정신, 숨, 바람, 영혼)를 마구 쏟아낸다. 이 "신의 트럼본"이 뮤즈 여신의 악기가 되자 그 자리에 있는 모든 사람이 광란의 목격자가 된다. 성령이 임한 신도들은 사나운 폭풍우에 몸을 떠는 나뭇잎이나 캔자스의 회오리바람에 갇힌 도로시의 집처럼 맹렬하게 몸을 흔들고 떨기 시작한다. 두엔데가 파괴적인 힘을 갖고 도착하자 "여자들이 거친 광희에 휩싸여 베일을 벗고 무아지경 속에서 소리를 지르며 옷을 찢는다. 알아들을 수 없는 신음소리와 몸부림이 가득하다(JT, 112)."

이 언어의 콘서트에서 기쁨, 웃음, 초월성이 넘쳐나는 것을 보고, 이것이 기독교의 승리주의나 비극의 틀을 이용한 사이비 신학이 아닌가 하고 궁금하게 여길 수도 있다. 하지만 진실은 더 깊은 곳에 있다. 목사의 설교는 (엘리슨의 진지한 영혼 개념처럼) 비극과 희극이 만나는 영토를 끊임없이

---

37   여기서 나는 Considering Genius에 언급된 Stanley Crouch의 생각을 인용하고 있다.

돌아다니면서, 부활을 찬양하는 동시에 구타당하고 멍든 예수의 몸을 부둥켜안고 있다.

> 언덕 위 십자가에 묶여 있었다. 두 팔을 벌린 채. 도망 노예를 물고문을 할 때는 팔을 그렇게 묶는다고 엄마가 말해준 적이 있었다. 그들은 그의 내장이 가득 찰 때까지 물을 들이 부었다. 메마른 땅 위에서 배가 부풀어 오르며 익사하고 있었다. 물을 마시고, 물을 코로 들이켰다. 지상에 매인 그의 폐에서 물이 넘쳐흘렀다. 바싹 마른 땅에서 공기 때문에 죽어가는 물고기처럼… 저기 그가 있다. 부드러운 살에 못이 박힌 채, 십자가에 못 박힌 채… 강풍을 맞은 들판의 곡식처럼 그의 얼굴이 씰룩거리고 일그러진다. 얼떨떨한 표정으로 간신히 매달려 있다. 망연하고 혼란스러워 한다. 이유를 모르겠다며 눈물을 글썽인다. (JT, 151-52)

엘리슨이 제시한 영혼의 어두운 면을 좋아하는 사람은 여기서 그것을 본다. 복음주의를 노래한 흑인들의 리프(두 소절이나 네 소절의 짧은 구절을 몇 번이고 되풀이하는 재즈 연주법 또는 연주 곡-옮긴이)가 그랬듯이, 엘리슨은 일부 기독교의 감상성을 제거하고 그리스도 이야기의 비극적 본질을 분명히 한다.[38] 이제 엘리슨은 포기와 고통의 송가를 들려준다. 이것은 고문당하는 노예와 연대한, 십자가에 못 박힌 예수이다. 나무에 묶여 축 늘어진 그리스도는 빌리 홀리데이가 찌들고 칼칼한 목소리로 노래했듯이 "나무에 매달린 이상한 과일"이 된다. 여기에서 엘리슨은 여러 세기에 걸친 미국의 노예 시대와 그 이후에도 계속되어 끝나지 않은 고통의 이미지로서 십자가에 못 박힌 그리스도를 제시한다. 파스칼은 이렇게 말한다. "예수는 세상이 끝나는 날까지 고통 속에 있으시니 그때까지 잠들 수 없으리라."[39] 엘리슨의 설교자가 트럼본이나 쨍그랑거리는 심벌즈 같은 소리를 낸다면, 그것은 파

---

38   Ibid., 159.
39   Pascal, Pensées, 552, trans. A. J. Krailsheimer (New York: Penguin Books, 1995).

스칼의 감정과 맥을 같이 하기 때문이다. 그 소리는 미국인에게 침투한 졸음을 쫓고, 십자가에 못 박힌 무수한 희생자와 라틴 아메리카 교회에서 고문당한 사람들, 그 비틀리고 망가진 몸이 견뎌야 했던 고통에 주의를 돌리게 한다. 사실 이 설교에서 설교자의 말은 비틀리고 망가진 몸의 상징과도 같다. 설교자는 예수의 살갗을 꿰뚫은 못, 씰룩거리는 얼굴, 늘어진 몸, 차오르는 숨 등을 신도들이 상상할 수 있도록 그림으로 그린다. 그의 설교는 연극적이고 시적인 형식을 통해 예수와 죄 없는 순교자들의 '말 없는 고통'을 보여준다.

혹인 교회에서 나온 이런 영혼의 사례에서, 두엔데는 설교자와 성가대의 열정적이고 예언자적인 목소리를 통해 그 모습을 드러낸다. 엘리슨은 여기에서 말씀의 영광, 즉 아름답고 우아한 언어에 심취한 기독교의 관점을 제시한다. 히크먼 목사의 경우, 개신교의 목소리가 로르카의 스페인에서 빛을 발했던 가톨릭 연극, 미술, 의례를 대체한다. 그는 가톨릭 교회의 호화로운 장관을 보여주는 대신 언어의 성당을 제시하여 우리를 무릎 꿇게 하고 경건함을 불러일으킨다. 그는 말이 곧 성체이자 장관이라고 여기고서 두엔데가 충만한 음악적인 수사를 거침없이 쏟아낸다. 그의 말은 부싯깃 통에 던져진 불씨와 같다.

엘리슨은 이 소설을 비롯한 여러 작품에서 냉철하고 현실적인 산문을 추구하지만, 이렇게 산문이 말에 '도취한' 순간도 적지 않다. 이 디오니소스적이고 모더니즘적인 영감 아래서 문학적 사실주의는 확장되어(엘리슨은 이것을 "확장된 사실주의"라고 부른다), 인간의 경험 중 놀랍고, 과도하고, 마력이 있는 모든 경험을 설명한다.[40] 엘리슨은 혹인 역사의 경이로움과 공포를 적절한 문학 형식에 담기 위해 이렇게 상상력을 확장했을 것이다. 당대의 많은 사람(초현실주의자, 마술적 사실주의자, 모더니스트)과 마찬가지로 엘리슨에게도 사실주의는 상상의 나래를 펼치지 못하게 하고, 마음의

---

40   Arnold Rampersad, Ralph Ellison: A Biography (New York: Alfred Knopf, 2007), 218을 보라.

유희와 피루엣(발끝으로 도는 발레 동작-옮긴이)을 금지하는 구속복이나 다름없었다. 그 세대의 많은 작가가 다른 문화에서 사실주의의 대안을 찾았는데, 독특하고 매력적인 영감의 원천을 발견한 곳은 스페인이었다. 엘리슨도 다르지 않았다. 그는 스페인의 풍습, 음악, 춤이 미국 흑인 양식의 사촌격이라고 보았다. 그 요소들이 중요한 재료가 되어 엘리슨이 제시한 영혼의 가마솥에 들어갔다.

스페인의 엘리슨

1954년에 마드리드로 향한 엘리슨은 플라멩코에서 친숙하고 매혹적인 무언가를 감지했다. 플라멩코가 자국의 문화를 서서히 변화시킨 디오니소스적 가계도의 한 분파 같았다(CF, 23).[41] 다시 한번 엘리슨은 플라멩코의 희비극적 특징, 다시 말해 즐거운 방종, 에로틱한 동작, 화려한 아름다움을 통해 고통을 무시하고 거부하는 방식을 강조했다. 그의 말에 따르면, 플라멩코는 이베리아, 집시, 비잔틴, 아랍, 히브리, 무어/아프리카의 요소가 마구 섞여 있어 그 자체로 하나의 우주이며, 그 날카로운 외침과 으스대는 자세는 세계의 구석진 곳들을 느끼게 해준다는 것이다. 원시적이면서 현대적인 플라멩코는 현대 서양 세계에 널리 퍼진 비극과 희극, 성과 속, 감성과 이성, 이론과 실천을 구분 짓지 않는다. 플라멩코는 "2세기에 걸쳐 그 짜임새와 생명력을 얻은 민중 예술이다. 그 시기에 서양 세계는 계몽 운동을 통해 과학이 발전하고 더 나은 사회로 진보했지만, 플라멩코 예술이 칭송하는 비극적이고 형이상학적인 인생의 요소들은 제거하고 말았다"라고 엘리슨은 말한다(CE, 22).

플라멩코는 진보와 과학적 지식에 대한 현대의 신조에 신경 쓰지 않았고 2부 1장에서 언급했듯이, 유럽의 발전 단계와는 동떨어진 문화 양식을

---

[41]　램퍼새드는 우나무노의 The Tragic Sense of Life가 엘리슨의 비극 이해에 영향을 미쳤다고 언급한다. 특히 엘리슨은 우나무노가 스페인 전통에서 찾은 비극의 값진 초상이 미국 흑인 문화의 숙명론 및 수동성과 관계가 있다고 생각했다. ibid., 120을 보라.

과시하고 즐긴다. 싱커페이션이 리듬의 일반적인 흐름을 가로막거나 방해하는 것을 의미한다면, 플라멩코가 바로 그런 방해물이다. 조화롭지 않고 들쭉날쭉한 음은 고전적인 미학적 규범과 충돌한다. 플라멩코는 신세계의 질서에 따라 짓밟히고 잊힌 온갖 파편과 잔해를 대표한다.[42] 플라멩코 특유의 코드와 뒤틀림은 변방의 문화와 식민문화의 소리이자 무례함과 반항의 소리다. 이러한 점에서 엘리슨은 스페인/집시/무어 민족의 문화를 북아메리카 흑인의 친구로 여겼다.

> 플라멩코는 버밍엄의 '붕괴'처럼 시끄럽고, 땀에 젖고, 취할 수 있다. 가수가 리프(반복 악절)를 부르거나 댄서들이 신나게 춤을 추면 다른 사람들은 팔마다 palmada라는 복잡한 타법으로 손뼉을 치고 발로 리듬을 구르면서 보조한다… 블루스를 통해서 동물의 울음소리, 기차의 기적소리, 밤의 외로움이 전달되고, 그 소리 안에서 드넓은 공간, 메아리, 구불구불한 비탈길, 돌격하는 황소, 껑충거리며 질주하는 말들이 펼쳐진다. 이런 면에서 비음 섞인 거칠고 고뇌에 찬 음조가 들리더라도 그건 기량이 부족하거나 원시주의에서 나왔기 때문이 아니다. 재즈 연주자의 '지저분한 톤'처럼 그 소리는 서양 고전 음악이 추구하는 아름다운 소리를 거부한 미학적 결과물이다. (CE, 23-24)

블루스나 플라멩코의 투박한 화음-엘리슨이 말한 대로, 돌격하는 황소, 질주하는 말, 아침의 나이팅게일, 기차의 기적 등에서 수집한 소리-때문에 서양의 미 개념이 계속 동요하고 변한다. 리듬과 스윙의 지진에 모든 것이 무너져 내린다. 중심을 잡을 수가 없다.

블루스나 재즈에서 희극적인 음조와 비극적인 음조가 함께 요동치듯

---

42 "아프리카 흑인들은 원래 하찮은 느낌만 갖도록 태어난다"라고 칸트는 말했다. Immanuel Kant, Observations on the Feeling of the Sublime and Beautiful, trans. John Goldthwait (Berkeley: University of California Press, 2004), 120을 보라. 또한 Simon Gikandi, Slavery and the Culture of Taste (Princeton, NJ: Princeton University Press, 2011), 225를 보라.

이, 플라멩코 역시 삶의 가장 괴로운 문제와 함께 몸부림치고 춤을 추는 동안에도 절망과 낙담을 조롱한다. 플라멩코는 엘리슨이 제시하는 영혼을 시각적으로 드러내는 삽화인 동시에 죽음의 기술이자 삶의 기술이다. "좀 더 속된 표현으로 말하자면, 플라멩코의 목소리는 블루스의 목소리와 닮아서 가사에 명시된 절망을 조롱하고, 세상을 향해 상당히 인간적인 농담을 던진다. 이 농담이야말로 모든 전통문화와 신화의 비밀이다. 우리는 매일 목이 잘리지만 항상 다시 일어난다"(CE, 24-25). 플라멩코에서 가수의 울부짖음, 고함, 재잘거림, 떨리는 목소리는 삶의 슬픔을 압축해 보여주지만, 거기에는 항상 손뼉치기, 발 구르기, 우울함 떨치기가 수반된다.

엘리슨이 두엔데에 영감을 받은 가스펠의 여사제 마할리아 잭슨에 관해 언급했을 때, 그는 플라멩코에 담길 수 있는 생각과 감정의 폭, 동양적인 소리로 가득한 플라멩코 음악에 대해 이야기한 것일지 모른다. "그녀의 예술은 사람의 목소리가 가진 표현력을 두루 사용한다. 블루스 가수의 거친 포효에서부터 동양 음악에서 흔히 볼 수 있는 중간소리(반은 울음이고 반은 낭독인), 미국 흑인이 외치는 고함과 불평, 다듬어지지 않은 음조와 폭넓은 비브라토, 플라멩코의 고뇌에 찬 팡파르처럼 귀에 거슬리는 높고 날카롭고 삐걱거리는 음조, 재즈 트럼본이 발견한 인간의 근원을 떠올리게 하는 본능적인 음조에 이르기까지"(SA, 216). 엘리슨은 마할리아 잭슨이 인간의 목소리-거친 포효와 절반은 울음인 소리에서부터 떨리는 비브라토와 귀에 거슬리는 소리에 이르기까지 모든 소리를 내는 목소리-로 곡을 빠르게 변주하는 능력이 있다고 칭송하면서, 인간의 다양한 음색과 열망을 상기시키는 음악의 힘 그 자체를 찬양한다. 또한 엘리슨은 인간 목소리의 풍부한 표현력을 얻으려고 애쓰는 예술가의 자화상을 묘사한다. 그의 글도 인간의 풍부한 표현을 찾아 나서고, 그 결과 음악의 고급 형식과 저급 형식, 교향곡과 관현악곡, 고함과 불평, 즉흥적인 애가와 황홀한 고음에 담겨 있는 운율을 담아낸다. 그의 산문은 어두운 음영과 밝은 빛이 공존하는 휴먼 드라마, 붓으로 명암을 나타낸 영혼의 이미지를 보여준다.

엘리슨이 인간의 목소리와 영혼의 폭넓은 가능성을 활용한다면, 그 가능성은 결국 미국인의 삶에서 나왔을 것이다. 영혼에 검은 점을 찍은 줄 아는 작가로서 엘리슨은 독선적인 미국 예외주의-어둠이 없는 빛, 재앙이 없는 승리, 죄와 죄의식이 없는 순수함-가 미국의 초상은 아니라고 여긴다. 그는 미국인의 영혼이 세상의 처녀들에게 빛을 발하는 기사라면, 그 영혼은 고매한 꿈에 잔뜩 부풀어 섣부른 과오와 결함을 내비치는 돈키호테 같은 기사이자, 현대 역사에 선과 악을 만들어내는 원천임을 알고 있었다. 이 비유의 연장선에서, 엘리슨은 영혼이 세르반테스의 위대한 소설에 담긴 비극적 아름다움과 비슷한 것을 지니고 있다고 여긴다. 영혼은 초월적이면서도 세속적인 욕망으로 이루어져 있으며, 여기에는 하늘 높이 나는 돈키호테식 상상력과 산초 판자의 묵직하고 실용적인 사실주의가 결합되어 있다(아닌 게 아니라 판자panza는 스페인어로 내장이나 배를 의미한다). 엘리슨은 궁극적으로 돈키호테가 둘레시아를 사랑하듯 우리가 미국을 사랑해야 할 이유를 제시하고자 했다. 둘레시아가 젊지도, 아름답지도, 완전히 고결하지 않다는 것을 알아차린 후에도 돈키호테는 그녀를 사랑했다. 그녀가 불완전한데도 그녀를 사랑한 것은 과대망상이 아닌 일종의 용기다.

엘리슨과 뉴욕의 힙합

엘리슨과 로르카는 돈키호테 같은 태도로 영혼의 낯선 곳을 탐사했다. 아시아로 향한 탐험가들처럼 그들도 인간의 미지의 영역을 항해한 것이다. 어떤 의미에서는 서인도 제도에서 발견된 모든 것-검은 피부의 칼리반, 이상한 신, 잔인한 풍경, 화려한 아름다움, 믿기지 않는 생명체, 경이로운 현상-이 영혼의 고향, 그 좁고 험한 미로, 무시무시한 신전 근처에서도 발견될 수 있다는 것을 두 사람은 알고 있었다. 두 사람의 핵심적인 차이가 있다면, 미국의 실험에 대해 서로 다르게 생각했다는 점이다. 로르카가 뉴욕에 도착해서 본 것이라고는 끝없이 인간의 피를 빨아들이는 무리, 황금과 탐욕의 우상에게 제물을 바치는 무리였다. 그래서 동포인 라스 카사스가, 인디언을 약탈하고 탐욕의 신에게 제물로 바친 식민지 개척자들을 비난한 것처럼 로르카도 뉴욕의 상황을 비난했다. 로르카는 뉴욕이 종말을 맞이한 로마 또는 야만인이 침입한 로마와 비슷하다고 생각했다. 뉴욕은 정신적으로 망가지고 쇠퇴했으며, 새로운 모세가 와서 도시의 마른 바위에서 물을 내주기를 간절히 바라고 있었다.

　엘리슨이 보기에 뉴욕은 구제 불능이 아니며, 비난받아 마땅하지만 천벌을 받을 정도는 아니었다. 로르카는 한쪽 극단에서는 오늘날의 로마, 뉴욕의 종말을 보고, 다른 쪽 극단에서는 신비하고 화려한 세상을 보았다. 하지만 엘리슨은 양극단을 피하면서, 미국에는 공화주의적 약속과 극악무도한 배신, 죄악이 공존한다고 믿었다. 단테가 로마를 그렸다면 그런 모습이었을 것이다. 이렇게 해서 엘리슨은 미국을 지옥이나 천국이 아닌 연옥에 두었고, 그래서 어떤 정화의 불이 미국의 죄를 태우고 그 이상을 연료로 삼아 타오르기를 계속 바랄 수 있었다. 다시 말해 엘리슨은 "사랑이라 부르고 민주주의라 칭할 수 있는 세계에서 인간이 편히 지낼 수 있는 조건"에 더 큰 가치를 두고 미국적 실험을 고안하여 실행하고자 했다.[43]

　이 단테의 정신으로, 엘리슨의 유랑하는 영혼은 미국의 연옥과 지옥으로 곤두박질친 뒤, 사랑의 힘으로 다시 빛을 향해 솟아오르는 여행을 시작했다. 우리 시대의 힙합 음악가처럼 엘리슨은 독자들을 데리고 미국의 길모퉁이와 지하감옥으로 내려갔고, 그곳에서 경험한 소외와 무존재감invisibility을 바탕으로 아름답고 열정적인 이야기를 쓴 뒤, 시선을 바꿔 고통을 밝게 보고 거기에 구원의 가능성을 불어넣었다. 엘리슨에게 그런 빛이 되어준 것은 흑인 음악이었다. 흑인 음악은 영혼의 피를 위협하는 뱀독을 해독했다(뱀독은 성 암브로시우스가 죄악의 지배에 비유해 한 말이다). 방식은 다르지만 엘리슨과 힙합은 로버트 존슨이 내뱉었던 한탄에 공감한다. "나는 갈림길에 서 있었어, 차를 얻어 타려고 했지. / 아무도 나를 모르는 듯했

43　Bradley, Ralph Ellison in Progress, 165에서 인용.

어, 모두 다 지나쳐 갔지."[44]

　당연히 엘리슨은 브롱크스에서 유래한 지펑크G-Funk(펑크와 갱스터 랩이 융합된 음악-옮긴이)보다는 이런 노래를 선호했다. 말년에 엘리슨은 붐 박스와 랩 방송에서 쏟아져나오는 최신 음악에 움츠러들었지만, 뱀은 신학을 가르칠 수 있고 벌레는 지상의 소소한 진리를 가르칠 수 있다는 그의 신념을 이해한다면, 그가 랩을 어떻게 평가했는지 다시금 생각하게 된다 (GTT, 149). 엘리슨은 뱀처럼 현명해지라고 우리를 일깨우면서, 음반에 담겨 전 세계로 퍼져나가는 힙합이라는 길거리 지식에 정당성을 부여한다. 이 지식은 강한 비트와 건방진 가사로 지상의 소소한 진리를 가르쳐준다. 종종 빅 애플(뉴욕)을 신랄하게 비판하면서 벌레처럼 미국의 정신과 양심 속으로 파고드는 힙합은 지하에 갇힌 삶, 눈에 보이지 않는 삶을 드러내려는 엘리슨의 노력을 계승해왔다. 엘리슨은 빈민가의 목소리를 내는 힙합보다는 훨씬 더 예의 바르고 올바르지만, 서정적이고 토착적인 리듬에 실린 고민과 꿈은 힙합과 비슷하다.[45] 엘리슨이 인정한 것 이상으로(그리고 엘리슨을 보수적으로 지지하는 신봉자들이 인정하는 것 이상으로) 그의 작품은 대부분 힙합의 소리와 감정을 품고 있다. 예를 들어, 우리는 빈민가의 정신적 상처, 맹렬하고 모순된 분노, 쓰라린 절망, 으스대는 스타일과 우아함, 적의를 품은 가사와 폭발하는 비트, 강력하고 확고한 기쁨 등을 발견할 수 있다.[46] 그 유명한 아웃캐스트Outkast의 빅 보이Big Boi는 애틀랜타에 있는 자신의 지하 스튜디오를 던전Dungeon(성안에 있던 지하 감방-옮긴이)이라고 명명했

44　Robert Johnson, "Cross Road Blues", Vocalion, 1937.

45　Invisible Man에서 Rinehart라는 인물은 전형적인 래퍼—말을 번드르르하게 하는 사기꾼, 포주, 냉혹한 청부업자 그리고 설교자—와 대단히 흡사하다(IM, 493-98). Adam Bradley는 Invisible Man과 Three Days Before the Shooting에 나오는 Rinehart를 아주 잘 설명한다. Bradley, Ralph Ellison in Progress, 128ff를 보라.

46　예를 들어, 할렘에 관한 에세이 'Harlem Is Nowhere'에서 그는 미국인의 상상속에 각인된 할렘이라는 낯설고 혼란스러운 장소에 대해 곰곰이 생각한다. 할렘에 거주한다는 것은 미국의 내장 속에서 사는 삶, 미로 같은 지하 감옥에서 사는 삶, 도시 환경의 악취를 견디는 것이라고 그는 말한다. 할렘에 사는 것은 일상의 투쟁으로, 지뢰가 널려 있는 전쟁터를 걸어가거나, 등굣길에 날아오는 총알을 피해야 하는 것과 같다. 이 세계, "뉴욕의 범죄 구역"(Wu Tang)의 대기는 불길한 전조로 가득 차 있어서 사람들이 그로 인해 질식할 수도 있다.

다. 이는 그가 엘리슨의 영혼을 샘플링했으며, 그 역시 남부의 웅덩이와 진흙 속에서 미국의 흑인 청년이 겪는 지하의 경험을 활용해 플롯과 라임을 만들어내고자 했음을 암시한다.

엘리슨과 로르카의 세대는 힙합 세대와 확연히 다르지만, 소리와 분위기, 색깔은 "함께 피를 흘리고"(록밴드 사운드가든의 노래 'Bleed Together'-옮긴이) 있으며, 그러면서 우리 시대가 곪은 상처 때문에 끊임없이 아파한다고 설득력 있게 이야기한다. 이어지는 장에서 힙합에 관한 생각들을 다룰 때도 이 같은 상처가 핵심 내용이 되겠지만, 나는 우리 시대에 고통에 시달리는 영혼의 오래된 근원을 더 잘 이해하기 위해서라도, 엘리슨과 로르카가 말한 영혼의 모습을 잊지 않고 싶다. 적어도 우리는 엘리슨과 로르카의 마음속에서 연주되는 비슷한 멜로디와 비트, 영혼이나 두엔데에 관한 비슷한 생각을 알게 되었다. 이미 살펴보았듯이 두 사람은 각 집단의 언어를 사용했지만, 그것을 정화하고 더 높은 수준으로 끌어올려 결국 비슷한 형태의 아름다움으로 수렴하게 했다. 로르카는 딥송의 비탄과 환희로, '아아!' 하는 탄식에 뚫려버린 가슴으로 노래하고, 엘리슨은 비가와 찬양, '아멘!' 하고 외치는 영혼으로 블루스를 노래했으며, 그 결과 그들의 시와 생각은 영혼의 음악을 정확한 비트로 연주할 수 있었다.

3장
영혼에서 힙합으로
: 종말의 도래

예언이 실패하면 종말론이 우세해진다.

-에른스트 케제만Ernst Kasemänn

예수처럼 태어났다, 빌어먹을 그 빈민가에서

-푸어 라이처스 티처스Poor Righteous Teachers[1]

20세기의 많은 예술가에게 종말론은 시대적 유행이었다. 종말론은 특이하
고 비현실적인 특징들을 갖고 있긴 했지만, 20세기의 맥을 짚어가면서 시대
의 수많은 수수께끼, 갈등, 고통스러운 역사를 감지하고 식별했다. 예를 들
어 자크 데리다Jacque Derrida는 '해체 비평'에 대해 언급하며 20세기의 세기
말적 분노를 지적했다. 당시에는 모든 것-역사, 형이상학, 인간에 대한 서양
의 인식-이 어둠 속으로 사그라지는 것 같았다. "우리는 이 종말이라는 빵을
자연스럽게 입에 넣었다. 내가 1980년대에 '철학의 종말론적 어조'라고 이름
을 붙였을 때만큼 이미 자연스러웠다."[2] 세계대전, 전체주의, 제국주의, 개발
도상국의 빈곤 등이 만들어낸 수많은 묘지 앞에서, 예술가들은 종말론이라
불리는 피처럼 붉은 태양 쪽으로 심란한 마음을 돌렸다. 유럽의 아방가르드

---

1   Poor Righteous Teachers, "Ghetto We Love", on Black Business, Profile Records, 1993.

2   Jacques Derrida, Specters of Marx: The State of Debt, the Work of Mourning, and the New International, trans. Peggy Kamuf (London: Routledge Press, 1994). 14-15.

작가, 라틴 아메리카의 '마술적 사실주의자', 짐 크로라는 인종차별적 철의 장막 뒤에서 살아가는 미국 흑인 예술가들에게는 모든 것이 무너지는 것 같았기 때문에 직감과 계시의 지배를 받는 장르가 환영처럼 눈앞에 나타난 게 놀라운 일은 아니었다.[3] 1930년대에 선 하우스는 종말이 온 듯한 분위기를 블루스로 연주하다가 "이 구세계"[4]에 끝이 임박했음을 예언하기 시작했다. 앨런 로맥스Alan Lomax의 평가를 보면, 선 하우스의 종말론적 노래는 "우리가 부당하고 무자비한 대우를 받고 있지만 반격할 방법이 없을 때 마음에 한가득 차오르는 분노를 쏟아내게 한다."[5] 나중에 다른 음악가들도 여기에 동참한다. 존 콜트레인John Coltrane은 종말의 절정에서 악기를 산산조각 내려는 듯 색소폰을 연주했다. 지미 헨드릭스Jimi Hendrix는 동시대 사람들의 절망을 표현하기 위해 기타로 이상한 울음소리를 냈다. 밥 딜런Bob Dylan은 당대의 실망감과 공포를 포착하여 하모니카의 비명과 울음소리로 표현했다. 물론 빈민가에서 부상한 힙합도 종말론적 어법을 수용했다. 종말론은 많은 사람이 구속되고, 마약이 유행하고, 폭력성이 심하고, 허무주의에 시달리는 시대에 가장 적합한 형식이었다.

힙합은 혼란, 부정, 정신적 불만이 특징인 곳에서 발달했기에 종말론적 시대의 산물로서 모자람이 없었다. 몸과 마음을 뒤흔드는 힙합은 소울, R&B, 펑크, 블루스, 재즈 음악에서 비롯했지만, 이전 음악들보다 시대를 지배하는 어둠의 중심부에 더 가까이 다가갔다. 힙합 연구에 따르면, 이전 음악에서 방향을 튼 이 음악의 출발은 민권 투쟁과 그 직후의 세대 사이에 나타난 분열로 거슬러 올라간다. 1960년대에 깨진 꿈을 안고 살다가 20세기

3 　라틴 아메리카 문학의 종말론을 연구한 책으로는 다음을 보라. Lois Parkinson Zamora, Writing the Apocalypse: Historical Vision in Contemporary U.S. and Latin Americal Fiction (Cambridge, UK: Cambridge University Press, 1993).

4 　다음을 보라. Son House, "John the Revelator", on The Legendary Son House: Father of Folk Blues, Paramount, 1965. 또한 다음을 보라. Ted Gioia, Delta Blues: The Life and Times of the Mississippi Masters Who Revolutionized American Music (New York: W. W. Norton, 2009), 378.

5 　Alan Lomax, The Land Where the Blues Began (New York: The New Press, 2002), 58.

말에 성인이 된 아이들은 전통적 가치와 발전을 요구하는 사회에 환멸을 느꼈다. 빈민가 중심의 관점으로 깨진 유리창과 파괴된 기반 시설을 바라본다면, 부당함은 새로운 형식으로 위장될 뿐 결코 소멸하지 않았다. 넬슨 조지 Nelson George와 마크 앤서니 닐Mark Anthony Neal은 이들을 '포스트 소울post-soul' 세대라고 명명한 첫 비평가였다. "이 이야기는 다른 이야기가 끝나면서 시작한다"라고 조지는 말한다. "첫 번째 이야기는 정치적 행동과 도덕적 논쟁을 통해 변화할 줄 아는 인간의 능력을 낙관적으로 행복하게 주시한다. 다음 이야기는 지금 우리가 사는 땅의 이야기로, 냉소주의, 빈정댐, 예술로 승격된 자기중심주의가 그 특징이다."[6] 당연히 넬슨 조지가 들려주는 힙합 이야기는 비관주의와 종말론의 문법으로 가득하다. 힙합은 이젠 사라진 시민권에 대한 열망을 가슴에 품고 태어난 고아처럼 세상에 나왔다.

영혼과 포스트 소울

음악적 전신인 R&B 및 소울과 비교해보면 힙합의 차이점이 눈에 띄게 드러난다. 소울에서 인상적인 것은 무한한 가능성-피터 구럴닉의 말에 따르면, 자유에 대한 꿈-을 갈망하는 감정이 음악 속에 고동치고 떨린다는 점이다.[7] 명백한 차별 속에서 태어난 소울은 가스펠의 자유분방한 황홀감을 골라내 새로운 방향으로 실어 보냈다. 흑인 교회 음악은 소울 예술가에게 값진 자원이 되었는데, 예술가들은 교회 음악의 에너지와 분위기를 추려낸 뒤 그것을 민권에 대한 열망의 대용품으로 사용했다. 소울 음악가들은 열광하는 교회의 육체와 정신에 블루스의 세속성과 선정성을 결합했고, 그 결과 정의와 평등을 위한 투쟁에 연료가 될 가연성 물질을 만들어냈다. 또한 폭발적인 예술을 연출했는데, 이는 에머슨이 말한 오랜 자유주의적 희망, 즉 가능성의 상

---

6   Nelson George, Hip Hop America (New York: Penguin Books, 1998), 1; and Anthony Mark Neal, Soul Babies: Black Popular Culture and the Post-Soul Aesthetics (London: Routledge Press, 2002).
7   Peter Guralnick, Sweet Soul Music: Rhythm and Blues and the Southern Dream of Freedom (New York: Little, Brown, 1986), 7.

실로부터 미국 문화가 해방될 수 있다는 기대감을 북돋아 주었다.[8]

　　이러한 점에서 소울은 '건물 해체' 작업을 즐긴 셈인데, 소울은 영혼을 자유롭게 풀어주었고, 나아가 아메리칸 드림을 꿈꾸지 못하도록 흑인들을 배제하고 가로막았던 흰색 울타리를 철거했던 것이다. 멤피스에 설립된 스택스 레코드나 앨라배마에 설립된 머슬 숄즈Muscle Shoals 같은 레이블에 힘입어 남북전쟁 이후 남부에서 백인이 가장 많이 사는 몇몇 지역이 흑인 음악의 중심지로 바뀐 것은 다소 믿기 힘들고 경이롭기까지 하다.[9] 이러한 레이블-모타운Motown, 애틀랜틱Atlantic, 페임Fame 등-에서 제작한 음반은 거의 쓰나미 같은 영향을 미쳤다. 맹렬한 영혼의 흐름에 영향을 받아 인종차별의 벽이 갑자기 무너지고 동시에 다른 인종들이 흑인 음악에 뛰어들어 세례를 받기 시작했다. 분리주의자와 인종차별주의자에겐 이 모든 것이 공포였다. 음악의 용솟음치는 황홀감은 금기를 깨뜨렸으며, 음악과 문화, 인간애의 교차 수정을 방해하는 모든 것을 깨부수었다. R&B와 소울의 시대에는 본질적으로 뭔가 위험한 것이 진행되고 있었다. 미국의 영혼이 악마의 리듬과 동일한 야만적인 정글의 리듬으로 옮겨가기 시작했기 때문이다. 요컨대 저속하고, 천박하고, 다인종이 뒤섞인 영혼이,『롤링스톤』의 1967년 기사 내용을 바꿔 말하자면 하얀 미국을 괴롭히고 있었다.[10]

　　이 음악적 성과에서 특히 인상적인 것은 음악이 감정과 소리를 통해서만 민권 투쟁을 추진했다는 점이다. 제임스 브라운의 말에 따르면, 음악은 무아지경에 이르기 직전까지, 소리를 지르고 싶을 정도로 기분이 좋아질 때까지 청중을 몰아간다. 소울은 느낌과 감정을 가르치는 교육이며, 흑인 음악과 흑인의 경험에 대한 취향과 애정의 범위를 확장했다. 스택스의 대표

8　　Andrew Delbanco, The Death of Satan; How Americans Have Lost the Sense of Evil (New York: Farrar, Straus and Giroux, 1995), 203에서 인용.

9　　필자는 다음 책에 있는 소울의 남부 역사를 참조했다. Mark Ribowsky, Dreams to Remember: Otis Redding, Stax Records, and the Transformation of Southern Soul (New York: Liveright Publishing, 2015), xxiii.

10　　Robert Gordon, Respect Yourself: Stax Records and the Soul Explosion (New York: Bloomsbury, 2015), 159-60을 보라.

알 벨Al Bell은 이를 간단하게 표현했다. "백인 청중들이 우리를 발견하면, 우리는 더 하얘지는 것이 아니라 더 검어진다."[11] 소울은 훈계와 활기를 섞어 언어 없이도 민권을 표현하고 음악의 정수를 뽑아냈고, 미국에서 억압당하는 사람들의 기본권을 음악으로 대변하는 듯했다. 리듬과 말과 감정이 느슨하게 풀리자 특정 인종의 괴로움, 즉 솔로몬 버트Solomon Burke가 다음과 같이 노래한 감정을 전달할 수 있게 되었다. "자유롭다는 느낌이 어떤 것인지 알 수 있으면 좋을 텐데."[12] 흑인 음악은 차별에 위축된 많은 영혼을 자유롭고 유익한 감정에 노출시켜 문화 혁명을 부추겼고, 이 문화 혁명은 미국의 영혼을 재조정해서 예전에는 눈에 띄지 않았던 떨림, 아름다움, 경험을 수면 위로 건져 올렸다. 과감하고 용감한 음악 정신은 시대적 흐름과 저항 운동에서 제 몫을 해냈다. 문화 간의 유대감과 변화에 굶주린 수많은 미국 청년들은 불안과 애정을 노래한 이 소울 푸드에 의지해서 영적 자양분을 얻었을 뿐 아니라 억눌린 열정을 해소했다. 너새니얼 호손은 19세기의 뉴잉글랜드 문화를 가리켜 감정이 정신보다 덜 발달한 문화라고 지적했다. 20세기 미국 문화도 마찬가지였다. 다른 건 차치하고서라도 R&B와 소울은 이 낙후된 상태를 구제하는 긴급 구호물자로 급부상했다.

하지만 1970년대, 1980년대로 시간이 흐를수록 소울의 맥박은 가스펠 음악에서 계승한 초월적 충동과 함께, 도시 공동체에 닥친 새로운 위협과 트라우마 앞에서 약해지고 흔들리기 시작했다. 어떤 면에서, 주변부에 사는 사람들에겐 미국의 생활환경이 더 심각해졌다. 감산복합체가 가공할 만큼 늘어나고, 마약과 폭력에 가족과 공동체적 유대관계가 망가지고, 인권 신장이 가로막힌 곳이 되었다. 샘 쿡이 표현한 "변화는 올 것"이라는 희망은 "아무것도 변하지 않을 것"이라는 불길한 공포로 대체되었다. 샘 쿡과 같은 세대 사람들의 정중함, 인종 간 예절, 고운 말씨는 이내 무례하고 거친 길거리

---

11   Ribowsky, Dreams to Remember, 152에서 인용.

12   Solomon Burke, "I Wish I Knew (How It Would Feel to be Free), on I Wish I Knew, Atlantic, 1968.

시와 힙합의 언어로 바뀌었다. '고급 클럽' 같았던 정중한 영혼은 모래투성이의 거친 영혼으로, 유토피아적 상상은 디스토피아적 풍자로, 도덕적·사회적 정의를 꿈꾸었던 예언은 종말론의 어둡고 으스스한 상형문자로 바뀌었다. 시대의 험난한 환경 때문에 언어의 맥이 꺾이고 아이들의 정신이 분열한 것처럼, 빈민가의 언어가 새로운-갈라지고, 금 가고, 끊어진[13]-패턴을 보이기 시작했다.

20세기 말에 학계에서도 논의되었던 '형이상학의 종말'-인식론적 믿음과 확신의 상실- 대신에, 이 흑갈색 청년들은 거리에 사는 수많은 청춘의 최후, 미국 도심의 종말과 쇠퇴를 랩으로 노래했다. "어떤 날이든 정글의 마지막 날이 될 수 있어. 초라하게 살해당하고 말아, 총을 쏴 대면, 흑인들이 고꾸라져."[14] 기본적으로 이 흑갈색 청년 문화의 음악은 거칠고 악랄한 어조를 띠었으며, 지옥의 가장 깊은 곳에 사는 이야기와 컴튼에서 갓 건져 올린 이야기(유명한 힙합 그룹 N.W.A.의 앨범이자, 그들의 일대기를 그린 영화의 제목, 'Straight Outta Comton'에서 가져온 표현이다-옮긴이)를 들려주었다. 제이 지는 총알이 관통한 킹 박사와 맬컴 엑스의 육신이 향후 수십 년간 폭력의 우화와 전조가 될 것이라고 묘사할 때 바로 이런 어조로 랩을 했다. "모두가 왕이 되고 싶어 하다가 마침내 총이 울려. 넌 꿈속에서 구멍이 난 채 발코니에 누워 있지. 아님 맬컴 엑스처럼 X표로 지워져, 넋을 빼는 비명들."[15] 「모스트 킹스Most Kings」의 이 구절은 민권의 꿈을 단념하지 않으면서도, 수많은 목숨이 '지워지지' 않도록 막지 못한 것을 가슴 아파한다. 제이 지가 바스키아Basquiat의 그림에 등장하는 소년들에 대해 언급한 것처럼("그들은 남자로 자라지 않고 시체, 해골, 유령으로 자랐다"), 킹 박사의 꿈은 여러 빈민가 집단에서 암울한 운명을 맞이했고, 충분히 무르익을 기회

---

13   Tony Morrison이 Beloved에서 쓴 표현이다. Adam Bradley는 The Book of Rhymes: The Poetics of Hip Hop (New York: Basic Civitas Books, 2009)에서 이 주제에 대해 언급했다.

14   Nas, "Represent", on Illmatic, Columbia Records, 1994.

15   Jay-Z, "Most Kingz", feat. Chris Martin, Roc-A-Fella Records, 2010.

와 지지를 부여받지 못했다.[16] 전반적으로 민권이 다 그런 신세였다. 그 유산은 인정과 위로를 요구하는 유령처럼 래퍼들을 따라다니지만, 인간의 모습이나 물질적 존재는 될 수 없는 허깨비로 남아있다. 이런 실망과 낙담 속에서 힙합은 주류 문화를 겁먹게 하고 불안을 야기하는 배교자의 목소리로 등장했으며, 그 역할에서 빛을 발했다. 그리고 이제 정치보다는 문화와 평크의 배교자를 연기한다(아프리카 밤바타Afrika Bambaataa[미국의 래퍼, 작곡가, 프로듀서-옮긴이]).[17]

힙합은 언어 폭동을 일으켰다. 민권에 대한 정중한 예절은 경멸의 대상이 되고 '거친 스타일'이 새롭게 등장했는데, 래퍼들은 무기 같은 언어로 게토를 쇠락하고 도시를 황폐하게 하는 세력에 강력히 대항했다. 랩 예술가들은 생존 문제, 즉 그들의 신체와 영혼을 위협하는 악마의 힘과 암울한 환경에 맞서는 방편으로 속어를 쓰기 시작했다. 흑갈색 아이들은 수중에 자원이 많지 않았던 탓에 시와 비트를 게릴라전에 활용했으며, 번지르르한 구절과 능수능란한 즉흥 연주로 현 상황을 매복 공격했다.

미국 문화사에 일어난 이 지각 변화는 미묘하지만 혁명적인 전환-민권과 흑인 권력에 대한 예언자적 상상에서 힙합의 종말론적 상상으로의 전환-이었다. 종말론은 예언자의 유산으로, 동일선상에 있기 때문에 둘 사이에는 분명 연속성이 있지만, 엄밀히 말해 종말론은 예언자적 신탁의 실패로 생겨났다("예언이 실패하면 종말론이 우세해진다"). 그 결과, 종말론은 때때로 혼돈과 무질서의 문화, 예언조차 효과를 보이지 않는 문화의 어두운 분위기를 표현했다. 예언적 메시지의 잔해와 파편에서 나온 종말론적 텍스트는 앞선 예언들보다 더 거칠고 광적이긴 해도 확실히 새로운 것을 창조해낸다.

힙합도 이와 비슷하다고 얘기할 수 있다. 래퍼들은 종말론의 삐걱거리는 비트에 맞춰 힙합을 뽑아내고 휘갈겨 쓴다. 그래서 이 문화에서 인간의

---

16   Jay-Z, Decoded (New York: Spiegel and Grau, 2010), 95.
17   Afrika Bambaataa and the Soulsonic Force, "Renegades of Funk", on Planet Rock: The Album, Warner Bros. Records, 1986.

영혼에 대한 생각은 이전에 비해 훨씬 모순되고 뒤틀린다. 블루스에서처럼 기차 소리를 흉내 내거나 소울에서처럼 자유 버스freedom bus(1960년대에 흑인 운동가들이 타고 다니며 인종차별반대 운동을 이끌었던 버스-옮긴이)의 절박한 꿈을 상상하는 대신, 힙합은 일종의 시적 정의에 대한 암호로서 종말론적 상징들을 채택하고 보여준다. 지하철에 쓰인 그래피티-마구 휘갈겨 쓴 데다 비밀스럽고, 아리송하고, 불안하고, 반항적인 낙서-가 바로 힙합의 특징이다.

힙합의 종말론적 주제

그래피티의 구부러진 선이나 브레이크 댄서의 뒤틀린 움직임처럼, 종말론적 시각은 종종 왜곡되긴 하더라도 뛰어난 직관력으로 시대상을 반영했다. 요한계시록을 생각해보자. 이 책은 마치 낯선 우주에서 우리 시대로 온 것 같지만, 읽는 사람이 이것을 대재앙의 시기, 즉 기독교인들이 로마의 쇠 멍에에 속박돼 있을 때 쓰인 전시戰時의 텍스트로 읽는다면 당황스러움이 덜할 것이다.[18] 요한계시록의 저자는 파트모스 섬에 추방된 사람으로, 스스로를 "너희 형제요, 예수의 환난과 나라와 참음에 동참하는 자"라고 부른다 (요한계시록 1:9). 아델라 콜린스는 요한계시록을 로마제국을 거대한 적수로 삼은, 트라우마에 관한 문학으로 이해할 수 있다고 주장한다.[19] 콜린스는 이 책에서 말하는 고통스러운 비잔틴 양식의 표상을 설명하기 위해 특정 트라우마를 식별한다. 예를 들면, 로마인이 예루살렘 도시를 파괴한 것, 네로 황제가 기독교인을 핍박하고 살해한 것, 제국의 신에게 강제로 숭배하는 것, 안디바(세례 요한을 처형한 인물-옮긴이)가 중요한 일원을 죽인 것, 작가가 추방당하고 유배된 것, 더 나아가 공동체의 극빈층이 경제적 압박을

---

18   Elaine Pagels, Revelations: Visions, Prophecies, and Politics in the Book of Revelation (New York: Penguin Books, 2012)를 보라.

19   Adela Collins, Crisis and Catharsis: The Power of the Apocalypse (Philadelphia: Westminster Press, 1984), 99ff.

느낀 것 등이 있다.[20]

트라우마에 대한 이 장황한 이야기를 먼저 접하면 요한계시록이 덜 기이해진다. 이 책의 본문과 이미지들을 기독교 공동체가 일찍이 직면했던 위협과 대재앙으로 해석하면 그에 대한 비밀이 점점 드러난다. 이러한 비유들을 해독할 때 독자는 작가의 시각으로 바라보게 된다. 죽음의 고통에 놓여 하디스의 하수들로부터 괴롭힘과 위협을 받는 끔찍한 세계(요한계시록 6:8)라고 인식하는 것이다. 요한계시록에서는 생존을 위한 몸부림이 치열하고 필사적인데, 그 이유는 식민지화된 이 작은 공동체의 사람들이 지옥 같은 권력에 복종해야 했기 때문이다. "그들이 땅 사분의 일의 권세를 얻어 검과 흉년과 사망과 땅의 짐승들로서 죽이더라"(요한계시록 6:8). 이 문장의 암호를 풀려면 약간의 상상력이 필요하다. 여기에서 로마는 대상이 누구든 멋대로 짓밟고 권력을 휘두르며 강탈했다는 점에서 죄인이나 다름없다. 반식민주의적 관점에서 보면 요한계시록은 로마의 지배에 관한 끔찍한 초상이며, 그 시대의 사건들을 눈물의 흔적처럼 보여준다.

힙합의 배경은 요한계시록의 표면에 드러난 것과 확연히 다르지만, 세상의 위험과 고통에 이름을 붙이고 그것을 묘사하는 방식으로 요한계시록의 모티프들을 사용해왔다. 성경 구절이 확연히 드러나지 않을 때도 힙합은 종말론 특유의 침체되고 불가사의한 양식을 포함하여 종말과 관련된 고통의 이미지를 많이 사용한다. 성서의 언투를 비틀어 인종·계급·사회적 괴로움에 다가갈 때 힙합은 요한계시록의 정신-곤경과 불안에 시달리고, 괴로움 속에 폭력성이 분출하고, 압박감에 안절부절못하는 상태에서 폭력을 압도하는 은총의 순간들을 맞는 정신-을 취한다. 마이클 다이슨은 그러한 수렴의 논리를 다음과 같이 설명한다. "하지만 불평등-인종, 성, 계급, 사회적 지위, 성적 취향, 지리, 연령 등의 불평등이 만연한 사회에서 사회적 비판을 퍼나르는 전설들이 출현할 때 비로소 그 사회는 집단 기억을 체계화하고,

---

20   Ibid., 94-104.

사회적 비전을 뚜렷이 하고, 공동체의 가치를 바로 세운다."[21]

투팍 샤커의 데뷔 앨범 『투팍칼립스 나우2Pacalypse Now』과 퍼블릭 에너미의 앨범 『아포칼립스 91Apocalypse 91··· The Enemy Strikes Black』에는 이러한 전설의 대표적인 예가 포함되어 있다. 예를 들어, 퍼블릭 에너미의 『아포칼립스 91』에 수록된 곡 「캔트 트러스 잇Can't Truss It」은 노예 무역과 그것이 미국 흑인에게 끼친 끈질긴 영향에 대해 이야기한다. 베이스가 깊고 단단하게 둥둥거리고, 척 디의 걸걸하고 퉁명스럽고 반항적인 중저음이 비트와 완벽하게 어우러진다. 래퍼의 목소리는 타악기가 풍부한 아프리카 음악의 짜임새와 조화를 이루고, 더 나아가 쿵쿵거리는 드럼의 반항적인 태도와 결속한다. 척 디가 내비치는 이야기에는 이런 태도, 즉 크고 야단스럽게 울리는 소리에 맞는 도전적인 태도가 제격이다. 그의 관점에서 보면 이 이야기는 아마겟돈의 고난과 유사하다.

점쟁이처럼 사악한 가사를 쏟아내고 있어
잭의 사악함 때문이지
모든 사람이 갈라지고 팔려나가
술과 황금 때문에
등짝을 얻어맞아, 때린 놈이 여잘 꼬시지
지금 내가 쏟아내는 이야기는 유혈이 낭자해
그들이 이 배를 댄 곳은 리틀 록
절망이야, 난 족쇄가 채워져 있고, 깡패놈들까지 달려들어···

배에서 난 멍이 들어
내가 잃고 만 것들, 모두 사라진 연락처

21   Michael Eric Dyson, Holler If You Hear Me: Searching for Topac Shakur (New York: Basic Civitas Books, 2001), 263.

나를 바닥에 뉘어, 내 배설물에 나를 굴리네

내가 타인의 배설물에 구를 때면…

나무에 묻은 피 그것은 나의 것

나는 침으로 숨이 막히고 고통을 느끼네

나의 뇌가 사슬에 묶인 것처럼

내가 가진 걸 줘야 해

하지만 낮은 덥고 밤은 추워

나는 살아남으려고 애를 쓰고, 신께 살아 있게 해 달라고 빌어…

3개월이 지나, 그들은 내 엉덩이에 꼬리표를 붙여

주인이 있음을 보여주려고

나는 마이크에 대고

1555, 어떻게 살고 있는지 말해

우리가 여기서 어떻게 살아왔는지

산다는 건 내게 주어진 말이 아냐

누려 본 적 없어

우리는 가난한 사람으로 분류되고, 가진 자들과 싸워

모든 건 돈 문제니까

아마겟돈에 대해서라면.[22]

말할 필요도 없이 이 노래는 종말론적 정서로 가득 차 있으며, '계시자 요한'
이나 맬컴 엑스의 의분을 반영한다. 이 노래는 속박받는 노예나 감금된 빈
민가 아이의 눈을 통해서 본 역사 이야기이다. 그리고 이 시각은 역사의 승
리자인 서구의 시각과 대립한다. 이러한 사건들을 1인칭으로 서술함으로써
척 디는 노예화된 등장인물의 피부 속으로 스며들고, 그들의 생존 투쟁에

---

22   Public Enemy, "Can't Truss It", on Apocalypse 91: The Enemy Strikes Black, Def Jam, Columbia Records,
      1991.

참여하고, 노예선 안에서의 역경을 구체화한다. 그렇게 해서 그는 목격자로서의 권위를 갖게 된다. 그는 월트 휘트먼처럼 자신 있게 말한다. "나는 그 사람이었고, 나는 고통 받았으며, 나는 그곳에 있었다."[23] 혹은 올라우다 에퀴아노Olaudah Equiano의 1인칭 화자처럼 권위 있게 말한다.

> 배 안은 점점 답답하고 열기가 더해졌다. 내부는 사람들로 너무 붐벼서 각자 몸을 돌릴 여유도 없고, 숨이 막힐 지경이었다. 이 때문에 엄청나게 땀이 흘러 각종 역겨운 냄새가 풍기자 머지않아 공기는 숨쉬기에 적합하지 않게 되었다. 노예들은 병에 걸리고 다수가 목숨을 잃었다. 말하자면 이들은 노예 구매자들의 무분별한 탐욕의 희생자였다… 여성들의 비명소리와 죽어가는 사람들의 신음소리로 상상도 할 수 없는 끔찍한 광경이 펼쳐졌다.[24]

에퀴아노의 언어는 척 디가 불같이 내뿜는 저주와 욕설보다 예의 바르고 점잖지만, 그 또한 마찬가지로 남북 아메리카의 인종차별적 역사에 대한 혐오와 반항심을 여실에 드러낸다.

척 디의 랩은 사나운 파도처럼 듣는 사람을 때리며 항해 과정에서 겪은 노예들의 고난 이야기에 우리를 끌어들인다. 노예들은 배의 밑바닥에 갇혀 제 것과 남의 배설물에서 구르고, 자신의 침에 숨이 막히고, 가족과 문화와의 접점이 모두 끊기고, 필사적으로 희망에 매달려 신께 살아 있게 해달라고 빈다. 이 부도덕함에 넌더리가 난 척 디는 라임, 비트, 플로우를 자신의 무기로 삼아, 온갖 말도 안 되는 일로부터 살아남을 전략으로 바꾼다. 그는 미국인의 순수함 속에 깃든 안락하고 고요한 양심을 뒤흔들고 휘젓기 위해 말과 비트를 사용하고, 요한계시록에 로마가 등장하듯 미국을 악당으로 등장시킨다(우리는 뉴욕에 대한 로르카의 첫인상을 떠올릴 수 있다). 사

23 F. O. Matthiessen, American Renaissance (New York: Barnes and Noble, 2009), 429에서 인용.

24 Olaudah Equiano, The Interesting Narrative and Other Writings, ed. Vincent Carretta (New York: Penguin Books, 2003), 85.

실, 후렴구인 "여기 뱀의 강렬한 꿈틀거림과 그때 짓는 미소에 관한 노래가 있다"를 보면, 요한계시록과 같은 비유적 세계를 공유하고 있음을 알 수 있다. 다만 요한계시록은 퍼블릭 에너미의 사악하고 기만적인 뱀보다는 용의 이미지, 땅과 바다의 비트, 악마 같은 기사를 선호할 뿐이다. 두 예술가의 들끓는 분노와 공격적인 반항은 닮아 있다. "술과 금을 얻기 위해 인간을 가르고 팔아버리는" 지상의 지배자들-한 번 미소 짓고 악수하는 것이 전부인 그들-을 공격하기 위해 둘 다 시를 이용한다. 요한계시록 18장에는 인간의 생명을 주고받는 이 불법 거래를 비난하는 놀라운 구절이 있는데, 이는 척디의 가사와 일맥상통한다. "땅의 상인들이 그를 위하여 울고 애통하는 것은 다시 그들의 상품을 사는 자가 없음이라. 그 상품은 금과 은과 보석과 진주와 세마포와 자주 옷감과 비단과 붉은 옷감이요… 포도주와 감람유와 고운 밀가루와 밀이요 소와 양과 말과 수레와 종들과 사람의 영혼들이라"(요한계시록 18:11-13). 분명 요한은 로마가 인간 상업에 탐욕스럽게 관여하는 것, 즉 인간의 희생이 뒤따르는데도 물질적 부와 권력을 무한정 축적하는 것을 크게 비난한다. 그는 로마의 탐욕과 폭력적인 문화에 진력이 나서 로마의 규범과 비슷한 시도는 모두 비난한다. 요한의 강경한 시각에서 볼 때, 이와 관련된 것이라면 무엇이든 매춘부이자 머리가 일곱 개 달린 짐승과 간음하는 것이 된다. 한마디로 우상 숭배다. 요한의 글은 폭력이나 무력 혁명을 요구하지 않으므로 위험하지 않다. 본질상 가난하고 식민지화된 공동체의 유일한 무기인 이념적·시민적 불복종을 통해 로마의 사회 질서를 위협하는 정도다.

유대-로마 전쟁이 끝난 뒤 폭력과 박해에 직면했을 때 계시록의 작가는 질서를 유지하는 로마의 힘을 수긍하면서도 갑작스러운 반전을 상상한다. 작가가 봉인된 두루마기 책을 펼쳤을 때 척 디의 말 대로 "가진 자"와 "못 가진 자" 간에 아마겟돈이 도래할 거라고 예측한다. 꿈같은 상상 속에서 작가는 태양이 상복처럼 검게 변하고, 달이 피처럼 붉게 변하고, 별들이 지상으로 떨어지고, 하늘이 두루마리 책처럼 말리는 것을 본다(요한계시록

6:12-14). 이 우주의 소용돌이 속에서 백마를 탄 예수 그리스도가 모습을 드러내 악마를 가두고 새로운 천국과 지상을 창조한다. 새로 창조된 곳은 죽음, 고통, 슬픔이 더 이상 없는 곳이다(요한계시록 21:4).

어떤 사람들(특히 니체)에게 이 세기말의 마지막 혁명은 복수심의 과격한 분출에 지나지 않았다. 계시록의 주요 이미지가 전쟁과 폭력이라는 점을 감안할 때 그런 비판은 고려해볼 만하다. 왜냐하면 폭력이라는 문제는 힙합에서도 중요한 이슈이기 때문이다. 나는 계시록과 힙합에 충격적이고 비난받을 만한 폭력의 이미지가 있음을 순순히 인정한다. 예를 들어, 신은 독수리들을 날려 보내 "새들이 실컷 배를 채울" 때까지 왕, 선장, 온 세계 지배자들의 육신을 먹게 했다(요한계시록 19:21). 이 정도로 섬뜩한 시나리오에 필적하는 것이 힙합에도 있는지 잘 모르겠지만, 그럼에도 힙합이 폭력과 살인의 이미지를 잔뜩 소화할 수 있다는 사실은 틀림이 없다. 힙합이 한 자리에서 맴도는 사례가 무수히 많은데, 총과 무기를 가진 사람이 용감하다는 후렴구나 천박하고 쾌락적인 삶을 자랑하는 허풍이 흠집 난 음반에서 나오듯 계속 되풀이된다. 더구나 가사가 '갱스터gangsta'의 옹알이에 빠지면 힙합은 금방 음악계의 쓰레기로 전락할 수 있다. 그럴 때 가사는 단지 대량 소비를 부추기고, 가치 있는 내용은 전혀 없으며, 소리와 분노 외에는 아무것도 남지 않게 된다.

하지만 랩을 비판하는 사람들은 랩(과 계시록)의 전략이 물리적 폭력이 아니라 언어의 시적 힘에 맞춰져 있다는 걸 놓치고 있다. 계시록에서 예수는 천상의 군대와 칼을 가진 사람으로 그려지지만, 칼은 그의 입에서 나오는 것으로 묘사된다(요한계시록 2:16, 19:15). 칼은 달리 말하면 신의 말씀이며, 신의 말씀은 적군을 죽이고 진압한다(사도 바울도 "정신의 칼"은 에베소서에 나오는 신의 말씀과 같다고 지적한다).[25] 오히려 계시록은 앞으로

---

[25] 계시록 속의 이 주제를 다룬 책으로는 다음 2권을 보라. Collins, Crisis and Catharsis, 156-57. Richards Hays, The Moral Vision of the New Testament (New York: HarperCollins, 1996), 175.

다가올 전투에 대비하여 폭력적인 전략이 아니라 서정적이고 신학적인 전략을 보여준다. 그 전략은 정신과 입에서 나오는 기이하고 다다이즘적인 산물, 즉 시위와 비폭력적 저항의 수단인 언어로 적과 교전하는 것이다. 역사는 지금 짐승의 손아귀에 붙잡혀 있으므로 계시록은 정치 권력과 적극적으로 충돌하는 전략을 내세우지 않는다. 계시록은 정치적 개입도 폭력 혁명도 옹호하지 않는다. 정치적 진보에 대한 믿음은 투팍의 말처럼, "하나님만이 우리를 구원할 수 있는 세계"에서는 잘못된 믿음이다.[26] 간단히 말해 혁명은 도래할 테지만 폭력이 아니라 지혜와 믿음의 칼로 맞서야 한다고, 계시록의 작가는 분명히 밝힌다(요한계시록 13:10).

시와 음악이 정치보다 우상화되는 힙합 문화에서 이 해석은 일반적으로 유효하다. 폭력적인 상상은 시적 투쟁의 탄약으로 쓰인다. 래퍼의 투쟁은 말의 전쟁이며, 이 전쟁의 전리품은 플로우와 라임이 가장 멋진 래퍼에게 돌아간다. 적을 공격하고 무찌르는 것은 시다. 전반적으로 폭력의 비유는 래퍼의 말이 경쟁자보다 탁월하다는 것을 나타내기 위한 허세와 모욕으로 사용된다. 예를 들어, 우탱 클랜은 요한계시록이 그러하듯 칼의 상징을 선호하며, 래퍼의 뛰어난 라임과 플로우에 빗대어 검술과 무술을 차용한다. 다음은 즈자GZA의 사례이다.

> 나는 검을 휘둘러 어릿광대를 벤다.
> 너무 빨라서 묻지 못하겠지
> 기록하고, 받아 적어.[27]

여기에서 즈자의 검술은 그의 격한 문체이다. 즈자는 그 문체로 다른 광대 래퍼들을 쓰러뜨린다. 그의 플로우는 너무 빠르고 매끄러워서 다른 사람들

---

26   Tupac Shakur, "Thugz Mansion", on Better Dayz, Amaru, 2002.
27   GZA, "Liquid Swords", on Liquid Swords, Geffen/MCA, 1995.

이 그의 구절을 "물고"(훔치고) 싶어 한다. 드 라 소울De la Soul의 가사도 그런 사례다.

> 우리가 마이크에 대고 경쟁을 할 때 사람들은 구경하려고 줄을 서지
> 그 서정적인 살인을, 자아로 얼룩진 천장 아래서
> 내 라임은 규칙대로 연주되면서
> 레코드판 위로 흑인의 사망률처럼 점차 올라가
> 영혼에 다가간다고 생각하는 애송이들, 너희에겐 바보라는 딱지가 붙어 있지.[28]

또 다른 예는 갱 스타의 멤버 구루Guru의 랩이다.

> 내 가사 내용만으로 네 머리가 폭발할 수도 있어
> 내 영역에 널 끌어들여 은유 한 방으로 저격해
> 난 널 좋아한 적 없어, 그 엉덩이에 가스를 뿜고 불을 질러
> 화염방사기, 네 동료들이 널 아는 걸 유감이라 느끼도록.[29]

때로는 재기와 상상력이 풍부하고 때로는 경각심을 일깨우는 이런 시적 전쟁의 사례는 이밖에도 무수히 많다. 투팍 샤커의 음악은 거의 언제나 상상력과 경각심의 중간쯤에 위치한다. 그는 악한과 갱스터의 역할을 할 줄도 알지만(그의 연기가 무대 밖에서도 계속될 땐 매우 충격적이었다), 또한 이 게임에서 대단히 세심하고 사려 깊다. 그의 음악은 데뷔 앨범『투팍칼립스 나우』에서부터 종말론적 기질이 다분했다. 이 음반은 1990년대 힙합의 종말론적 분노가 터져 나올 수 있도록 수문을 열었다고 볼 수 있다.

랩의 첫 10년(말하자면 1970년대 말부터 1985년까지)을 투팍이 등장한

---

28   De La Soul, "The Bizness", on Stakes Is High, Tommy Boy, 1996.
29   Gang Starr, "Full Clip", on Full Clip: A Decade of Gang Starr, Virgin Records, 1999.

시기와 대조해보면, 멀리서 들리던 운명의 북소리가 점점 더 크고 가까워지는 것처럼 분위기가 확실히 더 살벌해진다. 어떤 운명이 닥칠지 감지하는 사람들도 있었지만(예를 들어, 부기 다운 프로덕션스Boogie Down Productions의 『크리미널 마인디드Criminal Minded』, 아이스-티Ice-T의 『라임 페이즈Rhyme Pays』 혹은 스쿨리 디Schooly d의 「P.S.K」), 1990년대의 극단적인 위기와 갈등에 필적하는 것은 없었다.[30] 어떤 의미에서 우리는 1960년대의 꿈과 거리를 두어야만 랩에 등장한 새롭고 비극적인 안개를 관측할 수 있다. 그 사이의 시간만큼 환멸과 냉소의 그림자가 길어졌기 때문이다. 사이디야 하트먼은 이렇게 말한다. "그들의 꿈과 내 꿈의 지평선이 달라졌다. 자유 이야기는 더 이상 미래의 청사진이 아니다."[31] 이런 방면에서는 투팍이 하트먼을 앞질렀다. 투팍은 새롭고 훨씬 더 어두운 패러다임을 음울한 천재성의 원천이자 가사와 비트를 실험하는 공간으로 사용했다.

투팍에 정통한 사람이라면 죽음이 천재성의 원천임을 알 것이다. 죽음은 그에게 괴로움과 영감을 동시에 주는 악마 같은 힘이다. 로르카와 마찬가지로, 죽음은 투팍의 불안한 마음에 다가와 서성거렸고, 그 어떤 것보다 그의 생각을 집중시킨 듯하다. 죽음은 투팍의 생각을 깊고 명료하게 만들었는데, 이는 미국 대중문화의 전반적인 정서와 반대되는 것이었다. W. E. B. 두보이스는 이렇게 말했다. "이 나라는 좋은 말로 포장된 흑인 문제를 좋아한다."[32] 투팍의 음악은 이러한 경향을 바로잡는 거칠고 혹독한 수단이자, 공상과 환상을 선호하는 문화에서 엄중한 사실들만 모아놓은 컬렉션이다. 이렇게 진실을 말하는 것에 대해 누군가가 너무 비관주의적이라고 주장한다면, 그 비관주의는 체념이나 우울, 위축의 비관주의가 아니라 생기와 활

---

30   Boogie Down Productions, Criminal Minded, B-Boyus Records, 1987; Ice-T, Rhyme Pays, Sire/Warner Bors., 1986; Schoolly D, "P.S.K.", on Schoolly D, Schoolly D Records, 1985.

31   Saidiya Hartman, Lose Your Mother: A Journey Along the Atlantic Slave Route (New York: Farrar, Straus, and Giroux, 2007), 39.

32   David Blight, Race and Reunion: The Civil War in American Memory (Cambridge, MA: Harvard University Press, 2001), 5.

기를 북돋아주는 "힘의 비관주의"로 보는 게 마땅하다.[33]

『투팍칼립스 나우』에서 투팍은 이 비관주의의 맥락에서 고통스러운 노래들을 내놓았다. 「브렌다스 갓 어 베이비Brenda's Got a Baby」가 대표적이다. 빈민가에 사는 열두 살의 흑인 소녀가 임신했다. 브렌다는 자신의 엄마가 누구인지 모른다. 아빠는 마약중독자다.

> 이제 브렌다는 자신만의 길을 찾아야 해
> 가족에게는 갈 수 없어, 받아주지 않을 테니까
> 돈도, 베이비시터도 없고, 일할 수도 없어
> 마약을 팔려고 했지만 강도를 당했지
> 그럼 다음엔 더 이상 팔 게 없어
> 그래서 그녀는 섹스가 지옥을 떠나는 방편이라 생각해.[34]

겨우 중학생 나이에 브렌다는 빈곤의 구덩이에 빠져, 가족이나 공동체의 보살핌을 받지 못한 채 늑대에게 둘러싸여 산 채로 잡아먹힐 지경에 이른다. 브렌다는 홀로 두려움에 휩싸이는데, 태어날 아이도 그녀와 같이 냉혹한 환경을 피하지 못할 듯하다.

이러한 고통을 논할 때 우리는 투팍이 언론 보도의 양식을 사용해서 문장을 간결하고 냉철하게 전달한다는 점에 주목할 필요가 있다. 그의 다른 랩들과 마찬가지로 이 노래는 비유적인 표현이 적으며, 평이하고 꾸미지 않은 문체를 고수한다. 투팍의 랩은 독창적인 비유나 상징-가령 라킴, 빅 대디 케인Big Daddy Kane, 세이지 프랜시스Sage Francis, 이솝 락Aesop Rock, 릴 웨인Lil Wayne의 경우처럼-을 사용한다기보다는 과한 수사에서 탈피하는 편이다. 또한 현란한 화법을 펼치는 대신 평범한 사람들의 단

---

33   Friedrich Nietzsche, "Attempt at Self-Criticism", The Birth of Tragedy의 서문[1886] 또는 Hellenism and Pessimism, trans. Walter Kaufmann (New York: Vintage Books, 1967)을 보라.

34   Tupac Shakur, "Brenda's Got a Baby", on 2Pacalypse Now, Interscope, 1991.

순한 화법을 구사한다. 그의 이야기는 있는 그대로 그려지며, 본능적이고 원시적인 솔직함을 전달한다. 마치 고통의 문법은 더 수수한 양식을 필요로 한다는 듯(버지니아 울프의 주장과 유사하다). 투팍은 이런 양식을 추구함으로써 자신이 내세운 주인공의 행동과 경험에 청자들이 관심을 쏟게 하며, 시적 자유를 허용하지 않음으로써 이야기와 소리에 더 집중하게 한다.[35] 또한 부자연스럽고, 거짓되고, 엘리트주의적인 기교를 피함으로써 일상적인 투쟁과 긴밀하게 연결된다는 것을 강조한다. 래퍼는 수많은 브렌다가 빈민가에서 견딘 것과 같은 굴욕과 고통을 겪고, 브렌다의 입장이 되어 보고, 그녀의 걱정, 근심, 고난을 알고 있다는 암묵적인 가정으로 인해 노래의 신뢰성이 높아진다. 투팍은 카메라 같은 눈으로 브렌다의 곤경과 게토의 환경을 번갈아 비춰주면서, 이 어린 미국인의 차갑고 혼란스러운 세계를 조명하고, 타락한 삶에 대한 연민을 자신의 이야기에 주입한다. 청자는 그런 상황에 처한 브렌다와 비슷한 처지의 사람들을 우리가 보살펴야 한다는 걸 깨닫는다.

브렌다 같은 아이들에 대한 우호적인 시선이 투팍의 섬세함을 깨운 반면, 기존에 알고 있던 미국의 부당함을 이야기할 때 투팍은 순식간에 신랄하고 잔인해진다. 그는 자신과 동료 래퍼들이 야만적이고 잔인한 방식을 택했다고 자주 비난받는다는 걸 잘 알고 있다. 그의 음악은 시민의식, 법, 질서, 종교, 애국심 같은 가면에 가려진 정부의 부패와 만행을 고발하는 것으로 반격을 가한다. 라스 카사스, 몽테뉴, 멜빌, 아이스 큐브Ice Cube와 마찬가지로 투팍 역시 본질적으로 야만성에 대한 비난을 독선적인 세계 지도자들에게로 되돌리며, 그들을 선량하고 청렴결백한 사람으로 보는 눈을 개탄하고 비판한다. 멜빌은 이렇게 말한다. "우리는 문명화된 육체를 지니고 있을지는 몰라도 정신은 야만적이다. 우리는 이 세계의 실제 모습을 보지 못

---

35   Adam Bradley와 Andrew DuBois는 일반적으로 갱스터 랩에는 이렇게 단순한 스타일이 기본이라고 주장한다. 갱스터 랩은 갱스터의 말이 아니라 행동에 초점을 맞춘다. 다음을 보라. Adam Bradley and Andrew DuBois, eds., The Anthology of Rap (New Haven, CT: Yale University Press, 2010), 127.

하고, 목소리를 듣지 못하고, 죽음에 무감각하다."[36] 아이스 큐브는 나중에 이 감정을 견본으로 삼되 다른 장례식에 참석하기 위해 옷을 갈아입은 듯, 빈민가의 맥락에 새로이 적용한다. "그래서 아이스 큐브가 옷을 차려입은 거야, 도시는 완전히 엉망진창이니까. 모두 다 가짜야. 잠시 짬을 내 죽은 친구들을 생각해 봐."[37] "이 세계의 실제 모습을 보지 못하고" 죽음의 실제 모습에 "무감각한" 사회에서 멜빌, 아이스 큐브, 투팍이 쏟아내는 분노는 이 광포한 타락과 직무유기에 현명하게 반응한 결과다. 투팍은 빈민가 사람들의 이야기를 풀어놓음으로써 미국이라는 문명화된 육체의 살갗을 찢고, 그 중심에 만연한 심각한 기능 장애를 드러낸다. 이러한 폭로-NWA나 다른 래퍼들의 페이지에서 욕설과 악담을 훔쳐와 폭로한다-의 결과가 '악당'이나 '갱스터'라고 불리는 것이라면, 투팍은 그것을 자랑스럽게 받아들인다.

투팍은 「트랩트Trapped」에서 흑인 청년들의 투옥을 주제로 노래하는데, 이 곡도 비슷한 맥락으로 이어진다. 투팍은 흑인들이 구금 또는 투옥되는 엄연한 현실을 뒤로 한 채 자유를 기념하는 미국인의 부조화를 강조한다. 이 곡과 이후의 곡에서 투팍은 다양한 웅변술-외침, 고함, 투덜거림, 울음, 한탄, 애도, 항의, 기도 등-을 구사하며 감산복합체로 인해 발생하는 사회적·정신적 피해를 고발하며 싸운다.

있잖아, 그들은 이 격리된 교도소에 나를 가둬놨어
행복, 거리의 삶은 망상일 뿐…
너무 많은 형제들이 날마다 큰집으로 끌려가
깜둥이들은 들어갈 때보다 더 가난해져서 나와…
꼼짝없이 궁지에 몰려 있고

---

36 Mattiessen, American Renaissance, 433에서 인용. 멜빌의 작품 속에 비슷한 문장이 하나 더 있다. "미국은 대담하고, 원칙이 없고, 무모하고, 약탈을 일삼고, 야심이 끝도 없고, 겉은 개화했으나 속은 야만인이라서, 이미 Paul Jones 같은 나라이거나, 곧 그런 나라가 될 거다." ibid., 482에서 인용.

37 Ice Cube, "Dead Homioz", on At Will, Priority Records, 1990.

어두워, 빛을 볼 수가 없어.[38]

랩을 하는 동안 투팍은 감금의 이미지들을 쏟아낸다. 고통을 겪고 있는 동료들과 자신에겐 '자유'가 공허하고 무의미하다는 듯, 빈민가에 '매장'된 그 느낌으로 계속 되돌아간다. 미셸 알렉산더Michelle Alexander는 미국은 아파르트헤이트(남아프리카 공화국의 극단적인 인종차별정책과 제도-옮긴이)의 정점에 있는 남아프리카 공화국보다 훨씬 더 높은 비율로(백분율로만 볼 때) 흑인을 감금한다는 점, 수도에서는 흑인 4명 중 3명이 감옥에서 시간을 보낸다는 점, 마약 전쟁의 타깃이 되는 주에서 흑인 청년의 무려 80퍼센트가 범죄 기록 때문에 평생 괴롭힘을 당한다는 점을 상기시켰는데, 이를 염두에 둔다면 빈민가와 교도소 사이에 밀접한 연관성이 있다는 투팍의 주장에 조금 더 공감하며 귀 기울이게 될 것이다.[39] 미국의 특정 지역에서 흑인으로 태어난다면 장의사보다 사법 제도와 맞닥뜨릴 확률이 더 높다.

『투팍칼립스 나우』에 수록된 또 다른 곡「지혜의 말Words of Wisdom」에서 우리는 똑같이 억눌린 감정과 노여움을 감지하지만, 이번에는 투팍의 날카롭고 사나운 태도도 함께 느껴진다. 투팍은 종말론적 격변 속에서 새로운 흑인 차별 정책의 벽을 깨부수려는 듯하다. 마치 가사라는 투석기와 화살을 쓰는 게릴라처럼 또 다른 현실을 꿈꾸는 동시에 미국 사회의 계층 구조를 근본적으로 뒤집을 수 있기를 꿈꾼다.[40]

이것은 대중, 하층민을 위한,

네가 빠뜨린 자들을 위한 노래

일자리가 주어지고, 삶이 나아져도

---

38   Tupac Shakur, "Trapped", on 2Pacalypse Now, Interscope, 1991.

39   Michelle Alexander, The New Jim Crow: Mass Incarceration in the Age of Colorblindness (New York: The New Press, 2012).

40   Tricia Rose는 힙합에서 이런 종류의 뒤집기는 기본이라고 보고 논의한다. 다음을 보라. Rose, Black Noise: Rap Music and Black Culture in Contemporary America (Middletown, CT: Wesleyan University Press, 1994), 100-1.

우리는 거기서 빠져 있어…

미국, 나는 네가 400년 넘게

사람들에게 한 짓을 일깨우려 해

너는 겁을 먹어야 해, 너는 도망쳐야 해

나를 애써 침묵시켜야 해

너는 일어서자마자 내 손에 쓰러질 거야

미국, 너는 뿌린 대로 거둘 거야

투팍칼립스, 미국의 악몽.[41]

이 종말론적 예언에는 퍼블릭 에너미의 종말론적 견해뿐 아니라 그의 어머니가 속했던 공동체인 블랙 팬서의 그림자가 어려 있다. 그는 이 전통을 등에 업고 힙합의 레퍼토리에 '블랙 파워'의 명곡들을 더하고, 그것을 분명 자신만의 방식, 특유의 허풍과 허세로 보여준다. 투팍은 화를 내고 소리를 지르는 설교자 외에도 포주와 밀매자의 나쁜 목소리를 추가한다. 그리고 내가 말해왔듯 종말론적 상상에서 나온 어두운 예언과 악마들을 끌어들인다.

힙합 속의 악마들: 파우스트식 거래

앤드루 델방코가 주장한 대로, 악마가 눈에 띄지 않고 위축된 것으로 현대성에 얼마나 접근했는지를 가늠할 수 있다면, 힙합은 부인할 수 없이 명백한 증거를 내놓는다.[42] 그 이유는 명백하다. 악마는 지적·문화적 엘리트 사이에서는 퇴보하고 있지만, 세계 곳곳의 빈민가에서는 여전히 건재하다. 오히려 악마는 20세기의 숱한 재앙을 먹이로 삼아가며 훨씬 더 위풍당당하고 거대해졌다. 이 빈민가 중심의 관점으로 보면, 악마와 그 하수들은 모두 지

---

41   Tupac Shakur, "Words of Wisdom", on 2Pacalypse Now, Interscope, 1991.

42   Andrew Delbanco, The Death of Satan: How Americans Have Lost the Sense of Evil (New York: Farrar, Straus, and Giroux, 1995), 23.

극히 사실적이고, 죽은 자와 죽어가는 자의 시체 위를 맴도는 독수리처럼 서성이면서 질병과 절망을 퍼뜨린다.

그 형태가 어떻든 힙합은 저승의 불꽃에 대한 유언이자 증언이다. 힙합은 그 불길을 잠재우는 데는 별로 도움이 되지 않더라도 전 세계 수많은 사람들이 직면하는 위험과 문제를 일깨워준다는 점에서 가치 있다. 나는 수전 손택Susan Sontag의 사려 깊은 말이 힙합의 가치에도 적용된다고 생각한다. "어떤 곳을 지옥이라고 말한다고 해서 사람들을 그 지옥에서 어떻게 빼내올 수 있을지, 그 지옥의 불길을 어떻게 잠재울 수 있을지 답할 수 있는 것은 당연히 아니다. 따라서 우리가 타인과 공유하는 이 세상에 인간의 사악함이 빚어낸 고통이 얼마나 많은지를 인정하고 그런 자각을 넓혀가는 건 아직까지는 훌륭한 일로 남아 있다."[43] 힙합이 지옥에서 사람들을 어떻게 빼내올지 말해주든 아니든 힙합은 우리의 세계관을 넓혀주고, 현대 세계 곳곳의 불타는 광경을 비춰준다. 힙합이 비극적 불행이나 시련, 도시 환경의 위협에 몰두하는 것은 세상에 존재하는 무형의 원한과 빈민가의 특정 집단을 다루는 힙합 음악만의 방식이다. 빈민가 주변에 산재한 트라우마와 소란 때문이라도 음악 속에 악마와 악령의 언급이 많을 수밖에 없다. 비유적이든 문자 그대로든 이 사악한 인물들은 힙합 속에서 뿔 달린 야만적인 고통과 원시적·실존적 투쟁의 표현으로 모습을 드러낸다.

어떤 힙합에서 악마는 미국이나 백인 혹은 기업이 장악한 음악 업계를 나타낸다(특히 이슬람 국가Nation of Islam[미국의 흑인 이슬람교도로 구성된 과격파 흑인 민족주의 운동 단체-옮긴이]와 파이브 퍼센트 네이션Five Percent Nation[이슬람 국가의 분파 중 하나로 이슬람의 영향을 받은 흑인 민족주의 운동 단체-옮긴이]의 영향을 받은 힙합에서). 이런 경우에 악마는 계시록에 등장하는 로마의 초상과 아주 흡사하다. 흰 복면 그리고 계시록의 상징들과 함께 백인 우월주의의 모습으로 나타나 인디언, 흑인, 멕시코인,

---

43   Susan Sontag, Regarding the Pain of Others (New York: Pacador Books, 2003), 114.

중국인 등에게 악의적인 행동을 한다. 여기서 힙합의 모든 분노와 광기는 외부의 적에게 집중된다. 악마에 대한 이러한 해석은 멜빌에 등장하는 에이해브의 병적인 행동과 유사하다고 말할 수 있다. 에이해브는 자신을 불구로 만든 온갖 불행의 원인을 흰고래 모비 딕과 동일시하기 때문이다.[44] 찢진 몸과 깊이 베인 영혼에서 피가 흘러나와 뒤섞이는 상태에서 에이해브는 고래에게 복수하려는 유일한 목적에 사로잡힌다. "그는 그 고래의 하얀 혹 위에 아담 이래 인류가 느낀 모든 분노와 증오를 전부 쌓아 올렸고, 그런 다음에는 마치 자신의 가슴이 대포라도 되는 것처럼 뜨거운 가슴의 포탄을 퍼부었다."[45] (『모비 딕』, 허먼 멜빌, 강수정 옮김, 열린책들, 2013 참조) 에이해브는 악마의 마니교적 초상(선과 악의 단순한 이원론)을 받아들임으로써 인생의 비극적 운명을 좇아 전 세계 모든 악마성의 근원인 이 거대한 바다에 이른다. 그의 냉혹한 시각으로 보면 악마는 들끓는 분노와 복수심의 작살로 대적해야 하는 외부의 적이다.

이런 복수심은 계시록과 힙합에서 그 흔적을 찾을 수 있다고 이미 인정한 바 있지만, 강조하건대 나는 계시록이든 힙합이든 복수심이 주요한 특징이라고 생각한다. 두 경우 모두 이 복수심은 박해, 폭력적 살인, 유랑을 경험하고서 가슴 깊은 곳에서 터져 나오는 분노와 반감이다. 따라서 계시록의 작가나 래퍼, 에이해브가 그랬듯이 제 몸을 던져 로마 제국이나 미국 역사를 폭발시킨다면, 그것은 불신의 바리케이드가 쌓아 올린 정당한 불평 때문이다.

하지만 힙합이 악마에 접근하는 주된 방식은 분명 그와 다르다. 힙합의 악마는 머리가 여러 개 달린 케르베로스나 히드라처럼 모든 인간의 영혼에 깊숙이 다가간다고 말하는 것이 더 정확하다. 다시 말해서, 대부분의 힙합 아티스트는 적을 식별하는 데 어려움을 느끼며, 구체적인 인물이나 장소,

---

44 '고래의 흰색'이라는 유명한 챕터에서, 이스마엘도 흰 고래의 유령 같은 창백함을 보고 경외와 공포심을 토로한다. 그가 생각하기에 그 창백함은 우주의 무한한 공간과 압도적인 공허함을 연상시켰다. 다음을 보라. Herman Melville, "The Whiteness of the Whale", in Moby Dick (New York: Penguin Books, 1992), 204-12.

45 Melville, "Moby Dick", in Moby Dick, 200.

사물 등으로 악마를 그려내지 못한다. 앤드루 델방코의 주장처럼 악마의 소행은 도처에 널려 있지만, 그 악마를 어디서 찾을 수 있는지는 아무도 모른다.[46] 힙합에서도 마찬가지다. 악마는 고통스러운 도시 환경 곳곳에 편재하지만, 유령처럼 포착하기 어려우며 우리가 붙잡았다고 생각하는 그 순간 빠져나간다. 일종의 암흑 물질처럼 악마는 눈으로 직접 볼 수 없지만, 그 존재는 그가 끼치는 파괴적인 영향으로 유추할 수 있다. 투팍의 경우에는 빈민가의 돌무더기, '제3세계'의 거름더미, 차별과 불행을 포함하여 절망이라는 유해한 경험이 바로 악마의 파괴적 영향력에 해당한다. 투팍에게 악마는 정신과 영혼에 스며들고, 귓가에서 속삭이는 내부의 적이다.

> 거리에는 자비가 없었어, 난 쉴 수가 없었어
> 난 겨우 서 있어, 산산조각이 나려 해, 평화를 외치면서
> 내 영혼은 삭제되었지만, 그걸 볼 수가 없었어
> 내 머릿속엔 탈주하려는 악마들이 가득했어
> 그들이 씨를 뿌리고, 계획을 세우고, 불꽃을 일으켰어
> 성냥처럼 내 머릿속에서, 정말 더러운 게임이었어…
> 신은 내가 노력한 것을 알아, 살인을 목격했어
> 달리는 차량에서 난사한 총알에 아이들이 죽는 걸 보았어
> 걷다 보니 이유가 궁금해져
> 분필선이 흘끔 보여 가슴이 미어져, 점점 더…
> 더 이상 참을 수 없어
> 나는 바닥에 쓰러져
> 천국의 문으로 들어가게 해달라고 신께 빌어
> 눈물이 하염없이 쏟아져.[47]

---

46   Delbanco, Death of Satan, 9.
47   Tupac Shakur, "Shed So Many Tears", on Me Against the World, Interscope, 1995.

이 노래는 가장 연약하고 애절한 투팍을 그리고 있다. 매끄러운 흐름과 느린 박자는 사색적이고 비탄에 잠긴 분위기와 어우러진다. '거친 인생'을 나타내는 그의 페르소나는 이 노래에서도 빠지지 않고 등장하는데, 다만 더 깊고 숭고한 바다에 잠겨 있다. 그는 바닷속에 가라앉으며 살려고 허우적대는 것처럼 보인다. 그의 영혼은 머릿속의 악마들 때문에 '삭제'된다. 악마들은 고통과 절망의 씨앗을 싹 틔우고, 행복을 찾지 못하게 한다. 그는 무한한 가능성(아메리칸 드림)을 꿈꾸는 대신에 그 모든 희망을 영구차에 싣는다. 죽음이 그를 따라다닌다.

어떤 비평가들은 이러한 노래들이 투팍의 우울증을 보여주는 증거라고 생각하지만, 설령 그것이 사실이라 해도 근시안적인 비평에 불과하다. 투팍 개인의 정신 상태를 진단할 때, 이러한 접근 방식은 투팍의 예술이 빈민가에 창궐하는 사회적·정신적 병폐-끊임없이 울리는 사이렌, 계속 늘어나는 사망률, 청년들의 구속, 만연한 빈곤, 떨칠 수 없는 두려움과 피해망상, 경찰의 만행과 편견-를 진지하게 다루고 있다는 사실을 보지 못한다. 투팍의 음악은 개인적 고통과 사회적 고통을 모두 다루고 있어서 그의 시에 등장하는 악마들은 개인적 위협 이상의 것을 보여준다. 투팍이 그리는 악마는 전 세계 빈곤한 지역에 자신의 기수를 보내고, 가난한 자와 약자를 거칠게 다룬다. 악마는 코카인을 배포해서 가족과 도시를 파괴한다("크랙이 내 가계도의 일부를 차지하지"). 그의 악마는 피도 눈물도 없는 살인자다.[48]

제이 지의 랩도 사회적 위협과 정신적 위협의 경계를 넘나들지만, 제이 지는 후자에 더 초점을 맞춘다. 제이 지의 노래에 등장하는 악마는 에보니 유틀리Ebony Utley가 자신의 책 『랩과 종교Rap and Religion』에서 설명하듯이 외부의 적이자 내부의 적이다.[49] 악마는 제도적이고 조직적인 인종

---

48 Tupac Shakur, "Souljas", on 2Pacalyse Now, Interscope, 1991.
49 다음을 보라. Ebony Utley, Rap and Religion: Understanding the Gangsta's God (Santa Barbara, CA: Praeger Books, 2012), 74. 이 책은 나의 논의처럼 종말론에 초점을 맞추고 있진 않지만, 힙합에서 '악마'의 역할이 무엇인지를 훌륭하게 논의한다.

차별, 사회적·정치적 부정, 집단 감금을 통해 모습을 드러낼 수도 있지만, 제이 지는 악마가 개인의 연약한 정신과 영혼에 끼치는 치명적인 영향에 주목한다. 그는 이렇게 말한다. "힙합은 빈민가의 빈곤을 묘사하고 폭력과 거친 생을 그리지만, 나는 약간 다른 것에 관심이 있다. 어린아이의 머릿속 풍경, 그 아이의 정신에 관심이 있다."[50] 이같이 제이 지는 힙합이 조명하는 영역을 사회적 풍경에서 젊은이의 정신 속에 뚫려 있는 어두운 동굴과 빈틈으로 전환한다. 그의 음악에 나타나는 빈민가 생활의 종말론적 혼란은 사회학적 해석보다 개인적인 접근법을 통해 살펴볼 수 있다. 빈민가 거주자의 불안한 영혼 속으로 깊숙이 뛰어들고, 폭력과 사회적 혐오로 영혼에 생긴 파문과 내적 갈등을 살펴보고, 빈민가 거주자의 내면에서 일어나는 사건과 싸움을 분석하면서 말이다. 달리 말해, 제이 지는 종말의 징후가 영혼 곳곳에 적혀 있다고 여겨, 학위 휘장을 걸친 정신분석가처럼 내면의 낯선 세계를 해독하기 위해 노력한다.

제이 지는 그의 랩 「데블스D'Evils」에서 악마가 명백히 승리를 거둔 싸움에 대하여 노래한다. 주인공은 '데블스'의 가차 없는 지배 아래에 놓인다.

> 위험해졌어, 돈과 권력이 우릴 바꾸고 있어
> 이제 우린 목숨이 위태로워, 데블스에 감염되었어
> 내 영혼은 다이아몬드와 렉서스 꼴을 한 데블스에게 홀렸어
> 술이 내 신장에 침입했어, 한 방울까지 핥아 먹게 해
> 엄마 날 용서해줘
> 나도 어쩔 수가 없어, 데블스가 날 완전히 때려눕혔어
> 날 조직원들과 달아나게 하고, 섹스 상대를 찾게 하고,
> 진짜처럼 들리는 거짓말을 하게 해
> 날 시험해 봐, 난 움츠러들지 않아

---

50 Jay-Z, Decoded, 17.

난 총알 세례를 퍼붓고 있어, 돈을 사랑해서지

그만 소리 질러, 죽는 게 상책이라고 악마가 말했잖아

하나님이 목격한다 해도, 절대 증언하지 않을 테니.[51]

이 곡의 인물은 모호한 표현 하나 없이 허무주의를 완전히 받아들이고 악마에게 영혼을 바친다. "난 신에게 기도한 적 없어, 고티Gotti(대부-옮긴이)에게 기도했지"라며 으스댄다. 랩은 주인공의 비도덕적인 선택을 열거하고 있지만, 노래의 인물을 래퍼나 화자로 혼동하는 것은 명백한 잘못이다. 랩은 오히려 이 젊은 갱스터가 받아들인 악마를 날카롭고 신랄하게 비난하며, 온 세계-권력, 자동차, 다이아몬드-를 차지한 후 영혼을 잃어버린 누군가의 초상을 보여준다. 한때는 유쾌한 사람이었을 그는 돈과 권력에 대한 사랑 때문에 돌이킬 수 없을 정도로 부패했다. 이 노래를 여는 "이런 비열한 거리에서는 이런 엿 같은 짓이 멋있어"라는 소절은 이 같은 환경을 냉담하게 그려낸다. 마치 거리는 마피아 같은 악마와 그의 폭력 조직에게 철저히 지배당하는 것만 같다. 주인공은 데블스에게 구타당했다. 그다음 제이 지의 말을 다시 인용하자면, "격분하고 돈에 집착하는 소시오패스"가 되었다. 이 인물의 판단은 아니지만 노래는 분명 빈민가나 월스트리트의 청자에게 돈이 주인과 지배자가 될 때 지옥으로 미끄러져 떨어질 수 있음을 경고하고 있다.

임모탈 테크닉의 기이하고 무서운 곡 「악마와 춤을Dance with the Devil」에서 유사한 이야기를 들을 수 있다. 강하게 쿵쿵거리는 비트를 따라 조용하고 구슬픈 피아노 리듬이 가볍게 춤을 추고, 래퍼의 시적 재능과 높은 전달력이 결합하여, 음악은 보기 드물게 마술적인 힘을 갖는다. 이 매력적이면서도 불안정한 작품에서 임모탈 테크닉은 어두운 이야기에 어울리는 노랫소리를 완벽히 구현한다. 한 소년이 냉혹한 갱스터가 되고 싶어서 어떤 대가를 치르건 악마의 명령을 따른다는 내용이 이야기 속에 담겨 있다.

---

51   Jay-Z, "D'Evils", on Reasonable Doubt, Roc-A-Fella, Priority, 1996.

그는 약물 중독자가 파이프와 바늘을 찾듯 후원자를 찾아댔지.

자신이 악마임을 모두에게 증명해야 한다고 생각했다네

의지가 박약했지만, 잠재력은 무한한 젊은이

빈민가에서 자란 자본 지상주의 정신의 산물

아니나 다를까, 마리화나를 팔기 위해 학교를 중퇴하고

악마와 춤을 추면서 눈에서 핏발이 설 때까지 마약을 했지.

하지만 대마를 파는 일이 싫증이 났고 더 큰 욕망에 굴복한 거야.[52]

후원자, 권력, 물질적 소유에 "열광"한 소년은 점점 더 범죄 행위에 빠져들고, 코카인을 팔기 시작하고, "패거리 사이에서 한 자리를 차지하려고" 여성을 강간하고 살인을 하라는 청부를 맡는다. 그는 명령에 따르지만, 구타한 여성에게 방아쇠를 당기기 직전에 움찔하더니 몸이 떨린다. 갑자기 눈앞에 어머니의 모습이 보여서다. 그는 완전히 두려움과 공포에 사로잡혀 뒷걸음질 친다. "자신을 낳아 준 어머니에게서 등을 돌렸지."

외롭고 두려움에 찬 목소리로 하늘을 향해 울부짖었다네

하지만 오직 악마만이 응답할 뿐, 신은 거기에 없었네

바로 거기서 그는 공허함과 냉담함이 무엇인지 깨달았네

그래서 지붕에서 뛰어내렸고 영혼 없이 죽었다네

이 이야기의 교훈을 최대한 분명히 하기 위해 그다음 절은 악마의 부도덕한 책략을 명료하게 설명한다.

악마가 자라는 곳은 이기적이고 사악한 자의 마음속

흰색 갈색 황색 검은색, 색깔에 구애받지 않지.

---

52   Immortal Technique, "Dance with the Devil", on Revolutionary, Vol. 1, Viper Records, 2001.

이 이야기는 불쾌하고 끔찍하지만 분명 교훈적인 메시지를 담고 있다. 그리고 악마와 계약을 맺는다면 그 결과는 라스베이거스의 네온사인만큼 거대할 거라고 경고한다. 계약 조건은 분명하다. 제이 콜J. Cole이 비슷한 곡에서 말한 것처럼, 이 거래에는 환불이 없다.[53] 우리는 악마가 벌이는 악랄한 사업과 비열한 사기행각에 대하여 강하고 간결한 자구로 진실을 듣는다. 욕심, 폭력, 혐오로 치르게 되는 영적 대가에 대하여, 그리고 악마들이 피부색에 상관없이 모든 인간의 영혼을 어떻게 물들이고 왜곡하는지에 대하여. 또한 자본주의의 어두운 면, 즉 회계장부를 조작하고, 영혼의 가치보다는 탐욕과 폭력을 믿는 것에 대해서도 듣는다. 이 주제는 임모탈 테크닉의 또 다른 곡, 「산업혁명Industrial Revolution」에서 더 발전한다.

> 번쩍번쩍하는 시대는 근사했지만 이제 곧 끝이 나
> 태양을 가리는 달처럼 난 개기일식을 일으켜
> 내 비유는 헤르페스처럼 지저분하지만 알아듣긴 더 어려워
> 교도소의 탈출구처럼 난 처음부터 긁어 파기 시작했어…
>
> 테크닉은 화학적으로 불안정해, 언제든 폭발해
> 사해문서가 예언해, 암호로 적혀 있지
> 그러니 너의 메시지가 별 볼 일 없다면 니가 판 음반은 꽝이야
> 음반이 백만 장 팔리면 그건 운과는 상관없는 일이니까
> 그건 바로 백만 명이 존나 멍청하다는 뜻이야
> 주로 언더그라운드에 묻혀 있다가 하늘 끝으로 올라갔지
> 배급자나 거래나 속임수 없이.[54]

---

53   J. Cole, "Enchanted", on Friday Night Lights, Roc Nation, Columbia, Sony, 2010.
54   Immortal Technique, "Industrial Revolution", on Revolutionary, Vol. 2, Viper Records, 2003.

래퍼는 과도한 물질주의("번쩍번쩍하는 시대"와 "빈민가에서 잉태한 자본주의 정신")를 비난하는 동시에 다른 한편으로는 고전적인 힙합 배틀에 참여한다. 그는 경쟁자들에게 주먹을 휘두르면서 그 정도 음반 판매량이면 그들 노래는 별 볼 일 없다고 말한다.[55] 그는 해를 가리는 달이며, 자동차, 보석 등에 관한 진부한 이야기들을 강타하는, 언제 폭발할지 모르는 작사가이다. 그는 대형 기획사도 없이 언더그라운드에서 이 모든 것을 해낸다. 요한이 금과 보석, 진주로 장식한 로마 엘리트들을 비난한 것처럼, 임모탈 테크닉은 혀를 양날의 검처럼 놀려 자본주의가 힙합에 미치는 영향을 비난하고 규탄한다. 그는 높이 평가되는 힙합의 전통에 자리를 잡는다. 케이알에스 원, 그랜드마스터 플래시 앤드 더 퓨리어스 파이브, 라킴, 푸어 라이처스 티처스, 갱 스타, 커먼, 블랙 스타Black Star, 디거블 플래닛츠Digable Planets, 루페 피아스코Lupe Fiasco 그리고 그 밖의 수많은 아티스트가 구현한 흑인 종교의 예언적 전통에 포함되는 것이다.

힙합의 종말론적 풍경을 살펴보면, 곳곳에 숨어 있는 허무주의가 지뢰처럼 누군가의 영혼을 폭발시키려는 것을 분명히 알 수 있다. 이 래퍼들은 블랙홀과 지옥의 가장자리에 매달린 듯 생존을 위해 조심스레 균형을 잡고 있는 것 같다. 우아함과 투지가 없다면 균형 잡기는 재앙으로 끝날 수 있다. 신체와 영혼에 온갖 위협이 가해질 때 생존하기 위해서는 '목을 보호'하면서 소림사의 무술가처럼 반사적으로 움직일 수 있도록 끊임없이 노력하고, 훈련 내용을 익히고 그림자같이 동작을 따라 하며, 세상을 살아가는 기술을 습득해야 한다. 계시록을 다시 인용하자면, 이 세상은 "악마의 왕좌가 있는 곳"이다(요한계시록 2:13, 12:7-9). 이런 상황에서 악마의 왕좌가 내뿜는 열기에 가까이 다가가면 삶이 불타고 멍이 든다. 그리고 여러 가지 부당한 일들이 일어난다. "너는 장차 받을 고난을 두려워하지 말라. 볼지어다, 악마가 장차 너희 가운데에서 몇 사람을 감옥에 던져 시험을 받게 하리니"(요한계

---

55   Adam Bradley는 문학적 특질에 초점을 맞추고서 이 곡에 대해 논의한다. Book of Rhymes, 100을 보라.

시록 2:10).

계시록의 한 페이지처럼 스눕 독Snoop Dogg의 대표적인 랩「머더 워즈 더 케이스Murder Was the Case」는 한 청년이 악마와 복잡하게 얽힌 후 감옥에 가는 이야기를 들려준다. 이 곡은 청년이 총에 맞은 후 의식을 잃고 하늘을 응시하는 것으로 시작한다. 그에게 보이는 것은 악마뿐이다. 파우스트처럼 악마가 등장하여 그에게 무한한 보상을 제공하며 유혹한다. 그 제안을 뿌리칠 수 없어 그는 악마와 극악무도한 계약을 맺고, 그가 바라는 모든 것, 즉 "갱스터처럼 살고, 돈을 갖고, 줄담배 피우는 것"을 누린다.[56] 모든 약속과 물질적 보상("난 내게 빌어먹을 재규어를 사주고, 내 여자에게 벤츠를 사줬지. 그리고 이제 93년식 엘도라도 캐딜락을 타지")에도 불구하고 청년은 결국 자유를 빼앗기고 감옥으로 내던져진다. 악마의 찬란한 약속에 배반당한 것이다. 잔혹한 결과를 맞이한 주인공은 뼈저리게 후회하고, 끔찍한 사건이 진행되는 동안 신께 탄원한다. "신이시여, 절 구해주소서… 주님께 기도하오니, 제 영혼을 지켜주소서."

이번 곡도 죄나 악마와 관계를 맺었을 때 치러야 할 대가에 대하여 은연중에 도의적으로 경고한다. 셰익스피어의 『맥베스』-주술, 마녀, 악마와 연루된 맥베스가 비참한 최후를 맞는 내용의 희곡-처럼 스눕 독의 곡은 지옥과의 협상과 음모를 다루는 교훈적인 이야기다.[57] 이 곡은 악마와의 계약이 잘못되었으며, 아름다움과 우아함도 없어서 그와 같은 인생을 예술로 바꿔주지 못한다는 것을 드러낸다. 이렇게 볼 때 이 곡이 허무주의적인 쾌락을 대변한다고 보기는 어렵다. 주인공이 자신의 고향 친구를 칼로 찌르고 철창 안에서 완전히 파멸하는 것으로 끝을 맺기 때문이다. 이야기의 주인공은 자신을 둘러싼 악마의 힘에 영혼을 넘겨주지만, 화자인 래퍼는 같은 길을 가지 않는다. 그는 전지전능에 버금갈 정도로 싸움과 비극을 철저히 파

---

56   Snoop Doggy Dog, "Murder Was the Case", on Murder Was the Case, Death Row/Interscope, 1994.

57   이 주제에 관한 Gary Will의 훌륭한 책을 보라. Witches and Jesuits: Shakespeare's Macbeth (New York: Oxford Paperbacks, 1996), 46, 73, 94-95.

헤친다. 마치 이러한 유혹들로부터 직접 깨달음을 얻고, 마약상에게 인생을 바치는 대신 시와 음악을 선택했다는 듯이.

래퍼는 이 모든 곡에서, 문학적 용어로 말하자면 극적 음성dramatic voice을 채택한다. 이런 곡에 관해서 애덤 브래들리가 말한 것처럼, 래퍼의 목소리를 이야기 속 인물의 목소리과 무조건 동일시하는 것은 잘못이다.[58] 랩은 서사적인 목소리를 자주 사용하지만-래퍼는 1인칭 시점으로 인생 경험을 이야기한다-위의 사례처럼 화자가 허구적 인물과 가면을 택하는 경우도 드물지 않다. 래퍼의 사생활과 극중 인물과의 관계를 단절함으로써 이제 래퍼는 경험-종종 끔찍하고 섬뜩한-의 범위를 탐구하는 데 자유로우며, 그 범위는 래퍼의 삶의 반경을 벗어난다. 극적 음성이나 가면은 화자가 그리스 비극의 가장 어두운 순간에 필적하는 주제-근친상간, 자부심, 폭력, 복수, 음울한 정신, 신성함, 정의-에 관해 망설이지 않고 대담하게 이야기할 수 있게 하는 동시에 이미 확립된 사회 질서에 위협을 가한다.

갱스터의 삶을 이렇게 극화해서 '가장 악한' 목소리를 내더라도 래퍼는 범죄자나 포주가 아니라, 우아하지 못한 인간의 횡설수설을 어떻게 해서든 유려하고 재치 있는 입담으로 변화시키는 사람이다. 랩은 상대와 기량을 겨루는 시의 형태(고대 그리스 시대의 서정시나 비극에 담긴 경쟁심을 다시 떠올리게 하는 형태)로, 래퍼는 가사, 음악성, 이야기, 공연 기술의 측면에서 최고의 능력을 발휘한다. 래퍼는 허무주의의 힘과 싸우는 칼로 혀를 사용하며, 그 과정에서 수사적 반격을 가해 경쟁자를 썰고 저민다. 「머더 위즈 더 케이스」의 가사를 제외하더라도, 냉정하고 매끄럽고 '취해 있으며' 느릿느릿한 스눕의 화법은 듣는 사람의 귀를 감미롭게 적시고, 카타르시스를 느낄 수 있도록 영혼과 리듬을 충분히 터뜨린다. 음악과 비트가 약동할 때든 래퍼가 시적으로 전달할 때든, 힙합의 상당 부분은 이런 식으로 삶을 긍정하는 동시에 인생의 즐거움을 억압하는 것이라면 무엇이든 위협을 가한다.

---

58   Bradley, Book of Rhymes, 163-65.

종말론적 도시 풍경

물론 힙합이 삶을 긍정하고 즐긴다고 주장하는 것이 파토스의 순간을 부정하는 것은 아니다. 힙합에서 두 가지 경험은 교묘하게 결합하여 기발한 병치들을 만들어낸다. 프레더릭 더글러스Frederick Douglass가 노예 영가에 관해 언급한 말을 떠올려보자. "노예 영가는 때때로 가장 애절한 감정을 가장 열광적인 음조로 노래하고, 가장 열광적인 감정을 가장 애절한 음조로 노래한다."[59] 노예 영가는 1970년대 브롱크스-도시의 파멸과 쇠퇴를 상징하는 곳-에서 발달했기 때문에 힙합이 파토스의 소리를 받아들이는 것은 당연하다. 자본, 상업, 조세수입이 도시 외곽과 개발도상국으로 빠져나가면서 방치되기 시작한 도시는 퇴락의 구렁텅이로 한없이 추락했다. 학교는 자금이 부족하고, 공동주택은 불타고, 마약 거래가 횡행하는 빈민 주택 단지가 생겨났다. 도심지는 빈곤, 폭력, 위험, 도덕적 타락과 동의어가 되었다.[60] 그러자 연방 정부와 주 정부는 감시와 처벌을 강화하고, 법 집행과 수감 시설의 예산을 늘리는 반면, 사회 복지와 복리후생의 예산은 삭감했다. 1970년에서 2000년 사이에 교도소에 수감된 사람이 무려 500퍼센트나 급증했을 정도였다. 이런 요소 외에도 실업률이 급증하고, 크랙코카인이 유입되고, 도시는 경찰국가처럼 변하고, 빈민가에서 우지 기관단총과 독일제 자동권총 글록스, 돌격 소총이 사용된 점을 고려하면 상황이 불안정하고 변덕스럽게 변한 이유를 짐작할 수 있다.[61]

랩 음악이 한창일 때는 이러한 요소에 저항하는 목소리를 냈지만, 최악의 시대에는 총, 마약, 값비싼 차에 빠져 화급한 도시 문제에 오히려 기름을

---

59 Frederick Douglass, Narrative of the Life of Frederick Douglass, an American Slave (New York: Penguin Books, 1982).

60 이 변화에 대한 멋진 논의가 다음 책에 있다. Sohail Daulatzai, Black Star, Crescent Moon (Minneapolis: University of Minnesota Press, 2012).

61 Jay-Z는 크랙코카인 유행을 다음과 같이 설명한다. "크랙코카인이 폭발적으로 늘어난 더 깊은 이유는 우리에게 적대적이었던 정부가 꾸며낸 정책에 있었다. 정부는 거의 인종을 말살할 정도로 적대적이었다. 그들이 어떻게 빈민가에 총과 마약이 풀리는 것을 돕거나 묵인하고, 동시에 교육, 주택공급, 지원 예산을 삭감했는지를 생각해보라." Decoded, 158을 보라.

붓는 역할을 했다. 이 시대의 랩은 성과를 거둔 것이든, 덧없는 것이든, 영적 고양과 대립하는 것이든 어쨌거나 종류를 막론하고 성공의 맛을 즐겼다. 넬슨 조지는 이렇게 말한다. "레이건 시대에 맹목적인 애국주의와 거짓된 신앙심이 사라진 거리로 미국의 원기 왕성한 자본주의가 흘러내렸다. 규제가 없는 마약 자유시장은 수백만 달러를 창출하는 동시에 선善이 아닌 '재산'을 열렬히 탐하도록 부추겼다."[62] 레이건 시대에 힙합이 미국 최악의 욕구를 추종하는 사이 과도한 부에 대한 환상이 영혼의 빈자리를 메꾸었으며, 힙합이 제시하는 해결책은 충치를 설탕으로 코딩해서 치료하려는 것처럼 저렴하고 피상적이었다. 말할 필요도 없이 근본적인 문제들은 다뤄지지 않았다.

또한 일부 종교 공동체의 반응도 똑같이 피상적이고 감상적이었으며, 그림의 떡처럼 입에 발린 위로와 환상을 제공했다. 그러는 사이에 상황이 더욱 나빠지고, 타네히시 코츠Ta-Nehisi Coates가 볼티모어의 상황에 관해 말한 것처럼 "매년 아이들 수백 명이 머리에 총상을 입거나 벽돌에 맞아 살해당했으며, 수많은 이들이 품위 없이 죽음을 맞이했다."[63] 종교 공동체는 직접적인 책임이 없다 해도, 줄잡아 그 대부분은 미국 도시의 상처를 제대로 진단하는 데 실패했으며, 범죄까지는 아니지만 태만했다는 죄가 있었다. 그 결과 힙합 세대의 젊은이들은 종교적·사회적 지원을 받지 못했다. 종말론적 풍경에서 초기의 많은 영적 지주들이 무너지기 시작했고, 종교적 신념은 불안정하고 보잘것없는 것이 되었다. 우주같이 조화로웠던 흑인 전통들은 점점 궤도에서 벗어났고, 빈민가에 사는 수많은 흑인 사이에 혼란하고 어지러운 감정이 만연했다. 신은 여전히 이 새로운 세계 질서에 래퍼들을 끌어들였지만, 이제는 주택 단지에 드리운 먹구름이나 짙은 안개 사이로 희미하게만 보였다.

그에 따라 힙합의 종교적 어조에는 불안과 실존적 두려움이 짙게 배어

---

62   George, Hip Hop America. 41.

63   Ta-Nehisi Coates, The Beautiful Struggle (New York: Spiegel and Grau, 2009), 97.

들어, 마치 포스트모더니즘의 종말론적 상상을 도입한 듯 보였다. 힙합 세대는 문신으로 새긴 듯한 오랜 고통과 초시간적인 신정론 문제를 도시에 겹쳐 놓았다.[64] 이전 세대에도 그랬다시피 신정론은 래퍼에게 불가해한 것이었지만, 그럼에도 디제이가 음반을 리믹스하는 것처럼 래퍼들은 스스로 수수께끼를 풀어나갔다. 본질적으로 고통에 대한 수수께끼는 어떤 이론적 방법을 동원해도 해결하기에 역부족이지만, 래퍼들의 노력은 신에 대한 문제가 여전히 가치 있고 귀중하다는 것을 암시했다. 그리고 신에게 질문하고 매달리는 이 노력 자체만으로도 허무주의의 완강한 영향력을 계속해서 저지했다. 신에게 절박하게 갈구한 덕에 힙합 하우스는 에드거 앨런 포의 어셔 하우스(어셔가) 같은 깊은 구렁텅이에 휘말리지 않았다.

투팍 또한 전형적인 사례에 속한다. 그는 나름대로 신과 끊임없이 힘겨운 투쟁을 벌여 의미와 목적의 소멸로부터 자신의 음악을 구해낸다. 심지어 가장 세속적이고 선정적일 때조차 투팍은 괴로워하며, 종종 자신의 노래 중간에 신에게 기도, 애원, 한탄, 저항을 한다(예를 들면, 「Hail Mary」, 「I Ain't Mad at Cha」, 「Thugz Mansion」, 「Shed So Many Tears」, 「Ghetto Gospel」, 「Black Jesus」, 「I Wonder if Heaven's Got a Ghetto」, 「Only God Can Judge Me」, 「Are You Still Down?」). 투팍의 작품에는 신이 자주 등장하는데, 악마의 위협이 너무도 사실적이어서 그마저 영혼을 빼앗길 위험에 놓여 있기 때문이다.

욥이나 예레미야 또는 요나의 경우처럼 투팍의 음악에는 실존적 어둠이 있으며 그로 인해 분위기가 불안하고 반항적이지만, 결코 불신이나 무신론으로 흐르진 않는다. 영원할 것만 같은 투팍의 '영혼의 어두운 밤'은 오히려 신에 대한 절박한 사랑을 불러일으켰다. 그리고 신의 이미지에 실루엣과 검은색을 더했다. 신의 모습을 신성하고, 냉랭하고, 빈민가의 고통에 무관

---

64 수많은 랩이 신정론의 문제를 공통 주제로 다뤄왔다. 몇 가지 예를 나열해보자. Ja Rule, "Father Forgive Me", the Roots, "Dear God", Tupac, "Nothing to Lose", "Letter to My Unborn", "Shed So Many Tears."

심한 백인으로 그리는 초상과는 반대로, 투팍은 청중에게 인간 역사의 비극에 깊이 관여하는 신을 제시했다. 신이 흑인이라면, 그 이유는 인간의 가장 암울한 환경에서 육신을 취하기 때문이었다. "흑인 예수여, 내게 이승의 지옥에서 살아갈 이유를 주세요. 맹세하건대, 그들은 내 행복을 깨려고 합니다. 벼랑 끝에 서서 이 불안한 구덩이를 내려다봅니다. 내가 사라진다면 다 끝날까요, 흑인 예수여?… 궁지에 몰리고, 깜깜하고, 상처 입고, 가로막혀 있습니다. 신을 찾기 어려운 곳에서 진실을 찾고 있습니다. 나의 흑인 예수여, 이 골짜기에서 나를 인도하소서."[65] 마이클 다이슨이 지적하듯이, 투팍이 그리는 신은 십자가 신학의 산물로, 고통이 있는 곳이면 어김없이 거지, 이주민, 매춘부, 임신한 열두 살 소녀, 죄수의 몰골을 하고 나타난다.[66] 투팍의 흑인 예수는 피부색으로 재정의된다기보다 빈민가의 위험한 골짜기를 동행하는 인물이자 '마약과 총, 빈민가의 노예로 자란 모든 젊은 폭력배'를 자유롭게 풀어주는 인물이다. 투팍이 그리는 흑인 예수는 추방자와 범법자의 형제, 빈민가 고아의 아버지, 희망을 잃은 가난한 사람들의 수호자이다. 예수는 빈민가에서 노예가 된 이들이나 가난과 중독의 쳇바퀴에 걸려든 이들을 포용하고 스스로 동일시한다. 그들은 기독교인을 비롯한 많은 사람이 두려움과 혐오를 느끼고 외면하는 존재이다. 투팍의 예수는 마가의 이야기에 등장하는 고통 받는 인물-절망에 빠져 하느님 아버지에게 울부짖는 인물-과 닮아있다. 그의 예수는 절망의 악마, 거리의 함정과 올가미, 다가올 왕국의 꿈을 안다.

투팍은 열렬하게 신을 갈구하지만, 전 세계 빈민가를 위해 영성을 설계한 단 한 사람은 아니었다. 힙합은 도시 생활의 병폐와 씨름하는 동안 그 병폐를 구제할 수 있는 다양한 종교와 영성에 관심을 가졌다. 전통적인 종교 공동체에서 치료법을 찾는 경우도 있었지만, 목숨을 구하기 위한 마지막 노

---

65   Tupac, "Black Jesus", on Still I Rise, Insomniac/Interscope Records, 1999.

66   Dyson, Holler If You Hear Me, 209.

력으로 주술사에게 의지할 때처럼 이단적인 방법에 기댈 때도 허다했다. 비록 '종교적 권리'를 가진 정통 기독교나 전통적인 흑인 교회는 그들을 못마땅하게 여겼음에도 래퍼들은 영혼을 위한 양식을 다른 곳에서 찾았다. 앞서 민권 세대가 그랬듯이 선한 본성의 천사를 앞세워 체제와 싸우는 대신에, 래퍼들은 더 비열하고 사악하고 악마 같은 모델에 관심을 두었다. 에보니 유틀리가 설명한 대로, '악당'이나 사기꾼이 등장하는 흑인의 구전은 "규범을 무너뜨리고, 권위를 흔들고, 권력 구조를 뒤집는" 데 유용했다.[67] 연극적 익살이 전략적 방법으로 쓰인 것이다.

부정의 문학

그렇다면 전통적인 '악당' 문화에는 파우스트식 거래와 관련된 또 다른 시나리오가 있다고 말할 수 있다. 물론 제이 지, 임모탈 테크닉, 스눕 독의 작업에서 보는 것보다는 덜 악랄한 편이다. 이 두 번째 시나리오에서 파우스트식 거래는 반항이나 저항을 비유하는 것으로, 허클베리 핀이 노예 친구 짐을 구하기 위해 지옥으로 가겠다고 마음먹는 것과 비슷하다(이는 마크 트웨인의 경우에도 기독교가 교회 게시판에 노예 경매를 광고한 것에 반대 의사를 표한 것이다).[68] 이러한 구조에서, 힙합이 짐의 후예인 요즘의 범법자, 도망자, 선동가와 연대하는 것은 편견과 편협, 부정을 옹호하고 심지어 찬양하기까지 하는 지배 질서-종교적이든 세속적이든-에 저항하는 것이다. 자신의 의지에 따라 행동하는 허클베리나, 천국을 습격하는 프로메테우스처럼 힙합은 '문명화된 신앙심'과 기독교 우파의 맹목적 애국심을 비난할 목적으로 무례하게 행동하고, 쿵쾅거리는 드럼 박자에 맞춰 2행 시구를 노래한다. 시대에 뒤떨어진 우상과 화석화된 종교의 신이 너무 낡고 경직되어 전 세계 빈민가의 생과 사에 제대로 대응하지 못한다면, 교체되어 마땅하

---

67   Utley, Rap and Religion, 83.
68   Tracy Fessenden, Culture and Redemption: Religion, the Secular and American Literature (Princeton, NJ: Princeton University Press, 2006)을 보라.

다. 제임스 볼드윈James Baldwin은 힙합의 불사조가 잿더미에서 날아오르기 훨씬 이전부터 이 방식을 고수했다. "신이라는 개념에 어떤 타당성이나 효용이 있다면, 그건 신이 우리를 더 원대하고, 자유롭고, 사랑하게 할 때만 가능한 일이다. 신이 그렇게 하지 못한다면, 그 신을 없애야 할 때가 되었다."[69] 이 구절대로 힙합은 미국 역사에서 온갖 해로운 오염물질을 정화하기 위해, 그 모든 기만적인 신을 지옥 불에 떨어뜨린다.

넬슨 조지는 힙합이 우상을 정화하는 것 말고도 또 다른 특징이 있다고 지적한다. 이 장르에서 가장 문제가 많은 반항아들-예를 들어, 투팍과 비기-은 주로 인간의 정신 가운데 가장 무섭고 어두운 부분들을 대담하게 탐색한다.

> 결국 논란이 많고 뛰어난 래퍼들처럼 퍼블릭 에너미의 정치적 선전 방식을 계승한 투팍과 비기는 이른바 부정의 시인으로, 공적 문화를 지키는 사람들 그리고 미국 흑인 가운데 신을 두려워하는 사람들을 항상 불편하게 만들었다. 미국 흑인은 그들의 삶 가운데 심리적으로 복잡하고 심지어 불쾌한 측면들을 탐구하는 예술 때문에 항상 갈등을 겪어왔다. 그런 예술은 백인의 지배 의도에 봉사하는 것처럼 보였다… 하지만 투팍과 비기는 세상에서 가장 나쁜 것을 직시하고, 초라하기 이를 데 없는 그들의 꿈과 기분 나쁜 악몽을 열심히 묘사했다.[70]

조지의 평가를 빌리자면, 가장 뛰어난 래퍼는 "부정의 시인"이자 인간의 정신에서 가장 터부시되는 으스스한 정글을 탐색하는 문장가다. 다른 예술가들은 인간의 경험에서 긍정적이고 희망을 주는 것들에 초점을 두는 반면에, 래퍼는 청자들을 데리고 영혼의 지하로 내려간 다음 밑바닥에 감춰져 있는 가장 초라한 꿈과 환상, 두려움과 악몽을 들춰내 보인다. 로버트 존슨의 악

---

69   James Baldwin, The Fire Next Time (New York: Vintage Books, 1992).
70   George, Hip Hop Culture, 47-48.

마 같은 델타 블루스, 마일스 데이비스의 비밥 혹은 페데리코 가르시아 로르카가 악마의 영감을 받아 쓴 시들처럼, 래퍼의 음악은 가장 땀을 많이 흘리고, 펑키하고, 더럽고, 뜨거우며, 무섭고, 즐겁고, 멋지고, 폼나는 순간의 인생을 선사해왔다. 래퍼들은 백인들의 편향된 두려움과 고정관념에 기름 부을 각오를 하고, 몰락을 경험한 모든 인간의 야만적인 폭력과 도덕적으로 꼬여버린 마음을 미화하기보다 날카롭게 판별하고 명확하게 표현해낸다 (에미넴의 가사, "꼬여버린 마음속 니 뇌를 위한 프레첼[꼬인 모양을 한 비스킷-옮긴이]을 갖다 줬지.").[71]

힙합과 유사하게 19세기 문학에도 비슷한 성향이 보이는데, 특히 데이비드 레이놀즈David Reynolds가 "체제전복적인 어둠 속의 개혁가들"이라고 부른 작가들이 두드러진다. 이 작가들은 최하층 범죄자들과 화려한 옷을 입은 부랑자를 매혹적으로 보는 대중의 상상에 편승했고, 그 과정에서 점잖은 독자들을 격노하게 했다. 그들은 환영에 사로잡힌 범죄자의 정신, 악몽 같은 상상, 권위적 인물의 위선과 부패, 에로티시즘, 야만적 폭력, 부서진 집, 낭만적 이상의 몰락 등 병에 걸린 정신 상태를 과감하게 탐구해나갔다.[72] 정치적 성향이 강한 작가들은 빈곤을 묘사할 때 수많은 희생자를 집어삼키는 수렁이자 범죄와 악의 온상으로 그렸지만, 그들의 가시 돋친 말과 비난은 사회, 종교, 경제적 엘리트의 감춰진 악행에 집중되었다. 이런 비판의 결과로 19세기 미국의 수많은 범죄자와 부랑자들이 어떤 고통에 직면했는지가 점차 밝혀져서 철학적으로 말하면 그 결과는 도덕성을 더 복잡하게 이해한 것으로, 죄악은 미덕과 얽혀 있으며, 가난하고 절박한 사람들뿐만 아니라 세상에서 존경받는 시민들도 죄악에서 자유롭지 않았다. 멜빌은 이를 "무자비한 민주주의"라 칭했다. 그리고 그 자신에 관해서 이렇게 썼다. "도둑이 조지 워싱

---

71   Nicki Minaj, feat. Eminem, "Roman's Revenge", on Pink Friday, Young Money, Cash Money, Universal, Motown, 2010.

72   이와 관련하여 David Reynolds는 George Lippard와 George Thompson의 책을 검토한다. 다음을 보라. Reynolds, Beneath the American Renaissance: The Subversive Imagination in the Age of Emerson and Melville (Cambridge, MA: Harvard University Press, 1989), 59, 69, 106, 230.

턴 장군만큼 고귀한 인물이라고 용감하게 선언하는 사람은 드물기 마련이다."[73] 멜빌이 대담하게도 미국에서 인정받는 조지 워싱턴의 지위를 박탈하고 범죄자를 승격시킬 생각이었다면, 그의 "무자비한 민주주의"로 인해 권력과 부를 누려온 신성한 우상들이 모두 위험에 처했을 것이다.

미국 문학이 상스럽고 천한 것에 경의를 표할 땐 불필요한 폭력, 낮은 도덕의식, 선정주의(최악의 힙합처럼)에 빠지기도 하지만, 좋은 작가는 그런 유혹을 이겨내고 체제전복적인 상상력-터부시되는 욕망, 사회적 호전성, 도시 빈곤, 호감이 가는 범죄자에 초점을 맞춘 상상력-을 미적·도덕적·영적 차원으로 끌어올린다. 그들은 본질적으로 한 차원 높은 도덕성을 추구하기 위해 그 시대의 도덕적 원칙과 신성한 척하는 원칙들, 즉 정직함, 무자비함, 연민, 사랑, 정당함 등을 날려버린다. 프레더릭 더글라스의 표현에 따르면, 야만인들의 국가를 잘 보이게 하려고 허풍, 기만, 이중성을 가리는 세계에서는 어쩌면 이단이나 폭력배가 되는 것이 가장 옳은 행동일 수도 있다. 추방자를 보호하고, 탄압받는 사람들을 해방하고, 굶주린 사람을 먹인다는 것과 같은 의미일 수 있기 때문이다.[74] 따라서 제임스 볼드윈이 흑인 역사상 최초의 전사, 테러리스트, 게릴라 중에 특히 자유와 평등의 옹호자인 흑인 설교자를 "오리지널 지Original G."라고 간주한 것도 놀라운 일이 아니다.[75]

나는 힙합 문화에도 이와 비슷한 면이 있다고 생각한다. 래퍼가 그런 어두운 면을 가면처럼 쓰고 나타나는 경우-마일스 데이비스가 '어둠의 왕자'라고 불린 것처럼- 이는 보통 반대와 저항을 극적으로 보여주기 위한 형식이자, 도덕적 신화와 성스러운 우상을 깨부수는 무기로서다. 이러한 양상은 겸손하고 복종하는 엉클 톰보다는 랩에 등장하는 폭력배에게서 발견된다. 엉클 톰은 도덕적으론 옳지만 힙합 문화에서는 경멸과 무시를 당한다.

---

73   Ibid., 278.

74   개혁적인 신문 The Liberty Bell의 1844년 호에 있는 문장을 이용했다. 다음을 보라. Reynolds, Beneath the American Renaissance, 75, 88.

75   William Jelani Cobb, To the Break of Dawn: A Freestyle on the Hip Hop Aesthetic (New York: New York University Press, 2008), 15에서 인용.

미국 현대 도시의 빈민가에서 살아남을 지능과 용기가 없는 사람이기 때문이다. 힙합은 진부하고 독실한 인물보다 냇 터너Nat Turner나 맬컴 엑스처럼 위험한 깡패와 범법자를 선호한다. 또한 부드럽고 따뜻한 예수-하느님의 어린양-보다 유다의 사자를 선호한다. 이 사자는 사납고 거만한 데다, 길들지 않고 유연하며, 한 번 물리기만 해도 살이 떨어져 나갈 정도로 이가 날카롭고, 밥 말리의 레게머리처럼 갈기가 촘촘하다. 분명 예수의 두 이미지가 다 필요하겠지만, 나는 힙합이 후자의 이미지를 선호한다고 생각한다. 힙합은 완전히 너저분한 영혼을 보여주고, 또한 부드러운 기질 만큼이나 위험과 공포의 이미지를 보여준다. 게다가 힙합은 복음서에 담긴 예수의 모든 면을 보여준다. 힙합에서 예수는 친절하고 겸손한 인물일 뿐만 아니라 전복적이고 위험한 인물이다.

그런데 보이는 것과는 달리, 힙합이 파우스트식 거래를 한다 해도 도덕성이나 신을 포기하는 것으로 귀결되진 않는다. 힙합은 허무주의적 결론에 이르는 대신에 치명적인 폭력이나 완고한 신앙심에 위협받을 때 영혼을 온전히 지키는 방법으로 반항과 고통의 어조를 이용한다. 이렇게 영적으로 저항할 때 힙합은 지루하고 고통스러운 삶으로부터 많은 아이를 구하고, 음악과 시를 통해 근심을 잊을 수 있는 환경을 제공한다.

신을 나타내는 힙합

우리 시대의 성가나 마찬가지인 종말론적 상상은 힙합 문화에서 친절한 주인을 만났지만, 우리가 그 안에 담긴 의기양양함과 생동감을 무시한다면 랩을 잘못 판단한 것이다. 랩 가사에 나타나는 삶의 초상은 가장 어두운 색깔로 입혀질 때가 많지만, 이 음악에는 폭발적인 색채와 빛 또한 존재하기에 가장 어두운 빈민가를 밝고 따뜻한 색깔로 빛낼 수 있다. 죽음과 절망이 입을 크게 벌려 음악을 집어삼키는 것처럼 보일 때에도 힙합은 어둠을 압도하는 삶에 대한 열렬한 갈망을 드러내며 힙합 팬들을 놀라게 한다. 이미 힙합의 어둡고 지옥 같은 분위기를 강조한 바 있지만, 힙합의 비트와 라임을 종소리나 장례식의 애가와 단순히 동일시하는 것은 잘못되었다.

　랩이 빈민가 문제, 또는 좀 더 실존주의적인 용어로 말해, 죽음과 고통의 문제에 집중하는 경향은 힙합의 비극적 위대함을 보여주는 것일 뿐, 그게 결코 전부는 아니다. 힙합에는 희극도 존재해서, 합창으로 응답하는 송가처럼 다채로운 소리로 비극적인 광경을 축복으로 밝게 물들인다. 다시 한번 타네히시 코츠의 말을 상기해보자면, 언어를 발명하고 정신을 찬양하는 힙합이든, 비올라 루프viola loops 혹은 "엉뚱한 각도에서 날아드는 잘 알아들을 수 없는 음성 샘플"이든 간에 여하튼 힙합은 불타버린 하데스 같은 도시 생활에서 교묘하게 아름다움을 건져 올린다.[76] 힙합은 허섭스레기를 끼워 맞춰 축제를 연다.

　하지만 나는 위축되지 않고 빈민가 생활의 어두운 태양을 정면으로 응시할 때 비로소 힙합에 담긴 희극성, 익살, 명랑함을 음미할 수 있다고 생각한다. 르자RZA(우탱 클랜의 리더-옮긴이)와 우탱 클랜을 생각해보자, 『우의 도The Tao of Wu』는 르자의 삶에 관한 놀라운 이야기로 시작한다.

　뉴욕에서 나는 적어도 열 군데의 주택 단지에서 살았다. 브라운빌의 반다이크, 이스트 뉴욕의 마커스 가비, 스테이튼 아일랜드의 파크 힐, 스테이플턴 등이 내가 살았던 동네. 그곳은 모두 내게 어떤 가르침을 주었다. 비록 아무도 선택하지 않을 가르침이었지만…. 이제는 그 가르침이 무엇인지 안다. 바로 지옥이었다. 폭력, 중독, 고통, 치욕의 지옥. 이 힘들은 공기와 물속에 영향을 미치고, 우기에는 지하 1층 침실-나와 다섯 형제가 트윈 베드 2개에서 잠을 자는 방-까지 영향을 미쳐 물 찬 바닥 위로 배설물을 둥둥 띄운다. 그렇게 살기로 선택한 사람은 아무도 없었지만, 이젠 그 경험조차 지혜의 소중한 원천이라고 생각한다.[77]

76　Ta-Nehisi Coates, A Beautiful Struggle (New York: Spiegel and Grau, 2009), 101.
77　RZA, The Tao of Wu (New York: Riverhead Books, 2009), 1-3.

이 글을 읽고 나면 거주자들 사이의 불빛도 차단하는 공동주택의 어둠에 놀라지 않을 수 없다. 르자는 공동주택의 지하에서 살았던 이야기를 이런 추악한 면들, 즉 빈곤의 위엄, 악취 나는 비, 부패한 공기, 더러운 거리 등을 보여주는 것으로 시작한다.[78] 사람의 신체와 감각을 공격하는 역겨운 현실(그랜드마스터 플래시의 「메시지The Message」에 잘 묘사되어 있다)을 다루면서 추악한 모습 뒤에 있는 아름다움을 식별하고, 그런 절망적인 상황에서 무한한 즐거움과 창의성을 끌어내려면 현명하고 통찰력 있는 영혼이 필요하다(덧붙여 말하면, 이는 호손이 말한 시적 통찰법이다).[79]

또한 힙합에서 우리는 두 가지에 주목해야 한다. 힙합이 빈민가의 무덤에 계속 묻혀 있기를 거부한다는 것, 그리고 도시에서 살아남기 위한 추악한 몸부림에서 용케 아름다움과 즐거움을 캐낸다는 것이다. 힙합의 성과물들이 그 증거로, 영혼에는 속박당하는 환경에서도 유연하게 구부리고 확장할 수 있는 놀라운 민첩성이 있음을 증명한다. 르자의 경우는 음악적 훈련과 종교적 가르침을 통해 점차 이 능력을 갖게 되었고, 결국 시각을 달리하여 공동주택을 '소중한 지혜의 원천'으로 바라보게 되었다. 그의 사촌 즈자가 주장한 대로, 미국 생활에 적합하지 않다고 느낀 아이의 마음 깊은 곳에 두려움이 있었다는 사실은 놀라운 계시(신과 땅의 나라가 알려준 가르침)였다. "즈자는 하늘을 올려다보는 대신 내면의 신과 대화를 한 첫 번째 사람이었다. 그 대화를 듣는 순간 내 머릿속에 놀라운 계시가 찾아왔다."[80] 당연하게도 그 계시는 새로운 가능성을 열어주었고, 르자로 하여금 빈민가에서 볼 수 있는 것보다 더 멀리 내다볼 수 있게 해주었다. 이제 그는 공동주택의 낮은 천장

---

78   Saidiya Hartman은 이와 비슷한 후렴에 대해 이렇게 언급한다. "게토는 사람이 살도록 설계된 곳이 아니다. 거리에는 쓰레기가 넘쳐나고, 창문은 깨졌고, 빈민주택 엘리베이터와 계단에서는 오줌 냄새가 진동한다. 이 모든 게 여기 사람들이 간신히 살고 있다는 증거다." Hartman, Lose Your Mother, 87을 보라.

79   "요소들이 이상하게 뒤섞인 이 영역, 즉 아름다움과 위엄이 아주 지저분한 옷차림을 하고 있는 영역에서, 시적 통찰이라는 것은 결국 분별의 재능이다." 다음을 보라. Nathaniel Hawthorne, The House of Seven Gables (New York: Random House, 2001), 38.

80   RZA, The Wu-Tang Manual (New York: Penguin Books, 2005), 41.

을 뚫고 높이 뜬 별을 바라보며 인생의 방향을 읽을 수 있게 되었다.

르자의 인생 이야기는 힙합의 이야기이기도 하다. 물질적으로 부족한 상황일지라도 정신적 충만함을 느끼는 놀라운 순간들을 다루기 때문이다. 현대사회를 분석할 때 랩은 극악무도하고 병적인 특성을 드러내기도 하지만, 패기만만함과 희극적 위대함도 표출한다. 이 책에서 내가 강조한 것이 있다면, 영혼이 비극과 희극의 경계 즈음에 있다는 것이다. 바로 이 자리에서 숭고함이 절망과 어둠을 뚫고 모습을 드러낸다. 힙합의 마력을 통해 하찮고 비열한 상황들이 보석 같은 소리로 바뀌며, 소헤일 덜랫차이Sohail Daulatzai의 말을 빌리자면 감옥의 창살bar이 뮤직바music bar로 탈바꿈한다.[81] 고통에만 초점을 둔다면 힙합의 영혼은 사라질 것이고 에디 글로드가 말한 대로 "아름답게 구성된 단어의 초상, 가사의 경이로움, 장르를 잘 나타내는 리드미컬한 타이밍"을 놓칠 것이다.[82] 그뿐만 아니라 가수들이 눈이 번쩍 뜨이는 가사와 라임의 힘으로 우울함을 쫓아내는 방식, 불길한 비트와 정신없이 쿵쿵대는 소리와 재치 있는 언어로 악마의 올가미(나스가 표현했듯이)를 녹여버리는 방식도 놓칠 것이다. 힙합에서 우아함은 땀과 눈물로 얻을 수 있지만, 막상 그 우아함을 얻을 때면 엄청난 에너지와 설득력이 생기고, 단어들이 함께 춤을 추고, 광기 어린 정전기와 전압이 형성되고, 우울함을 없애는 활력이 감돌다가 점차 그 기세가 누그러지고, 당신 곁으로 다가온다.

이 마지막 절에서 나는 이런 영적 위업에 관심을 기울이고자 한다. 그 단서는 수수께끼 같지만 힙합의 풍경에 산재해 있으며, 이런 구원의 모티프들을 숨기는 동시에 드러낸다. 힙합에 문외한인 사람들에게는 그 가사가 어둡고 절망적이거나 터무니없고 하찮을 수 있고, 이런 특징이 가사에 모두 담겨 있을 수 있지만, 최고의 힙합에는 특별한 길거리 지식을 통해서만 해

---

81   Daulatzai, Black Star, Crescent Moon, xxvii.

82   Eddie Glaude, "Represent, Queensbridge, and the Art of Living", in Born to Use Mics: Reading Nas's "Illmatic", ed., Michael Eric Dyson and Sohail Daulatzai (New York: Basic Civitas Books, 2010), 186.

독되는 뭔가 심오한 의미가 작동한다. 이를 두고 르자는 이렇게 설명한다. "우리는 어떤 상황에서 맨 처음 하는 일을 가리켜 '지식을 탐구한다'고 말하는데, 이는 바라보고 듣고 관찰하는 것을 의미한다. 성서의 힘이 거기에 담긴 정보에서만 나오는 건 아니다. 그 힘은 실제 어휘와 운율에서도 나온다."[83] 신학자라면 이렇게 말할지도 모른다. 종교 전통에 대한 교리는 긍정하거나 부정할 수 있는 명제를 합친 것 이상이라고. 믿음의 구성 요소에는 기도문, 의식, 규율, 사상, 행동이 필수적이다(예를 들어, 아퀴나스는 자신의 연구 대상을 "신성한 가르침sacra doctrina"이라 불렀는데, 이는 그 대상을 사변적인 연구와 구별하기 위함이었다. 그리고 그 연구는 지식scientia보다는 지혜sapientia를 추구한다).[84] 르자 또한 지혜를 추구하는 것은 포괄적인 소명이며, 그 지혜가 종교의 진리든 음악의 원리와 운율이든 간에 지적·예술적·정신적 훈련이 필요하다고 보았다.[85]

말하자면 영적 발견에 이르는 기술이 있다는 뜻이다. 힙합의 은밀한 관습에서든 기독교의 종말론적 전통에서든 인간의 영혼이 지혜의 암호를 읽고 해독하는 법을 익히려면 눈에서 비늘을 벗겨내야 한다. 우리가 성서나 랩의 이야기에서 분명한 의미를 꿰뚫어 볼 수 있다면, 중요한 걸 찾게 될 것이다. 계시록으로 돌아가서, 이 글을 예루살렘의 잔해 위에 쓰인 "폐허의 알레고리"(발터 벤야민의 표현을 빌리자면)로 읽을 때 어떤 진실이 갑자기 나타나는 방식을 생각해보자.[86] 텍스트는 이런 환경을 숨기는 동시에 드러낸다. 용은 악마와 악의 힘을 상징한다. 머리가 일곱 개 달린 짐승은 로마다(여기에서 숫자 7은 아우구스투스 시대에서부터 작가가 활동한 시대까지

---

83   RZA, Tao of Wu, 39.

84   Bernard McGinn, Thomas Aquinas's Summa Thologiae (Princeton, NJ: Princeton University Press, 2014), 52를 보라.

85   RZA, Tao of Wu, 33.

86   우화와 폐허에 관한 Benjamin의 책으로는 다음을 보라. Benjamin, The Origin of German Tragic Drama (London: Verso Books, 2009). 계시 속의 이 주제들에 관한 연구서로는 다음을 보라. Elaine Pagels, Revelations (New York: Penguin Books, 2012), 1-35.

군림한 황제의 수를 상징한다). 666으로 나타난 또 다른 짐승은 네로 황제일 가능성이 높다. 태양의 옷을 걸친 여성은 이스라엘이고, 그녀의 아이는 예수다. 네 명의 기수는 전쟁, 폭력, 기근, 죽음을 상징한다. 이런 상징 외에 흥미롭게도 계시록은 총 14만 4,000명으로 이루어진 특별한 공동체를 언급한다. 아델라 콜린스에 따르면, 그들은 로마의 손에 죽임을 당한 최초의 사람들, 폭력적인 죽음의 희생자들이다.[87] 그들은 이 억압의 경험을 함께 나누기 위해 특별한 지식을 부여받았는데, 이 경우에는 그들이 읊조리는 수수께끼 같은 찬송가-외부자에겐 알려지지 않은 찬송가-다(요한계시록 14:1-5). 그들에게 특권이 있다면 그것은 그들이 고통받고 인내했기 때문이며, 혼란스럽고 억압적인 시대에 계속해서 노래할 수 있는 능력이 있기 때문이라고 나는 생각한다.

비유적으로 말하자면, 물론 이 '특별한 공동체'는 힙합의 순수주의자들, 즉 때 이른 죽음을 맞이한 희생자들을 기리면서 목청껏 외치는 힙합 문화의 내부자들일 것이다. 재즈와 모더니즘 문학처럼 힙합도 이런 신비한 암호화를 항상 즐겨왔다. 랩에 말장난, 암시, 은어가 많다면 이는 위장된 의사소통 기술을 찬양하기 위함이라고 애덤 브래들리는 말한다. "은어는 익숙한 것들을 새롭고 설득력 있게 말하고자 하는 욕망에서 비롯하지만, 단지 암호화된 의사소통에 대한 욕망에서 나오기도 한다."[88] 이마니 페리의 의견도 그와 비슷하다. "어떤 음악에는 다층적인 의미와 숨겨진 담론이 감춰져 있는데, 어디를 어떻게 보아야 할지 아는 사람들에게만 드러난다."[89]

브래들리와 페리는 힙합은 양피지 같아서 밋밋한 텍스트 표면 아래에 특정한 문자가 감춰져 있을 수 있다고 설명한 뒤, 랩 음악에는 의미를 가리는 동시에 드러내는 복잡 미묘한 과정이 있다고 분명히 밝힌다. 마가복음을

---

87   Collins, Crisis and Catharsis, 128.

88   Adam Bradley and Andrew Bubois, The Anthology of Rap (New Haven, CT: Yale University Press, 2010), xxxvi.

89   Imani Perry, Prophets of the Hood: Politics and Poetics in Hip Hop (Durham, NC: Duke University Press, 2004). 150.

비롯한 종말론적 전통에서와 같이, 한편으로는 외부인을 당혹스럽게 만들고, 다른 한편으로는 비천하고 괄시받는 세계에 비밀스러운 지혜를 전하기 위해 힙합은 어떤 것들을 암호나 비유로 이야기한다. 아이러니, 완곡한 표현, 에두름, 불명료화, 풍자 등을 통해 래퍼들은 한 가지를 말하면서도 완전히 다른 의미를 전달하는 양의적 표현으로 무심결에 듣는 청자를 오해하게 만든다("이는 그들로 보기는 보아도 알지 못하며 듣기는 들어도 깨닫지 못하게 하여")(마가복음 4:12).[90] 래퍼들은 은유의 유연성과 단어의 범위를 시험해가면서 암시적인 전략-덮개로 가려진 단어, 숨겨진 의미, 난해한 이미지-을 구사하는데 그 목적은 불공평한 권력이 지배하는 상황을 뒤흔들거나 전복하기 위해서다. 프레더릭 더글러스가 노예 영가에 대해 언급했듯이, 오직 경험이 있는 신봉자만 진짜 의미를 알아챈다. "노예의 노래는 합창으로 불리고 노랫말은 많은 사람에게 의미 없는 은어처럼 들리지만, 사실은 그들에게 의미하는 바가 크다."[91] 초기의 스캣-말없이 의미를 전달하는 소리-형태든 암시와 비유로 가득한 노래 형태든 영가는 외부자를 혼란스럽게 하고 미혹시켰다고 더글러스는 지적한다. 문자 그대로의 의미, 즉 겉으로는 악의가 없거나 난해해 보이는 의미 아래에는 정의를 향한 폭발적인 외침과 희망을 가리키는 의미가 음험하게 숨어 있었다.

힙합의 두루마리를 펼치면 상형문자, 이야기, 정신적·미적 의의로 가득한 소음뿐 아니라 '무의미한 횡설수설'도 그와 비슷한 목적으로 사용되는 것을 볼 수 있다. 기독교나 이슬람교에 영향을 받은 많은 래퍼들이 그런 기법을 사용한다. 퍼블릭 에너미, 라킴, 아이스 큐브, 브랜드 누비안Brand Nubian, 빅 대디 케인, 엑스클랜X-Clan, 푸어 라이처스 티처스, 트라이브 콜드 퀘스트Tribe Called Quest, 블랙 스타, 더 루츠the Roots, 갱 스타, 빅 펀Big Pun, 우탱 클랜, 브라더 알리Brother Ali, 루페 피아스코, 커먼, 켄드릭 라마,

---

90   Ibid., 61을 보라.

91   Douglass, Narrative of the Life of Frederick Douglass, 24.

찬스 더 래퍼 등. 이들은 대부분 귀중한 지식이나 인간의 영성, 정의의 길을 표현할 때 특수한 암호를 사용한다. 경우에 따라 그들의 랩은 숫자, 글자, 신의 이름을 가지고 일종의 신비로운 보고서를 쓴다.[92] 래퍼가 예언자 역할을 할 때 신비로운 지혜는 모두에게, 특히 빈민에게 활짝 열린다. 이 방면에서 최고인 라킴 알라Rakim Allah는 다음과 같은 가사를 썼다. "신은 선천적이고, 정신은 아시아에서 길러져 / 넌 속았으니까 내가 널 키워야 해 / 요람에서 무덤까지 / 하지만 넌 노예가 아니란 걸 기억해 / 우리는 그 이상을 해내기 위해 여기 있으니까 / 하지만 우리의 정신이 덫에 걸려서 볼 수가 없어 / 난 그 사슬을 끊고 고통에서 벗어나려고 여기에 있어 / 머리를 가다듬고 이름을 개조해 / …분노의 가사 / 나의 세 번째 눈이 날 보석처럼 빛나게 해."[93] 라킴은 자신이 영적 지도자인 양 세 번째 눈인 지혜와 분노하는 가사를 통해 제자들에게 보석 같은 지식을 전한다. 여기에서 라킴은 청자를 무덤에서 해방하고, 묵은 사슬을 끊고, 신성의 기원을 가르친다.

우탱 클랜의 대표적인 곡, 「C.R.E.A.M.」에서도 같은 주제를 발견할 수 있다.[94] 내가 애리조나대학에서 '랩, 문화 그리고 신'을 주제로 힙합 강의를 할 때 저 약자로 표기된 곡명이 바로 '돈이 내 주변의 모든 것을 지배한다 cash rules everything around me'라는 뜻이라는 걸 거의 모든 학생이 알고 있었다. 하지만 그 기저에 깔린 영적 세계에 대해서 아는 사람은 거의 없었다. 사실 '크림'은 돈을 의미할 수도 있지만, 곡의 내용은 이슬람 국가 안에서 통하는 또 다른 가능성을 암시한다. 즉 흑인은 지구라는 행성에서 신의 본성을 띤 '최고cream'의 존재라는 것이다. 이를 염두에 둘 때, 표면적인 의미만 보는 사람에게는 노래에 담긴 영적 의미가 가치 없을 수도 있다는 것

---

92   이슬람국가, 무어인 과학 신전Moorish Science Temple, 파이브 퍼센터스Five Percenters에 관한 연구서로는 다음을 보라. Hisham Aidi, Rebel Music: Race, Empire, and the New Muslim Youth Culture (New York: Pantheon Books, 2014), 특히 5장과 10장. Michael Muhammad Knight, The Five Percenters: Islam, Hip Hop and the Gods of New York (Oxford: Oneworld, 2007).

93   Eric B. and Rakim, "Follow the Leader", on Follow the Leader, Uni Records, 1988.

94   멤버들의 이름 뒤에 숨겨진 수비학數祕學과 의미에 대해서는, RZA, Wu-Tang Manual을 보라.

을 알 수 있다. 우탱 클랜의 랩은 일인칭으로 이야기하며, 뉴욕의 범죄 지역에서 자란 아이의 삶을 펼친다. 아이는 한때 돈을 많이 버는 꿈을 좇아 마약 거래에 손을 대지만 실패하고 만다. "난 15살에 감옥에 갔어." 나이를 먹고 경험을 쌓으면서 그는 주변에서 많은 아이들이 가난에 허덕이고 감옥에 갇히거나 죽는 것을 보고 마음이 점점 냉소적으로 변한다. "삶은 지옥이야, 이 세상에 사는 건 감옥이나 다름없지." 그는 희망을 모조리 잃을 뻔하다가 '올드 어스Old Earth'에게 조언을 구한다(신과 땅의 나라에 사는 나이 든 여성). 그후 올드 어스는 그에게 세상의 이치를 가르치는데, 그 가르침이 그를 변화시키고 심지어 구원한다. 이제 노래는 나이 들고, 현명하고, 사려 깊은 남자를 묘사한다. 그는 빈민가의 실상을 관찰하고, 비뚤어진 아이들을 책임지고 가르친다. "맡겨줘, 내가 증인으로 살아 있는 동안 흑인 청소년에게 진실을 말해줄 테니. 하지만 꼬마는 점점 난폭해지고, 담배를 피우고, 맥주를 마시고, 내가 들려주는 이야기를 들으려 하지 않아."[95]

영성이 가득한 이 랩에서 화자는 불빛을 발견하고, 그 불빛을 통해 "삶을 지탱하고 고뇌와 고통을 극복하는 법을 배운다". 더 깊은 메시지를 전하는 것에 대해서는 비관하면서 끝을 맺지만("아이들은 내 말을 들으려 하지 않아"), 그 이야기는 힙합에도 정신적인 측면이 있음을 보여주는 증거가 된다. 라킴의 노래가 그랬듯이 이 랩 역시 지식과 영적 이해를 통해 자유를 찾은 경험을 이야기한다. 또한 길거리에서 삶의 무게에 치여 흔들리고 무너질 때 시와 음악과 영성의 힘으로 인간이 영혼을 지탱할 수 있다고 이야기하며, 영혼에게는 열악한 조건에서 지혜를 뽑아내고 빈민가의 쓰디쓴 풀에서 크림을 만들어내는 힘이 있다고 이야기한다.

수많은 경우에 힙합은 미국과 전 세계에서 이런 힘을 발휘해왔으며, 몸과 마음에 플리머스록(메이플라워호를 타고 플리머스에 상륙한 사람들이 최초로 밟았다고 전해지는 바위. 아메리카 원주민에게는 침략과 인종 청소

---

95   Wu-Tang Clan, "C.R.E.A.M.", on Enter the Wu-Tang (36 chambers), Loud Records, 1994

의 상징이기도 하다-옮긴이)의 무게를 몸과 영혼으로 느낀 사람들에게 목소리가 되어주었다. 다양한 전통에서 종교적 재료를 샘플링할 때 힙합은 내밀한 전략과 시가 갖는 기하학적 구조를 통해 영적인 파멸을 피하면서, 새로운 형식과 소리-무경험자에게는 피타고라스의 정리처럼 아리송하지만, '고등 과학'을 훈련받은 사람에게는 계시가 될 수 있는 형식과 소리-를 창조해왔다.

이런 영적인 수사는 라디오와 TV에 나오는 화려한 힙합들에 비해 주변적이고 미미하게 보이지만, 그럼에도 강하게 약동하는 심장과 같아서 힙합의 나머지 부분들에 피와 산소를 힘차게 보낸다. 어떤 면에서 힙합은 이런 면을 적극적으로 드러내지 않는다. 음악이 오용되어 이질감을 줄 수 있다고 걱정하기 때문이다. 이때 랩 음악은 앞선 블루스나 재즈처럼 단지 다름에서 은밀한 기쁨을 얻는 것에 그친다.[96] 그런 경우 이질감은 다름에 대한 본능적 갈망은 충족시켜주지만, 인정, 평등, 정의를 위한 투쟁에 참여하고자 하는 마음에는 방해가 된다. 우리가 살펴본 대로 진실로 영혼을 찾고자 한다면, 위험을 무릅쓰고, 르자의 가르침에 따라 위협받는 공동체를 배려하고, 기도하고, 행동하겠다는 의지가 수반되어야 한다.[97] 바로 그것이 잘 알아들을 수 없는 암호 같은 가사에 깊이 감춰진 의미이자, 뒤틀린 말장난과 춤 동작 속에 담긴 영혼이다.

---

96   Cornel West의 공식 논평으로부터. Hip Hop Symposium, Princeton University, 2006
97   RZA, Tao of Wu, 33, 98을 보라.

4장
아프로-라틴 소울과 힙합

지금까지 흑인은 음악으로만 자신의 이야기를 전할 수 있었다.
-제임스 볼드윈[1]

리베라Rivera는 벽화를 통해 평범한 멕시코인 노동자의
내부에서 약동하는 거대한 인류애를 보여주었다…
지금 이 세상에 필요한 것은 디에고 리베라가 흰 벽과 붓으로
했던 것을 보통 사람들에게 이해시켜줄 래퍼다.
-윌리엄 젤라니 콥[2]

미국 흑인의 역사에서 음악이 맡은 역할에 관해 제임스 볼드윈이 내린 유명한 평가는 라틴 아메리카의 여러 문화에도 대체로 들어맞는다. 지금껏 음악은 라틴 아메리카인의 개성과 스타일, 미학적 특징을 표현하는 중요한 무대였다. 음악평론가 티모시 브레넌Timothy Brennan은 이렇게 쓴다. "라틴 아메리카와 카리브 지역에서 아프리카 음악을 기반으로 하는 대중음악이 유럽과 미국에서 문학이 해 온 것과 비슷한 역할을 하고 있다는 사실을, 영어를 전공하는 학생들이 조금이라도 알고 있을까? 대중적이고 국가적인 자의

---

1   James Baldwin, "Many Thousands Gone", in Notes of a Native Son (Boston: Beacon Press, 1983), 24.
2   William Jelani Cobb, To the Break of Dawn: A Freestyle on the Hip Hop Aesthetic (New York: NYU Press, 2008), 35.

식이 음악적 전문성이나 스타일과 긴밀히 결합되어 있다는 것을 이해하고 있을까? 음악적 영향력을 행사하고자 하는 힘이 정치적 지배나 과학적 역량 또는 문학적 기량을 향한 충동만큼이나 강력하다는 것을?"[3] 만일 정말로 음악적 역량이 라틴 아메리카와 카리브 지역의 정체성을 형성한 결정적 요소라면, 해당 지역의 전통에 관한 연구는 모두 그들의 음악적 특성에 귀 기울이는 것에서부터 시작해야 할 것이다. 음악을 안내인으로 삼으면, 우리는 신세계를 설명하는 유럽의 표준적인 해석이 간과한 어떤 주제와 울림을, 북의 장단, 베이스 선율, 연호 혹은 신음을 통해 소리의 차원에서 아메리카 대륙의 또 다른 역사적 맥박을 포착할 수 있을 것이다. 언젠가 구스타보 페레즈 피르마트가 맘보에 관해 말했듯 신음 한 마디에도 위대함과 사람을 설득하는 힘이 있을 수 있고, 인간의 경험과 믿음의 기록 전체가 그 꽉 찬 소리에 담길 수도 있다.[4] 들을 줄 아는 귀라면 중얼중얼 소란스러운 소음에서도 행간에 담긴 문화적 삶의 이야기를, 소리의 아름다움을 통해서만 전달 가능한 진실의 소리를 들을 수 있는 것이다.

쿠바의 위대한 소설가이자 음악가, 마술적 사실주의 건축가인 알레호 카르펜티에르는 라틴 아메리카에서 음악이 계시와 같은 중요성을 갖고 있음을 확실히 이해했다. 그의 대표적인 연구 『쿠바의 음악Music in Cuba』은 마치 아메리카 대륙을 다루는 작품이라면 응당 삽입해야할 전주곡이라는 듯 음악이란 주제를 라틴 아메리카 문화의 최전방과 중심에 위치시킨다. 그는 음악이 신세계의 여러 독특한 문화적 양상을 조형했을 뿐 아니라, 인종 관계의 측면에서도 미래를 예비했다고 말한다. 마치 음악이 피부색이 아니라 소리와 이야기에 압도된 눈 먼 예언자라는 것처럼 말이다.[5] 일찍이 16세기부터 히스파니올라에서 음악은 아프리카인과 아메리카 인디언과 유럽인

---

3   Timothy Brennan, Secular Devotion: Afro-Latin Music and Imperial Jazz (London: Verso Books, 2008), 9.

4   Gustavo Perez Firmat, Life on the Hyphen: the Cuban-American Way (Austin: University of Texas, 1994), 102.

5   Alejo Carpentier, Music in Cuba, trans. Alan West-Durán (Minneapolis: University of Minnesota Press, 2001), 95.

의 협력과 뒤섞임을 이끌어내는 능력에서 이미 다른 예술과 과학을 훨씬 앞질렀고, 피억압 집단은 그들을 구속하는 다른 곳과 달리 이곳에서는 자유로운 세상을 경험할 수 있었다.[6] 이 음악적 창조성의 개활지를 무대로, 신세계의 메스티사헤mestizaje(문화의 이종 결합)는 각기 다른 의례와 소리를 결합해 두텁고 유려한 문화적 미학으로 탈바꿈시키며 마치 새로운 인종이 태어난 것처럼 생명을 얻었다.

이 혼합물의 두께는 세기가 지나며 더욱 두터워져서, 디아 데 로스 레예스Día de los Reyes나 코르푸스 크리스티Corpus Christi 같은 축제는 가톨릭의 기도 행렬에 아프리카의 '현지 문화'-요루바 찬가, 성스러운 북, 제례 무용등-를 더해 의례와 음악과 춤과 성으로 이루어진 아메리카 대륙만의 독특한 바로크적 화려함을 만들어냈다. 그러니 카르펜티에르, 또는 보다 최근에는 자크 아탈리Jacques Attali가 음악을 변화와 전복의 첨병으로 여긴 이유를 알 수 있을 것이다.[7] 몸의 힘줄과 근육, 혹은 더 깊은 곳에 자리한 심장의 율동적인 박동을 통해 청각적 계시로 감각되는 음악은 다른 예술보다 훨씬 더 유연하고 탄력적이어서, 시간과 함께 변화하거나 소용돌이치며 금지된 경험의 영역으로 모험을 감행하는 능력을 보여줬다. 때로 음악은 역사의 갑작스런 정신적 분출에 조응해 세찬 폭풍우처럼 사회의 억압적인 장벽을 무너뜨린 뒤 옛것의 잔해와 함께 새로운 출발의 기회를 남겨두기도 했다. 특히 문자언어의 권위를 제 몸에 두른 문학이나 다른 예술과 다르게, 아메리카 대륙의 음악은 근대 세계라는 사다리의 가장 낮은 단계와 그 주변부에서, 서양 권력의 정치적 중심과 문학의 외곽에서 소외된 문화에서 수많은 혁신을 일궈냈다. 근대 세계의 균열 사이에서 솟아나 위대한 성취를 이룬 아메리카 음악은, 비유럽 전통을 문화적 뒤꼍으로 몰아낸 편견에 미묘하지만 부정할 수 없는 방식으로 저항해왔다. 데이비드 트레이시가 쓴 것처럼 다른 수많은 사례

---

6   Ibid., 84.

7   Jacques Attali, Noise: The Political Economy of Music, trans. Brian Massumi (Minneapolis: University of Minnesota Press, 1985), 4–5.

들 중에서도 서양은 글쓰기에 감독권을 부여해 이를 문화적 우월성의 징표처럼 휘둘렀고, 아예 목소리를 빼앗은 건 아니지만, 결과적으로 비문학적이고 비문자적인 전통을 아무런 흐름도 없는 역사의 정체된 저수지로 간주하며 폄하했다.[8] 글을 쓸 줄 아는 유럽과 아메리카 대륙의 교육받은 계층은 성스러운 후광을 조작하는 글쓰기의 능력을 통해 특히 문맹자가 많은 지역에서 문법을 제국 통치의 도구로 자주 활용했다(적절하게도, 네브리하Nebrija는 대표적인 문법서 『스페인어의 문법Gramática sobre la lengua castellana』[1492]에서 문자 언어를 "제국의 동반자"라 일컬었다).[9]

　　문자 언어가 문화와 정치의 최정상을 차지하고 있는 서양의 진화적 발전이 세계를 주도한다는 지긋지긋한 서사에서 음악, 민담, 무용, 의례, 의식의 연구는 그 신비한 광휘에 휩싸인 편견을 대체하거나 아예 뒤집어버릴 수 있는 잠재력을 지니고 있다. 쇄도하고, 흔들고, 점증하는 음의 파동을 갖춘 블루스, 재즈, 로큰롤, 소울, 힙합, 손, 살사 그리고 다른 수많은 아메리카 대륙의 소리는 우리를 둘러싼 편견의 장벽을 타격해 무너뜨릴 수 있는 폭동과도 같은 잠재력의 증거다.[10] 특히 신세계의 인종 관계라는 측면에서 음악은 사상과 소리를 교환하는 기회로 자주 작동하며 소리의 조화로운 물결로 탈바꿈시키며 다양한 문화를 결합해왔다. 그와 같은 종합적인 재배치의 수많은 사례들 중에서도 아프리카 음악과 스페인 음악의 융합은 유서 깊은 역사를 품고 있다. 테드 조이아는 아메리카 대륙에서 풍요로운 결실을 맺은 이 융합에서 무어인 시대 스페인의 길고 끈질긴 영향을 상상해낸다. "사실 음악 하나만 놓고 보더라도 아프리카와 라틴 문화의 성공적인 혼종이 너무나 많은 탓에 이 두 문화 사이에 설명할 수 없는 자성 같은 끌림이 있는 건 아

8　　David Tracy, "Writing", in Critical Terms for Religious Studies, ed. Mark C. Taylor (Chicago: University of Chicago Press, 1998), 391–92.

9　　Angel Rama, The Lettered City, trans. John Charles Chasteen (Durham, NC: Duke University Press, 1996), 24–25을 보라.

10　　지구 곳곳에서 벌어진 다양한 반식민주의 투쟁에 어떤 음악이 있었는가에 관한 논의는 Hisham Aidi, Rebel Music: Race, Empire and the New Muslim Youth Culture (New York: Pantheon Books, 2014)을 보라.

닌지, 이 최초의 문화적 융합에서 발생한 친밀감이 계속해서 이어지고 있는 건 아닌지 고민해야 할 정도다."[11] 조이아에 따르면 중세 알안달루스Al-Andalus에서 유래한 이 지속적인 친밀감은 근대 들어 아프리카와 스페인의 결합과 협력에 영감을 제공했고, 결과적으로 살사, 삼바, 펑크, 힙합에 이르기까지 그 모든 새로운 혼종을 낳았다. 나는 힙합을 집중적으로 살펴보기에 앞서, 신세계에서 혼합된 아프리카와 스페인 문화의 뿌리와 가지를 이해하기 위해 우선 빠르게 라틴 아메리카의 문화적 토양을 살펴보고자 한다.

아메리카 대륙의 가톨릭 바로크

가톨릭 신앙은 신세계에서 바로크 문화가 만들어지는 데 결정적인 역할을 했다. 아메리카 대륙에서 펼쳐진 개신교와 가톨릭의 역할을 대조해볼 때, 각각 논리적이고 미학적인 고유의 가치관을 지닌 듯 보인다 해도 틀린 말이 아닐 것이다. 최소한 우리는 이들의 선교가 서로 다른 식으로 전개되었으며, 이베리아 문화와 가톨릭 문화가 아프리카인과 토착민에게 더 수용적인 태도를 취한 반면 북미 개신교는 대체로 그들을 분리하고 차별하는 정책을 펼치면서 비기독교 문화를 멀리 떨어뜨려 놓았다고 말할 수 있을 것이다. 아프리카의 노예무역이나 토착민에 대한 처우를 고려하면 어느 쪽이건 방대한 규모로 크고 분명한 죄를 지은 것은 사실이다. 그래도 시각적 효과를 과도하게 추구하는 경향이 있고, 민속 문화가 풍부하고, 다른 대상과 쉽게 융합하는 가톨릭 바로크 쪽이 아메리카 대륙에서 마주친 낯설고 새로운 신화와 신, 이야기를 더 수월하게 받아들였던 것으로 보인다. 라틴 아메리카의 바로크적 영혼은 공식적인 경고와 검열을 받으면서도 끊임없이 확장된 끝에 신세계에 다양한 신과 문화의 신전을 위한 자리를 마련했다. 아메리카 대륙의 '이교도' 전통이 '세례'를 받음으로써 새로운 가톨릭 바로크인 엘 인디오 바로코el indio barroco가 탄생했고, 이는 다양한 종교적·문화적 조각들을 하나로 모아 무엇

---

11   Ted Gioia, The History of Jazz (Oxford: Oxford University Press, 1997), 6.

보다 인디오를 위한 소리와 맛과 신앙의 협주곡, 즉 콘시에르토 바로코conci-erto barroco를 만들어냈다(이는 카르펜티에르의 소설 제목이기도 하다).[12] 이처럼 불가능한 병치와 환상적인 조합 앞에서 라틴 아메리카의 사전은 지금까지 지도에 나타난 적 없었던 새로운 세계의 피조물들을 명명하고자 노력했다. 리처드 로드리게스가 논평한 대로, 그 결과는 매혹적인 갈색 어휘였다. "수 세기 동안 멕시코는 매혹적인 갈색 어휘를 수집해왔다. 멕시코는 역사가 변화무쌍한 만큼 인종도 변화무쌍하기 때문이다. 식민지 시기 멕시코 구어의 활력은 네덜란드 화가의 팔레트만큼이나 풍부하고 촉촉한 갈색의 불순한 계조階調를 제공해왔다. 메스티조mestizo, 카스티조castizo, 알비나alvina, 치노chino, 네그로 토르노 아트라스negro torno atras, 모리스코morisco, 칸부호canbujo, 알바라사도albarrasado, 텐테 엔 엘 아이레tente en el aire, 칸파 물라토canpa mulato, 코요테coyote, 보르시노vorsino, 로보lobo가 그렇다."[13] 바로크 교회의 아랍풍 곡선이나 바로크 수사학의 언어적 풍부함처럼, 단어들은 현기증이 날 만큼 다양한 신세계의 정체성을 적절히 설명하고 형용할 표현을 찾아 증식했다. 적절한 단어를 찾기 위한 쉼 없는 여정에서, 인디오의 어휘는 세상을 정의하고 구분하려는 인간 의식의 충동을 압도하며 우리에게 인간 정체성의 비교 불가능성을 철저하게 상기시킨다. 그에 따라 라틴 아메리카의 인종 용어 체계는 뉘앙스, 계조, 강조, 수수께끼로 두터워졌고, 은유와 의인화로 가득 찼다. 각종 은유와 명칭은 신화적 전통에 등장하는 신의 이름들이 그랬던 것처럼, 인간의 정체성도 신처럼 철저히 다르다는 사실을 상기시키는 것만이 유일한 목적인 듯 그 숫자를 불렸다. 바로크는 은유라는 텅 빈 장소에서 혼란에 빠진 채 열광하며 어지럽게 변화하는 문장과 이미지들을 축적해나갔다. 세계의 경이를 담을 완벽한 설계를 탐색이라도 하는 듯 그 경계는 삐뚤삐뚤 굽이치고 교차한다. 이 '네덜란드 화가의 팔레트' 같은 정체성

---

12 Alejo Carpentier, Concierto Barroco (Mexico City: Editorial Lectorum, 2003).
13 Richard Rodriguez, Brown: The Last Discovery of America (New York: Viking Books, 2002), 132.

을 북미의 인종 범주와 대조해보면 후자는 이상할 만큼 얇고 창백하게 느껴진다. 특히 흑인과 백인의 구분은 마치 딱딱한 직사각형 모양의 탁자를 모방한 것 같은 곧은 선과 삭막한 경계로 분리되어 있다는 인상을 받게 된다.

이 책의 목표에 충실하자면, 우리는 오늘날의 힙합에 이르기까지 아메리카 대륙의 온갖 음악에서 바로크적 상상력의 증거를 보고 들을 수 있다. 북미 개신교 지역과 달리 카리브 지역과 라틴 아메리카에서는 아프리카 문화와 토착민 문화가 명맥을 유지하고, 나아가 번성하고 있는데, 라틴 아메리카 음악은 사육제와도 같은 라틴 아메리카의 정체성을 드러내 보인다. 쿠바, 아이티, 브라질에 이식된 아프리카 문화는 땅속 깊이 뿌리내린 끝에 결국 라틴 아메리카의 종교적, 문화적 토양의 일부가 되었다. 반면 미국에서 아프리카의 문화와 종교 전통은 노예무역의 중간과정에서 벌어진 폭력으로 거의 살아남지 못했고, 겨우 상륙한 뒤에는 척박하고 단단한 토양 위에 쓰러지거나 최악에는 전통의 흔적을 모조리 뿌리 뽑아 제거하려는 일사분란한 시도와 맞닥뜨려야 했다.[14]

카리브 지역과 라틴 아메리카에서 아프리카 문화가 어떻게 생존할 수 있었는지에 관해선 다양한 설명이 있지만, 특히 그곳에 1세대 노예의 수가 훨씬 많았다는 점을 생각하면, 성인과 순교자와 축제와 신학으로 구성된 가톨릭 극단劇團이 아프리카의 기억과 의례를 계속해서 생동하게 만드는 데 큰 역할을 했다는 것만은 분명하다.[15] 앨버트 라보토에 따르면, "성인들을

---

14 그 유일한 예외가 뉴올리언스와 뉴욕의 아프로-라틴 가톨릭교도들일 것이다. Zora Neal Hurston이 권위 있는 연구서 Mules and Men에서 입증했듯이, 그들은 분명 아이티의 부두교Voodoo와 쿠바의 산테리아/루쿠미를 북미로 가져왔다. Mules and Men 2부에서, 허스턴은 뉴올리언스를 여행하면서 아프리카계 미국인의 민속 문화에 자리 잡은 부두교를 연구한다. 그녀가 지적하는 것처럼, 부두교에 입회한 사람의 대다수가 계속해서 스스로를 가톨릭교도라 여겼다. Mules and Men (New York: Harper Perennial, 2008)을 보라.

15 북미에서 아프리카 문화가 사라진 데에는 많은 요인이 있었다. 첫째, 미국에서 백인보다 아프리카계 노예가 적다는 사실 때문에, 라틴 아메리카보다 미국에서 아프리카의 관습은 더 엄격하게 통제되었다. 둘째, 북미에서는 노예의 재생산이 강조되고 라틴 아메리카에서는 노예의 수입이 강조된 탓에 2세대, 3세대 노예들의 수가 미국이 더 많았다. 셋째, 라틴 아메리카에서는 다양한 길드와 카빌도cabildos로 조직된 자유 흑인 공동체가 훨씬 많았고 또 밀집되어 있어서, 아프리카의 신들과 관습이 보존되는 데 큰 이점으로 작용했다. George Reid Andrews, Afro-Latin America: 1800–2000 (Oxford: Oxford University Press, 2004), 3, 13, 40을 보라.

숭앙하는 가톨릭 신앙은 종교적 자선 단체와 준성사를 활용해 노예들에게 아프리카 종교의 요소가 유지될 수 있는 안정적인 환경을 제공했다."[16] 라틴 아메리카에서는 피부색과 종교의 경계가 훨씬 흐릿하고 탄력적이었기 때문에, 가톨릭과 아프리카 종교는 비밀 서약을 맺고 다수의 영적 존재를 통해 생기를 얻는, 이종성의 화려한 가면 같은 영혼을 만들어냈다. 미국의 수많은 복음 개신교인들은 그런 결합을 가톨릭의 방탕함과 무절제, 그리고 우상을 만들어내는 기질의 증거로 여겼으나, 가톨릭은 신의 은총이 다양한 인간 문화에 너그럽고 보편적으로 퍼져 있다고 여겼다. 은총이 내린 시선으로 보면 모든 부족들의 선조와 조각상-말하자면, 멕시코의 케찰코아틀Quetzalcoatl 과 토난친Tonantzin이나 쿠바의 엘레구아와 샹고Shango 같은-에는 기독교 신앙 및 관습과 영적으로 교류할 만한 성스러운 가치가 있다는 것이다.

손Son, 아메리카 대륙의 아프로-라틴 소울

신세계에 나타나는 이와 같은 가톨릭의 여러 특징은 아프로-라틴 종교와 음악의 발달에서도 분명하게 드러난다. 아메리카 대륙이라는 이색적인 무대에서 종교는 그 대륙에 일어난 다른 모든 일들만큼이나 놀라운 변형을 거쳤다. 아프리카 및 토착민의 전통과 접촉한 뒤로 가톨릭은 이전 같을 수 없었다. 복음의 전도는 두 가지 방향으로 일어났다. 한편으론 아프리카의 토착 종교에 기독교의 요소가 주입되고, 다른 한편으론 구세계의 가톨릭이 이교적 의식, 신, 이야기로 가득한 아메리카 대륙만의 새로운 변종으로 개조되었다. 카르펜티에르가 파악한대로 이 과정을 통해 아메리카 대륙의 문화는 이미 풍요로운 가톨릭 바로크의 무지개에 이국적인 색채와 향을 더해주었다. "제단, 이교 숭배와 관련된 장신구들, 이미지, 종교적 장식들이 세공되어 의식과 신비의 호화로운 세계에 강하게 이끌리는 영혼들을 유혹했다.

---

16   Albert Raboteau, "Death of the Gods", in African American Religious Thought: An Anthology, ed. Cornel West and Eddie Glaude (Louisville, KY: Westminster John Knox Press, 2003), 274.

그렇다고 해서 진심으로 고대 아프리카의 신들을 부정한 것은 아니었다. 오군Ogún, 샹고, 엘레구아, 오바탈라Obatalá를 비롯한 많은 신들은 여러 사람의 마음속에서 계속해서 번영했다."[17] 비록 비공식적으로만 인정되고 가톨릭의 성상이나 성인, 축제의 외관 뒤에 숨겨져 있었을지언정 가톨릭의 '호화로운 의식의 세계'는 이 신들이 머물 자리를 마련해주었다. 가톨릭의 특성과 결합한 아프리카의 신들은 수많은 이들의 마음속에서 번영하며 무수한 축제와 의식을 통해 다시 모습을 드러냈다.

특히 격렬하고 세찬 북소리의 물결을 통해 시공으로 분출하는 음악과 춤이 아프리카의 조상과 신들을 뜻하는 오리샤가 모습을 드러내는 통로였다. 아프리카의 북인 바타batá는 입회자들만이 이해할 수 있는 진동과 타격의 언어로 오리샤를 불러내 사람들의 삶을 중재해달라고 간청한다. 특정한 단어들의 반복적인 중얼거림, 혹은 타격음만으로 이루어진 간결한 악구가 오리샤를 불러내면, 오리샤는 참가자들 사이로 내려와 그들의 몸과 혼령을 취한다("천사가 내려오게 하다"를 뜻하는 바하르 알 산토bajar al santo, "자신을 통해 천사가 솟아오르게 하다"는 뜻의 수비르세 엘 산토subirse el santo라는 표현이 이 경험을 묘사한다).[18] 타악기의 풍부한 사용은 스페인 및 아랍의 음악적 유산과 결합하면서 신세계의 종교와 소리를 매혹적으로 공존시켰고, 그 결합과 종합의 산물이자 자녀가 바로 손Son이었다.

1790년대 아이티 혁명의 여파로 아프리카인 노예들이 산도밍고San Domingo에서 쿠바로 이주한 결과, 아프리카의 리듬도 쿠바에 대거 밀려와 수많은 쿠바인을 매혹하고 전향시켰다. 아이티계 프랑스 전통의 침전물은 빠르게 안달루시아와 쿠바의 스페인-아랍 음악의 넓은 강물로 여과되어 들어갔다. 프랑스의 살롱에서 오케스트라와 함께 공연하던 춤과 음악 양식인 콘트라단사contradanza와 달리, 손은 스페인 정착민, 해방 노예, 백인과 흑

17   Carpentier, Music in Cuba, 81.
18   Ibid., 261–65.

인 혼혈인, 시마로네cimarrones(탈주 노예)로 구성된 쿠바 사회의 최하층에서 발달했다.[19] 일부 평론가들은 손이 스페인 출신 정착민과 해방 노예(수많은 반투인과 다호미인들), 그리고 혼혈인들이 자유롭게 교류하던 1860년경 쿠바 동부 산악 지대에서 기원한 것으로 판단한다('산의 아들'을 뜻하는 손 몬투노son montuno라는 용어가 그 발상지를 드러낸다).[20] 하지만 카르펜티에르는 더 먼 과거로 거슬러 올라가 말장난과 유머와 성적 암시를 즐겼던 18세기 빈민가 지역에서 부르던 노래(추춤베chuchumbé에서 유래한)에서 손의 뿌리를, 특히 그 서사적이고 시적인 요소의 기원을 찾는다.[21] 정확한 기원이 무엇이든, 손은 스페인의 칸시온canción과 또 다른 유럽의 곡조에 아프리카 타악기군을 보강하여 아프로-라틴 장르의 원형을 탄생시켰다(일반적으로 손의 악기는 기타, 트레스, 귀로, 봉고, 마림불라, 마라카스, 클라베로 구성된다).[22]

그런 맥락에서 사무엘 페이호Samuel Feijóo는 손이 "새로운 아프리카의 악기들로 이루어진 타악기부와 놀라운 민속 문학의 감각을 통해 뜨겁게 달아오른 리듬"이라고 말한다.[23] 우리의 목적에 비춰보면 이와 같은 손의 민속적인 감각이 중요한데, 그 감각을 통해 깜짝 놀랄 만큼 다양한 아프리카의 타악기군에 대중적인 발라드, 사회 풍자, 정치적 논평, 그리고 종교적인 성가와 주문이 도입되었으니 말이다. 만일 사육제 행진 음악인 콤파르사comparsas에 배어 있는 요루바 신들의 토템 신앙의 울림을 성모 마리아와

---

19 "한때 노예 막사와 빈민가의 황폐한 하숙집에 머물러 있던 손은 결국 그 경이로운 표현력을 드러내며 보편적인 지위를 얻었다"고 카르펜티에르는 언급했다. ibid., 228을 보라.

20 Danilo Orozco, "El son: ¿ritmo, baile o reflejo de la personalidad cultura cubana?" Santiago 33 (March 1979): 87–113을 보라. 또한 다음을 보라. Maya Roy, Cuban Music, trans. Denise Asfar and Gabriel Asfar (London: Markus Wiener, 2002), 120ff.

21 Carpentier, Music in Cuba, 155.

22 기타와 유사하게 트레스는 한 줄에 두 현씩 세 줄로 이루어져 있다. 귀로는 박으로 만든 악기로 막대로 긁어 연주한다. 봉고는 반투족 악기로, 무릎 사이에 고정해 연주한다. 마림불라는 저음부를 담당하는 악기로, 상자에 붙어 있는 공명판에 금속 띠가 배열되어 있다. 마라카스는 씨앗을 채워 넣은 한 쌍의 박으로, 리듬에 맞춰 흔들며 연주한다. 클라베는 작은 타악기로, 원통형의 작은 나무 막대를 서로 부딪쳐 소리를 낸다.

23 Brennan, Sacred Devotion, 60.

성인들에게 바치는 찬가와 기도에 더한다면, 열대의 폭풍처럼 쿠바섬을 집어삼킨 감정과 리듬의 다양한 물결이 어떤 것인지 이해할 수 있을 것이다. 손은 광대한 영역을 가로지르며 성스러운 것과 세속적인 것의 인위적인 범주를 흔든다. 이런 관점에서 볼 때 손의 폴리리듬-카르펜티에르가 보기에 손의 탁월한 성취인-은 아프로-라틴 아메리카의 폭넓은 정신적, 문화적 기후를 음악적으로 표현하는 셈이다.[24] 훗날 재즈가 북미 문화의 핵심적 가치를 표현한 것과 마찬가지로, 손은 리듬의 다양성과 자발성을 통해 신세계의 활기차고 역동적인 메스티사헤에 목소리를 부여한다.

그러나 손이 금지된 영역에 침투하자, 단조로운 쿠바를 맹목적으로 추종하는 쿠바의 백인 엘리트 지배계급이 손을 비난하기 시작했다. 조리 파Jory Farr가 볼 때 손은 전복의 역사를 담고 있다. "손이 쿠바섬 전역에 확산되면서 그것은 위험한 음악이 되고, 저항의 외침이 되고, 혼합 인종의 날것 감성이 흐르는 수로가 되어 피부색이 밝은 쿠바 지배계층이 부과한 엄격한 통제를 위협했다. 손의 초기 역사에는 경찰이 악기를 부수고 '외설적인' 음악가들을 구금하는 등의 억압과 탄압의 일화들이 가득하다."[25] 손의 악마적 특성을 향한 비난도 늘어났다. 그것은 거친 폴리리듬과, 통제되지 않은 폴리포니, 그리고 문화적 인종혼합의 분출을 두려워하는 이들이 위험을 지각했음을 드러내는 지표였다. 블루스, 재즈, 소울, 힙합이 그 악마적 특징 때문에 비난받고 폄훼된 것처럼, 손도 그와 비슷하게 방탕함과 감각적 과잉을 근거로 비난받았다. 고급문화와 저급문화의 경계, 혹은 성스러운 것과 세속적인 것의 범주를 개의치 않는 손은 각기 다른 출처에서 다양한 재료들을 빌려와 계급, 인종, 종교를 뒤섞어 환희의 바쿠스제로 탈바꿈시키는 사운드를 만들어냈다. 16세기와 17세기의 사라반다zarabanda처럼, 손은 비록 비천하고 불명예스러운 기원에서 비롯되었지만 결국 문화적 엘리트도 꼼짝 못

---

24   Carpentier, Music in Cuba, 229.
25   Jory Farr, Rites of Rhythm: The Music of Cuba (New York: Regan Books, 2003), 31–32.

할 매력을 증명했다. 페르난도 오르티스Fernando Ortiz는 사라반다에 관해 말하며 그 점을 분명하게 지적한다. "하지만 그곳에는 밑바닥에서 태어나 한 칸 한 칸 계층을 타고 오른 예술도 있다. 그 예술은 웅덩이에서 산 정상에 이르기까지 고도가 높아질 때마다 대기에 적응하며 변모했고, 결국 그 아름다움 덕에 처음 잉태되고 자라난 시절은 완전히 망각되었다… 그것이 사라반다의 진실이다. 사라반다는 콩고의 흑인 마법사와 주술사들 사이에서 악마적이고 부적절한 것으로 추문처럼 돌연히 태어나, 시간이 흐른 뒤에는 궁중의 춤을 반주하는 음악이 되었다."[26]

사라반다와 달리, 손의 경우 그 기원을 노예제 환경과 분리하기란 불가능하다. 손 전통에 속하면서 넨곤nengón 음악과도 연관된 어떤 곡은, 노예가 겪는 곤경을 구슬프게 노래하며 청자의 마음을 사로잡는다. 북미의 블루스와 마찬가지로 손은 비애와 고통의 가락을 구슬프게 연주하다가도 별안간 환희와 유머가 넘치는 분위기로 이어지기도 한다. 손은 볼레로와 연결될 때 특히 구슬퍼지며, 이후 손이 발달한 형식인 맘보와 가까워질 땐 빠르고, 공격적이고, 음탕해진다. 구스타보 페레즈 피르마트는 다음과 같이 표현한다. "볼레로는 사랑의 불행을 탄식하고 부당한 운명에 의문을 제기하는 수단이다. 맘보가 정복에 관한 음악이라면 볼레로는 상실에 관한 음악이다. 맘보가 순접이라면 볼레로는 역접이다. 맘보가 신음이라면 볼레로는 한탄이다."[27] 신음과 한탄, 정복과 상실, 순접과 역접. 인간의 경험이라는 넓은 세계의 온갖 것들이 손으로 알려진 감정의 숭고한 대성당 안에 표현된다. 다음은 유명한 손인 「죽음의 상자Cajón de Muerto」다.

기나긴 전쟁에 지친
내 유일한 야심은

---

26   Brennan, Sacred Devotion, 101.
27   Firmat, Life on the Hyphen, 150-51.

죽음의 상자에 누워

지하에서 편히 잠드는 거라네.[28]

볼레로와 마찬가지로, 이 노래는 전쟁의 무자비한 범속함을 한탄하며 지하에서 누릴 영원한 평화를 간청한다. 여기서 노래의 표면적인 의미는 분명하다. 하지만 관을 뜻하는 카혼cajón은 동시에 아프로-쿠바 음악과 종교에서 사용하는 나무상자(오리샤를 부르는 용도로 사용하는 타악기)를 지시할 수도 있기 때문에, 이 노래에는 종교적 의미 또한 숨어 있는 셈이다. 즉, 가수는 세속적인 것만큼이나 성스러운 것을 향해, 지상만큼이나 천상을 향해, 여러 방향으로 감정을 표출하는 셈이다.

쿠바 음악가들은 이 넓은 상상의 탁자 위에서, 감각적 향락의 순간에도 드물지 않게 성스러운 것을 위한 자리를 찾아낸다. 그런 예술가들에게 바타의 장단은 몸의 쾌락보다 더 깊은 곳에 자리한 심금을 울린다. 그 장단은 살갗이 거세게 떨리고 세차게 피가 흐르고 몸이 땀으로 반짝이게 만들 테지만, 한편으로 정신적 능력이자 신비로운 화음인 기억을 자극하기도 한다. 이 장단은 샹고/산타 바르바라Santa Barbara가 찾아오거나 엘리구아/산 안토니오San Antonio가 세상의 교차로를 통과할 때 나오는 우레 같은 소리를 표현할 수도 있다. 고대 그리스의 시인과 음악가들이 리라로 뮤즈들을 불러낸 것처럼 바타는 아프로-쿠바 음악의 선조들을 불러낸다. 조리 파는 쿠바의 음악과 종교의 떠들썩한 잔치를 묘사하며 이렇게 증언한다. "어느 밤 아바나의 재즈클럽이었다. 비밥을 연주하는 관악기와 전자 기타의 폭발 같은 연주가 몸을 전율케 하는 절정으로 이어지더니, 별안간 남성들의 비밀결사인 표범단 아바쿠아Abakuá에 바치는 찬가와 바타 드럼의 성스러운 리듬이 나타났다. 음악의 전당Casa de la Música에서는 열두 명의 쿠바 여성으로 구성된 치카스 델 손Chicas del Son의 리드싱어가 활기차게 쿵쾅대는 음악을 연주

---

28   Farr, Rites of Rhythm, 39-40.

하다가, 자신의 오리샤를 위한 무아지경의 제례 무용을 추기 시작했다. 마치 섹스, 리듬, 화음 그리고 종교적 감응은 모두 하나라고 말하는 듯한 모습이었다."[29] 이 사례에서 음악은 성스러운 것과 세속적인 것의 구분에 구애받지 않고 느슨하게 폭넓은 황홀경을 연주한다. 성스러운 리듬이든 세속적인 절정이든, 이 의식은 몸에 영적인 에너지와 물리적인 에너지를 채워 넣으면서, "너무나 깊은 곳에 가닿아 아무것도 들리지 않지만, 음악이 지속되는 동안 듣는 사람도 음악이 되는" 음악으로 청자를 황홀경에 몰아넣는다.[30]

물론 이런 이행과 고양 현상은 우리가 앞서 살펴본 것처럼 미국의 아프리카계 미국인 음악에도 풍부하게 나타난다. 하지만 아프리카와 라틴 전통의 반향은 북미 환경에서 점차 희미해져 주류 음악의 뒤꼍으로 물러나고 있다. 점차 소리의 출처를 규명하고 아프리카의 선조들이나 라틴 리듬이 흑인 음악의 진화에 어떤 역할을 했는지 확인하는 일도 어려워진다. 일반적인 힙합 청자들은 아프리카와 라틴 전통의 융합과 조화에 관해 아는 것이 거의, 혹은 전혀 없다.

하지만 브롱크스에서 힙합이 태어나기 직전인 1960년대에 아프리카와 라틴 음악의 동맹은 공기 속에서 분명하게 감지되었으며 음악적 혁신의 무대를 마련하고 있었다. 후안 플로레스Juan Flores는 부갈루boogaloo라 부르기도 하는, '아프로-라틴 소울'의 흐름에 주목할 것을 요청한다. "선정성, 펑크와 소울 음악의 강력한 존재감, 전통에 얽매인 라틴 음악 관습의 급격한 파괴, 이 모든 것이 부갈루의 핵심적 특징이며, 이는 1960년대 중반 라틴 음악에 짧지만 극적인 전환을 가져온다."[31] 아프로-라틴 소울은 라틴 음악과 펑크의 융합과 함께 1960년대 북미 지역에 등장했다가 곧 힙합에 자리를 넘겨주었다. 북미에는 이미 재즈와 라틴 음악이 상호작용해온 오랜 역사

---

29   Ibid., 3.

30   T. S. Eliot, "The Dry Salvages", in The Four Quartets (New York: Mariner Books, 1968).

31   Juan Flores, From Bomba to Hip Hop: Puerto Rican Culture and Latino Identity (New York: Columbia University Press, 2000), 87.

가 있지만, 1960년대부터 1970년대까지 이어진 아프로-라틴 음악과 아프로-아메리칸 음악의 제휴는 특히 R&B, 소울, 펑크의 물결과 함께 새로운 방향으로 뻗어나갔다.[32] 그 시기 동안 흑인 음악과 라틴 음악의 상징적인 교류는 활발하게 지속됐고, 점차 새로운 감수성을 흡수해 더욱 강해지고, 거칠어지고, 흥겨워졌다. 미국 빈민가의 긴급하고 잔혹한 상황이 반영된 결과였다. 중남미인들과 흑인들은 좀처럼 빠져나갈 길 없는 미국의 빈민가에서 함께 살아가는 경우가 많았기 때문에(뉴욕의 푸에르토리코인들, 캘리포니아 남부의 멕시코인들, 뉴올리언스와 플로리다 아이티인과 쿠바인들처럼), 그들이 새로운 스타일과 사운드의 제작에 힘을 합치는 것은 자연스러운 일이었다. 언젠가 아프리카 밤바타가 말했듯 힙합은 그런 상호작용의 산물이다. "힙합이 어디에 있고 흑인이 어디에 있었든, 푸에르토리코인과 다른 중남미인들도 그곳에 있었다."[33]

미국의 아프로-라틴 힙합

중남미인들은 잘 알려진 것처럼 브레이크댄스와 그래피티에 상당한 기여를 했을 뿐 아니라, 힙합 음악에도 분명 커다란 공헌을 했다. 특히 힙합이 (바타의 후손이라 할 수 있는) 아프로-라틴 음악의 퍼커션 장단을 받아들인 것은 부정할 수 없는 사실이다.[34] 힙합 비트의 개척자인 지미 캐스터Jimmy Castor가 그 한 사례다. 데이비드 투프David Toop는 이렇게 전한다. "그는 티토 푸엔테Tito Puente, 차노 포조Chano Pozo, 칼 체이더Cal Tjader 등의

---

32   후안 플로레스Juan Flores가 주장한 것처럼, "Danzón Boogaloo", "Guaguancó in Jazz", "Azucaré y Bongo", "Richie's Jala Jala", "Colombia's Boogaloo", "Stop, Look and Listen" 같은 곡이 아프로-쿠바 사운드와 아프리카계 미국 음악의 풍부한 친밀성의 사례들이다. Flores, From Bomba to Hip Hop, 84을 보라.

33   Nelson George, "Hip Hop's Founding Fathers Speak the Truth", in That's the Joint: Hip Hop Studies Reader, ed. Murray Forman and Mark Anthony Neal (London: Routledge, 2012), 49를 보라.

34   Jory Farr는 Rites of Rhythm, 7에서 "오늘날의 힙합과 고전 펑크에서 들리는 대다수의 베이스 패턴들은 아프로-쿠바 밴드로부터 차용한 것"이라고 언급했다. 또한 William Eric Perkins는 힙합과 관련해 이른 시기에 나온 중요한 책인 Droppin' Science Critical Essays on Rap Music and Hip Hop Culture에서 똑같은 말을 하고 있다. "나는 1970년대 댄스 음악과 초기 힙합에 퍼커션 비트가 도입된 것이 뉴욕과 뉴저지의 대중문화에 라틴 음악이 미친 강력한 영향력의 산물이라 주장한다." Perkins, Droppin' Science, 6을 보라.

음반을 보고 들으면서 자신의 보컬과 다양한 악기를 연주하는 능력에다 진정한 아프로-쿠바 리듬과 퍼커션 그리고 팀발레스를 가미했다."[35] (1972년 발표한 「블록 파티Block Party」가 그랬던 것처럼) 이와 같은 리듬의 차용에 더해, 캐스터는 상대의 어머니에 대한 상스러운 농담과 의미 없는 잡담을 「이봐 르로이, 네 엄마가 전화했어Hey Leroy, Your Mama's Callin」, 「있잖아 르로이(블랙라군의 괴물이 네 아버지야)Say Leroy(the Creature from the Black Lagoon Is Your Father)」, 「드라큘라Dracula」 같은 곡에 도입했다. 최소한 그는 소울, 펑크, 라틴 음악의 세계와 새롭게 싹트는 랩의 세계를 연결하는 가교 역할을 한 셈이다.

비단 지미 캐스터가 아니더라도 라틴 음악과 아프리카계 미국 음악이 조우한 결과, 1960년대부터 1970년대까지 뉴욕에서는 혼종적인 사운드와 스타일에 흠뻑 젖어 우호적인 분위기가 형성되었다. 캐스터는 라틴 아메리카와 카리브 지역, 그리고 또 다른 곳에서 온 영향을 포함하는 더 크고 화려한 우주 속의 소우주였다(DJ 쿨 허크DJ Kool Herc와 아프리카 밤바타 같은 힙합 1세대가 카리브 지역에 뿌리를 두고 있다는 사실은 오랫동안 잘 알려진 바다). 힙합을 탐구하면서 랩의 기원에 포함된 다양한 역사에 관해서는 충분히 살펴본 것 같다. 하지만 거기 더해 서로 다른 문화가 경계를 지우며 뒤섞여 결합되고, 응축되고, 뜨거워져 결국 힙합의 빅뱅을 불러왔다는 점을 되새겨봐도 좋을 것이다. 너무나 많은 북미인들이 미국과 멕시코의 국경을 정치적 경계선인 동시에 정신적인 장벽으로 여기고 있기 때문에, 아메리카 대륙 전역에 걸친 공통의 음악적 유산은 자주 간과되고 나아가 부정되기까지 한다.[36] 음악 이론에서든 문화 연구에서든, 다양한 민족국가와 민족성 사이에 넘어설 수 없는 울타리를 쌓는다면, 아메리카 대륙에서 흑인 음악을 만들어낸 여러 음악적이고 문화적인 영향의 비범한 조합과 시끌벅적한

---

35   David Toop, Rap Attack #3 (London: Serpent's Tail, 2000), 24.

36   Brennan, Sacred Devotion, 9.

배열을 은폐하는 것이나 마찬가지다. 그리고 이는 다른 어떤 분야 못지않게 수많은 목소리와 리듬과 루프가 메아리치고, 샘플링되고, 페이드인 혹은 페이드아웃 되고, 또 스크래치되는 힙합을 연구할 때도 마찬가지다.

하지만 랩 음악이 브롱크스에서 무언가 새로운 것을, 라틴 음악의 관습과 현저히 다른 무언가를 만들어냈다는 것 또한 사실이다. 물론 라틴아메리카에는 랩 음악의 수많은 전신-서로 다투고 조롱하는 내용의 데시마 decimas, 뉴스 보도나 민담을 외치거나 노래하는 플레나plenas와 코리도 corridos, 그리고 풍자하고 패러디하고 음란한 말을 퍼붓고 난리를 피우는 사육제의 관습처럼-이 존재하지만, 그래도 북미의 랩 음악이 다양한 원본을 변형하고 재혼합함으로써 독특하고 고유한 작품을 만들어냈다는 사실은 부정할 수 없다.[37] 1970년대 뉴욕의 복잡다단한 라틴계 흑인 문화의 중요성을 부정하지 않더라도, 힙합은 분명 이마니 페리가 주장한 것처럼 젊은 아프리카계 미국인이 만들어낸 혁신이었다.[38] 이들이 힙합을 만들어내는 데에는 엄청나게 다양한 음악적 유산이 필요했지만, 동시에 힙합은 이전에는 들어보지 못한 신선하고 독창적인 스타일을 지닌 실험실의 발명품이기도 했다.

이 새로운 소리에 귀를 기울인 수많은 라틴계는 새로운 진실을 발견하고 충격을 받은 것처럼, 혹은 마치 사랑에 빠진 것처럼 힙합을 맞이했다. 미국의 라틴계는 이 새로운 연인에게서 아프리카계 미국인의 스타일과 플로우에 의해 중단되고 증폭되어 이산 상태에 있는 선조들의 전통이 새로운 정체성을 부여받는 모습을 보았다. 나는 어머니의 모유를 통해 부모님이 사랑했던 마리아치 음악을 섭취했지만, 동시에 그랜드마스터 플래시, 갭 밴드 Gap Band, 런 DMC, 라킴, 투팍, 나스 등의 음악으로부터 영양분을 얻기도 했다. 언젠가 구스타보 페레즈 피르마트가 맘보에 관해 말한 것처럼 마리아

37   Roberto González Echevarria는 쿠바의 축제를 연구하며 쿠바 사육제의 관용어와 관습들을 탐구한다. 예절의 조롱과 풍자, 지배 계급을 향한 모욕과 패러디, 초테오choteo 같은 언어 게임들이 그 대상이다. Echevarria, Cuban Fiestas (New Haven, CT: Yale University Press, 2012)을 보라.

38   Imani Perry, Prophets of the Hood: Politics and Poetics in Hip Hop (Durham, NC: Duke University Press, 2004) 13.

치 음악도 영원하지 않을 것이다.[39] 그리고 쿠바와 멕시코의 수많은 청년들이 맘보와 코리도 대신 힙합을 받아들였다는 사실은 그저 '1세계' 아메리카 대륙에 퍼져 있는 라틴계가 맞게 될 변화의 필연성을 말해줄 따름이다. 미국과 라틴 아메리카에서 힙합은 스페인어 사용자들의 발언권을 위해 전통 라틴 음악에 도전한 것이다.[40]

하지만 그 역도 참이다. 라틴계 힙합은 미국의 주류 음악계에도 도전했다. 수많은 라틴계 래퍼들은 고유의 음조와 주제를 북미의 랩에 가미하고 그들만의 맵고 톡 쏘는 맛을 힙합이라는 소울 푸드에 첨가함으로써 라틴의 맛으로 힙합을 토착화시켰다. 이것만 놓고 보더라도 라틴계 힙합과 미국 랩의 관계는 단순한 흉내라기보다 대화에 가깝고, 평범한 모방이라기보다 비평적 교류에 가깝다. 미국의 힙합이 라틴계 문화에 마법을 부린 것은 분명하지만, 동시에 라틴 아메리카 또한 그들만의 매력으로 그에 응답했던 것이다.

앞으로 아메리카 대륙에 나타난 라틴 힙합의 두드러지는 주제를 살펴볼 텐데, 우선 '3세계'라는 맥락을 분석하고, 그 뒤에 아프리카 종교의 차용을, 그리고 마지막으로 현지 역사와의 연결성을 검토할 것이다.[41]

아프로-라틴 힙합의 3세계적 맥락

2부 3장에서 논의한 것처럼, 위대한 래퍼인 척 디는 묵시록적이고 사나운 혀로 미국인의 비호 아래 미국에서 자행되는 흑인에 대한 폭력을 공격했다. 하지만 나는 그가 오늘날의 힙합 업계에 관해서도 똑같이 혹독하게 굴 수 있다는 것은 언급하지 않았다. 척 디는 힙합 음악이 부상하고 성공하는 모습을 지켜본 목격자로서 힙합이 나이 들어가는 모습에 대해 깊은 우려를 나

---

39   Firmat, Life on the Hyphen, 17.
40   Hisham Aidi는 브라질에 관해 이야기하며 삼바의 헤게모니가 빈민가의 목소리인 힙합을 통해 폐기되었다고 주장한다. Aidi, Rebel Music, 32–33을 보라.
41   힙합의 기원에 라틴 문화가 미친 영향에 관한 논의는 다음을 보라. Flores, From Bomba to Hip Hop; Raquel Rivera, New York Ricans from the Hip Hop Zone (New York: Palgrave Macmillan, 2003); Pancho McFarland, The Chican@ Hip Hop Nation: Politics of a New Millenial Mestizaje (Lansing: Michigan State University, 2013).

타냈다. 한때 생기 넘치고 말끔했던 아이가, 영원을 약속했던 아이가, 이제 그 영혼을 잃을 위기에 처한 것이다. "이제 그녀는 엉덩이 흔들기, 약하기, 개조한 차 얘기나 하면서, 깡패년들과 깡패 짓이나 하지, 맨날 대마나 하고 술이나 마시면서 말이야."[42] 가사를 쓴 것은 커먼이지만, 척 디도 오랫동안 힙합 세계에 랩 음악이 돈으로 움직이는 물질주의와 무신경한 쾌락주의에 빠질 위험을 경고해왔다.

힙합이 전달하는 메시지가 지독한 빈곤과 인종주의적 유산, 정신적 공허에 대한 예언적인 고발보다 엉덩이나 대마, 돈의 주제를 우선하는 방향으로 변하기도 했지만, 최근 힙합 산업의 성장으로 그 목소리와 관점의 범위 또한 심각하게 축소되었다. 이제 음악가가 작업을 하기 위해서는 일일이 기업의 허가를 받아야만 하는데, 이런 상황은 분명 선지자의 날카로움을 무디게 만들었다. 성서의 예언이 전하는 것처럼 선지자가 왕을 위해 일하며 궁중의 일원이 되면 그는 신이 아니라 왕의 뜻을 전하는 목소리가 된다. 척 디에 따르면 그 일이 힙합에 일어났다. "랩 음악의 첫 10년 내지 12년 동안, 래퍼는 사람들을 위해 랩을 했고 엘리트 체제에 저항하기 위해 랩을 했다. 한데 지난 10년여 동안, 래퍼는 기업과 계약을 위해 랩을 했다. 그들은 이제 체제의 일부다. 그 둘은 서로 대극에 위치한 개념인데 말이다."[43] 힙합에 일어난 이 거대한 조류 변화로 인해 이제 가장 예술적이고 반항적인 목소리가 자주 거센 역류를 맞는다. 임모탈 테크닉, 척 디, 브라더 알리가 주장하는 것처럼 우리는 힙합이란 국가에서 영혼을 건 내전을 치르고 있는 것이다.[44]

척 디는 자기만족적인 문화에서 힙합이 생존할 방법을 모색하며 미국 랩의 대안을 찾기 위해 세계의 다른 지역에 눈을 돌렸다. 2011년 남아프리

---

42   Common, "I Used to Love H.E.R.", on Resurrection, Relativity Records, 1994.

43   S. Craig Watkins, Hip Hop Matters: Politics, Pop Culture and the Struggle for the Soul of a Movement (Boston: Beacon Books, 2005) 127에서 인용.

44   S. Craig Watkins, Hip Hop Matters: Politics, Pop Culture, and the Struggle for the Soul of a Movement (Boston: Beacon Books, 2005), 137–38, 242. Immortal Technique, feat. Brother Ali and Chuck D, "Civil War", on The Martyr, Viper Records, 2011을 보라.

카 공화국을 방문한 그는 흥분에 휩싸여 그곳의 경험을 전했다. 마치 웜홀을 통과해 힙합이 가장 생생하게 '살아 있는' 힙합의 유아 시절을 만난 것 같았다고, "세계는 이제 동등해졌다"라고, "그리고 힙합의 모든 핵심적인 원칙에서 이곳은 이미 미국을 뛰어넘었다"라고 전한다.[45] 작금의 미국 힙합에 환멸을 느끼는 이들에게, 세계 다른 지역에서 온 목소리는 신선한 대안을 제시한다. 그것은 미국의 랩보다 긴급하고, 시의적이고, 세계 곳곳의 공동체가 겪는 동요와 고난과 더 긴밀하게 연결되어 있다. 이 목소리는 우리에게 힙합이 가장 영리하고 기민하던 때를, 비트와 라임이 황폐한 가난과 사회적 위기에서 채굴한 다이아몬드와도 같던 때를, 목적에 대한 관심이 돈, 여자, 옷에 대한 관심보다 더 크던 때를 엿보게 해준다. 이 래퍼들은 국제 자본주의 질서의 극심한 불평등을 은폐하거나 강화하는 대신 그 차별적인 상황에서 이익을 얻는 권력에 저항하기 위해 목소리를 높인다. 그리고 필요하다면, 세계의 고통의 깊이를 알아채기엔 너무나 오랫동안 닳고 닳아서 그런 현실에 아랑곳 않은 채 자족할 뿐인 힙합계의 사람들과 힙합계의 모든 가해자들까지도 전부 겨냥한다.

힙합의 국제적 확산에 관한 연구에는 또 다른 장점이 있다. 예술적으로나 문화적으로 자신들이 더 우월하다는 북미인들의 자아도취에 이의를 제기하고 이를 벗겨버림으로써 축성祝聖의 순간에 성배를 들어 올리듯 그 도취를 고양하는 (때로는 뻔뻔할 만큼 의식적이기도 한) 무의식적 편견을 상기해주는 것이다. 폴 길로이가 주장하는 것처럼, 수많은 힙합 음악에는 명백한 '미국 중심주의'가 존재한다. 그리고 그런 태도가 만연할 때, 힙합은 국경의 남쪽이든 대서양 건너편이든 혹은 아프리카 대륙 전역이든, 미국 밖에서 벌어지는 타인의 투쟁에 침묵하는 경향이 있다.[46] 우리의 주의를 세계의 언더그라운드 힙합에 돌릴 때, 우리는 힙합에 관한 다른 해석을 얻을 수 있

---

45   Aidi, Rebel Music, 255을 보라.
46   Paul Gilroy, "It's a Family Affair", in Black Popular Culture, ed. Gina Dent (Seattle: Bay Press, 1992), 307.

을 뿐 아니라, 부랑자와 추방자를 의미하는 미국의 '블랙'을 넘어 억압의 다양한 무늬와 색을 상징하는 보다 이질적이고 카멜레온 같은 '블랙'까지도 접하게 된다.[47] 서반구의 흑인들 가운데 대다수는 라틴아메리카에 거주하고 있으니(약 37퍼센트가 미국에 거주한다), 우리는 힙합 연구의 시야를 넓힘으로써 아프리카인의 이산을 바라보는 새로운 관점을 얻을 수 있을 것이다. 그 관점은 아프리카와 다양한 스페인계, 포르투갈계 문화의 통합과 혼합과 조합에, 아프로-라틴의 혼종에 빛을 비춰줄 수 있다. 힙합의 정신이 그런 것처럼, 미국 힙합의 지배적인 상황에 반기를 들고 눈을 돌릴 때 우리는 이전까지 보지 못한 것들을 새로운 시선으로 보게 될 것이다.

나는 쿠바의 여러 힙합 음악가들이 그런 믿음을 구현하고 있다고 주장하려 한다. 그들은 음악을 통해 쿠바의 가난한 이들을 가시화하고 사람들이 그들의 목소리에 귀 기울이게 했다. 자신의 사명에 대한 EPG의 짧은 설명을 들어보자. "우리는 우리 삶의 조건에 관해 랩을 한다. 우리와 하나인 가난한 이들은 점점 더 가난해지고 부자들은 점점 더 부유해진다는 사실에 관해서 말이다."[48] 아노니모 콘세호Anónimo Consejo도 비슷한 말을 한다. "랩은 정부가 이민자와 아프리카계 미국인과 라틴계에게 일삼는 부정의와 싸우겠다는 생각과 함께 여기 당신의 가슴에서 탄생한다."[49] 여러 쿠바의 랩 그룹에게-옵세시온Obsesión, 에르마노스 데 카우사Hermanos de Causa, 헨테 데 조나Gente de Zona, 다이메 아로세나Daymé Arocena, 오리샤스Orishas를 이 목록에 더할 수 있다-힙합은 여전히 혁명적 투쟁이며 저항과 평화의 목소리다. 힙합을 바라보는 이런 열정적인 관점은 라틴 아메리카의 랩 그룹들에게서 무수하게 발견된다. 마치 상업적인 인기를 끌고 있는 북미의 랩과 확실하게 구분되는 그들만의 영역을 표시하고, 부자들을 위한

---

47 Manning Marable, "Race, Identity and Political Culture", in Black Popular Culture, ed. Gina Dent (Seattle: Bay Press, 1992), 302.

48 힙합 다큐멘터리 Inventos: Hip Hop Cubano, Eli Jacobs-Fantauzzi (Clenched Fist Productions, 2005)에서 인용. 이 영상에서 인용한 부분은 필자의 번역이다.

49 Ibid.

교육이 아니라 억눌린 자들을 위한 교육을 추구하는 일을 의무로 느끼는 것처럼 말이다. 에르마노스 데 카우사는 「난 가졌다Tengo」라는 랩을 통해 그들의 슬픔과 불만을 표현한다.

> 나는 야자나무가 있어, 보물 없는 지도가
> 나는 야망이 있어, 필요한 건 없지만
> 나는 차별을 받지, 흑인이니까
> 나는 직업이 있지, 어렵고 주는 건 없는
> 내겐 수많은 것들이 있어, 만질 수도 없는
> 내겐 모든 장소가 있어, 내가 발들일 수 없는
> 내겐 자유가 있어, 철의 괄호가 쳐진
> 내겐 혜택 없는 많은 권리가 있어, 답답하기만 한
> 내가 가진 것은 모두 내 것, 내 것은 없지만.[50]

앨런 웨스트 듀란Alan West-Durán과 수하타 페르난데스Sujatha Fernandes가 지적한 것처럼 이 곡은 니콜라스 길렌Nicolás Guillén의 대표적인 시로 1950년대 쿠바 혁명의 수많은 성취를 다룬 「Tengo」의 시구를 반복하고 있다. "나는 지금 일할 곳이 있고, 내 먹을 것을 벌 수 있지. / 봐, 나는, 나는, 나를 찾아온 것을 갖고 있지."[51] 쿠바 혁명에서 유래한 어구를 차용함으로써 길렌은 새로운 정권의 꿈과 약속에 동참한다. 하지만 힙합의 세대가 흔히 그러듯, 에르마노스 데 카우사의 노래는 환멸이 느껴지는 불평, 저항, 항의를 통해 혁명의 고귀한 이상에 대한 자기만족을 깨뜨린다. 가사는 이런 불만들을 점점 쌓아가면서 정권의 결함을 드러내고, 정권은 이런 사회 문제의

---

50   Hermanos De Cause, "Tengo", Papaya Records, 2001.
51   Nicolás Guillén, Yoruba from Cuba, trans. Salvador Ortiz-Carboneres (Leeds: Peepal Tree, 2005), 122. 또한 다음을 보라. Alan West-Durán, "Rap's Diasporic Dialogue: Cuba's Redefinition of Blackness", Journal of Popular Music Studies 16 (2004): 20. Sujatha Fernandes, Close to the Edge: In Search of the Global Hip Hop Generation (London: Verso Books, 2011), 45.

무게를 이기지 못해 분열된 모습으로, 쿠바 정부청사의 전면에 드러난 균열처럼 초라하게 나타난다. 에르마노스 데 카우사는 불경한 패러디와 조롱을 랩에 활용하며 약속한 개선을 이행하지 않는 혁명에, 텅 빈 은행에서 공수표를 날리는 혁명에 책임을 추궁한다('시민권'을 향한 미국 래퍼들의 태도가 그와 유사하다). 이런 태도를 통해 그들이 혁명을 부인하는 것은 아니지만, 그렇다고 아프리카계 쿠바인들을 뒤쫓고 있는 가난과 인종주의를 향한 경고를 멈출 생각도 없어 보인다.

이 곡은 똑같은 방식으로 물질적이고 소비자 중심적인 가치관도 겨냥한다. "더 많이 갖는 것과 더 나아지는 것을 혼동하지 마." 같은 구절이나 "더 많이 가질수록, 더욱더 많은 것을 원하지. / 더 많이 가질수록, 더 우스꽝스러운 사람이 되지." 같은 구절이 그렇다. 이 그룹은 초테오choteo라는 서로 욕을 주고받는 쿠바의 대화 양식을 사용해 사회주의든 자본주의든, 혹은 성공에 도취된 어떤 이데올로기든 순수하고 존엄한 것으로 여겨지는 것들이나 스스로를 무오류의 권위라 주장하는 것들을 질타하고 '디스dissing' 한다.[52]

여기서 길렌의 시가 아프로-쿠바 음악인 손의 리듬과 플로우에 영감을 얻었다는 점을 지적할 필요가 있다. 그러니 에르마노스 데 카우사의 랩은 힙합 세대를 위해 재편집된 손인 것이다(흑인과 라틴계가 교류한 아주 흥미로운 사례가 있는데, 아놀드 램퍼사드Arnold Rampersad에 따르면 처음 길렌에게 손을 시에 활용해보라고 격려한 이는 랭스턴 휴즈였다. 휴즈 자신이 시에 블루스를 활용했던 것처럼 말이다).[53] 이 그룹의 많은 곡이 이처럼 손을 차용했는데, 「라그리마스 네그라스Lagrimas Negras」('검은 눈물'이라는 의미로, 유명 작곡가 미겔 마타모로스Miguel Matamoros의 대표적인 손의 제

---

52   초테오에 관한 훌륭한 논의로는 West-Durán, "Rap's Diasporic Dialogue", 20을 보라.
53   Langston Hughes와 Guillén의 관계는 Arnold Rampersad의 전기 The Life of Langston Hughes, Vol. 1, 1902–1941 (Oxford: Oxford University Press, 2002)에서 다루어진다. 또한 다음을 보라. Claudia Milan, Latining America: Black-Brown Passages and the Coloring of Latino/a Studies (Athens: University of Georgia Press, 2013), 90–91.

목이기도 하다)도 그중 하나다. 이 곡의 주제는 쿠바의 끈질긴 인종주의다.

> 너의 인종주의에 깊은 증오를 느껴
> 너의 아이러니에 이제는 속지 않아
> 나는 네가 모르게 울지
> 내 삶처럼 검은 눈물을 흘리지.[54]

에르마노스는 곡의 초점을 트리오 마타모로스Trio Matamoros의 원곡에 담겨 있던 떠나간 연인에 대한 슬픔에서 인종주의의 유산으로 옮겨놓는다. 곡은 고전적인 쿠바 볼레로처럼 마타모로스의 애처롭고 부드러운 음조를 가져오지만, 가사는 서서히 가열된 끝에 결국 비등점에 도달한 힙합 운동가의 분노와 날카로움을 전달한다. 검은 눈물은 사랑의 고통보다 훨씬 많은 것을 표현한다. 그것은 아프리카계 쿠바인들에게 가해진 파렴치한 행동이 만연했던 세기의 흔적과 증상이자, 분노와 불신으로 굳은 눈물이다.

브라질 힙합계에서도 이런 주제-인종, 종교, 빈곤, 폭력-는 거의 늘 음악가들이 언어와 음악의 집을 지어 올리는 발판으로 활용되고 있다. 데렉 파듀Derek Pardue는 그 과정에서 20세기 말 브라질의 청년 운동(1964년부터 1985년까지 브라질을 통치한 군사정권에 반발한 움직임)이 브라질의 랩 음악에 혁명 정신을 불어넣었다고 말한다.[55] 파듀의 해석에 따르면 힙합은 법의 보호를 받지 못하는 이들과 극빈자들이 같은 싸움을 하며 함께 살아가는 주변부의 목소리이며, 빈민가와 버려진 동네의 목소리다. 아주 적절하게도, 브라질인들은 부서지거나 깨진 상태를 뜻하는 케브라다quebradas라는 용어로 이런 공동체를 표현한다. 마치 거기 있는 모든 것들이 고장 나고 망가졌다는 듯이, 그들의 동네에 어떤 분열이 일어나거나 단층선이 그어진

---

54 Hermanos de Causa, "Lagrimas Negras", Mixer Music, 2008.
55 Derek Pardue, Brazilian Hip Hoppers Speak from the Margins (New York: Palgrave Macmillan, 2011), 39–43을 보라.

대도 얼마든지 감내할 준비가 되어있다는 듯 말이다. 브라질에서 가장 유명한 힙합 그룹인 라시오나스Racionais MCs는 황폐하게 무너진 환경에서 살아가는 삶에 관해 랩한다. 편집 음반인 『흑인 의식Consciência Black』에 수록된 초기 작업들과 이후 발표한 음반 『도시의 홀로코스트Holocausto Urbano』(1990), 그리고 『지옥에서 살아남다Sobrevivendo no Inferno』(1997)에서 그들은 괴로움과 결의로 직조한 가사를 통해 주변의 삶의 참상을 그려낸다. 곡의 가사는 청자를 그들이 사는 곳의 미로 속으로 이끄는 빛의 가닥이다. 「수감자의 일기Diaro de um detento」는 수감자를 질식시키는 어둠에 관한 곡으로, 앨범 『지옥에서 살아남다』에 수록되어 있다.

> 오늘도 쉽지 않군. 해는 아직 뜨지 않고
> 면회도 없고, 축구도 못해…
> 신과 성모 마리아께 감사해,
> 이제 일 년 삼 개월하고 며칠이면 나가거든.
> 위층에는 잠긴 감방이 있어.
> 화요일부터, 아무도 그 문을 열지 않았지.
> 그곳엔 락스와 죽음의 냄새가 진동할 뿐이야.[56]

위의 곡을 비롯한 이 그룹의 노래에서 랩은 성스러운 것과 세속적인 것, 정신적인 것과 사회적인 것의 경계를 자유롭게 넘나들며 다양한 감정과 관심사를 교직한다. 마치 그들을 절망 속에 빠뜨릴 쓰디쓴 독약을 쥐어 짜내는 것처럼, 이 그룹은 신과 성모 마리아에게 약물과 폭력과 허무주의의 자기 파괴적인 유혹에 빠지지 않고 어둠에 맞설 수 있는 강인함과 은총을 달라고 간청한다. 카리브 지역과 라틴 아메리카에서 바다의 여신으로 추앙받는 브라질의 예만자Yemanjá와 쿠바의 예마야Yemayá와 연관지어 마리아를 얼마나

---

56 Racionais MCs, "Diaro de um detento", on Sobrevivendo no Inferno, Cosa Nostra Phonographic, 1997.

극진히 섬기는지 고려하면, 여기서 마리아의 호명은 특히 주목할 만하다. 마리아의 이미지는 폭력으로 얼룩진 고된 삶에 닿은 부드러운 손길처럼 노래에 삶의 기운을 불어넣고, 죽음과 락스의 악취 속에서 장미향을 내뿜는다.

내게는 브롱크스에서 한참 떨어져 있는 세계에서 나온 이 노래들이, 언젠가 터져 나와 세계 곳곳의 빈민가를 열광시켰던 최초의 힙합 정신에 충실한 것처럼 보인다. 랩의 형식과 플로우는 그것이 담고 있는 내용과 재료만큼이나 음악에 본질적인 것이지만, 그럼에도 나는 라틴 아메리카 힙합의 지배적인 비트는 도시 생활의 물질적인 빈곤과 고된 상황을 표현하기 위한 것이며, 또한 크난K'naan을 인용하면 "가난한 사람들의 새로운 무기"가 되기 위한 것이라고 믿는다.[57] 라틴 아메리카의 힙합은 세계 주변부의 문화, 정신 그리고 사회적 부정의를 밀도 있게 표현하는 음악을 만들고자 한다. 우리가 살아가는 탈근대의 후렴구이자 장송곡이 될 잠재력을 지닌 라틴 아메리카 힙합은 세계의 빈민가의 삶에 부합하는 사운드와 가사를 통해, 또 거리와 가까운 곳에서 낮게 흐르는, 단단한 아스팔트 빛의 날을 지닌, 청년들이 개조한 차량의 금속성 빛을 띤 음악을 통해 지금 우리 세계에 존재하는 극심한 곤경을 상기시켜준다.

아프로-라틴 종교와 힙합

아프리카 종교의 차용은 라틴 아메리카 음악과 문화의 본질적인 특징이었는데, 그렇게 된 데에는 가톨릭 단체와 길드(카빌도cabildo)의 역할이 작지 않았다. 카빌도는 아메리카 대륙에 상륙한 거의 그 순간부터 아프리카의 신앙과 음악과 춤을 가톨릭의 의례와 결합하여 문화와 종교를 뒤섞은 다채로운 스튜와도 같은 새로운 신앙의 맛을 만들어냈다. 15세기 세비야에도 카빌도는 존재했지만(집시, 아프리카 노예 그리고 스페인의 다른 여러 집단

---

57   Alastair Pennycock and Tony Mitchell, *Global Linguistic Flows*, ed. H. Samy Alim, Awad Ibrahim, and Alastair Pennycock (London: Routledge, 2008), 33에서 인용.

을 위한 카빌도가 존재했다), 신세계의 길드는 그 수에서 구세계를 압도했으며 점차 비밀 의식과 은어, 그리고 특수한 음악적 기호 같은 아프리카의 특성들을 받아들였다. 한 연구자는 이렇게 말한다. "이수아마Isuama의 카빌도는 카라발리Carabalí 노예들의 성가와 노래와 춤을 최초의 형태 그대로 보존했다."[58] 여러 길드들이 문자화된 기록 없이 그저 구술과 몸짓을 통해 이 훼손되기 쉬운 보물을 보존하며 다양한 의식을 있는 그대로 전승했다는 것은 놀라운 일이다. 카빌도는 아름다운 청각적 유산의 관리자처럼, 기억과 양식을 보존하는 살아 있는 박물관을 건립함으로써 아메리카 대륙의 음악사 전체에 커다란 영향을 미쳤다. 카빌도는 선조들의 영혼을 대속한 것이나 마찬가지여서, 그들의 영혼은 카빌도를 통해 새로운 땅에서도 계속 살고, 춤추고, 노래할 수 있었다. 이는 그 뿌리가 뽑혀 억압적이고 적대적인 환경에 이식된 뒤에도 무성하게 자라나는 놀랍도록 강인한 문화의 힘을 보여주는 한 사례라 할 것이다.

손과 살사에서, 아프리카의 신과 선조들을 향한 주문은 자주 활용되는 주제였다. 우리는 이를 로베르토 폰세카Roberto Fonseca, 추코 발데스 Chuco Valdés, 셀리나 곤잘레스Celina González, 마치토Machito, 메르세데스 발데스Mercedes Valdez, 윌리 로사리오Willie Rosario, 토미 올리벤시아 Tommy Olivencia, 로스 반 반Los Van Van을 비롯한 수많은 음악가들의 오리샤를 위한 칸토에서 확인할 수 있다. 예를 들어 올리벤시아가 부른 「샹고가 온다Chango 'ta Beni」는 사운드와 가사를 통해 위협적이고 묵시록적인 샹고의 도래를, 한때 아이티 혁명을 촉발했던 꿈을 표현한다.

샹고가 온다, 샹고가 온다, 샹고가 온다.
손에 마체테를 들고서, 세상이 종말을 맞겠지, 대지가 흔들릴 테지.

---

58   Farr, Rites of Rhythm, 215을 보라.

다니엘서에 나온 바빌론 궁전의 벽에 쓰인 수수께끼 같은 글처럼 여기서 운율과 주문은 정치적 의미를 한껏 드러내며 노예와 빈자의 어깨 위에 세워진 제국의 종말을 말한다. 전례 음악처럼 반복되는 샹고를 향한 간절한 탄원은, 묵시록적인 음조로 울리며 역사의 승자에게 불길한 징조를 전한다. 종말론적 전망과 경고로 가득한 이 노래는 권리를 빼앗기고 폄훼된 삶을 구원할 변혁을 꿈꾸며 위협과 약속을 뒤섞는다.

많은 아프리카-라틴계에게 힙합은 이 유산을 이어가는 음악이다. 망자들은 여전히 힙합의 젊은 신봉자들 곁에서 맴돌고, 힙합은 위기의 전조와 저항의 대명사가 되었다. 과거의 복원은 공동체를 퇴보시키기보다 전진하게 하는 전복적인 행위다. EPG의 랩을 생각해보자. "우리는 우리의 뿌리로 힙합을 만들지. / 오래된 리듬을 들려주지, 내 샘물로 네 마음의 덮개를 벗겨내지, 힙합의 가지가 계단처럼 높이 솟는 나의 섬을 분명하게 보여주지."[59] EPG에게도 힙합은 이전 세대와의 단절을 뜻한다. 하지만 그의 음악은 미국의 대다수의 랩보다 훨씬 강하게 과거와 연결되며 "오래된 리듬"과의 대화를 끊임없이 이어가겠다는 결심을 드러낸다. 여러 그룹에게서 우리는 비슷한 태도를 만날 수 있다. 쿠바의 랩 그룹 쿠아르타 이마겐Cuarta Imagen의 노래 「성벽Muralla」에서처럼 말이다. "알아, 은사시Nsasi의 목소리가 여기 도착했어 / 나는 요루바, 요루바 루쿠미의 일원 / 내 요루바의 눈물이 쿠바에서 솟아나길 / 기쁘디 기쁜 요루바의 울음이 내게서 솟아나길."[60] 기쁨과 슬픔에 관한 진심 어린 묘사에 더해 ("기쁘디 기쁜 울음"), 래퍼는 콩고의 팔로Palo 신앙에서 유래한 신들의 합창에 자신의 목소리를 더한다(노래에서 언급하는 "은사시"는 레글라스 데 팔로Reglas de Palo교의 신이다). 그렇게 이 랩은 문화의 상실과 망각의 열병을 치료하는 약으로써 중간항로를 거꾸로 되짚는 긴 사슬의 연결고리가 되어 청자를 아프리카로

---

59   Inventos.
60   Cuarta Imagen, "La Muralla", High Times, 2005.

돌려보낸다. 이런 태도를 자각하고 있는 랩은 바하마디아Bahamadia가 말한 "엉덩이나 찾는, 아무런 뿌리도 없는 래퍼들"에 대한 비난이자, "성스러운 존재가 힙합의 진짜 소리를 끌어낸다"라고 주장하는 대표 사례다.[61]

쿠바에서 가장 유명한 랩 그룹인 오리샤스Orishas 역시 그들의 이름이 암시하듯 이런 후렴구에 동참한다. 그들의 노래 「대변한다Represent」에는 쿠바의 음악적 유산과 종교적 유산이 풍부하게 조화를 이루고 있다. "나는 내 뿌리에 관한 역사를 마음으로 노래하고 싶어. 룸바, 손, 구아구안코와 그 모든 걸 섞어서… / 나는 나의 선조들을 대변해." 노래는 찬양의 기도로 마무리된다. "이봐, 형제 엘레구아, 샹고, 오바탈라, 예마야, 오춘Ochún… 이 노래가 퍼져서 내 나라 쿠바의 사람들과 나의 선조와 모든 죽은 자들을 대변하길 기도해."[62]

이 성스러운 찬가에 명백하게 드러나는 점은, 미국의 래퍼들에게는 대체로 죽은 존재나 마찬가지인 아프리카의 신들이 라틴 아메리카의 젊은 세대에게는 생생하게 살아 있다는 것이다. 그들은 마치 미래를 좇는 일이 과거의 정신에 대한 배신이라는 것처럼 미래의 약속을 거부한다. 개신교 중심의 북미가 미래에 속하고 라틴 아메리카가 가톨릭의 과거에 속한다면, 라틴 아메리카의 힙합은 먼 과거의 것이면서 또 새로운 것이기도 한 진실과 비트를 담고 있는, 미래와 과거 사이의 흥미로운 협상이라 할 수 있다. 내가 언급한 쿠바의 랩 그룹들에게 이 진실은 스테인드글라스를 통해 본 빛처럼 여러 문화와 색깔이 뒤섞인 진실이다. 성인 숭배, 검은 마돈나 그리고 아프리카의 영혼들이 이 음악의 모자이크에 여과되어 빛난다. 그 가장 대표적인 예라 할 수 있는 오리샤스의 노래 「엘레와/엘레구아와 샹고를 위한 노래 Canto a Elewa y Changó」는 이와 같은 종교적 주제를 강조한다.

---

61   Bahamadia, "Spontaneity", and "Uknowhowwedu", on Kollage, Chrysalis/EMI Records, 1996.
62   Orishas, "Represent", on A lo Cubano, Universal Latino, 2000.

아들 엘레구아, 나의 성인 엘레구아, 나의 삶 엘레구아,
교차로의 왕인 당신에게 권력을
레드 와인처럼 검붉은 내 운명의 법칙이여
그의 지팡이로 내게 모든 길을 열어주는 이여…

나는 번개처럼 미친 듯이 내 감정을 말하고
목소리는 바람처럼 울부짖지.
나는 곰처럼 건방지고 힘센
하얗고 붉은 샹고를 대변해.
게으르고, 잘 놀고, 열정적인 샹고를.
거룩한 성 바르바라가 너의 샹고라네
그대의 자녀들을 나처럼 옳은 길로 이끌어 주기를.
덕 있는 여인이여, 그들에게 빛을 주기를…

오리샤를 위한 멜로디를
사랑으로 가슴에 품고 있지
그들이 건강과 영감을
그리고 축복을 내려주길 바라지…

기도하기 전에 내 목소릴 기억하게 될 거야,
기도하기 전에, 기도하기 전에.[63]

우선 샹고와 산타 바르바라의 결합을 눈여겨보자. 노래는 양자의 유대와 서로 닮은 정체성을 당연한 것으로 받아들인다(12월 4일은 둘을 함께 기념하는 축일로, 쿠바에서 일 년 중에 가장 큰 축제가 벌어진다). 샹고는 번개와

---

63 Orishas, "Canto Para Elewa y Changó", on A Lo Cubano, Universal Latino, 2000.

불의, 타악기가 주도하는 의례와 음악, 또 춤과 열정을 관장하는 신으로서 불꽃처럼 삶을 사랑하는 이들의 본보기이자 열광적인 음악가와 예술가의 전형이다.[64] 얼핏 보기에는 그가 가톨릭의 성녀와 연관되는 것이 의아하게 느껴질 수 있다. 하지만 스페인의 전통에서 열정적이고 열광적인 떠들썩한 축제를 통해 산타 바르바라를 기념한다는 사실을 고려하면 둘의 연결이 그리 터무니없는 것도 아니다. 축일 동안 산타 바르바라와 샹고는 춤과 음악의 떠들썩한 축제를 통해 결합한다. 발작적인 섬광 같은 춤 동작은 샹고와 산타 바르바라가 공유하는 특징인 하늘에서 땅을 향해 내리치는 벼락의 궤적을 모사한다(산타 바르바라는 번개의 힘을 사용하는 이들, 폭발물을 다루는 일을 하는 이들의 수호성인이다).[65] 산타 바르바라의 환상적인 전설-기독교인으로서 순교하지만 결국 벼락이 그를 대신해 복수해주는-은 두 인물을 뜻밖의 연인으로 만드는 데 최적화된 것처럼 보인다. 벼락을 관장하는 샹고는 누구든 그녀에게 해를 끼치는 이에게 벼락을 내려칠 것이고, 그가 산타 바르바라의 죽음을 갚아주었다고 여길 것이다. 서로를 쓰다듬고, 끌어안고, 함께 춤추며 혼인의 연을 맺은 산타바르바라와 샹고는 마치 더 넓은 차원의 문화적 성애와 혼합의 과정을 우화적으로 드러내는 것처럼 점차 서로를 구분하기가 어려워진다. 그 답이 뭐든 간에, 이 결합의 결과는 사상과 신앙의 별나고 이국적인 결혼이자, 히스파니올라의 교차로에서 벌어진 요루바 전통과 가톨릭 전통의 만남이라 할 수 있다.

앞서 언급한 것처럼 이와 같은 이종 문화 간의 조우는 두 문화 전통에 각각 영향을 미쳐 그 혼합물을 만들어내기 마련이다. 주인과 노예 문화, 식민지배자와 피식민자의 문화 양측에 말이다. 이 노래는 신념, 희망, 사랑이라는 세 가지를 언급하며 기독교의 사상과 미덕을 에둘러 암시하는데, 여기서 기독교가 아프리카 문화에 성경의 가치와 미덕을 주입하며 아프리카 문

---

64   샹고와 또 다른 아프로-쿠바의 종교의 측면에 관한 탁월한 논의는 다음을 보라. David Brown, Santeria Enthroned: Art, Ritual, and Innovation in Afro-Cuban Religion (Chicago: University of Chicago Press, 2003), 271.

65   ibid., 67을 보라.

화를 야금야금 변화시키고 있다는 점은 분명하다. 이런 변형을 고려할 때 오리샤를 통해 전파되는 혁명은 무엇보다 가치관의 전복이며, 그것은 정치이기보다는 아마 W. E. B. 두보이스가 언급했듯 "내부의 사실을 외부에서 왜곡할 뿐인 폭력과 혁명을 통해서가 아니라, 개개인의 신중함, 용기, 절제, 정의 그리고 더 근대적인 신앙인 희망과 사랑이라는 아주 오래전부터 이어 져온 핵심적인 덕목을 통해" 가난과 부정의의 속박이 끊어진다는 정신적 혁명에 가까울 것이다.[66] 나는 이처럼 정치적이라기보다 문화적인 혁명의 비전이 아메리카 대륙의 수많은 래퍼들에게 더 잘 어울리는 내용이라 생각한다.

하지만 어쩌면 이 곡에서 더욱 놀라운 것은 샹고가 그의 반쪽인 산타 바르바라와 만나 분명하게 여성화된다는 점이다. 이제 샹고는 가톨릭의 여신 전통과 연관되어 있는 덕목으로 채색된다. 달리 말하면, 그는 그의 여성적 분신을 통해 '미덕의 여인'이 되는데, 이 표현은 명백하게 여러 성녀들, 또 당연하게도 미 대륙에서 여러 형태로 변주되는 성모 마리아와 연관된다.

동시에 아프리카의 영향도 분명하게 드러난다. 산타 바르바라는 샹고 와 조우한 뒤 죽음의 재 속에서 일어나 환상적이고 극적인 변신을 거쳐 아 프리카 출신 노예들의 해방자가 된다. 로저 배스타이드Roger Bastide가 브라질의 경우에 비춰 주장한 것처럼, 가톨릭의 성인들은 신세계에서 일종의 재평가를 거쳤다. 그들은 아프리카인들의 절친한 친구가 되고, 수호자가 되고, 해방자가 된 것이다.[67] 과달루페가 멕시코에서 토착화된 것처럼, 산타 바르바라 또한 수많은 아프리카계 쿠바인들의 수호성인이 되어 쿠바의 주요 조합인 산타 바르바라 루쿠미족 상호협동 조합Sociedad de Socorros Mutuos Nación Lucumí de Santa Barbara을 비호한다. 바이아주 살바도

---

66   W.E.B. Du Bois, Black Folk, Then and Now (Oxford: Oxford University Press, 2014), last page. 또한 다음을 보라. Kwame Anthony Appiah, Lines of Descent: W.E.B. Du Bois and the Emergence of Identity (Cambridge, MA: Harvard University Press, 2014), 135.

67   Roger Bastide, The African Religions of Brazil: Toward a Sociology of the Interpenetration of Civilization, trans. Helen Sebba (Baltimore, MD: Johns Hopkins University Press, 1978), 114-16을 보라.

르의 무어인 성인 성 베네딕트St. Benendict도 아이티의 성 대大 하메스St. James the Elder도, 혹은 레글라의 동정녀Virgin of Regla(예마야와 결합된)와 엘 코브레의 동정녀Virgin of El Cobre(오춘과 결합된), 자비의 동정녀 Virgin of Mercy(오바탈라와 결합된)와 성 바르바라도 그렇게 모두 쿠바에서 신격화되어 미 대륙의 인류애와 정의를 위한 투쟁에 봉헌된 모든 아프리카계 쿠바인들의 제단에 옹립되었다.

게다가 산타 바르바라에게 샹고의 특성들이 부여되면서 남녀 모두 동등하게 힘을 행사할 수 있다는 것이 명백해졌다. 그런 이유에서 이 곡의 다른 구절은 산타 바르바라의 칼에 호소하며 삶의 장애물과 모호함을 잘라내고 미덕의 길에 빛을 비춰주길 간청한다. 이 구조에서 그녀는 강하고 용감하며, 지친 노동자와 탄압받는 공동체의 방패이자 보호막이 된다. 그녀는 순종적이고 소심한 인물과는 거리가 멀다. 행복감이 넘치는 여성적인 얼굴에도 불구하고 이 전통 안에서는 현상을 위협하는 벼락으로, 부정의에 떨어지는 번갯불로 나타난다. 또한 그녀는 칼 솜씨가 뛰어난 인권의 상징으로 나타나는데, 이는 성서의 유딧Judith(홀로페르네Holofernes에게 칼을 휘두른 것으로 유명함)과 유사하다. "당신의 능력은 수에 있지 않고 당신의 위력은 힘센 자들에게 있지 않나이다." 유딧은 기도한다. "당신은 미천한 이의 하나님이며, 비천한 이의 구조자이며, 약한 이의 보호자이며, 버림받은 이들의 옹호자이며, 희망 없는 이들의 구원자이나이다"(유딧서 9:11).

산타 바르바라와 샹고의 약혼에서 억압된 자들과 버림받은 자들을 위한 종교적 상상력은 아프리카 종교와 가톨릭의 상호 교차하는 물길을 통해 만들어진다. 쿠바의 래퍼들이 의례에서 쓸 법한 어조로 오리샤를 불러낼 때조차, 그 세계의 음향은 명백히 가톨릭의 음향이다. 그리고 이는 신세계의 배경음악이라 할 만한 소리와 이미지의 융합을 이끌어낸다. 이 조우는 갑작스런 비에 흠뻑 젖은 생기 넘치는 수채화와 같아서 경계는 얼룩져 흐릿하고, 물감은 뒤섞이고, 색은 번져 합쳐지고, 형상은 알아볼 수 없게 된 채 염료가 뚝뚝 흐르고 물감이 짓뭉개져 있다. 이 대홍수 이후의 문화적 관점에서 보면 원본의 이미지는 이제 되돌릴 수 없지만, 남은 것은 그것대로 눈부시다.

쿠바의 랩 음악계에 아프리카-쿠바의 종교가 미친 영향을 고려해, 나는 쿠바의 래퍼들이 언제 엘레구아처럼 속임수를 부릴지, 언제 샹고의 격렬한 춤과 타악기 중심의 찬가를 불러낼지, 언제 스페인과 아랍의 장식적인 악구를 더할지, 그리고 마지막으로 언제 북미의 사운드와 싸움을 벌일지 잘 알고 있다고 주장려 한다. 최고의 예술가들은 그와 같은 다양한 조합을 가지고 놀면서 성스러운 것과 세속적인 것, 정신적인 것과 정치적인 것을 조합한 축제를 연다. 앨런 웨스트-듀란은 에르마노스 데 카우사의 「난 가졌다Tengo」를 해석하며 이런 다양한 주제를 깔끔하게 요약한다. 그가 다루는 구절은 다음과 같다. "내겐 펑키한 면이 있지, 하지만 겁나지 않아. 나는 정치적 의식도 있고, 기반도 있어." 웨스트-듀란은 이렇게 덧붙인다. "정치적 의식과 근본 모두 철학적이고, 교육적이고, 정치적인 의미가 있다. 의식은 정치적이고 사회적인 의식을, 근본은 지식의 토대뿐 아니라 산테로santero(아프리카 신앙과 가톨릭을 혼합한 신앙의 사제-옮긴이)가 된다는 것을 뜻하기도 한다. 따라서, 에르마노스 데 카우사는 이 짧은 구절을 통해 그들의 지식을 드러내는 셈이다. 그들은 거리의 경험, 그들이 받은 교육, 정치-철학적 배경, 그리고 오리샤와의 종교적 대화에서 배운 과학을 '건넨다'."[68] 에르마노스 데 카우사는 의식과 근본을 외치면서 거리의 지식과 사회적 의식과 영적 지혜가 서로 모순되지 않고 이 영혼의 과학에서 저마다 역할을 하는 지식의 더 높은 차원을 받아들인다.[69]

---

68   West-Durán, "Rap's Diasporic Dialogue", 24.

69   또 다른 예로 앞서 언급한 그룹 옵세시온을 들 수 있다. 옵세시온의 음악은 요루바 성가를 힙합 비트 및 아프로-쿠바 음악의 퍼커션과 신중하게 겹쳐 놓는다. 그 효과는 동시대적이면서 향수가 어려고, 현대적이면서 전통적인 것처럼 보인다(Magia Lopez가 재즈의 정조와 요루바 성가를 활용해 성매매 여성을 향한 쿠바의 폭력적이고 경멸적인 대우에 관해 랩하는 "그들은 그녀를 창녀라 부르지La llaman puta" 같은 노래가 그렇다). 이 그룹의 경우, 두 래퍼의 출신지인 레글라Regla가 음악에 미친 영향은 분명하게 드러난다. 레글라는 최초의 아바쿠아 비밀결사 (나이지리아 출신 흑인 남성들의 단체) 가운데 하나가 결성된 곳으로, 오늘날에도 아프로-쿠바 전통의 중심지로 남아 마을의 식민지 교회에 모신 레글라의 성모 마리아La Santisima Virgen de Regla, 혹은 '검은 마돈나'를 찾아 산테리아Santería(아프리카 신앙과 가톨릭교가 혼합된 신앙-옮긴이) 순례자들이 많이 방문하는 곳이기도 하다.

추방의 모티프와 토착적 모티프

미국의 랩에서는 비교적 제대로 드러나지 않는 토착민들의 투쟁을 가시화하기 위해, 라틴 아메리카의 래퍼들은 아메리카 인디언의 목소리를 드러내는 데 상당한, 어쩌면 가장 큰 힘을 쏟는 경향이 있다. 특히 토착민의 생존이 위기에 처한 라틴 아메리카 지역에서 힙합 음악은 원주민들의 역사 및 신앙과 공명하기 위해 그 억양과 어조를 자주 조정해왔다. 원주민 공동체를 뚜렷하게 드러내는 과정에서 라틴 힙합은 집단 이주와 추방이란 주제에 열중하는 모습을, 거의 강박적인 수준으로 보여준다(여기서 말하는 "라틴 힙합"은 라틴 아메리카와 미국의 라틴계 음악가들을 포함한다). 이때 음악은 폭력과 분쟁, 빈곤과 불평등, 억압과 투옥, 이주와 이산 등 각종 사회적 트라우마와 불안을 마주하고 있는 미학적 실험의 장으로 변모한다.[70] 특히 미국의 라틴계에게 힙합은 수많은 이민자들과 그 자녀들이 약속의 땅인 북미에서 느끼는 불만과 소외의 감정을 말로 표현하는 매체가 되어 왔다. 라틴계 래퍼들은 그처럼 많은 주제를 다루며 축구 선수들이 몸에 국기를 두르듯 출신 국가로 자신을 감싼 채 그들의 음악을 국경 남쪽의 빈민가 거주자들과 자신을 동일시하고 또 그들과 연대하는 네트워크로 탈바꿈시킨다. 문화적 민족주의의 축 위에서 회전하는 라틴 스타일의 랩 음악은, 미국에서의 삶이 겪는 생채기와 단절과 파열에 방해받으며 종종 방향 감각을 잃은 영혼의 중심을 잡기 위한 충동으로 광분한 것처럼 보인다. 그런 면에서 아메리카 인디언의 역사와의 연결은 자주 방향을 잃은 어지러움을 완화하는 약이 되어준다.

멕시코의 역사와 문화에 토착적 주제가 두드러지게 나타난다는 점을 고려할 때, 멕시코 전통에 속한 수많은 래퍼들이 미국과 멕시코의 국경을 넘나들며 원주민의 뿌리를 탐색하는 것도 놀라운 일은 아니다. 이에 해당하

---

70   George Lipsitz, Dangerous Crossroads: Popular Music, Post-Modernism and the Poetics of Place (London: Verso Books, 1994), 17.

는 그룹들의 이름은 이 연결성을 분명하게 드러낸다. 펑키 아즈텍스Funky Aztecs, 킨토 솔Kinto Sol(아즈텍의 다섯 번째 태양을 뜻한다), 넨고 엘 케찰Ñengo el Quetzal, 아즈틀란 언더그라운드Aztlan Underground, 다 메하킨즈Tha Mexakinz, 오조마틀리Ozomatli(아즈텍의 춤과 불과 음악의 신)가 그렇다. 그리고 이름과는 무관하게 많은 라틴계 그룹들이 식민지배를 받는 공동체와의 연대의 상징으로서 라틴 아메리카 토착민의 유산에 호소한다. 이는 페루계 미국인 래퍼로 스스로를 '사파타주의자Zapatista(멕시코의 혁명 지도자 에밀리아노 사파타의 사상을 따르는 저항적 정치 결사 단체의 일원-옮긴이)'로 규정한 임모탈 테크닉이나, 칠레 출신으로 마푸체족Mapuche 혼혈인 야스Jaas, 그리고 오악사카Oaxaca 출신의 훌륭한 래퍼인 사포테크족Zapotecan 마레Mare, 그리고 『최고의 스페인어 노래들Los Grandes Éxitos en Español』이라는 음반을 낸 사이프레스 힐Cypress Hill이 그렇다. 이 음악가들은 거의 예외 없이 힙합을 토착민의 기억과 투쟁을 서술하고, 힙합 공동체를 '초국가화'하기 위한 매개체로 차용하고 있다.[71]

　한 예로 킨토 솔의 음악은 그런 주제로 가득해서, 「멕시코에서 일어난 일Hecho en Mexico」이란 곡은 토착민의 자긍심을 뿜어낸다. "나는 아즈텍족이고, 치치메카족이고, 사포테크족이고, (또 속으로는) 인디오고, 야키족이고, 타라스코족이고, 마야족이지."[72] 킨토 솔이 청자들에게 다양한 민족적 혈통을 확인시켜주는 동안 멕시코인으로서의 정체성에 담긴 스페인의 유산은 이 노래에서 거의 인정받지 못한다. 이처럼 인디언의 혈통을 우선시함으로써 이 그룹은 반항적인 태도를 취하고, 자신이 스페인인 혈통이라 주장하며 원주민의 뿌리를 외면하고 폄하하는 엘리트 중산층 멕시코인들을 조롱한다. 킨토 솔은 이런 사람들을 유명한 통역가이자 에르난 코르테

71　Pancho McFarland, "Here Is Something You Can't Understand: Chicano Rap and the Critique of Globalization", in Decolonial Voices, ed. Arturo Aldama and Naomi Quiñonez (Bloomington: Indiana University Press, 2002), 308.

72　Kinto Sol, "Hecho en Mexico", on Hecho en Mexico, Disa, 2003.

스Hernán Cortés의 정부인 라 말린체La Malinche의 이름에서 따온 표현인 말린치스타malinchistas라 부르며 스페인의 유산을 조롱한다. 물론 이런 태도에는 과장된 측면이 많다. 이 그룹 또한 어쨌든 라 말린체와 코르테스의 자녀인 혼혈인들로 구성되어 있으니 말이다. 하지만 이 노래의 수사적 과잉은 늘 인디언 혈통을 폄훼해온 고통스러운 기억과 폭력적인 역사에 대한 반응이라 할 수 있다. 만약 이 그룹의 태도가 원주민들을 아메리카 대륙과 동일시하는 맥락에서 지나치게 과장되어 있다면, 그것은 언어를 방탕하게 사용하는 것으로 악명이 높았던 바르톨로메 데 라스 카사스Bartolomé de Las Casas와도 같은 통렬한 예언을 위한 것일 테다.

펑키 아즈텍스의 「법안 187호Prop 187」 역시 거친 조롱 투를 통해, 라틴 아메리카의 극빈층과 토착민들로 이뤄진 미등록 이민자들이 유입되자 갑자기 뼛속 깊이 애국자가 되어버린 멕시코계 미국인들을 비웃는다. 이 그룹은 이방인과 약자들과 연대하며 북미 사회에 너무나 널리 퍼져 피부색에 상관없이 모든 사람의 마음에 스며든 인종주의를 공격한다. 「법안 187호」는 멕시코인들을 도널드 트럼프Donald Trump 당선 당시의 묘사대로 불법체류자, 마약 거래상, 강간범, 혹은 갱단으로 그리며 적극적인 인종주의자나 인종주의에 가담하고 있는 이들을 비난한다.

코코넛에게 보내는 메시지:
네가 얼마나 변하든,
사람들은 너를 이렇게 생각할거야.
선인장을 튀기고, 긴 거리를 달리고,
축구를 하고, 칼을 들고 다니고, 토르티야를 뒤집고,
볶은 콩 요리를 먹고, 국경을 넘고, 과일을 따고,
피냐타를 때리고, 개조한 차를 타고, 마약을 팔고,
포마드를 바르고, 그린카드를 들고, 까막눈 갱단에,

멕시코로 돌아가 뒈지라고.[73]

캘리포니아 법안 187호는 미등록 이민자의 미국 태생 자녀에 대한 시민권 부여를 거부했고, 마찬가지로 의료와 교육 등을 비롯한 공공 부문의 혜택을 받을 수 없도록 했다. 이 곡에서 펑키 아즈텍스는 이 법안을 비롯한 유사한 조치들에 대한 불만의 긴 목록을 펼쳐 보이며 멕시코인과 다른 라틴계를 향해 쏟아졌던 인종주의적 멸칭들을 모아 재치 있게 풀어낸다.

킨토 솔의 다른 곡 「옥수수의 아이들Los hijos del Maiz」도 같은 주제를 다룬다. 하지만 이번엔 원주민들이 감내하는 고통과 잔혹 행위를 읊는 쉼 없는 주문이 성가가 되어 청자의 혈관에 천천히 스며들 때까지 이어진다. 곡의 서사가 가난한 이들의 수많은 곤경과 연관되어 있고, 또 평범한 멕시코의 노동자들이 겪는 불행으로부터 의미를 도출하려 하는 만큼, 이 그룹이 당혹스러운 삶의 의미를 이해하기 위해 신화에 기대는 것도 놀라운 일은 아니다. 마음과 영혼이 교착 상태에 빠져 있을 때, 이성이 곤경을 적절히 설명하거나 의미를 부여할 수 없을 때, 신화는 혼돈에서 질서를 끌어내는 보다 창조적인 수단이 되곤 하며, 특히 이 경우엔 「옥수수의 아이들」에게 존엄성을 부여하는 도구가 된다.[74] 시와 예언과 신화를 조합한 킨토 솔의 랩은 말을 통해 이 장의 제사로 인용했듯이 "디에고 리베라가 흰 벽과 붓으로 했던 일"을 하는 셈이다.

특히 이 곡의 가사는 행동과 사회 변혁을 요청하는 예언적 어조와 실망과 낙담으로 얼룩진 비극적 정조 사이를 오가고 있다. 구체적으로 살펴

---

73 Funky Aztecs, "Prop 187", on Day of the Dead, Raging Bull Records, 1995.

74 탈랄 아사드는 모더니즘 문학가들, 특히 아랍의 시인 아도니스Adonis가 신화에 끌린 점에 관해 말하면서 이 점을 정확하게 표현한다. "아도니스에게 신화는 인간의 이성이 존재와 관련된 난처한 질문을 만나 비합리적인 방식으로만 가능한 답을 내려고 할 때 솟아난다. 그렇게 시와 역사의 불가사의한 조합이 만들어진다." Asad, Formations of the Secular: Christianity, Islam and Modernity (Stanford, CA: Stanford University Press, 2003), 55를 보라. Sacvan Bercovitch 역시 The American Jeremiad (Madison: University of Wisconsin Press, 2012), xli에서 신화를 훌륭하게 설명한다.

보면 기타가 연주하는 침울한 코드와 여성이 노래하는 후렴구가 곡에 장송곡의 느낌을 더한다. 그룹의 이름이 묵시록적인 울림을 지니고 있는 것처럼 앞선 네 시대와 마찬가지로, 다섯 번째 태양의 시대 또한 재앙과도 같은 종말을 앞둔 것처럼 보인다, 이 곡도 슬픔과 향수, 낙담을 담은 채로 세상의 종말을 상기시킨다. 집을 떠나 뿔뿔이 흩어진 모든 옥수수의 아이들이 겪는 곤경에서부터 타라스코족인 래퍼의 할아버지가 멕시코에서 살아남기 위해 겪어야 했던 힘겨운 투쟁에 이르는 고통스러운 기억으로 피 흘린다.

굶주림, 가난, 폭력의 노예,
직장도 없고, 돈도 없지
돈 많은 정치인은 우리에게 관심이 없고
매일매일이 재난이야
새로운 정당은 또 다른 타격
민주주의를 말하지, 웃음만 나올 뿐
고통스러워, 입안에서 쓴 맛이 감돌아
죽는 것도 두렵지 않아
어쩌면 죽는 편이 더 나은 해결책
새로운 얼굴, 새로운 법, 가짜 환상들
내가 답을 알던 때는 이미 오래전
내 말을 들어봐 옥수수의 아이들아.

500년 동안 진실은 은폐됐어
어둠의 다섯 시대
빛이 오고 나서 폭풍은 끝났지
잠든 거인이 다시 일어나
체의 영혼이 나를 인도해
빌라의 충고가 귀를 베어내

마침내 투쟁이 정당해지면

나는 고결하게 싸움을 끝낼 거야…

영혼의 시대가 찾아왔어.[75]

이 곡이 아우르는 폭넓은 감정의 한쪽 끝엔 절망의 기미가, 그리고 다른 한
쪽 끝엔 갑작스런 고취 상태가 존재한다. 래퍼는 어떤 순간에는 체념한 듯
침울해져 언제라도 자신의 영혼을 땅속에 묻어버릴 것처럼 보이지만, 잠시
후엔 체 게바라Che Guevara와 판초 비야Pancho Villa의 빛이 비춰 그의 축
처진 영혼을 단단히 잡아준다. 그는 지상의 백골들이 쌓인 협곡에서 별안간
정의의 부활과 약속을 시각화하여, 정복으로 인한 상처는 치료되고 태양의
자녀들에게 평등이 허락되며 소노란Sonoran 사막에도 똑같이 넘치는 태양
빛이 내리쬔다.

　　이 곡은 희망과 비극적인 주제에 똑같이 자리를 나눠준다. 사회 개혁
의 역량에 신뢰를 보내는 예언적인 전망과 달리, 이 곡의 비극적인 요소는
인간의 모든 노력을 끈질기게 괴롭히는 상실과 골칫거리의 존재를 드러낸
다. 앞선 장에서 언급한 것처럼, 이 비극적 감수성은 수많은 힙합 음악에 상
존하면서 사회 개혁 운동이 민권 운동 세대가 제시한 예언적 방향에서 얼마
나 멀리 떨어져 있는지를 말해준다. 이 곡에서 킨토 솔은 비극적 정조를 떠
안는데, 거기서 빈곤은 해소되지 않을 것처럼 완강하고 세상은 무지와 어둠
으로 가득해서, 죽는 편이 "더 나은 해결책"이다. 아무리 달려도 어디에도
도착하지 않는 악몽처럼, 역사는 힘껏 달려봐야 제자리에 머물러 있는 채로
진보를 가로막는 세력에 사방이 포위된 것처럼 보인다. 킨토 솔은 비야와
체를 소환하며 혁명이 마르크스의 유명한 은유처럼 "역사의 기관차"를 전
진시킬 수 있다고 믿기를 바라고, 영혼의 시대가 세상을 평등과 진실의 빛
으로 넘치게 하기를 바란다. 하지만 이 곡의 진짜 갈등은 래퍼가 역사를 통

75　Kinto Sol, "Los Hijos del Maize", on Los Hijos del Maize, Univision Records, 2006.

해 깨달은 것 즉, 멈춰 있는 기차는 어디에도 가지 않는다는 사실과 더 정의롭고 인간적인 미래에 대한 신화적인 꿈 사이에서 벌어진다. 랩은 사고의 다양한 경계를 넘나들며 둔중한 불행이 납빛의 겨울 하늘처럼 원주민들을 습격하는 비극에서 시작해, 가장 암담해 보이는 순간 순식간에 하늘이 열려 지상을 환하고 다채롭게 물들이는 무지개가 쏟아져 내리게 만든다.

여기서 혁명이 정치적인 폭력의 활용이 아니라 정신적인 측면에서 묘사된다는 점에 주목하자. 인종주의와 식민주의를 상대로 한 전쟁은 음악과 시, 춤, 예술과 기도의 전략을 활용하는 말의 전쟁으로 이해된다. 현대의 정치인이라기보다 현대의 샤먼 같은 모습으로 킨토 솔은 신화적 이미지와 꽉 찬 루프, 베이스 선율, 그리고 주문 같은 표현을 사용해 그들의 환자들에게 잃어버린 존엄성을 되찾아주고, 오물을 씻어내는 비와 세찬 폭풍우처럼 의식을 통해 그들을 씻겨준다. 적어도 여러 낭만주의자들에게 샤먼은 시인이자 신화를 암송하는 자, 즉 공연 예술가였다는 점을 떠올려보면 킨토 솔이 이 설명에 꼭 들어맞는다는 것을 알 수 있다.[76] 래퍼가 샤먼이자 영혼의 예술가의 역할을 맡는 것과 더불어, 이 전통을 따르는 킨토 솔을 비롯한 음악가들은 망각된 과거의 기억을 보존하기 위한 싸움에 신화, 시, 종교 그리고 음악을 끌어들인다. 그룹 아노니모 콘세호 또한 이에 힘을 보탠다. "이렇게 말하겠다. 우리가 변하길 원하며 시기하는 사람들의 입을 닫아버리겠다고. 나는 내가 할 일을 안다. 우리는 우리가 사랑하는 사람들이 보내는 지지를 느낄 수 있다. 타이노Taino의 발자취 안에서… 아메리카 대륙은 우리 토착민들이 발견했지만, 그들은 신세계로부터 세 차례 강한 타격을 받았다. 콜럼버스가 상륙할 때 살육과 노예제와 억압 또한 상륙한 것이다. 당신은 나를 잊었지만 코키노Kokino는 여기서 돈 페르난도 오르티스Don Fernando

---

76 Gloria Flaherty, Shamanism and the Eighteenth Century (Princeton, NJ: Princeton University Press, 1992), 74–75을 보라. 구체적으로, Georgi는 이렇게 쓰고 있다. "호칭기도가 선호되는 것은 그 리듬과 어조가 더 높은 차원의 이성에 호소하지 않고 신체에 직접 영향을 미치기 때문이다." 또한 다음을 보라. Asad, Formations of the Secular, 50.

Ortiz 같은 이들의 연구에 경의를 바치고 있다."[77] 아프리카-쿠바의 문화와 음악을 연구한 선구적인 학자인 페르난도 오르티스를 언급하는 것도 흥미롭지만, 여기서 이 그룹은 그들이 수많은 흑인과 토착민 공동체가 아메리카 대륙에 남긴 눈물과 긴 발자취를 따르고 있다는 점을 분명히 드러낸다. 이때 랩 음악은 이 여정을 위한 빵과 포도주이며 선조들의 싸움을 위한 영매인 셈이다.

아노니모 콘세호와 그 밖의 여러 음악가에게 힙합은 숭고하고 땀에 젖은 영혼의 뿌리로 돌아가는 일이다. 이 전통에 속한 랩은 영혼의 성스럽고 세속적인 어조를 모두 간직하고서 영혼을 납작하고 묽게 만드는 현대에 맞선다. 힙합은 빈민가의 거주자들, 이민자들 그리고 유색인종의 관점에서 영혼이 겪는 고난과 곤경을 다루며 그 영혼들이 끊임없이 이주하고, 전환하고, 적응하고, 혼합하고, 흩어지고, 숨고, 달아나고, 계속해서 살아가기 위해 다른 무슨 일이라도 하는 것처럼, (다시 한번 나스를 상기시키면서) 시대의 죄악과 현대 세계의 황무지에서 영혼이 감내해야 하는 수많은 고난에 대한 의견을 표명한다.

동시에 힙합은 그 죄악에 저항하기도 한다. 우리가 살펴본 것처럼 씁쓸함과 달콤함을 혼합하고, 필요할 땐 고통의 향을 가미하지만 또 고통이 지나치면 위안과 기쁨의 맛을 더하면서 말이다. 종교, 신화, 민담은 음악에 내포된 모순들을 균형 잡고 조화롭게 하는 데 큰 역할을 한다. 라틴계 래퍼들은 그들을 먼 과거와 하나로 묶어주는 종교와 신화의 밧줄을 받아들여 이성의 시대의 지식보다 더 오래되고 풍부한 신화관을 바탕으로 곡을 만든다. 그것은 플라톤보다도 오래된, 호메로스와 헤시오도스에 가까운 신화관이다. 그들은 요루바, 아즈텍, 타이노 그리고 다른 토착 전통의 신화들을 복원하는 과정에서 신의 선물인 진실alethea을 실어 나르는 수단으로써 신화mythos를 받아들인다. 탈랄 아사드Talal Asad는 말한다. "『오디세이』에서

---

77   Inventos에서 인용.

오디세우스는 시가 진실하고, 청중의 마음을 울리며, 다양한 차이를 조화시킬 수 있다고 주장하며, 지금까지의 내용이 신화라고 선언하며 그의 시적인 이야기를 마친다."[78] 내가 다룬 수많은 래퍼에게도 이 말은 사실이다. 신화는 그들에게 삶의 모순을 조화롭게 하고 과학적 지식의 시각으로는 이해할 수 없는 숨겨진 진실에, 또 그들 자신의 숨겨진 내면과 이 놀라운 세계의 핵심에 닿을 수 있는 시의 언어를 제공한다. 신화는 거짓을 말하지 않고서도 진실을 탐색하는 인간이 가야 할 길을 비춰줄 수 있다. 그 빛은 때로는 "어둠을 밝히는 갑작스러운 성냥불"처럼 작은 것이기도 하고, 때로는 눈이 부실만큼 격렬한 불빛이기도 하다.[79] 이 래퍼들은 대부분 신화와 종교를 차용해서 자유시장, 진보, 이성, 과학, 유럽 문명 같은 현대인의 도그마를 해체하고자 한다. 그들은 유럽의 헤게모니를 설명하는 일반적인 해석을 대체할 또 다른 서사로, 또 근대사의 파괴적이고 억압적인 환경에 대항해 영혼을 강화하기 위한 방법으로 신화를 활용한다.

어쩌면 비극에 대한 아리스토텔레스의 견해를 빌려와, 랩 음악이 예술가와 청자의 고통을 승화시키면서 괴로움이 크든 작든 그 방향을 돌려 영혼을 살찌우고 침식과 부식을 방지해줄 지류로 이끄는 카타르시스 효과를 일으킨다고 말할 수 있겠다. 끔찍한 착란에 빠진 것처럼 보이는 곡들을 통해 알 수 있는 것처럼, 이런 음악을 만들고 창조적인 성취를 이뤄내는 일은 그것만으로도 파괴적인 악령에 대항하는 행위이자 죽음을 초래하는 저주에 저항하는 주문이 된다. 힙합이 이런 저항을 어떻게 표현하든(허풍이나 허세를 통해서든, 애도의 슬픔이나 축제 같은 떠들썩함을 통해서든), 그 음악을 가득 채운 비트는 멈출 줄 모르는 삶의 맥박이자, 혈관을 흐르는 피의 약동이다. 힙합은 이와 같은 사운드의 파도를 타고서 기쁨과 사랑이 심연이나 죽음보다 강하다는 것을 증명하며 죽음의 절대적인 통치권을 강탈한다. 그럴

---

78   Asad, Formations of the Secular, 27.

79   Virginia Woolf, To the Lighthouse (New York: Harcourt, Brace, Jovanovich, 1989)에서 인용.

때 음악은 청자에게 대마초보다 훨씬 강력하고 더 오래 지속되는 절정을 선물한다. 우리는 훌륭한 비트와 밀도 높은 가사 그리고 영적인 느낌에 도취하고, 무아지경에 빠져서 마약보다 더 크고 좋은 것을 얻는다. 예컨대, 오조마틀리의 떠들썩하고 활기 넘치는 「죽은 자의 춤Cumbia de los muertos」를 들을 때 그와 같은 일이 일어난다. 가사만으로는 곡의 풍부함을 전달하기 부족하지만-그 풍부함을 제대로 전하기 위해서는 타악기와 관악기, 기타와 아코디언, 라틴 악기인 카호네와 타블라스 그리고 힙합 음악의 여러 믹서와 플로우가 필요하다-다음 가사를 통해 일부나마 확인해볼 수 있다.

여기, 슬픔은 존재하지 않고 오직 기쁨만이
사랑했던 과거의 사람들, 그들이 춤을 추네
어머니가 죽은 형과 춤추는 걸 봐
춤으로 하나 된 두 사람의 영혼이 기쁨과 환희로 충만하네.[80]

이 동부 LA의 랩 그룹에게 힙합은 불가능한 정신적 상상을 기념하는 일이다. 음악은 바쁘게 돌아가는 세상이 가만히 멈추는 지점을 찾아 우리와 죽은 이들을 하나로 묶어준다. 종교religare(라틴어로 '묶는다는 뜻'-옮긴이)의 오래된 의미처럼. "바쁘게 돌아가던 세상이 가만히 멈추는 지점에선 육신이 있든 없든, 과거로 물러나든 미래로 나아가든, 세상이 멈추는 지점에 춤이 있다."[81]

---

80 Ozomatli, "Cumbia de los Muertos", on Ozomatli, Almo Sounds, 1998.
81 T. S. Eliot, "Burnt Norton", in The Four Quartets (New York: Mariner Books, 1968).

감사의 말

지금까지 여러 해 동안 종교와 힙합에 대해 강의해온 사람으로서 먼저 애리조나 대학교 학생들에게 감사를 표하고자 한다. 문화, 음악, 종교, 문학과 같은 수많은 주제로 이어진 학생들과의 대화가 이 책의 주제와 관심사를 더 깊고 풍요롭게 해주었다. 10여 년 전 내가 힙합에 관한 강의를 처음 제안했을 때만 해도 힙합이라는 주제에 그럴만한 가치와 중요성이 있는지 회의적인 시선이 없지 않았다. 지금은 많이 달라졌다. 전국에 걸쳐 힙합에 관한 강좌가 수백 개에 달하고, 애리조나 대학교는 힙합 연구를 부전공 과목으로 인정하고 있다.

당연히 이 책을 가장 먼저 읽어준 사람들, 특히 애덤 브래들리와 일런 스테이번스Ilan Stavans에게 깊이 감사한다. 애덤 브래들리는 놀라운 인내와 통찰, 지혜의 눈으로 이 책의 초고를 읽고 평가해주었다. 일런 스테이번스 역시 나를 수시로 지원하고 격려해주었다. 학자 겸 사회참여 지식인으로 바쁘게 활동하면서도 시간을 내 원고를 읽어준 스테이번스에게 깊이 감사한다. 나는 오래전부터 리처드 로드리게스의 가르침에 따라 학계의 규범에 얽매이지 않은 채 생각하거나 글을 쓰고, 대범하고 창의적인 방향으로 학문을 추구하고자 노력해왔다. 나는 학계에 매인 사람이지만, 그의 조언에 따라 많은 학자를 구속복처럼 옥죄어 생각을 제약하는 학문적 인습을 벗어던지려고 애썼던 것이다.

내게 손을 내밀어 이 책을 출판하기로 한 캘리포니아 대학 출판부의 에릭 슈미트Eric Schmidt에게 감사드린다. 제안에서부터 논평에 이르기까지 모든 단계에서 슈미트는 신속하고 정중하고 전문적으로 대응해줬을뿐더러 비판적인 생각과 힘이 되는 제언을 아낌없이 보내주었다. 교열자인 샤론 랭워시Sharon Langworthy는 뛰어난 능력과 경험을 바탕으로 어설픈 문장들을 바로잡아주었다.

내가 이끄는 신학 모임에도 감사드릴 분들이 있다. 로베르토 고이수에타Roberto Goizueta, 팀 마토비나Tim Matovina, 대니얼 그루디Daniel Groody, 벤저민 발렌틴Benjamin Valentin, 카르멘 난코-페르난데스Carmen Nanko-Fernández, 구스타보 구티에레스Gustavo Gutiérrez, 데이비드 트레이시가 그들이다. 나는 오랫동안 이들의 학식을 존경해왔지만, 학식 못지않게 그들의 자애로움과 훌륭한 인품으로부터 많은 것을 배웠다. 내가 쓴 학위논문이자 첫 번째 저서는 구스타보 구티에레스의 생각에 기초한 것으로, 사실 아직도 내 귓가에는 그의 목소리가 맴돌고 때론 천둥처럼 고막을 때린다. 시카고 대학에서 여러 스승이 내 호기심과 경이감을 일깨웠지만, 생각과 정신에 특별한 활력을 불어넣어 준 사람은 데이비드 트레이시였다. 그를 스승이자 친구로 여길 수 있었던 것을 나는 신의 축복으로 여기며 그의 명민함, 학식, 관대함을 항상 기억한다. 그 밖에도 시카고 대학의 스승인 앤 카Anne Carr, 버나드 맥긴Bernard McGinn, 아델라 콜린스, 존 콜린스John Collins, 프레드릭 카츠Fredrich Katz, 호미 바바Homi Bhabha, 장-뤽 마리옹등이 모두 나의 연구 과정에 빛이 돼주었다. 이 연구의 목적과 관련하여 시카고 대학의 현 학생과장인 리처드 로젠가르텐Richard Rosengarten도 유용한 조언을 해주었다. 또 '영혼'의 문제에 관해 제안해준 릭에게도 감사드린다.

마지막으로 흔들림 없이 사랑과 지원을 보내준 가족과 친척들에게 감사하다. 나를 입양한 가족과 식구들-루키아, 압디, 압둘라히, 이샤, 마디나, 윌리예, 아미나, 제이나브, 파티마, 야야, 나스테하, 누르토, 후세인, 하밀라-은 내 삶의 진정한 선물이자 축복이다. 나는 우리가 함께 보낸 시간을 소중히 생각하며, 그들 한 명 한 명을 친혈육으로 여긴다. 부모님은 나와 형제들을 키우면서 우리에게 영혼의 일부를 떼어주셨다. 부모님의 절대적인 사랑에 깊이 감사한다. 내 삶에 중심추가 되어주고 언제 어디서나 나를 응원하고 격려해준 참나무 숲 같은 존재들, 앤디 형(예전에 비보이였고 현재 내과 의로 살고 있다), 멜린다 누나, 베티나 형수, 조카인 제타, 비앙카, 팔로마, 카를로스 삼촌과 버사 숙모, 사촌인 로버트 로빈슨에게 감사한다. 헤아릴 수 없이 많은 친구와 친척들 역시 내가 작가로서 살아가는 데 중요한 역할을 했다. 릭과 듀란 가족, 미구엘 퍼거슨Miguel Ferguson, 짐Jim과 미미 듀Mimi Dew, 애니 레이Annie Reay, 엘리스 핸슨Elise Hansen, 브룩 새비어Brooke Sabia, 이사벨 셸턴Isabel Shelton, 브리짓 롱고리아Bridge Longoria, 토머스 위더렐Thomas Witherell, 카를로스 나바Carols Nava, 에릭 아바요Eric Arvayo. 마크Mark과 사라 라이언Sara Ryan. 이렇게 훌륭한 가족과 친구가 주위에 가득하고, 비가 오나 눈이 오나 그들의 사랑에 뿌리를 묻을 수 있다니, 나는 정말 행운아인 게 분명하다.

찾아보기

힙합, 문학, 종교의
영혼을 찾아서

알레한드로 나바 지음
김한영 옮김

초판 1쇄 발행. 2023년 6월 27일

펴낸이. 이민·유정미
편집. 이수빈
디자인. 사이에서

펴낸곳. 이유출판
34860 대전시 동구 대전천동로 514
전화. 070-4200-1118
팩스. 070-4170-4107
전자우편. iu14@iubooks.com
홈페이지. www.iubooks.com
페이스북. @iubooks11
인스타그램. @iubooks11

정가 21,000원
ISBN 979-11-89534-42-4 (03120)